国家社会科学基金项目
"华北乡村社会姻亲关系研究"成果

中国社会科学院创新工程学术出版资助项目

·中国社会科学院民俗学研究书系·

朝戈金　主编

华北乡村社会姻亲关系研究

Affinal Relationship and Rural Society: A Field Study in North China

刁统菊 ｜ 著

中国社会科学出版社

图书在版编目（CIP）数据

华北乡村社会姻亲关系研究／刁统菊著．—北京：中国社会科学出版社，2016.6
ISBN 978-7-5161-8133-1

Ⅰ.①华… Ⅱ.①刁… Ⅲ.①农村—婚姻制度—研究—华北地区 Ⅳ.①D669.1

中国版本图书馆 CIP 数据核字（2016）第 099838 号

出 版 人	赵剑英
责任编辑	张　林
特约编辑	李伟华
责任校对	石春梅
责任印制	戴　宽

出　　版	中国社会科学出版社
社　　址	北京鼓楼西大街甲158号
邮　　编	100720
网　　址	http://www.csspw.cn
发 行 部	010-84083685
门 市 部	010-84029450
经　　销	新华书店及其他书店
印　　刷	北京明恒达印务有限公司
装　　订	廊坊市广阳区广增装订厂
版　　次	2016年6月第1版
印　　次	2016年6月第1次印刷
开　　本	710×1000　1/16
印　　张	19.5
插　　页	2
字　　数	332千字
定　　价	72.00元

凡购买中国社会科学出版社图书，如有质量问题请与本社营销中心联系调换
电话：010-84083683
版权所有　侵权必究

总　序

自英国学者威廉·汤姆斯（W. J. Thoms）于19世纪中叶首创"民俗"（folk-lore）一词以来，国际民俗学形成了逾160年的学术传统。作为现代学科意义上的中国民俗学肇始于五四新文化运动，近百年来的发展几起几落，其中数度元气大伤。从20世纪80年代开始，这一学科方得以逐步恢复。近年来，随着国际社会和中国政府对非物质文化遗产（其学理依据正是民俗和民俗学）保护工作的重视和倡导，民俗学研究及其学术共同体在民族文化振兴和国家文化发展战略中，都正在发挥着越来越重要的作用。

中国社会科学院曾经是中国民俗学开拓者顾颉刚、容肇祖等人长期工作的机构，近年来又出现了一批较为活跃和有影响力的学者，他们大都处于学术黄金年龄，成果迭出，质量颇高，只是受既有学科分工和各研究所学术方向的制约，他们的研究成果没能形成规模效应。为了部分改变这种局面，经跨所民俗学者多次充分讨论，大家都迫切希望以"中国民俗学前沿研究"为主题，以系列出版物的方式，集中展示以我院学者为主的民俗学研究队伍的晚近学术成果。

这样一组著作，计划命名为"中国社会科学院民俗学研究书系"。

从内容方面说，这套书意在优先支持我院民俗学者就民俗学发展的重要问题进行深入讨论的成果，也特别鼓励田野研究报告、译著、论文集及珍贵资料辑刊等。经过大致摸底，我们计划近期先推出下面几类著作：优秀的专著和田野研究成果，具有前瞻性、创新性、代表性的民俗学译著，以及通过以书代刊的形式，每年择选优秀的论文结集出版。

那么，为什么要专门整合这样一套书呢？首先，从学科建设和发展的角度考虑，我们觉得，民俗学研究力量一直相对分散，未能充分形成集约效应，未能与平行学科保持有效而良好的互动，学界优秀的研究成果，也较少被本学科之外的学术领域所关注、进而引用和借鉴。其次，我国民俗学至今还没有一种学刊是国家级的或准国家级的核心刊物。全国社会科学刊物几乎都没有固定开设民俗学专栏或专题。与其他人文和社会科学的国家级学刊繁荣的情形相比较，学科刊物的缺失，极大地制约了民俗学研究成果的发表，限定了民俗学成果的宣传、推广和影响力的发挥，严重阻碍了民俗学科学术梯队的顺利建设。再者，如何与国际民俗学研究领域接轨，进而实现学术的本土化和研究范式的更新和转换，也是目前困扰学界的一大难题。因此，通过项目的组织运作，将欧美百年来民俗学研究学术史、经典著述、理论和方法乃至教学理念和典型教案引入我国，乃是引领国内相关学科发展方向的前瞻之举，必将产生深远影响。最后，近些年来，国内外非物质文化遗产保护工作的大力推进，也频频推动国家文化政策的制定和实施中的适时调整，这就需要民俗学提供相应的学理依据和实践检验，并随时就我国民俗文化资源应用方面的诸多弊端，给出批评和建议。

从工作思路的角度考虑，"中国社会科学院民俗学研究书系"着眼于国际、国内民俗学界的最新理论成果的整合、介绍、分析、评议和田野检验，集中推精品、推优品，有效地集合学术梯队，突破研究所和学科片的藩篱，强化学科发展的主导意识。

为期三年的第一期目标实现后，我们正着手实施二期规划，以利我院的民俗学研究实力和学科影响保持良好的增长势头，确保我院的民俗学传统在代际学者之间不断传承和光大。本套书系的撰稿人，主要来自民族文学研究所、文学研究所、世界宗教研究所和民族学与人类学研究所的民俗学者们。

在此，我代表该书系的编辑委员会，感谢中国社会科学院文史哲学部和院科研局对这个项目的支持，感谢"国家社科基金"，以及"中国社会科学院哲学社会科学创新工程"。

朝戈金

序

　　汉人社会的亲属制度，一直是海内外人类学、社会学、历史学等重点研究的对象。从现有的情况来看，大多数学者都是热衷于研究汉人社会中的宗族制度，因为他们发现这一制度不仅在文化上决定了整个亲属关系的秩序和格局，而且在国家治理基层社会的过程中发生重要的作用，因而就成为研究中国社会结构的一个切入点。研究中国乡村社会的变迁，也绕不开宗族组织的影响还有多大的问题。半个多世纪以来，农民先是在原地被重新组织起来，后向城市中大规模移动，然而在一些区域，特别是南部，许多村落中还保留有祠堂、家谱、祖先祭祀的传统，这些乡间宗族组织的存在和现实影响，也极大地吸引了学者们的注意力。但是学界在全力研究宗族的过程中，却未能加强对亲属制度中其他文化现象的研究，尤其是对姻亲关系的规范及其历史变化没有给予足够的重视，如此一来，关于汉人社会亲属制度的研究就显得比较片面了。刁统菊的这部《华北乡村社会姻亲关系研究》就针对这种不足，进行了具有开辟意义的研究。

　　本书将研究的地域限定在华北，是为了突破目前的汉人亲属制度研究大部分是面对华南的局限，写出在生活视野上和看问题的角度上可能与以往研究不大一样的新成果。正如本书作者所指出的，在福建广东的村落生活中，祠堂等"宗族的外显符号比较突出、完备，宗族观念也比较浓厚，但姻亲关系并未遭到忽视。当然姻亲关系的不突出显示，还是它本身的特征所致。姻亲关系与血缘的代际传承相关，没有一条不变的线索，无法得到恒久的延续，正所谓'只有千年的本家，没有千年的亲戚'。"而在华北，墓地成为最重要的宗族符号，"人们计算某个姓氏有几辈子人，往往是根据该姓坟地里有几个辈分的坟墓，这一知识依靠仪式（比如清明上坟、树碑）和口头讲述代代相传。"可见，相对华南而言，华北宗族文化的表现偏弱，这可能是姻亲关系民俗在这里显得突出的原因，但是也要看到，恰好在姻亲关系交往当中同时也彰显出了家庭、家族的本位。在华北，家大业大、声名显赫、制度完备的宗族村落远没有华南多，但只要是有数代人连续生活在一个村落，那么就会构成一支或大或小的势力，在整个村落的世代继替中占有一定的历史地位。

在这部著作的各章中，作者与他人进行了相关问题的对话，同时也形成自己关于姻亲关系研究的问题框架。我以为，这些被讨论的问题基本上可以归结为两个核心问题：一是，在整个汉人亲属制度中，姻亲关系有怎样的文化规定及实际表现？二是，在整个乡土社会生活秩序中，姻亲关系发挥了怎样的作用？也就是说，总的意图就是要在乡村社会如何运作的视野下，从相对难以言说的姻亲关系入手，重新审视汉人的亲属制度。我注意到，为了实现这一目的，作者在研究方法和表达手段的运用上也做得比较完备，主要是采取结构与功能分析的方法，但又不满足于这种方法。作者运用了自己和民俗学同行近年来村落研究的经验，将理性分析与感性体会相结合，使得自己的这项研究走上一条新的具有解释学实践意义的道路，也就是彻底贯彻民俗是人们的生活文化的观点，致力于理解行动者主体的自我理解。所以作者除了对调查得来的数据进行分析与比较，还较多运用了叙事和描述的手段，将姻亲交往的一些个人经历和事件过程呈现出来，以利于我们对这类特定的生活作出感同身受的解释。是的，对于个人和家庭来说，姻亲关系的交往满足了怎样的情感与功利的需求，这不是单用数据就能说得充分的，需要研究者更多地去听取当地人的私人故事，观察他们如何进入交流的事件当中，怎样担当各自的角色，只有这样才能有资格说对他们已经有所理解。

作者围绕上述两个核心问题作出了一系列的回答，主要是以下几点：（1）通婚圈对超村落社会的建构具有突出作用；（2）仪式对于姻亲关系秩序有表达功能和加强作用；（3）在姻亲关系的交换结构中，给妻集团与受妻集团之间具有阶序性的义务；（4）姻亲关系对于宗族制度可能有维系或破坏的双重影响；（5）汉人社会亲属制度固然是父系的单系偏重的性质，但是在日常交往实践中却是双系并重的表现。我以为，这些认识都十分重要，会对今后相关的研究产生影响，也会得到不同的意见。比如，费孝通先生在其名著《生育制度》中指出现有的社会，抚育都是双系的，然而在财产和社会地位的继承上却都是单系偏重的。那么刁统菊为什么又提出亲属交往实践其实是双系并重的呢？我认为这是从亲属体系在继承原则规定与日常礼物交换、情感交流秩序的不同而提出的看法，是有道理的。而且就前者来说，单系偏重会偏重到什么程度，其变化也是值得注意的，特别是今天法律规定的财产继承已经是男女后代均等了。

最重要的是，这些认识是建立在作者与乡村生活的亲密接触之上，而不是建立在对乡村一厢情愿的想象之上。顺便说一句，农村并不是你想象的"过去"，现在有很多城市人都喜欢谈论保护村落，要是他们有机会读到此书的话，也许会增强直接与农村人交谈的欲望，多一些对他们的了解。

研究姻亲关系的困难，不只是缺乏现成的文献和实物资料，而且是到了现场也不容易看明白。对于离开农村时间已久的学者来说，要想弄清楚那些复杂多端的姻亲关系，熟悉那些眼花缭乱的礼仪民俗，不花费一定气力是不行的。我们在调查中会发现，与宗族制度的严整和稳固相比，姻亲关系的秩序显得有些漂移不定，主要表现在以下几个方面：第一，姻亲是以个体婚姻为中介而建立起来的亲属关系，又在子女的生育和世代的继替过程中，不断在男女双方原有的亲属关系之间，建构远近扩散并且是经常变化的关系网络；第二，姻亲关系的日常交往行动，固然有着约定俗成的规范，却也会因人、因时、因地而灵活变化；第三，姻亲关系缺乏外显的固定的组织形式。所以，从日常生活实践的视角来开展对姻亲关系的研究，就不仅是一种权宜之计，而且是根本的途径。当然，这特别需要研究者在田野作业中善于交流、善于设身处地去领悟那些发生在生活中的各种事情。我们看到，本书作者是把民俗学者感受生活的能力与其他学科的实证研究等能力结合起来，使我们原来比较忽略却又说不清楚的姻亲关系研究，终于有了令人兴奋的一大收获。

受到这一著作的启发，我也产生了有关亲属制度研究的一些想法。第一，正如此书所证明，研究宗族时一定要看到姻亲关系，研究姻亲关系时一定要看到宗族，汉人的亲属制度是一个整体。从乡村社会空间上看，宗族作为世系传接的共同生活单位，居住在一个又一个的村庄中，宗族与村庄不一定重合，而且会有兴与衰，但大体是居于固定位置上。以此来看姻亲关系，则像是在由这些固定位置连起来的一条又一条线路，但不像乡村的道路那样固定，是靠亲戚关系的建立才能形成、靠亲戚之间的走动才能维持。所以容易见到在固定位置上的宗族，不容易见到密如网织却隐形不定的姻亲关系，这是研究汉人亲属制度时容易忽略姻亲关系的一个重要原因。可是，宗族和姻亲关系这两者都不可能单独存在，所以又必须将宗族与姻亲结合起来进行考察。姻亲关系的核心作用是使婚姻稳固，这样才能保证对下一代的生育和教养，而宗族的核心作用是使男系继嗣的脉络得以延续。两者互为条件而存在，共同成为乡土社会绵延和兴旺的保证。

第二，姻亲关系的研究还必然会带来对各种各样社会关系的研究，当然这并不是本书所要完成的任务。在乡村社会生活中，许许多多的利害冲突与情感摩擦虽然多在亲属关系之上发生，但反映的却是社会其他力量带来的挤压和冲击。许多人生故事虽然叙述的是个人在亲属关系当中的角色冲突，而造成这种冲突的原因却离不开大的社会变动。20 世纪 30 年代林耀华先生写出《金翼——中国家族制度的社会学研究》，是中国学者用现代学术研究家族村落的一部奠基性著作，是以小说的形式叙述同在一个村庄的两个家族的不同命运。这两个家族彼此有亲戚关系，曾一起合作做生意，但是矛盾也由此而生，甚至还打起官司。这说明，纸面上或称谓上的亲属关系并不等于生活实践中的亲属关系，而后者要表现得更为复杂、诡异。家族可能一再被破坏或者重建，力量多来自外部的政治、经济和社会等层面。莫里斯·弗里德曼在《中国东南的宗族组织》中说到，林耀华先生在这本书中所揭示的家族制度与他先前在论文《从人类学观点考察中国宗族乡村》中所描述的家族制度有许多不同之处。在论文中描述的是稳定而严整的家族制度，在《金翼》一书中却呈现出另外一番景象。书中特别写到，当商业资本、地方政府和新型的法律制度，还有土匪势力都纷纷介入乡里的时候，家族的生活秩序遇到了不同的冲击，有的加剧了内部的分化，丧失了对外干预的力量，有的却可能应裕自如，甚至趁势而兴。《金翼》中所呈现的不只是两个家族案例的比较，而是如其所是地写出了宗族组织之间，他们与外部世界之间所发生的各种矛盾、纠葛。这说明，基层社会中亲属制度的实际运作，从来都离不开社会的大变局。

第三，正如本书所指出的，"虽然各地方的婚丧嫁娶都会体现出家族的界限，但是几乎所有的制度性习俗又都体现出以家庭为界的利益与情感关系。"也就是说，在汉人社会亲属制度中，家庭才是一个普遍独立并链接家族与姻亲关系的主体单元。因此家庭及个人如何主动与被动地在亲属当中交往，就成为研究者特别要了解的情况。汉人社会的亲属制度，也就是费孝通先生所说的人类社会"生育制度"之一种。而从生育制度的角度来看，最基本的社会单位就是由夫妻双方和子女组成的三角结构，这是一个稳定的结构，能够完成生育（生与养）的过程，也能够通过劳动的分工与合作以获得家庭生活所需要的基本物质资料。费孝通先生等于指出了中国农村的小农经济生产方式以及村落共同体的形成，都与家庭这种社会与文化功能的发挥密切相关。

十几年前，我曾注意过姻亲关系对于村落生活秩序的建构作用问题，根据实地调查写了《姻亲关系与乡邻合作》的文章，主要是叙述性的。调查的地点离费孝通先生的家乡江苏吴江县不算远，是上海市松江区的几个农村。那里的宗族文化表现不明显，但有村落庙会之类的仪式活动，特别是姻亲交往的规范表现突出，比如办嫁妆所值的钱款必须是彩礼的四倍以上，送嫁妆时还须展示给男女双方的亲友和邻居。女儿出嫁的当日，母女相对，边唱边哭，情词激切。还有，续娶的妻子一定要孝敬原配妻子的父母，不许虐待原配妻子所生子女。问题在于，这些行为规范和文化表达都是以家庭的利益、情感、面子守护为核心功能，几乎没有来自家族组织的压力。松江区农民在生产与救灾上的互助、合作，在防避匪患时要遵守的规矩等方面，都表现出强烈的村落界限的观念而不是宗族界限的观念，这种观念在正月里的舞龙比赛中被象征性地表达出来。所有这些民俗都表明，家户之间的协力最为重要，相互之间的责任和义务是当地村落共同体文化的核心价值。现在回忆起来，觉得这种情况的确应该被正视。

再有一点，我们看到已有几位国内学者对姻亲关系作了专门研究，他们所要解决的问题不完全一致，并非都像刁统菊的这部著作这样，把认知汉人社会亲属关系的整体结构作为研究方向，但是他们却有共同的思想主张，就是都把生活实践看作第一位的现象，把亲属制度的实际运作作为讨论问题的立足点。还有一个明显的情况，即关注姻亲关系问题的学者中女性居多，她们能够运用女性的眼光来看问题，对以往的研究提出不小的挑战。其中，李霞的《娘家与婆家——华北农村妇女的生活空间和后台权力》主要是运用社会性别理论和女性主义文化体验的方法，在一个村庄个案的描述中，以女性一生在亲属关系实践中的处境与角色的变化为轴线，观察和体会亲属关系的社会和文化意义。女人在娘家和婆家之间流动，在两个环境中和不同的人生阶段上，她的许多行为会具有许多不同意义，一方面是亲属制度所决定的，另一方面是她主动促成的。这种个人生活史,的确关乎整个亲属制度的实践,女人在联姻的两个家族之间的位置值得再去认识。

值得注意的是,刁统菊虽然通过叙述各种类型性的生活细节,引用大量主要是由女性传承的俗语、谚语、歌谣等,发挥出作为女性学者特有的细致的感知能力,使得对姻亲关系的论述非常贴近现实,但是在研究策略上又是适度地控制女性的眼光。她在理解姻亲关系交往规范的意义上,更加注意姻亲关系中由一对夫妻的确立和生育结果所带进来的两方人群所结成的角色体系,既以父系宗族为本位,也顾及双方关系的平衡。同样是说明嫁女在娘家与婆家中的地位和作用,刁统菊观察到嫁女的地位固然受到父系宗族文化的制约,但是嫁女通过婚姻带来的姻亲关系,对娘家和婆家双方同样重要,所以能够让她对这种制约作出一定抗衡,但不只是个人的抗衡,也在两方亲属间起到平衡作用。此外还强调了嫁女主动行为的意义在于她发挥了在生活中传承传统文化价值观的特别作用。我以为,正是因为如此,亲属制度在实际运作中就并没有完全忽略女性的感受,而对男方也就是受妻集团作出规范,例如作丈夫的要尊敬他的岳父岳母,这就至少直接安慰了妻子和她的母亲这两位女性。

无论如何,刁统菊的这部著作都会再次激活一些人面向亲属制度的研究兴趣,一些具有历史深度和重要现实意义问题的研究进程会由此处而再出发。这些问题将是:如何看汉人社会亲属制度的统一与多样、严整与灵活?它作为怎样的文化图式而造就了中国乡村社会的生生不息?这一制度的实践怎样代表了中国传统文化的生活传承等。所以,今后研究的道路还很长!

刘铁梁
2016 年 3 月于北京

目 录

导论 ……………………………………………………………………（1）
    一 亲属制度研究的另一路径：姻亲关系研究的可能性和
       必要性 ……………………………………………………………（1）
    二 本研究的主要内容、意义及其研究方法 ………………………（22）
    三 研究设计 ……………………………………………………（40）

第一章 通婚圈：姻亲交往观念的空间投影 ……………………（45）
    一 物理距离："远了香，近了殃" ……………………………（45）
    二 村落的社会位置与通婚 …………………………………（49）
    三 通婚圈与象征的公共性 …………………………………（63）
    四 通婚圈映射姻亲交往观念 ………………………………（67）

第二章 姻亲关系的仪式性表达（上） …………………………（69）
    一 婚礼：婚姻缔结 ……………………………………………（70）
    二 回门：从"女儿"到"亲戚" ………………………………（80）
    三 生育：姻亲关系的稳定与延续 …………………………（82）

第三章 姻亲关系的仪式性表达（下） …………………………（99）
    一 丧葬仪式：姻亲关系的展演与重组 ……………………（100）
    二 姻亲关系对不同仪式的参与范围与参与程度 ………（135）
    三 仪式：表达与维护社会结构的活动文本 ………………（144）

第四章　婚姻偿付制度：姻亲之间的礼物交流 …… (149)
　　一　嫁妆与聘礼的多样性 …… (149)
　　二　嫁妆来源及象征的多样性分析 …… (157)
　　三　婚姻偿付制度的地方实践 …… (170)

第五章　嫁女归属问题的民俗学研究 …… (184)
　　一　亲属网络与性别建构 …… (184)
　　二　从回娘家习俗看嫁女身份的转变 …… (193)
　　三　娘家人还是婆家人？ …… (208)

第六章　姻亲关系与家族组织 …… (226)
　　一　多姓聚居与联姻关系——姻亲关系对杂姓村落的
　　　　聚合作用 …… (226)
　　二　离心力：姻亲关系之于家族组织的一种影响 …… (238)
　　三　姻亲对家族组织的补充、调适和维护 …… (249)

第七章　姻亲交往秩序 …… (257)
　　一　姻亲称谓的有序性 …… (257)
　　二　吊簿：姻亲交往秩序的文化图像 …… (263)
　　三　"不对称的平衡性"：华北乡村联姻宗族之间的
　　　　阶序性关系 …… (274)

结语　反思汉族亲属制度的单系偏重性质 …… (286)

后记 …… (294)

图表、图示目录

表 1　本书田野调查信息 ……………………………………（34）
表 2　红山峪村媳妇的出生村落距离及女儿的嫁往村落距离
　　　（数据采集截至 2005 年）……………………………（45）
表 3　红山峪村通婚当事人之间的原有关系统计
　　　（数据采集截至 2005 年）……………………………（48）
表 4　红山峪村媳妇的出生地（数据采集截至 2005 年）…（50）
表 5　红山峪女儿的嫁往地（数据采集截至 2005 年）……（51）
表 6　付庄乡内部的通婚村落嫁娶对比统计
　　　（数据采集截至 2005 年）……………………………（53）
表 7　通婚乡镇对比统计（数据采集截至 2005 年）………（55）
表 8　红山峪通婚乡镇的年代变化（数据采集截至 2005 年）………（61）
表 9　付庄乡各个时间段的通婚数目及相应比例
　　　（数据采集截至 2005 年）……………………………（63）
表 10　2001 年农历三月十日山东红山峪村参加喜筵的客人
　　　 座次安排…………………………………………………（77）
表 11　2001 年农历三月十一日段秋俊结婚时的磕头礼统计 ………（79）
表 12　山东东营村一份米资簿摘录 ………………………（91）
表 13　2004 年 7 月 4—8 日陈吉发丧礼上的起小礼统计 …………（116）
表 14　2004 年 7 月 8 日陈吉发丧礼路祭调查 ……………（118）
表 15　山东红山峪村丧服形式（2005 年）………………（125）
表 16　2001 年田芳出嫁收礼情况 …………………………（137）

表 17 2002 年田红出嫁收礼情况 …………………………………（137）
表 18 1987 年农历十一月七日周启发长子周宝强结婚喜簿………（138）
表 19 2002 年农历十一月二十九日周启发次子周宝平结婚
       喜簿与周宝强喜簿人员不同之处 ………………………（139）
表 20 红山峪村嫁妆与聘礼平均值统计 ………………………（172）
表 21 山东淄博城子村一份丧葬礼单（2005 年）………………（264）
表 22 山东红山峪村某村民母亲的丧礼——姻亲与
       上礼金额（2003 年）……………………………………（267）
图 1   房屋、女人与嫁妆 ……………………………………（169）

导　论

一　亲属制度研究的另一路径：姻亲关系研究的可能性和必要性

（一）研究缘起

非洲的世系理论①（lineage theory）甫一出现，立即被汉学人类学家应用在对中国亲属制度的研究上。弗里德曼（Maurice Freedman）② 首先把对中国宗族制度的研究发展成了宗族范式，并构造出从宗族组织认识中国社会的理论模式。③ 弗氏的这一范式为后来的学者们提供了基本模式和出发点，后来学者不断追随他的研究，多数是基于地方性对该模式进行验证或提出修正。

研究汉人宗族对理解中国社会具有特殊的意义，但是宗族范式的局限

---

① "在历史学和社会人类学的研究中，有关世系群和宗族的研究一直是学者关注的热点问题。世系群（lineage）是一个来源于非洲的社会人类学分析概念。与历史学视野中的'宗族'一词的意思最为接近，国内外学术界一般都用'世系群（lineage）'移译'宗族'。然而，汉人的宗族与世系群概念并不完全重合，两者是有显著区别的。分辨两者之间的联系与区别，无论是对历史学还是对人类学的研究导入新的角度都具有重要意义。"参见马莉《非洲世系群与汉人宗族的概念分析——从〈努尔人〉和〈中国东南的宗族组织〉说起》，《西北民族大学学报》2005 年第 6 期。

② 本书对英文人名的翻译有几个原则，第一是直接采用已经在学界形成惯例的翻译，比如列维-斯特劳斯；其次是学者的中文名字，比如 William Skinner 自己取名"施坚雅"，笔者即不另行音译；最后是根据《世界人名翻译大辞典》（新华通讯社译名室编，中国对外翻译出版公司 1993 年版）翻译。英文人名在首次引用时随后即加注原文。

③ ［英］莫里斯·弗里德曼：《中国东南的宗族组织》，刘晓春译，上海人民出版社 2000 年版。

性也已经被某些研究中国乡土社会的学者认识到了。杜赞奇在《文化、权力与国家》一书中论述了"权力的文化网络"这一核心概念，对宗教和宗族组织的讨论惹人注意。他通过对满铁在直隶、山东的调查资料的分析，指出宗族在华北乡村中依然举足轻重。宗族与宗教组织、水利管理组织等一起成为地方社会政治中最为活跃和最为直接的力量。① 宗族组织显然以不同的面目生存在中国农村的区域权利网络中。通过对福建的民间社会组织的长期调查，劳格文得出了庙会是民间组织的一种典型形式的结论。② 这也是对中国乡村社会结构不同于弗里德曼"宗族范式"的一种论述。王铭铭在对闽南溪村陈氏家族的考察中发现，弗里德曼、裴达礼和拉姆利的观察，只符合特定状态下家族之间的关系，而忽略了婚姻作为创造和巩固家族村落之间互相联系的机制这一方面。③

显然，若要在宗族组织这一个别领域建构一个对整个中国社会来说具有普适性的解释体系是非常困难的。宗族组织之外，还有其他类型的社会组织对社会结构有重要影响，比如超宗族的地缘性组织对汉人社会的作用在台湾地区就有显著的表现。④ 同时也有学者把祭祀组织放在汉人社会形成与发展的历史脉络当中，来解释地方性与区域性信仰及其与聚落、村落、联庄组织、区域联盟的关系。⑤ 由此来看，从宗族和宗族之间的联姻视角入手，借鉴相关学科研究成果，以对一个较大区域的田野研究来进一步加强对中国农村社会亲属制度的认识，进而增加对乡土社会结构特征的理解，不失为一个理解亲属制度和乡土社会结构的可能路径。

亲属制度研究曾被人从根本上进行过否定。著名学者戴维·M. 施奈德（David M. Schneider）终生执着于亲属制度研究，但他通过批判自己的

---

① 参见［美］杜赞奇《文化、权力与国家——1900—1942年的华北农村》，王福明译，江苏人民出版社1996年版。

② 参见杨彦杰《闽西客家宗族社会研究》，国际客家学会、海外华人研究社、法国远东学院1996年版。

③ 参见王铭铭《社区的历程——溪村汉人家族的个案研究》，天津人民出版社1997年版，第45页。

④ 参见庄英章《台湾汉人宗族发展的若干问题：寺庙宗祠与竹山的垦殖形态》，（台湾）《中研院民族学研究所集刊》1973年第36期，第113—140页。同时陈其南认为，台湾早期社会结构的变迁过程受到汉人的祖籍分类意识以及民间信仰的寺庙祭祀圈、血缘宗族的发展形态的影响颇深（参见陈其南《台湾的传统中国社会》，（台湾）允晨文化实业公司1987年版）。

⑤ 林美容：《妈祖信仰与汉人社会》，黑龙江人民出版社2003年版。

博士论文从根本上动摇了亲属制度研究的根基。他否认了自己对"亲属关系的概念"以及"建立在血亲关系之上的社会"的专业性执迷。在《亲属制度研究批评》中，施奈德认为，亲属制度研究完全是人类学家根据自己尤其是西方的文化背景建构起来的一套概念和方法，因此，任何对被研究对象的社会制度（尤其是继嗣和婚姻制度）的论述都受到了西方文化的遮蔽。① 事实上，施奈德本人在批评自己的博士论文时并没有充分考虑到婚姻制度，而假如没有婚姻制度，亲属制度也就不会存在。施奈德在严厉否定亲属制度研究的同时，也为后来者指出了一条生路，告诫研究者要放弃对亲属制度研究的普遍追求而将其视为一个经验问题，着眼于亲属关系在特定文化中的价值和意义，认为若要将亲属关系研究变成搜罗奇闻逸事，可以获得更多的对文化的理解。② 不过，落实到汉族社会亲属制度研究，我们完全可以抛开思想顾虑，因为汉族社会亲属制度的研究完全没有施奈德博士论文中 Yap 人的矛盾。此外，我们所用的"宗族"概念是古已有之，"亲戚"也完全是本土的概念。就本土来理解本土，不存在西方文化对本土概念的影响这样的问题。

若从亲属制度研究的内容来看，同样有重视姻亲关系研究的必要性。目前的汉人亲属研究从研究的具体现象来区分，其主题可以概分为六类：（一）亲属团体的分类，主要讨论的是家庭、宗族与氏族等的分类问题；（二）亲属团体的组织法则，如财产与分支、家族与房、大宗与小宗、分裂与融合等问题的讨论；（三）亲属团体的延续问题，例如各种婚姻形态的讨论、绝嗣问题的解决方法、祖先崇拜等；（四）亲属团体发展的原因，如边陲社会、水田稻作、经商致富、地方自治选举、耕读家风等的讨论；（五）中国亲属的统一与分歧，如因环境的不同使不同原则被凸显，与少数民族的接触造成变异等；（六）汉人亲属的土著观点，如宗、家、亲、厝、好命等观念的讨论。③

可见对于宗族之间联姻的研究并不在亲属制度研究的范围之内，即使是有一些成果也只能说是为数甚少。如同我们所看到的那样，在已经出版

---

① David M. Schneider, *A Critique of the Study of Kinship*, Ann Arbor: The University of Michigan Press, 1984.

② Ibid..

③ 陈纬华：《人类学汉人亲属研究：回顾与批评》，（台湾）《汉学研究通讯》第二十三卷第一期，2004 年，第 1 页。

的众多民俗志里，几乎都没有漏掉对舅舅作用和角色的描述，常以"天上雷公，地下舅公"为例说明母舅地位之高，但往往停留于此，对姻亲关系不仅没有完整的描述，对通过女人的流动建立起来的两个父系家族之间的姻亲关系也一直缺乏进一步的描述，更遑论论述、展开和认真的充分的探讨。例如，费孝通先生的《江村经济》中曾谈到舅舅在姐妹之子的取名、结婚和分家等事宜上有重大作用。① 葛伯纳（Bernard Gallin）也曾经指出过，在关于中国社会组织的民族志和文艺著作中，仅仅有偶然性的参考资料是与母系和姻亲关系的重要性有关。② 总之，对通过女人的流动建立起来的两个父系家族之间的姻亲关系，学界一直没有给予认真、充分的探讨。

从宗族与宗族的联姻关系来看乡土社会结构，肯定是亲属制度研究的另一种不可缺少的维度。强调姻亲关系，不是着眼于族谱表述以及制度化程度的高低上面，制度化显然是传袭已久的宗族组织的特征。对宗族组织已经有了方方面面的研究，现在需要加以注意的恰恰是明显没有进行体系化规定的、仅仅在行为层面上得到习俗化的宗族外部的姻亲关系。在实际生活中，姻亲关系的重要性不一定亚于由族谱、祠堂等符号来规定的宗族制度。宗族制度一定严格执行以男性为主的血统观念，这种特征既体现了它的规范性，又为开放性留下空间。在社会伦理的意义上，无疑宗族制度要比姻亲关系重要得多。但在日常的互动中，宗族的界限必须被超越，延伸到姻亲、邻里、朋友等范围，而其中姻亲关系的重要性还在不断加强。人们在言谈之间处处表现出他们对姻亲的关注，更有一些早已深入人心的谚语来刻画人们的姻亲关系。完全可以说，如果不考虑姻亲关系，就无法全面、深入地了解人们的实际生活。

（二）学术史梳理

事实上，对于由联姻所产生的社会关系，费孝通先生早就给予过强调。他在研究中国乡土社会结构特征时，在对家庭、家族及其结构和观念进行深入论述的基础上就提出了"差序格局"的理论。亲属关系是根据生育和婚姻事实所发生的社会关系，由父方亲属和母方亲属共同结成了差

---

① 费孝通：《江村农民生活及其变迁》，敦煌文艺出版社1997年版，第70页。
② Bernard Gallin, "Matrilateral and Affinal Relationships of a Taiwanese Village", *American Anthropologist*, New Series, Vol. 62, 1960, No. 4, p. 632.

序格局的网络。费孝通先生的差序格局是与西方的"团体格局"相对比提出来的，认为以自我为中心，从生育和婚姻所结成的网络，可以一直推出去包括无穷的人，好像把一块石头丢在水面上所发生的一圈圈推出去的波纹。这个差序格局就是传统中国乡土社会最基本的结构特征。①

"差序格局"对后来的研究产生了深远的影响，对社会结构有所关注的学者当然不会绕过它。② 总的来看，这些学者对于"差序格局"内容的关注还是侧重于血缘的一面——宗族研究，相对忽略了对通过婚姻事实来建立的姻亲关系的研究。③ 甚至有些学者认为姻缘关系起初并不属于这个"差序格局"的一部分，只是近年来才开始渗入原来由血缘关系所主导的传统农村差序格局体系。④ 对于中国社会结构的认识和研究来说，这显然是不完整、不全面的。

对于姻亲关系研究的这种局面，葛伯纳指出了其中的原因。⑤ 首先是由于宗族之外的亲属关系缺乏制度化。的确，从众多民俗志、民族志来看，与宗族制度相比，姻亲关系没有族谱、祖坟、祠堂之类的外在符号，更重要的是从表面上看来，姻亲之间的交流似乎也没有固定的权利义务模式。而华北乡村的调查告诉我们的实际情况是，姻亲之间的交流有一个基本的行为模式和关系结构，其中体现出相当明确的权利义务关系。另一个原因是汉学家所受的学科训练强调作为汉人生活组织原则的父系亲属居于首位。他们认为，汉学家们的问题并非姻亲的实践价值是什么，而是姻亲

---

① 费孝通：《乡土中国 生育制度》，北京大学出版社1998年版，第26—27页。
② 参见陈俊杰、陈震《"差序格局"再思考》，《社会科学战线》1998年第1期；杨善华、侯红蕊《血缘、姻缘、亲情与利益——现阶段中国农村社会中"差序格局"的"理性化"趋势》，《宁夏社会科学》1999年第6期；杨善华、刘小京《近期中国农村家族研究的若干理论问题》，《中国社会科学》2000年第5期；张庆国《现阶段中国农村血缘与姻缘博弈现象探析》，《许昌学院学报》2003年第4期；谢建社、牛喜霞《乡土中国社会"差序格局"新趋势》，《江西师范大学学报》2004年第1期。
③ 事实上，费孝通先生的"差序格局"除了亲属关系，还包括地缘关系，他的前提是"乡土社会"。参见费孝通《乡土中国生育制度》，北京大学出版社1998年版，第26—27页。
④ 杨善华、侯红蕊：《血缘、姻缘、亲情与利益——现阶段中国农村社会中"差序格局"的"理性化"趋势》，《宁夏社会科学》1999年第6期；张庆国：《现阶段中国农村血缘与姻缘博弈现象探析》，《许昌学院学报》2003年第4期；谢建社、牛喜霞：《乡土中国社会"差序格局"新趋势》，《江西师范大学学报》（哲社版）2004年第1期。
⑤ Bernard Gallin and Rita S., Gallin, "Matrilateral and Ritual Relationships in Change Chinese Society", Hsieh Jih-chang and Chuang Ying-chang (eds.), *The Chinese Family and Its Ritual Behavior*, Institute of Ethnology, Academia Sinica, 1992, pp. 101–106.

如何适合父系团体的生活安排。正因为葛伯纳注意到了这一点，在其研究中，姻亲在实际生活各方面的功能才更受到关注。

尽管学者对亲属关系的研究偏重于宗族方面，但是仍然有人从不同的视角出发对姻亲关系展开研究。本书在这里对学术史上的此类研究进行分类综述。

1. 对姻亲关系的社会层面的研究

第一，人类学对姻亲关系的研究。

亲属制度是人类学研究的一个基本领域。人类学研究亲属制度的多样性和文化差异，包括亲属称谓、两性居住形式、婚姻规则、亲属继嗣等。作为亲属制度研究的早期权威，摩尔根综合世界民族志的资料，根据进化论的观点划分了亲属制度和社会结构演变的各个时期，指出了亲属制度和社会制度的对应关系。① 摩尔根独自一人开创了关于亲属制度的研究，在当时及以后都曾经得到过很高的评价。

继摩尔根之后，亲属制度研究不再采用进化论，而是演变成了两个方向。② 其一是以拉德克利夫－布朗（A. R. Radcliffe-Brown）为代表的"单系血统理论"，该理论的论证从非洲开始，继而蔓延到中国，其着眼点是亲属制度的纵向关系。③ 其二是"交换理论"，它是从两性之间的社会交往关系出发，来看不同群体、不同地方之间的连结点，以法国的结构主义者为代表。在法国人类学中，通婚一直占据重要地位。莫斯和葛兰言指出以社会性别为中心的交往是社会构成的主要机制。④ 列维－斯特劳斯

---

① 参见［美］路易斯·亨利·摩尔根（Lewis Henry Morgan）《古代社会》，杨东莼、马雍、马巨译，商务印书馆1977年版。

② 对这两个方向，费孝通先生就曾细加区别过。他说亲属制度研究要同时关注"亲子关系三角"的两条轴线——婚姻结合的两性关系轴线和家族繁衍的代际相传的轴线。这两条轴线就是交换理论和继嗣理论分别关心的，一种是横向地看家与家、群体与群体、地方与地方通过两性的交往形成的关系；另一种是一个纵向的视角，看的是人和家庭自身的再生产和历史绵延。参见费孝通《乡土中国生育制度》，北京大学出版社1998年版。

③ 譬如集英国社会人类学社会亲属理论之大成的《非洲亲属与婚姻制度》，还有人类学家如埃文思－普里查德从政治人类学角度对非洲继嗣制度的研究，以及国外汉学家和国内学者对中国宗族制度的研究。布朗断言："一套亲属和婚姻制度，可以视作是一种使得人们能够在有秩序的社会生活中共同生活和彼此合作的安排。"转引自阎云翔《礼物的流动——一个中国村庄中的互惠原则与社会网络》，李放春、刘瑜译，上海人民出版社2000年版，第111页。由布朗开创的亲属制度一度成为英国社会人类学研究的主题，被讨论了二三十年。

④ 转引自王铭铭《人类学是什么》，北京大学出版社2002年版，第72页。

（Claude Levi-Strauss）则将这个传统延伸到对整个亲属制度、神话和宇宙论的研究。在亲属关系研究中，他将亲属关系看成是一种秩序的整体；然后，从亲属间的相互称谓、女人的交换、两性关系等各部分中，揭示了隐藏在背后的、深层的诸如语词所规定的关系规则、正面规定的婚姻规则等对亲属关系的制约，强调了不同群体之间两性的交往对于超地方社会形成的重要意义。①

列维-斯特劳斯认为，在很多社会中，婚姻关系的确立意味着新的社会关系网络的建立和出现。② 弗里德曼和他一样，也认为婚姻可以建立新的社会联系。③ 不同的是，弗里德曼是在一个更一般的层次上注意到通过村外联姻的宗族集团成员的关系的扩展，"婚姻为任何一个家庭提供了一种与其他社区的人们发生社会联系的可能性"，"男人与母方的亲属和姻亲保持联系，建立在这些基础上的关系显然是作为政治经济活动的重要基础"。④ 弗里德曼并没有对姻亲关系进行系统的研究，一方面是由于他主要强调的还是宗族组织，因此他对姻亲关系的讨论不但限制在父系原则的范畴之内，而且并未对非宗族亲属关系进行详尽的分析；另一方面由于他的资料基础主要是文献而非田野作业，因此也不可能提供细节性部分来描述姻亲之间的具体交往过程。

大约从20世纪70年代开始，女性主义人类学对亲属关系的关注打破了弗里德曼的宗族范式对汉人亲属制度的垄断性研究。由于女性在两个联姻家庭之间的中介性质，使得女性主义人类学对亲属关系的研究，根本不可能回避对姻亲关系的讨论，先天地就对姻亲关系有所关注。女性主义人类学对亲属制度研究的贡献是将性别视角引入亲属制度研究，关注的是亲

---

① 参见 Claude Levi-Strauss, *The Elementary Structures of Kinship*, Boston: Beacon Press, 1969；周怡《社会结构：由"形构"到"解构"——结构功能主义、结构主义和后结构主义理论之走向》，《社会学研究》2000年第3期；王铭铭：《人类学是什么》，北京大学出版社2002年版，第72页。

② ［法］列维-斯特劳斯：《野性的思维》，李幼蒸译，商务印书馆1987年版，第145—146页。

③ ［英］莫里斯·弗里德曼：《中国东南的宗族组织》，刘晓春译，上海人民出版社2000年版，第130—131页。

④ 弗里德曼又在其他著作中明确指出了姻亲关系的两面性：它是父系群体之间的结合，同时又是男人和他们的母系亲属的纽带，参见 Maurice Freedman, "Ritual Aspects of Chinese Kinship and Marriage", Maurice Freedman (ed.), *Family and Kinship in Chinese Society*, Stanford, California: Stanford University Press, 1970, pp. 185 – 186。这实际上是姻亲关系的代际差异。

属制度在性别制度下如何建构和如何实践,具体展现女性所处的、由于生育和婚姻而发生的各种血亲和姻亲关系。①

国内学者对姻亲关系的关注在兴趣上保持了连贯性。费孝通先生早在对开弦弓村的调查时便对姻亲关系有所注意。② 20世纪40年代,林耀华在《金翼》中提到了村庄之外的母系和姻亲关系③,不过他所强调的内容基本上没有脱离个体家庭的层次,并未扩展到宗族和村落层次④。90年代,阎云翔在东北下岬村进行实地考察研究,展示了农村那种处于流动之中的人际关系和社会结构。其中姻亲关系被他视为关系网络中的实践性亲属关系,并在村民的日常社会生活中占有极其重要的位置。⑤ 从某种意义上来说,这实际上可以看作是对弗里德曼的宗族模式所做的较大程度的修正。王铭铭则进一步认为,婚礼是达成家族之间社会人文资源互通的渠道,经过长期积淀,实行通婚和礼品社会交换的家族可能形成比较固定的关系。⑥

还有学者把姻亲关系放在对宗族制度的补充和完善的附属位置上。华若璧(Rubie S. Watson)指出对传统中国的婚姻的研究相当不发达,特别是父系血统组织突出的地方。由于大部分人类学家在东南中国(包括香港)的工作一直被宗族范式或者血统范例统治着,因此她在新界调查了香港最大的宗族之一——厦村邓氏的婚姻和姻亲关系,以约600年间的历史的跨度来分析强宗大族村落的亲族结构以及经济上的上下关系,把注意力集中在重要的分层方面。她把村落成员区分成两个明显的阶级:小农

---

① 关于女性主义人类学对亲属关系的研究的详细概括,可参考李霞《女性主义人类学与汉人亲属制度研究》,《妇女研究论丛》2002年第5期;李霞《人类学视野中的中国妇女——海外人类学之汉族妇女研究述评》,《国外社会科学》2002年第2期。

② 费孝通先生指出了姻亲关系只有在妇女婚后生育孩子以后才有效;"小媳妇"制度使姻亲关系松散,影响亲属结构的正常功能;舅父作为外甥的监护人发挥出作用,外甥对舅舅也负有一定的义务。参见费孝通《江村农民生活及其变迁》,敦煌文艺出版社1997年版,第31、48、70页。但由于他没有进行进一步的考察,因此结论仅限于此。

③ 林耀华:《金翼——中国家族制度的社会学研究》,庄孔韶、林宗成译,三联书店1989年版。

④ 也见于 Bernard Gallin, "Matrilateral and Affinal Relationships of a Taiwanese Village", *American Anthropologist*, New Series, Vol. 62, 1960, No. 4, p. 632.

⑤ 阎云翔:《礼物的流动——一个中国村庄中的互惠原则与社会网络》,李放春、刘瑜译,上海人民出版社2000年版。

⑥ 王铭铭:《社区的历程——溪村汉人家族的个案研究》,天津人民出版社1997年版,第48页。

和地主商人。尽管两个阶级都遵循同样的婚姻仪式，但他们的通婚圈不同，在婚姻偿付和姻亲关系上也有显著不同的系统。姻亲关系上的不同并非阶级区别的唯一标志，它们同时也是创造和保持那些区别的制度性结构的一部分。① 华若璧强调的是婚姻和姻亲关系在中国南方的阶级再生产系统中扮演的重要角色，她把姻亲关系作为父系亲属关系中的一个补充部分。

日本学者植野弘子也关注到了姻亲交往在阶级分层中的作用，实际上也指出了姻亲关系能够创造阶层区别这一特点。植野从姻亲关系和贸易活动的关联性出发，以尼泊尔藏族和西藏藏族的资料为基础进行讨论分析，认为一般说来同一风俗习惯的地域是婚姻的范围，但这并不适于藏族的所有阶层。藏族的通婚圈也有阶级和阶层的差异——富裕阶层和从政者追求更为广泛的婚姻圈，目的是追求经济利益和政治利益，反之贸易的移动和政治利益的加强也产生了新的阶层，因此可以说姻亲关系增大了社会、经济上的差别。② 阿吉兹也持有类似的观点。③

姻亲关系网络在社会生活中的重要性也有学者予以论述。葛伯纳通过对台湾一个村落的研究，认为母方亲属和姻亲关系（matrilateral and affinal relationships）在中国社会组织上并不像宗族那样在制度化的层面上存在，但是它仍然值得记录，因为它们对台湾村民来说与父系纽带同样重要。④ 葛伯纳的目的就是描述和讨论台湾一个杂姓村的社会组织的特征，关注在功能上非常重要的母系和姻亲关系。他在其他著述里还注意到了姻亲关系的实际价值：经济方面、社会和宗教方面、调解和政治方面，并对此给予了特别关注。⑤

---

① Rubie S. Watson, "Class Differences and Affinal Relations in South China", *Man*, New Series, Vol. 16, 1981, No. 4。

② ［日］植野弘子：《藏族的婚姻关系和贸易网状关系》，西藏网—民间文化。

③ 参见［美］阿吉兹《西藏的婚姻和社会关系》，www.unn.com.cn，1987年。

④ "这一特殊地区——由相当小的宗族集团组成的、宗族对个体家庭的支持如此有限的农村——通过强调在典型的父系宗族关系之上的附属性扩展来给村民提供额外的安全，由于整个村庄团结有限，这种额外安全对他们来说非常必要。宗族无法提供足够的安全感和村外婚传统的存在，二者共同使得新的婚姻关系和母方联系在重要性上远远大于通过村外贸易建立起来的各种联系。"参见 Bernard Gallin: "Matrilateral and Affinal Relationships of a Taiwanese Village", *American Anthropologist*, New Series, Vol. 62, 1960, No. 4, p. 632。

⑤ ［美］葛伯纳：《小龙村——蜕变中的台湾农村》，苏兆堂译，（台湾）联经出版事业公司1980年版，第198页。

葛伯纳从功能上来考察姻亲关系，实际上也是将之作为对父系制度的功能的补充，不仅没有从仪式层面考察姻亲关系，更忽略了宗族之间的联姻关系所内蕴的文化观念体系的意义。事实上有关姻亲关系对中国人日常生活的重要性，曾经被大量的有关中国社会组织的民族志和其他文献约略提到过。弗里德曼认为这是由于姻亲关系叙述起来非常困难，因为它们并没有被制度化，而且提不出包括一切的规则供归纳之用。但是他同时也承认这些关系不可忽视，如果遇到个别的情形，就可能极有用处。① 这实际上也是一种功能的视角。

对于给妻集团和受妻集团之间的地位问题，不同学者有不同的看法。武雅士（Arthur P. Wolf）认为在亲属国度中，两个集团站在同一平面上，婚姻并没有创造给妻集团与受妻集团之间的等级。② 弗里德曼认为姻亲关系使给妻集团在仪式地位和社会地位上都低于受妻集团③，但他又赞同武雅士所强调的姻亲关系中包含本质的平等这一观点。④ 马丁（Emily M. Ahern）把台湾北部的溪南村作为中国社会的缩影，明确指出姻亲关系不但不平等，而且创造了一个等级秩序——给妻集团明显优越于受妻集团。⑤ 和葛伯纳不同，马丁考察的对象主要是仪式，没有从整体上理解姻亲关系，缺乏对仪式之外双方关系的分析。在两个联姻集团的具体范围这一问题上，三位学者的表述或模糊或对此没有加以注意。他们的研究⑥对本书具有重要的影响和启示，笔者考察两个联姻集团的平衡性问题，在某

---

① ［美］葛伯纳：《小龙村——蜕变中的台湾农村》，苏兆堂译，（台湾）联经出版事业公司1980年版，第197页。

② Arthur P. Wolf, "Chinese Kinship and Mourning Dress, Maurice Freedman, *Family and Kinship in Chinese Society*, Stanford, California: Stanford University Press, 1970, p. 199.

③ Maurice Freedman, "Ritual Aspects of Chinese Kinship and Marriage", Maurice Freedman (ed.), *Family and Kinship in Chinese Society*, Stanford, California: Stanford University Press, 1970, p. 185.

④ 参见 Maurice Freedman (ed.), *Family and Kinship in Chinese Society*, Stanford, California: Stanford University Press, 1970, "introduction", p. 15. 事实上，武雅士和弗里德曼均未解释"本质的平等"，但是笔者以家庭为单位来看姻亲关系，也发现在联姻家庭之间存在着本质的平等。这种平等是需要通婚空间和时间来证明和支持的。

⑤ 从订婚起，给妻家庭被认为在仪式上优越于受妻家庭，而不管之前双方家庭的经济和社会地位。参见 Emily M. Ahern, "Affines and the Rituals of Kinship", Arthur P. Wolf (ed.), *Religion and Ritual in Chinese Society*, Stanford Calif: Stanford University Press, 1974, p. 279.

⑥ 针对不同的个案他们得出了不同的结论，相互之间缺乏讨论的基础。由此我们也可看出姻亲关系的地方性。

种程度上也是受到了他们的启迪。

值得一提的是，库珀（Gene Cooper）的研究不仅突出了姻亲关系的终生重要性及其在生命仪礼中的集中表现，以及伴随姻亲关系的种种交换，更重要的是，他开宗明义地指出了从交换的视角和从血统出发的视角对于理解中国社会结构有同样的作用，而且二者对于完整地理解任何社会的结构都是必要的。① 交换的视角对笔者的研究具有特别的价值和启示意义，可惜库珀的描述与分析均失之于单薄。

从正面关注姻亲关系、在长期和系统的田野调查基础之上对姻亲关系的内在理论展开考察的研究成果应当是植野弘子对台湾汉民族姻亲关系的研究，即《台湾汉人姻亲民族志》一书②，这可能是目前为止唯一一本对姻亲关系进行专门研究的著作。植野的研究立足于中国姻亲关系，20世纪80年代前半期她以台湾的汉民族为对象进行了长达两年的"参与观察、同吃同住"式的民俗调查。她以建构姻亲理论体系为目标，修正了以往研究中仅仅把姻亲关系看作从属性、辅助性存在的观点，阐述了在其调查的地域生活中建立在姻亲关系基础上的各种社会交往活动，鲜明地指出了姻亲关系的文化内涵以及与父系宗族关系研究具有的同等重要的定位。她特别关注了嫁方和娶方互相的礼仪和经济作用，说明了为什么生女儿就一定期待她出嫁以及姻亲关系在台湾汉人社会中的重要性及其原因。③ "植野以"母舅"与"囝婿"作为关键词，而本书特别关心的是联姻及其媒介——嫁女，就此而言，《台湾汉人姻亲民族志》与本书形成了一种互补。"对台湾的探讨是植野对台湾汉人社会的理解，但在中国大陆尚缺乏以田野作业和个案研究为方法对姻亲关系予以十分系统的描述的报告。因此，对大陆姻亲关系的研究就显得更为必要和迫切。

对台湾地区姻亲关系的研究，除了植野弘子的《台湾汉人姻亲民族志》之外，另外还有洪馨兰的《敬外祖——台湾南部客家美浓之姻亲关系与地方社会》。洪著出版于2015年9月。所谓敬外祖仪式，是指一名成年男性在结婚前一日，依照惯例由父方组织队伍前往母方（二至三代）娘家祖堂举

---

① Gene Cooper, "Life-cycle Rituals in Dong Yang County: Time, Affinity, and Exchange in Rural China", *Ethnology*, 1998, 37 (4): 373 – 394.

② ［日］植野弘子：《台湾汉人姻亲民族志》，陈萱译，（台湾）南天书局2015年版。

③ 女儿使父母和兄弟获得岳父、岳母或母舅的地位，也通过私产和来自娘家的支持使得丈夫和他的兄弟分家，同时也造就了娘家的男人和丈夫的亲密联系。参见植野弘子《藏族的婚姻关系和贸易网状关系》，西藏网—民间文化。

行隆重的敬外祖仪式。仪式内涵呈现出人们对"母亲"角色的高度重视，也凸显出当地社群对于母亲/母子链/传宗接代一事的高度崇拜。同时，借助不断强化跨代姻亲关系的方式，建立起紧密的人群横向连结。洪著的特色，是利用族群理论与历史人类学理论探讨敬外祖仪式的内涵与外延以及性别建构、社会文法等不同方面在建构客家社会地方性的历程意义。①

事实上，和对宗族研究的区域选择的偏重有某种程度的类似，对中国姻亲关系的专项研究几乎都集中于台湾和香港。相关论著使我们看到海外学者是如何通过对中国亲属制度的研究来进一步理解中国社会的。但是，这种对某一地区或某一领域尤其是对社会文化与大陆地区不完全类似的港台地区的研究结论是否适用于整个中国社会，是需要加以考虑的。

第二，社会学对姻亲关系的研究。

葛伯纳夫妇对姻亲关系的研究是在功能的视角下，关注的是姻亲对宗族自身发展以及宗族对外关系的支持、补充作用。这种功能视角在社会学上的研究体现得更加明显。

近年来，受到社会经济的急剧变化的刺激，社会学对姻亲关系的研究开始逐渐增多。学者大多侧重于当代农村社会，基本上都注意到近年来姻亲群体的地位及其重要性不断上升的事实，而血缘认同相对弱化、农村生产合作中姻亲参与合作的比例在不断增加就是典型例证。阎云翔的研究②实际上也证明了这一点。

王思斌的研究表明，伴随着社会的现代化，由于农村婚姻观念的转变，村内联姻增加，为农村社会关系注入了新的亲属因素，从而使农村社会关系进一步亲属化，与女系亲属家庭的广泛合作成为区别于 1949 年之前家庭亲属关系的重要特点。③ 郭于华则提出"亲缘关系"概念，用以表述当前社会条件下不同于传统社会中宗族关系的人际关系网络，其中包括姻亲关系。郭于华并不认为传统的亲缘关系在农村的现代化进程中会迅速衰落下去，这种关系作为富有生命力的文化传统和象征体系，其形式反而

---

① 洪馨兰：《敬外祖——台湾南部客家美浓之姻亲关系与地方社会》，（台湾）"中央"大学出版中心、远流出版事业股份有限公司 2015 年版。

② 阎云翔：《礼物的流动——一个中国村庄中的互惠原则与社会网络》，李放春、刘瑜译，上海人民出版社 2000 年版。

③ 王思斌：《经济体制改革对农村社会关系的影响》，《北京大学学报》1987 年第 3 期。

会在整个社会范围内得到复制和放大。①

姻亲关系的作用越来越突出是学者关注的主题。由于农村核心家庭比例的提高和妇女家庭地位的提高，出现了血缘地位下降、姻缘地位上升的现象。② 这种对姻亲关系的重视程度的加强让许多社会学者认为中国农村社会结构发生了不同于费孝通先生当年的研究的重大变化。杨善华、侯红蕊认为农村实行经济体制改革以后，原本紧紧地以血缘关系为核心的差序格局正在变得多元化、理性化，利益正在成为决定关系亲疏的最大砝码，姻亲和拟似家族进入差序格局。③ 社会学这种对姻缘关系进入差序格局的认识实际上已经隐含着姻缘关系最初并不在差序格局内部的观点。笔者以为，姻缘关系一直都在差序格局之中，而且人们与姻亲关系的合作也一直就存在，只是社会经济条件的变化让人们对利益的倾斜度更大，和姻亲关系的合作更加密切，从而凸显了这种关系网络而已。

第三，民俗学的研究。

除了人类学、社会学对姻亲关系的关注之外，民俗学对姻亲关系的研究早就存在，对人生礼仪的考察就蕴含着对姻亲交往习俗的关注。明确提出对姻亲关系进行研究的是刘铁梁。

刘铁梁认为在村落共同体或家族的制度都显得松散而不完善的情况下，存在着乡邻合作与民间自治的传统。与不甚发达的家族制度相比，姻亲关系的民俗传统由于有着比其他地区更为明显的表现，因而对于当地基层社会的建构可能具有相当重要的意义。④ 刘铁梁提出了很多有意义的问题，他对姻亲关系的关注和提醒足以说明民俗学并没有忘记姻亲关系这项内容。

詹娜侧重从功能的角度对姻亲关系进行地方性考察。通过对辽东沙河沟村姻亲关系的调查，詹娜发现姻亲关系的功能集中于经济功能、社会保

---

① 参见郭于华《农村现代化过程中的传统亲缘关系》，《社会学研究》1994年第6期；郭于华《传统亲缘关系与当代农村的经济、社会变革》，《读书》1996年第10期。

② 贺雪峰：《新乡土中国》，广西师范大学出版社2003年版；张庆国：《现阶段中国农村血缘与姻缘博弈现象探析》，《许昌学院学报》2003年第4期。

③ 杨善华、侯红蕊：《血缘、姻缘、亲情与利益——现阶段中国农村社会中"差序格局"的"理性化"趋势》，《宁夏社会科学》1999年第6期。

④ 刘铁梁：《姻亲关系和乡邻合作——上海郊区张泽镇两个村庄的案例》，《民俗研究》2001年第3期。

障和支持功能、心理支持与抚慰功能三个方面。① 遗憾的是，詹娜对姻亲关系功能的考察并未脱离葛伯纳的窠臼。笔者以为姻亲关系当然具有非常重要的意义，但是其功能并不止于对生活方面的补充，也有对宗族制度的维护。鉴于前人的研究已经对姻亲关系在生活方面的功能多有关注，因此笔者在本书中不侧重考察这些方面，而是从其他角度来说明姻亲关系的重要性，同时也关注它对宗族制度本身的影响。

2. 对姻亲关系的空间层面的考察

对姻亲关系空间层面的考察集中体现在通婚圈的研究上。在笔者接触到的论著中，研究通婚圈的学者并不以民俗学者为主，大多来源于历史学、社会学、人类学、人口学等学科。其中不乏以专文来考察通婚圈的学者，说明这个问题在近年来已经受到了学界的一定关注。

从各种研究成果来看，学者大多存在一个理论上的预设，即认为通婚这种人际互动以祭祀圈和市场圈作为主要领域，或者以此作为参照来进行比较。② 首先将寺庙与社会生活联系起来考虑分析的大概是冈田谦（Okadaken）。1938年，冈田谦在《台湾北部村落的祭祀圈》中提出了"祭祀圈"理论。所谓祭祀圈，是指一个以主祭神为中心共同举行祭祀活动的居民所属的地域单位。他在《村落与家族——台湾北部的村落生活》中则提出了市场圈、祭祀圈（尤指超村落或地区性祭祀圈）与通婚圈是互相重合的观点。③

施坚雅于1963年提出著名的"市场圈"理论，不仅把市场结构看作空间体系和经济体系，而且认为它同时还是一种社会体系，具有重要的社会范围。施坚雅论证了农民所生活的那个自给自足的社会不是村庄而是基层市场社区。基层市场社区是农民家庭必需的普通买卖的农村市场形式。他以四川一个基层市镇为例，论述了农民对基层市场社区的社会状

---

① 詹娜：《辽东民间社会的姻亲关系——以沙河沟村为例》，辽宁大学硕士学位论文，2003年。

② 例如，邱泽奇、丁浩在湖北农村进行的是纯粹社会学的研究，认为农村婚媒形式的转变、交通不便、农业的小农生产方式对劳动力的需求共同促成了农村婚姻距离的逐渐缩短。值得注意的是这种趋势可能会导致农村人口素质的下降、农村社会关系的亲属化以及农村社区特别是村级微型社区的自我锁闭，不利于农村社会经济文化的发展。参见邱泽奇、丁浩《农村婚嫁流动》，《社会学研究》1991年第3期。

③ 李富强：《壮族婚姻文化的变迁：以田林那善屯为例》，《广西民族学院学报》2000年第5期；[日] 植野弘子：《藏族的婚姻关系和贸易网状关系》，西藏网—民间文化；庄英章：《林圯埔———个台湾市镇的社会经济发展史》，上海人民出版社2000年版，第178页。

况的充分了解和人与人之间的资金互助。他注意到基层市场社区中有一种农民内部通婚的特别趋向，媒婆常在集市中心完成婚姻介绍，意味着农民常常在市场社区内部娶儿媳。农民的姻亲结合因此而构成另一个遍布于基层市场社区的网络，并使结构更为完整。① 总之，施坚雅认为，婚姻圈、社交圈与市场圈的范围一致，通婚甚至加强和巩固了基层市场社区的结构。

笔者从以下几个方面对通婚圈研究成果进行检索。

第一，通婚圈的定义。

王铭铭明确提出"通婚地域"的概念，"由于通婚关系，形成一种超家族的联网，这一联网制度化以后可以转变为超村落的地域。在此地域里面，族与族之间形成较稳定的互通有无的关系。我们可以称这种地域为'通婚地域'……就是指通婚家族之间历史上形成的地缘关系。"②

郭松义提出了婚姻的社会圈概念，认为婚姻除了有自然性的一面以外，更重要的还体现在它的社会性上。所谓婚姻的社会性，系指这种行为无不受到当时的道德、法律、传统习俗，以及不同的政治、经济、文化水平的制约，而且随着时代的变化而有所变化。婚姻的社会性，反映在选择配偶上，也就是婚姻的社会圈。③ 这实际上是说联姻有阶级和阶层的差异。

王铭铭与郭松义的定义从两个方面对通婚圈进行了规定，一是地理范围，二是社会范围。笔者认为通婚圈实际上就是一个村落的通婚范围④，这个通婚范围既是指地理区域，又包含了对通婚村落的社会分层。通婚范围从理论上来说根本不存在，它当然具有无限大的可能，但是总有一个相对来说较为固定的核心区域，这个区域就是笔者所关注的

---

① [美]施坚雅：《中国农村的市场和社会结构》，史建云、徐秀丽译，中国社会科学出版社1998年版。石田浩在《旧中国农村中的市场圈与婚姻圈》中提出"日常生活交流圈"的思想，认为人们不一定在市场中心确立婚姻关系（参见杜赞奇《文化、权力与国家——1900—1942年的华北农村》，王福明译，江苏人民出版社1996年版，第35页）。

② 王铭铭：《社区的历程——溪村汉人家族的个案研究》，天津人民出版社1997年版，第45、49页。

③ 郭松义：《伦理与生活——清代的婚姻关系》，商务印书馆2000年版，第27页。

④ 通婚范围以一个村落为基点比较容易发现，若以一个家族为基点，可能不容易得出规律性的东西。而要放在一个家庭的层次上，那更无法谈通婚范围了。

部分。

第二，通婚圈的范围。

通婚圈的地理范围与多种因素相关，不同的学者依据不同的个案，对施坚雅和冈田谦的理论提出了不同的看法。

庄英章在台湾林圯埔镇的考察发现祭祀圈与婚姻圈有相当大的重叠现象，而该镇的主要祭祀圈的形成以自然流域、水利灌溉或交通要冲为基础，因此透过祭祀圈所形成的婚姻圈必然也以这三个要素为基础。在某祭祀圈内，该地居民的社会经济活动特别频繁。事实上，林圯埔镇若干主要祭祀圈的中心，也就是该地域组织的集散中心。① 庄英章的结论实质上是祭祀圈、市场圈、婚姻圈三者大体重叠。植野弘子在对台湾台南县的农村一带进行研究时，发现祭祀圈与婚姻圈大致是重合的，由此认为在汉族社会，祭祀圈、市场圈与婚姻圈有相互关系。② 刘铁梁和赵丙祥在河北井陉县进行了青横庄联村组织社区仪式调查，文中表明青横庄成员村落之一横南村的婚入范围与矿区中心地带、杠会仪式地域分别是大致重合的关系。③

当然除了赞同市场圈、祭祀圈与婚姻圈重合这种观点以外，更多的人是对此提出不同程度的批评。弗里德曼基本上赞同施坚雅的通婚圈等于市场圈这种理论模式，但他觉得这无法说明上层家庭以及族内通婚的少数民族的状况，认为应对"市场圈"理论做出修改。④ 许多研究者都在不同程度上拓展了弗里德曼的观点。植野弘子在讨论西藏藏族的婚姻圈时在部分意义上解决了弗里德曼的问题。她在藏族地区的研究表明，一般说来同一风俗习惯的地域是婚姻的范围，但这并不适于藏族的所有阶层。⑤ 杜赞奇根据对满铁调查资料的分析，认为市场体系只能部分地解释联姻现象，市场圈对限定联姻圈有重要作用，但婚姻圈有自己独立的中心，并不一定能

---

① 庄英章：《林圯埔——一个台湾市镇的社会经济发展史》，上海人民出版社 2000 年版，第 168—177 页。
② ［日］植野弘子：《藏族的婚姻关系和贸易网状关系》，西藏网—民间文化。
③ 刘铁梁、赵丙祥：《联村组织社区仪式活动——河北省井陉县的调查》，王铭铭、王斯福：《乡土社会的秩序、公正与权威》，中国政法大学出版社 1997 年版，第 205—254 页。
④ ［日］杜赞奇：《文化、权力与国家——1900—1942 年的华北农村》，王福明译，江苏人民出版社 1996 年版，第 34 页。
⑤ ［日］植野弘子：《藏族的婚姻关系和贸易网状关系》，西藏网—民间文化。

够与地方市场中心重合。① 李富强的观点与杜赞奇类似，他以广西利周瑶族乡那善屯壮族的婚俗调查为基础，指出那善通婚区域的中心地带是一个双向的完整婚姻圈，与利周乡境内的人文经济圈大略对称。生态、交通、市场和宗教等因素对婚姻圈有影响。值得称道的是，他在对该村市场圈和祭祀圈分析的基础上，指出施坚雅的市场圈理论和冈田谦的祭祀圈理论只能部分地解释那善婚姻圈，三者并未统一。②

王铭铭通过对福建溪村陈氏家族的历史和文化的考察，认为施坚雅的市场圈、社交圈和婚姻圈合一理论不符合溪村事实。溪村通婚圈有中心地带，也有广大的超过基层市场社区的外沿地带；通婚地域大约与安溪境内人文经济区的地理范围对称，"很有可能通婚地域是人文经济区域的一个重要方面"；溪村通婚圈与仪式象征资源区域重叠。③ 在王铭铭这里，"人文经济区域"又成了一个参照对象。

实际上，通婚圈的参照对象有多种。郭松义着重考察清代的婚姻关系，认为通婚地域圈除了与人们的活动空间有关以外，同时还与当时的政治经济条件、社会环境，以及传统思想、生活习惯有重要关系。这种种因素造成了清人（包括各种阶级和阶层）的婚姻地域圈都不算宽广。唯有延续时间长、涉及范围广的人口流动增加了婚姻地域圈的扩大机会。④ 而周銮书对千古一村——江西流坑的考察表明，通婚圈集时间、空间与社会诸因素而成。族谱资料显示出当地望族董氏宗族的通婚圈与经济联系关系密切，市场往来对婚配关系的形成、稳固以至巩固和强化有积极作用。此外，交通线路、语言、文化心态对通婚圈也有影响。⑤

吴重庆则从变迁的角度指出祭祀圈与市场圈理论的解释能力在社会空间扩大的条件下已经弱化。他选择福建孙村的"通婚地域"作为调查研

---

① ［美］杜赞奇：《文化、权力与国家——1900—1942年的华北农村》，王福明译，江苏人民出版社1996年版，第17—20页。

② 李富强：《壮族婚姻文化的变迁：以田林那善屯为例》，《广西民族学院学报》2000年第5期。

③ 王铭铭：《社区的历程——溪村汉人家族的个案研究》，天津人民出版社1997年版，第49—55页。

④ 郭松义：《伦理与生活——清代的婚姻关系》，商务印书馆2000年版，第142—179页。

⑤ 周銮书：《千古一村——流坑历史文化的考察》，江西人民出版社1997年版，第289—296页。

究对象，考虑到不同历史时期乡村社会生活形态的差异，认为在社会变迁的背景下，祭祀圈已经变得不确定，市场圈也在不断更替，孙村的通婚圈已越过了祭祀圈与市场圈。①

第三，通婚圈的变迁。

通婚圈的变迁主要是基于社会变迁而发生的。由于社会经济的发展，不同民族、不同地区的婚嫁格局发生了或伸展或缩小的变化。

吴重庆的考察结果说明，从目前来看，尽管孙村社会空间不断扩大，但通婚地域却没有随之扩展，反而呈现出明显的缩小趋势。其原因在于：基于实际物质利益的考虑影响了孙村姑娘的婚出范围；婚姻方式的转换——由多媒人合作的"换婚"转向买卖婚姻；计划生育政策产生大量"黑婚"现象缩小了通婚地域，并导致了独子户及无子户的近距离通婚；媒人的视野与活动方式以及业余"工作"的特征和局限性；经济生活方式的变化导致通婚地域的萎缩。② 总之，1949年以来，孙村的通婚地域因多种因素的共同作用总体上呈缩小趋势。李富强的调查表明，广西那善屯壮族婚姻圈的变迁发生在20世纪80年代，尽管婚入人口尚无明显变化，但婚出人口外出打工，通婚范围扩大，渐渐打破了原来的通婚范围。这既是壮族婚姻文化变迁的重要内容，又是一个动因，当然民族间通婚也是变迁的一个原因。总之，随着传统婚姻圈的打破，壮族婚姻文化的内涵也随之发生变化。③

新山以与吴重庆对孙村研究相类似的历史分期，通过对鲁中山区康村的调查，分析了婚姻圈的变迁、婚嫁流向及其成因与结果。新中国成立前通婚区域较为开阔，公社化时期通婚圈达到最大范围。婚嫁格局的较大变动发生在改革开放以后：婚嫁距离急剧缩短，通婚区域快速内卷；通婚村不断减少，由分散走向集中；婚入与婚出在地域上呈现出较大的不平衡性。变迁原因在于：改革前普遍贫困状态下，婚嫁地域保持平衡；改革后，城乡二元分割增强导致乡村发展失衡，而康村因自然环境使得经济相对落后，村落吸引力降低，经营方式的转变及计划生育政策的推行迫使人

---

① 吴重庆：《社会变迁与通婚地域的伸缩——莆田孙村"通婚地域"调查》，《开放时代》1999年第4期。

② 同上。

③ 李富强：《壮族婚姻文化的变迁：以田林那善屯为例》，《广西民族学院学报》2000年第5期。

们不得不关注近距离通婚；初级市场网络的复兴使市场内部通婚趋向增强，通婚距离相对缩短。总之，婚姻圈的缩小以及婚嫁格局的失衡，危及人口素质的提高、村落的经济发展和人口结构的地域平衡，此外它们还影响了村落内部的治安。①

曹锦清指出了理想的通婚距离以及娶嫁方向的不对称。传统上父母一般在外村为子女选择配偶，这样既能维持和睦的邻里关系，又能与亲家保持良好的互助关系，理想的空间模式是既不要太近，又不可太远。浙北乡村在集体化时期，同村不婚的习俗有所松动。这是由于同村男女青年在一个生产队劳动，逐渐增加了接触造成的。②阎云翔的研究表明，黑龙江下岬村在集体化时期村内婚增加，集体化进一步促进了村内通婚的风俗③，可见集体化时期比较容易达成村内婚。

但是若从更大的范围来看，当代婚嫁的空间分布趋向已经在婚入和婚出上发生了差别。青年女子的婚嫁去向实际上还受到地区经济以及生活是否便利的影响，因此她们是从乡村到集镇，从集镇到城郊。这种流动的结果自然造成了男子择偶的困难，甚至在个体家庭层次上扩展了通婚的地域范围。可见，在社会经济条件相对平衡的地方，婚嫁距离有缩短的趋向，当其中一地的经济得到突出发展，婚嫁距离马上会受到影响。④笔者通过调查实例表明山东南部红山峪村的通婚状况实际上也有这种特征，女儿的去向和媳妇的来向是有较大的区别的，而这种区别与人们对待不同姻亲的态度有关。

第四，通婚圈的功能。

对通婚圈功能的关注较少。由于通婚圈内部的联系本质上还是一种社会关系，学者多从社会学角度理解姻亲关系作为社会资源的意义。杜赞奇认为通婚圈在华北乡村的日常生活中起到了多种保障和联系的作用，它为人们提供了市场体系之外的另一种社会联系的手段。⑤王铭铭从人类学角

---

① 新山：《婚嫁格局变动与乡村发展——以康村通婚圈为例》，《人口学刊》2000年第1期。
② 曹锦清等：《当代浙北乡村的社会文化变迁》，远东出版社2001年版，第326—333页。
③ 阎云翔：《礼物的流动——一个中国村庄中的互惠原则与社会网络》，李放春、刘瑜译，上海人民出版社2000年版，第38页。
④ 曹锦清等：《当代浙北乡村的社会文化变迁》，远东出版社2001年版。
⑤ [美]杜赞奇：《文化、权力与国家——1900—1942年的华北农村》，王福明译，江苏人民出版社1996年版，第20页。

度出发，认为通婚家族之间历史上形成的地缘关系对于创造并巩固家族与邻近村落或家族之间的关系起重要作用，并造成大量的社会互助资源，而且姻缘关系和家族一起成为社会互助的内核。[①] 事实上，一旦涉及通婚圈的功能，只要再往下略伸触角，就可触到姻亲关系的社会层面。遗憾的是，这一部分成果只是完全体现在对姻亲关系社会层面的研究中。

综合来看，学者多以"市场圈"和"祭祀圈"理论为出发点对通婚圈做出研究。吴重庆指出，在社会发生重大变迁之际，乡村传统区系网络的维持因素也渐趋消失，貌似现代的生活形态已使乡土社会空间日益狭窄。孙村通婚地域呈明显缩小趋势，便是有力证据。孙村的情况也许特殊，但绝非偶然。它提醒人们在追寻乡村社会的日常交往轨迹时，不应拘泥于某种具有所谓"普适性"的定论。[②]

以中国农村之广大，情况之复杂，任何已有的认识或定论都不可能是普适的。由于社会变迁导致的村落社会政治—经济的相对发展或滞后，婚姻圈随之突破了原有模式发生或大或小的变迁。况且，不同的考察地点在自然地理环境和社会文化、经济发展水平方面均存在或大或小的差异。但是可以在考察通婚的具体地域的前提下，看通婚与市场圈、祭祀圈、社交圈之间的关系，以在更广阔的视野内来了解通婚的地理和社会范围。

3. 对相关研究成果的整体评述

我们可以看到，本书所采用的从宗族之间的联姻来看乡村社会亲属制度的视角并不十分新鲜。然而这些研究同时也表明了这种声音虽然存在，但与宗族制度研究相比，仍然处于喑哑状态。

首先，部分研究侧重于姻亲之间的社会交往方面，而忽略了对空间层面——通婚圈的研究。这一部分主要是国外人类学学者和汉学家的成果，他们几乎都会考察到姻亲交往的仪式层面，对于日常生活中的互动所谈甚少，当然葛伯纳是一个例外。此外，还有国内社会学界对改革开放以来姻亲在农村经济生活中的地位的考察，这些成果恰恰侧重于日常生活中姻亲之间的各种经济往来。庄英章指出，在探讨有关婚姻的问题时，了解选择配偶的范围和结婚年龄的大小是十分重要的，因为由此可以看出婚姻的地

---

① 王铭铭：《社区的历程——溪村汉人家族的个案研究》，天津人民出版社1997年版，第45、136—141页。

② 吴重庆：《社会变迁与通婚地域的伸缩——莆田孙村"通婚地域"调查》，《开放时代》1999年第4期。

域基础及婚姻关系网络的发展。冈田谦也看到了所谓"婚域"的研究给予社会结构的意义。① 如果要全面研究姻亲之间的社会性往来，通婚圈必然是一个具有限定意义的前提，它的大小可能会决定姻亲关系的松散或者密切。试想，如果它的范围不相对固定或者地理空间过于广阔，姻亲关系许多的"约定俗成"何以形成？实际上，当地理空间被村落划分开时，自然就具有了社会、人文空间的意义。通婚圈因此可以被看作是一种社会文化网络的黏合方式，其间必然涉及人文性的实际交往和各种规范。

其次，是对姻亲关系的空间层面的研究。注重姻亲关系的社会层面的研究固然有意或无意地忽略了对姻亲关系的空间层面的研究，但单纯研究通婚圈的成果实际上也是过分偏重于通婚圈的地理范围和所受到的生态、交通、市场和宗教的影响，以及近些年发生的变化，尤其是将视野基本限定在地理范围。由于侧重于地理范围，因而对内部家庭之间、家族甚至村落之间的互动涉足较少，我们只能看到一个静态的地理圈子，而看不到人们在其中的主动建构与文化选择。实际上，姻亲关系的具体交往对空间或群体观念也会产生弱化或加强的影响，例如当涉及相互通婚的家庭与家庭、宗族与宗族甚至村落与村落之间的关系时，本来与通婚无关的人可能会由此增加对对方群体的认同和亲密度。在某种现实条件的刺激下也有可能会利用拟姻亲的称谓来加入原有的姻亲群体，甚至会夸大姻亲关系的重要性，更增加了在两个群体之间建立新的姻亲关系的可能性。

总之，对于姻亲关系的某一方面的偏重，为学界再研究留下了大量的空白和机会。本书将对姻亲关系的具体交往做更清晰和更全面的描述和分析。姻亲的空间分布将综合地理分布和空间分层两个方面，试图透过范围的大小来表现姻亲关系的松散或者紧密。由于姻亲关系主要表现在操作层面，因此不能完全从理念出发，需要兼顾到姻亲关系的实际表现，包括业已习俗化的行为和日常生活中的互动。现有研究成果较少分析姻亲与乡土社会宗族制度、亲属关系进而与社会结构的关联，笔者将尝试对姻亲关系做结构分析。但是仍然需要强调的是，只有在姻亲关系的运作中，它们才能在结构上表现得更加规范，意义更加鲜明。

因此，在村落研究的视野内，从弥补宗族范式的角度出发，探讨姻亲关系的秩序与意义，以加强对中国农村亲属制度的认识，进而增加对乡土

---

① 参见庄英章《家族与婚姻——台湾北部两个闽客村落之研究》，（台湾）中研院民族学研究所，1994年，第227页。

社会结构的理解，才是姻亲关系研究的主要任务。费孝通先生所说的三角中的两性关系轴线和代际相传轴线实际上就是姻缘关系轴线和血缘关系轴线，它们是支撑乡土社会结构的主要力量，缺一不可。两者是不同的社会联结的手段，一个是联盟的、自然的，一个是整合的、文化的，总之都在联系着人群。通婚圈是呈现传统社会生活与文化活动的空间场域，是某种人文社会的区位。通过女人的流动与交换建立起来的姻亲关系在家庭之间、宗族之间、村落之间展开互动的结果，就是超地方社会的形成。作为超地方社会形成的方式之一，姻亲关系以各种形式述说着某种稳定的社会关系和人文风貌。由于联姻这种文化手段实际上和宗族制度共同成为建构乡土社会的主要方式，因此我们可以说是亲属关系以纵横两种形式提供了某种贯穿于中国乡土社会层面的联结力量。

二　本研究的主要内容、意义及其研究方法

（一）主要内容及意义

本研究主要内容包括七个部分：

第一，从各个角度考察村落的通婚圈，认为通婚圈是呈现传统社会生活与文化活动的空间场域，是某种人文社会的区位。通婚可能是最基本的区域联系的方式，并且由于其区域范围相对固定，且习俗规定了姻亲之间一系列必要的往来，保证了姻缘关系在很大程度上能够满足人们的多元需求。人们在选择通婚对象时，通婚村落的社会位置和物理距离是人们关注的主要方面，它们对于维护姻亲关系的秩序以及未来姻亲关系的权利和义务的实现有着至关重要的意义。总之，通婚圈映射出人们选择配偶的方式与姻亲交往观念，其相对固定表现出人们与姻亲的交往十分频繁，易于形成一些约定俗成的交往规则，从而建立符号的公共性、确保符号表达的有效性，而"符号表达的有效性前提涉及的是交往共同体当中主体相互之间共同分享的背景知识"[①]。因此，在一个相对稳定的通婚圈内寻找配偶就有了意义。通婚圈内部有共同的社会文化，有共同的象征知识。这些约定俗成的习俗确保人们会遵守同样的规定与禁忌，在使用象征进行交流和

[①] ［德］尤尔根·哈贝马斯：《交往行为理论：行为合理性与社会合理性》，曹卫东译，上海人民出版社2004年版，第13页。

沟通的过程中不会遭遇障碍和发生误会。

第二，是"姻亲关系的仪式性表达"部分，分为两章进行处理，主要是通过田野调查资料展示姻亲关系的建构（如婚礼）和生育仪式对姻亲关系的维护与延续意义，以及丧葬仪式对姻亲关系的展演与重组。

作为一种社会关系，姻亲关系的结构在仪式中表达得最为清晰，易于观察。姻亲关系的仪式化表述是一种偏于理想的表述，虽然总是会掺杂着复杂的现实因素，但是和仪式之外的生活情形相比，仪式仍然可以代表一种理想状态。而且，在仪式之外的生活情形，常常受到在仪式中所体现和运用的原则的影响。仪式中的原则在一定程度上可以决定、影响非仪式生活的实践。姻亲关系的仪式性表达是地方的文化表演。通过这种表演，姻亲关系的观念、原则以及秩序都有较为全面与充分的展示。

尤其是人生礼仪更能直接体现姻亲之间往来的规范性内容，它是人进入一个社会阶段时的文化逻辑，体现了一个人所处的社会关系网络。由于各种仪式的性质不同，参与仪式的姻亲群体也不同。这就涉及联姻双方的群体识别问题。婚姻从新婚夫妇一直到两家的亲族，都有具体的运作与表现。婚丧嫁娶仪式从某些方面来看是以家族为单元来进行运作的，但是个体家庭才是仪式的实际行动主体，是仪式举办力量的主要来源。姻亲关系超越了家庭的范围，尤以婚礼和丧礼最为明显。在这两种仪式中，姻亲关系透过家族和村落这些社会单元的交换来缔结、维持和延续，而且这种更大范围的姻亲关系的运作不仅仅体现在仪式方面，在经济、政治方面体现得更为明显。

婚姻偿付习俗与生育共同确立了姻亲关系中的"亲戚理"——阶序性关系。在以后的往来中，这种阶序关系对姻亲之间的交往产生了决定性的影响。而一系列的仪式包括分家、生育、丧葬改变了姻亲关系的结构，使相关人员之间的关系结构得到重组或强化。人生仪礼与节日期间的相互拜访和礼物往来相结合，一起不断重申和强调姻亲之间的相互关系。透过这些不同的仪式，姻亲关系的结构随着代际进行持续的更替，从而保证了它的相对稳定性，这是一个动态的人际关系网络的持续建构过程。

第三，从婚姻偿付机制探讨该习俗对姻亲关系的意义。

首先，从有关嫁妆和聘礼的研究来看，相比之下人们更关注嫁妆，这可能是因为大多数社会都是女性而非男性在流动。学者的观点可以说是众说纷纭，其实如果把任何一个理论拿来和某一个个案相互对照，可能会发现一个理论是很难解释地方性知识的。再者说来，如果考虑到历时性，不管是嫁妆还是聘礼，它们在联姻家庭之间的转移可能就不是一种理论解释得了的。尽管学者对嫁妆与聘礼的看法差异很大，但他们还是站在一个共同的基点之上，即它们在新娘出生家庭和新郎家庭之间的婚姻联系的建立上是一个重要的因素。

其次，利用田野调查来展示华北乡村的嫁妆实践，表明嫁妆的有无和多少不单纯是一个经济的问题，其社会与文化内涵从嫁妆的实践过程也可得以昭显。从整个婚姻的缔结过程和婚姻缔结以后的姻亲往来来看，聘礼有助于确立和巩固联姻家族之间的姻亲关系，嫁妆则可以维护亲属关系的结构，帮助平衡、协调姻亲之间的正常往来，同时与嫁女在受妻集团的生活也是息息相关。二者均是联姻家族之间为了建立长久、和谐的姻亲关系而采取的交换体系中的一部分，是一种基于社会文化意义上的经济交换。

第四，着重从嫁女与娘家的实际互动来看姻亲关系的实际交往。

首先，探讨男女两性亲属关系的差异。造成差异的根本原因在于从夫居制度以及社会性别制度。嫁女的姻亲关系以结婚为界限分为两个阶段，从夫居制度使得女性婚后不得不离开自己原来熟悉的生活环境，去面临一个新的日常交往群体，了解并适应新的关系网络。

其次，女人在家族之间的流动，建立了家族之间的姻亲关系。而姻亲之间的往来作为一种严密的体系，具有一定的结构和模式，其中既有仪式上的往来，也有日常生活中的实践。嫁女回娘家，作为一种既受到日常习俗的制约又有实践形态的人际交往，最能体现儒家文化中的和谐意识在民俗上的深层影响，这是民俗服务于生活的一个典型功能。嫁女因婚姻导致身份转变，在回娘家方面就产生了各种习俗，这些习俗恰恰是姻亲交往秩序在日常生活层面的表达。

接下来，立足民俗学，利用民俗学的田野作业方法，对嫁女与婆家、娘家的关系进行论述，指出嫁女在两个联姻家族关系网络中的具体位置，旨在回答这样的问题：嫁出去的女儿究竟是娘家人还是婆家人？或者说她和婆家、娘家的关系究竟是不是非此即彼的状态？一方面，本研究承认，嫁女在民俗化语境中，与婆家的关系仍然符合儒家经典文化的范畴，嫁女确实在父系宗族文化体系之内被娘家排斥、疏离出去，但是这并不意味着嫁女与娘家就完全脱离了关系。嫁女与娘家存在着密切的关系，同时嫁女在制度性文化的许可范围之内发挥出一定程度的能动性。另一方面，嫁女与娘家在非正式文化尤其是日常生活上保持着亲密联系，特别是嫁女造成的姻亲关系对联姻双方具有重大意义。尤其要指出的是，嫁女即使在死后也不会与娘家彻底脱离关系，这不仅指姻亲关系的代际延续，同时也是在更为深远的观念层面。通过父系宗族制度、嫁女、姻亲关系三者之间的交互作用，来理解嫁女与娘家的关系，强调的是将嫁女置于亲属制度体系和姻亲交往的动态过程之中来理解她所处的地位，同时也不忘历时性视角，稍微关注一点动态变化，尤其是近三十年来社会的变化对嫁女与娘家联系的意义。

第五，讨论姻亲关系对宗族组织的影响。华北村落存在着多姓聚居的情形，姓氏之间的联姻在村落的形成上发挥了主要作用。村落的结构形态是多姓联姻聚居，这会使得村落意识更加突出。姻亲关系对宗族制度的影响包括两个方面：前者对后者既具有离心作用，又具有维护和协调的功能；而对前者来说，后者是它的运作环境。

一说到宗族，人们总是会强调宗族的团结理念，它与宗族的延续理念共同支撑、维护了中国的家族制度。当这种理念落实到具体的运行过程中，我们也会发现，家族制度的具体运行存在一种分裂倾向，宗族的理念和现实之间具有不同一性，或者说现实在某些时候对理念有不同程度的背离。这种分裂倾向既有给妻集团的参与，也有家族内部的自然表现。只是这种家族内部的自然表现，也是在异姓女人的介入之下引发起来的，因此我们说家族的分裂倾向和异姓女人有莫大的关系。尤其是在个体家庭之间面临利益之争时，彼此也会暂时压制团结理想，借助姻亲的力量来与兄弟家庭进行激烈的竞争。此时，姻亲关系就成了一个有意或无意的加剧甚至挑起竞争以致影响家族团结理想的因素。

此外，宗族是一种高度制度化的组织，其运行离不开明显没有进行体系化规定的、仅仅在行为层面上得到习俗化的宗族外部的姻亲关系。宗族制度与精英理念的约束和控制有关，而姻亲关系更多地体现了民众的自组织性。从田野调查可以发现，人们并未把姻亲关系放置到一个高不可仰的地位上，毕竟宗族制度在某些情形下是姻亲关系运转的语境——正因为人们强调宗族制度，强调家族血缘的延续，姻亲关系才得以被尊重。由于异姓女人的介入，家族的延续得以实现，而她的介入也可能会加剧兄弟之间的竞争，导致了家族的分裂。但是异姓女人所带来的姻亲关系却也有调适和维护意义，这是由姻亲关系的动态性秩序来辅助完成的。给妻集团能够协调受妻集团的矛盾和分歧，换言之，后者的秩序在部分意义上是要依靠前者来维持和稳定的。此外，在宗族发展的早期，其他社会关系尤其是姻亲关系由于能够扩展、巩固或强化联姻家族之间、村落之间的联系，对宗族发展影响巨大，从而成为宗族力量的有益补充。

第六，讨论姻亲之间的交往秩序与意义。仪式对姻亲关系有一个统一的表达，那就是两个联姻家族之间存在着一种阶序性关系，这种关系若在地域上以一个核心通婚圈为范围，在时限上以两三代为长度，那么两个联姻集团之间无论经济层面的交换还是仪式上地位的高低最终都能实现平衡，但这种平衡并非是在同时、同地实现的，因此体现出一种"不对称的平衡性"。对姻亲关系理念有所影响的还有情感方面与经济方面，二者看似是对阶序性关系的违背，实际上却是对它的补充。从姻亲之间的阶序性关系来看，给妻集团必然享有受妻集团的多方面的帮助，因此人们更愿意增加与不同家族或加深与同一个家族之间的通婚关系。不只姻亲称谓及其分类表明了这种秩序，同时礼单也展现出人们观念之中的亲属网络。礼单以礼物的价值和指标清晰地体现出联姻家族之间的"亲戚理"——阶序性关系。这种阶序性关系与礼物的内容和经济价值的大小有一个互释的关系，人群与人群之间的关系决定了礼物的价值和流向；反过来，礼物的价值和流向也足以区别人群之间的关系。

结语部分是本研究的一个总结。着意研究华北乡村社会的姻亲关系，并非因为华北宗族不像华南宗族那样有特点显著的血缘共同体，而是由于研究姻亲关系有助于增加对乡土社会亲属制度以至社会结构的认识，并且姻亲关系在生活中的实际操演是一种重要的社会资源，发挥着宗族所不能替代的作用。联姻家族之间由于女人的流动存在着一种阶序性关系，这种关系划定了不同的权利和义务关系，确保了姻亲关系对生活的支持功能。姻缘关系轴线是一种与血缘关系轴线不同的社会联结手段，与父系继嗣通过血缘关系牵连的大多是一个村落相比，女人的流动建立起来的姻亲关系却以一定的秩序在族际、村际互动中展开，其结果是地域社会的形成。

不管是宗族制度还是姻亲关系，两方面都与生物、自然的性质有关，同时也都受到了文化的规定。相对来说，宗族制度是一种"文化"的建构，是后起的，具有明显的地方性。在汉族社会，文化内化了宗族观念，父系血缘的纵向联系因此成了乡土社会的主导原则。但不管宗族制度是否存在以及其特征如何，姻亲关系都是社会再生产所必需的，它是一种"自然"的建构，具有贯时性和普适性。亲属关系正是由单系血亲的纵向传递和姻缘的横向联合使得同一地缘的人们结成紧密的亲属关系，由此形成了一个相对严密的亲属组织结构。宗族制度与姻亲关系一经一纬构成了社会的网络式结构，每一个人都会在网络中得到一个相应的位置。

对姻亲关系的探讨除了能让我们从另一个维度来看乡村社会亲属关系以外，还能让我们重新理解过去的一些观念。比如我们向来以为在亲属关系上汉人社会是单系偏重的，这实际上是文化观念的视角。若从姻亲关系在生活层面的实际操演来看，母系所带来的姻亲关系的作用实在不能被轻易抹杀掉。它不仅在经济、政治方面有重要的意义，对我们所偏重的那一系也具有不可忽略的重要性。父系与母系的传统划分完全是基于血缘和权力分工的体制，如果考虑到处于亲属网络中的人们在生活层面的双向联系，很难说我们的社会就是父系的，"父系社会"的概念在实际生活中也很难发现比较准确的对应形态。因此，亲属制度的单系偏重性质可能需要我们重新考虑，至少从生活的实践层面来看，亲属制度是双系偏重的。

因此，本书的意义在于，对姻亲关系的探讨除了能让我们从另一个维度来看乡村社会亲属关系的另一面以外，还能让我们重新理解传统观念。在生活层面上切实观察中国乡土社会姻亲制度的基本特征，也能够增强民俗研究的学术和社会功能。此外，从资料学方面而言，虽然已经有关于港台地区的姻亲关系的研究报告，个别甚至比较详细，但在中国大陆尚缺乏以田野作业和个案研究为方法对姻亲关系予以系统描述的报告。本研究选取几个具有典型意义的村落作为基本案例，以第一手材料为主对姻亲关系进行系统性论述与阐释，尽可能完整地呈现姻亲关系在生活层面的运作状态。

（二）民俗志与田野作业

本研究的重点之一在于考察姻亲关系建立的过程。之二在于对姻亲关系建立以后，两个联姻宗族之间的关系、互动、秩序问题进行清晰把握。之三在于对姻亲关系如何导致宗族内部的分裂并有助于维护宗族团结给以注意。这三个重点需要通过大量细致的田野调查来完成。重点之四，同时也是本研究的难点，是对学界传统上将我国作为"父系社会"的观念进行反思。另外一个难点就是，目前一些行为层面的东西正在逐渐渗透到人们的观念之中，表现形式趋于隐秘，还需要长期深入调查，在最大程度上贴近村民心理，挖掘出民俗的心理层次上那些难以观察到的微妙的东西，了解民众生活和思考的逻辑。这一点通过研究人员进行长期参与式观察、短期田野访谈来解决。

"民俗志之所以不单纯是资料基础而且还进一步作为本学科体系中的基本研究方式，这是与民俗志研究者深化了对民俗本质的认识和增强了推进学科发展的问题意识密切相关的"；作为民俗学者最主体的写作方式，民俗志关键在于描述要准确、深刻、细致、丰满；作为民俗学学科特点和占据主体位置的"研究方式"，民俗志的目的是对确定村落的村民及其社会生活做出可信的描述与有根据的分析。① 近十几年来，在民俗学领域中出现的民俗志主要有两种叙述模式，分别是区域本位和事象本位。② 本书在叙述模式上将结合两者的特点，即一方面以华北乡村为区位进行田野作业以获取资料，另一方面则把民众姻亲关系作为透视民众生活的聚焦点，提倡"生活世界"③的研究和写作方式。

由于民俗学早已形成自己比较独特的研究风格，必须直接"阅读"民众生活这个"文本"，因此田野作业方法必然要成为民俗学获取资料的首选方式。利用田野作业获得资料是民俗学的学科特点。田野作业的意义不仅仅在于搜集资料，它同时也是方法论。④ 姻亲关系是"实际生活中不可测度然而极其重要的事实"⑤，只能通过相互交际的典型细节、通过个体的行为做派才能具体表现出来。这也是决定本书必须采用田野作业和民俗志式的研究方法的原因之一。田野作业所搜集的资料有别于文献材料的价值，除了鲜活真实以外，更在于这是利用多种技术和手段来获得的第一手资料。因此在本研究中，广泛收集事实和具体资料⑥就成了田野作业内容的要点之一。民众传统的亲缘亲属意识属于民间文化思想中较难揭示的一面，只有通过个体和集体实践才可能间接地表现出来。因此在具体的调查中，本书采用个案式调查，尽可能地用个案资料来说明问题，目的在于"确立某种能被接受的具体和实际的定理或陈述"⑦。

由于姻亲关系在生活中的展示往往可能是隐秘的、难以外化的生活现象，可能很难获得比较客观的调查资料。对于这一点，笔者尽可能就一个

---

① 刘铁梁：《民俗志研究方式与问题意识》，《北京师范大学学报》1998年第6期。
② 对区域本位和事象本位的区分，参见周星《中国民俗学研究的"区域本位"和"事象本位"》，中国民俗学会成立20周年研讨会会议论文，北京，2003年。
③ 高丙中：《中国人的生活世界：民俗学的路径》，北京大学出版社2010年版。
④ 赵世瑜：《关于民俗研究的说三道四》，《民俗研究》2003年第2期。
⑤ ［英］B. 马凌诺斯基（B. Malinowski）：《西太平洋的航海者》，梁永佳、李绍明译，华夏出版社2002年版，第14页。
⑥ 这不仅仅是举几个例子，而是在可及的范围内尽可能穷尽所有的案例，"常态与特例是互为补充的，如果民族志者能明察秋毫，他就能标示出两个极端，常规情形就处在这两个极端之间"，要"找出典型化的思想和情感，使之与某一给定社区的习俗和文化对应，并以最有说服力的方式理清结论"。参见［英］B. 马凌诺斯基（B. Malinowski）《西太平洋的航海者》，梁永佳、李绍明译，华夏出版社2002年版，第16—17页。
⑦ ［英］拉德克利夫-布朗：《原始社会的结构与功能》"导论"，潘蛟等译，中央民族大学出版社1999年版，第2页。

事例以对一人访谈为主并以对多人访谈为补充。此外，在田野调查中，强调既进行主观参与观察，又进行客位行为的自观性分析。本研究主张用当地社会的概念①来分析通婚以及姻亲交往的原则。为了能够找到村民的而不是学者的视角，为了能够体验而不仅仅是观察他们的日常生活，运用"主位"②操作方法，提高本地人中提供信息者在本书中的地位。③ 当然，这不是说一定要将当地人的描述和分析作为最终的判断，而是要力图通过本地人的行动和言语去透视隐藏在其身后的动机，尽可能接近当地人的生活实际。民俗学的田野作业方法还决定了本研究即使是在田野作业的地理区域之内也不具有完全的普遍性，因为在调查中研究者还发现了个体、家庭、阶层的差异。

除了对田野作业所获得的具体资料的分析以外，本书作为民俗学研究同时还意味着要对研究者的身份进行客观评价。本书首先从嫁女的生活经验出发，而研究者同样具有嫁女这一身份，这一点当然有助于理解被研究对象。作为一个已婚者，笔者也需要在适当的时候拜访亲戚，也会参加亲戚举办的某些仪式，因此是能够体验到许多姻亲关系上的微妙之处的。这种体验为笔者和访谈对象进行自然的交流提供了方便。就此而言，笔者的生活经验也成为一种研究对象，在这个意义上，笔者同时也是局内人和被研究对象。在具体调查、研究的过程中，笔者也常常警醒自己，要注意分离、解读不同身份。身为局内人，在搜集资料、理解被研究对象、深入挖掘嫁女情感格局方面的优势自不待言，然而也正是因为了解得太多，才自然延伸出有关伦理问题。比如，访谈过程中研究者从局内人角度出发进行的自我抒发，是否客观？是否存在着借此"引诱"访谈对象坦承内心的企图？甚至存在着将这种坦诚扩大到超出访谈对象实际心理承受能力的危险。这些问题仍是笔者思索不止的。

---

① 施耐德说过，欧美人类学对"异文化"亲属制度研究，已广泛渗透了西方人对亲属制度的偏见并已为西方人那种固执的生物学意识形态所"玷污"了。他认为，"异文化"民族志作品中有关社会制度和文化观念的分析，事实上深受西方社会的法权观念制约。具体地说，亲属制度等常识性理解、特定分析概念以及分析惯例本身来自于人类学家自己的社会。为此他倡导人类学家应该针对西方本土社会进行细致的民族志研究。参见王铭铭《想象的异邦》，上海人民出版社1998年版，第183—184页。

② [美] 马文·哈里斯：《文化唯物主义》，张海洋、王曼萍译，华夏出版社1989年版，第37页。

③ 笔者认为，民俗学者在田野作业的基础上完成的论文，在某种意义上来说，应是访谈人和受访人合作的结晶。笔者也希望通过本书能够体现这一想法。

比较法与归纳法这两种方法是诸多学科共有的研究方法。① 关于姻亲关系，虽然专门对之进行研究的学者不是很多，但在一些民族志资料中处处可见点滴的描述，在适当的时候本书也会用这些资料与我们实地调查所获得的第一手资料进行比较。此外还将用到归纳方法，"归纳的本质就是形成通则（generalization），一个具体的事实被解释为一般法则的一个例证"②，从诸多现象中探求本质，希望以此增强理性思考的诉求。

（三）华北乡村：研究区域的选择与村落调查说明

社区研究法是将社区作为一个整体的小社会进行研究。人类学社区研究法的基础是马凌诺斯基建立的，实际上中国学者早在20世纪30年代就已经开始以社区为单位进行乡村社会研究。③ 费孝通先生也以社会人类学整体论民族志描述乡土中国，他1939年发表的博士论文《中国农民生活》一直被学界作为以小型社区为着眼点进而了解中国社会的实验性范例。在后来的《乡土中国》中，他说："以全盘社会结构的格式作为研究对象，这对象并不能是概然性的，必须是具体的社区，因为联系着各个社会制度的是人们的生活，人们的生活有空间的坐落，这就是社区。"④ 黄宗智与弗思也曾明确提出过研究中国社会应以村庄作为一个基本单位。⑤ 除了以村落作为研究单位，还有弗里德曼的宗族范式、施坚雅的"基层

---

① 钟敬文：《中国民俗史与民俗学史》，北京师范大学民俗典籍文字研究中心：《民俗典籍文字研究》（第一辑），商务印书馆2003年版，第16页。
② ［英］拉德克利夫-布朗：《社会人类学方法》，夏建中译，华夏出版社2002年版，第6页。
③ 当时燕京大学吴文藻结合了英国功能主义人类学和美国芝加哥学派的社会学理论，对"社区"（community）进行了系统化界说，认为"社区既是指一地人民的实际生活，至少要包括下列三个要素：（1）人民；（2）人民所处的地域；（3）人民生活的方式和文化。"社区具有鲜明的地域性，单位可小到市镇、村落、邻里，大到都会、国家、世界。他还主张"社区"是了解社会的方法论和认识论单位，强调社区民族志，提出从社区着眼来观察社会、了解社会。吴文藻：《花篮瑶社会组织》"导言"，费孝通：《费孝通文集》（第一卷），群言出版社1999年版，第485页。
④ 费孝通：《乡土中国生育制度》，北京大学出版社1998年版，第91—92页。
⑤ 黄宗智曾站在经济与社会层面而非文化层面对那些深受斯金纳影响的西方学者提出批评，认为他们在研究中国农村社会结构时忽略了"村庄"，而村庄应当被视为一个基本的研究要素（参见［美］黄宗智《华北的小农经济与社会变迁》，中华书局2000年版，第21—27页）。弗思则明确提出村庄应作为一个研究单位，认为农村社区是中国社会的基础，研究中国农村社会应当通过对一个村庄的田野调查来进行，研究者应以村为单位，考察居民的相互关系如亲属的系谱位置、权力的组成运作、经济组织的运转、宗教信仰的类型、仪式的特点以及社会合作的途径等（参见夏建中《文化人类学理论学派——文化研究的历史》，中国人民大学出版社1997年版，第151页）。

市场社区"、劳格文的"乡镇"。① 尽管如此,以村落为关注对象的著作仍然层出不穷,例如林耀华的《金翼》、王沪宁的《当代中国村落家族文化》、庄孔韶的《银翅》、阎云翔的《礼物的流动》、杨懋春的《一个中国村庄——山东台头》等。②

社会学、人类学把村落作为基本的研究单元的理论模式是与民俗学对村落的关注相关联相呼应的,后来刘铁梁将之作为一种研究理念确立下来,使村落成为民俗学的一个基本研究单位之一。③ 民俗学将村落视为民俗传承的生活空间④,也就是把村落作为一个分析单位切入民俗学研究⑤。村落民俗学作为一种方法论的研究理念近年来已经在民俗学专业的一些博士、硕士论文中得到了成功的验证。⑥

总之,民俗学、社会学、人类学、历史学等不同学科采用不同角度,共同将村落作为研究对象,表明了村落作为一个基本的研究单位开始受到前所未有的重视。这些尝试与成功经验在某种程度上既说明了社区研究理论的可实践性,又给出了以村落为基本调查单位的事实与理论基础。

---

① [英]莫里斯·弗里德曼:《中国东南的宗族组织》,刘晓春译,上海人民出版社 2000 年版;[美]施坚雅:《中国农村的市场和社会结构》,史建云、徐秀丽译,中国社会科学出版社 1998 年版;[法]劳格文:《闽西容家宗族社会研究》"序论",杨彦杰:《闽西客家宗族社会研究》,国际客家学会、海外华人研究社、法国远东学院 1996 年版,第 3 页。

② 林耀华:《金翼——中国家族制度的社会学研究》,庄孔韶、林宗成译,三联书店 1989 年版;王沪宁:《当代中国村落家族文化——对中国社会现代化的一项探索》,上海人民出版社 1991 年版;庄孔韶:《银翅——中国的地方社会与文化变迁(1920—1990)》,三联书店 2000 年版;阎云翔:《礼物的流动——一个中国村庄中的互惠原则与社会网络》,李放春、刘瑜译,上海人民出版社 2000 年版;杨懋春:《一个中国村庄——山东台头》,张雄等译,江苏人民出版社 2001 年版。

③ 刘铁梁特别从民俗生态学的角度提出"村落——民俗传承的生活空间"的民俗学理论,在中国民俗学领域首次确立村落研究在学科领域中的理论地位。他认为,民俗学研究者必须进行更加深入细致的田野调查,更加密切注意民俗事象的时空限制意义和民众的主体能动性,方可更好地理解"时空坐落"中的村落及其民俗。参见刘铁梁《村落——民俗传承的生活空间》,《北京师范大学学报》1996 年第 6 期。

④ 刘铁梁:《村落——民俗传承的生活空间》,《北京师范大学学报》1996 年第 6 期。

⑤ 赵世瑜认为在方法论意义上讨论村落研究,可以避免村落在中国社会研究中意义的问题上纠缠不休,参见赵世瑜《关于民俗研究的说三道四》,《民俗研究》2003 年第 2 期。

⑥ 刘晓春:《仪式与象征的秩序:一个客家村落的历史、权力与记忆》,商务印书馆 2003 年版;王杰文:《邻里纠纷与村落惯例》,北京师范大学硕士学位论文,2001 年;华智亚:《族谱与村民的记忆——塘村的个案》,北京师范大学硕士学位论文,2004 年。

但是落实到本项研究中，究竟以何种模式作为田野调查的基本单位？运用到姻亲关系的研究中，首先要求具有可操作性，能够提供一种方法论的指导。这种基本单位必须既有具体的地理边界又有明显的社会认同边界。村庄就是一个合适的单位，"农户聚集在一个紧凑的居住区内，与其他相似的单位隔开相当一段距离"；同时，"它是一个由各种形式的社会活动组成的群体，具有其特定的名称，而且是一个为人们所公认的事实上的社会单位"。①

本项研究的对象既然是姻亲关系，似乎起码应以一个姻亲关系网络来作为调查单位。但是由于姻亲关系较多地体现在家庭和家庭以及家族和家族之间，而家族对村落又具有依附性，村落对家族也具有规定性，这也是把村落看作是考察姻亲关系的一个合适单位的理由。

民俗学不同于人类学，它更侧重于对丰富性的探索②，以一个村落为研究单位，可以凸显地方性的研究视野。但是对村落的考察绝对不同于"社会缩影"式的调查，民俗学必须在更为全面而深入的个案研究基础上形成对某一类型民间文化的统一性与差异性的描述与阐释。为了在一个较大的空间跨度展示社会结构的机制，尤其是了解内容琐细、较难观察和概括的姻亲关系，仅仅研究一个村落显然是远远不够的，还需要在一个区域内部选择其他村落来予以佐证和比较。也就是说，一个村落的区域性意义过于薄弱，为了更充分地了解姻亲关系对乡土社会的意义，需要以多个村落为"点"，勾连成"面"来考察更广泛的区域，从而在更为全面而深入的个案研究基础上形成对某一类型民间文化的统一性与差异性的描述与阐释。鉴于研究力量的限制，本书选择华北地区为研究区域，田野作业涉及北京市、天津市、河北省、山东省、山西省。

为了对人们的生活进行深入细致的研究，研究人员有必要把自己的调查限制在一个小的社会单位内来进行。从实际出发，访谈人必须容易接近受访人以便能够亲自进行密切的观察；另外，被研究的社会单位也不宜太小，它应能提供人们社会生活的较完整的切片。③ 本书所选择的几个村落，从整体情况来看，适于个人力量对此进行调查与研究。

调查的主要村落之一是山东枣庄市山亭区红山峪村。之所以选择红山

---

① 费孝通：《江村农民生活及其变迁》，敦煌文艺出版社1997年版，第14页。
② 王铭铭、刘铁梁：《村落研究二人谈》，《民俗研究》2003年第1期。
③ 费孝通：《江村农民生活及其变迁》，敦煌文艺出版社1997年版，第13页。

峪村作为主要调查单位，也因为笔者已经具备了一些便利的条件。首先，笔者在滕州出生，并在那里生活了将近20年。滕州与红山峪村所在的山亭区实际上共同属于枣庄市，历史上就具有较为密切的关系，两地在社会文化方面颇有相似之处。① 这样笔者在语言上和文化理解上就有非常好的有利条件。众所周知，中国各地方言的差别是进行实地调查的实际困难之一。尽管当地仍然有些方言词是笔者所不熟悉的，但是发音基本相同，笔者可以结合具体言语情境或者在村民的帮助下来理解它们。其次，笔者的硕士、博士学位论文的资料搜集工作就是在红山峪村完成的。笔者不仅熟悉各个时代的婚礼，更重要的是建立了良好的田野关系，这是一个宝贵的财富。把姻亲关系作为调查目标，如果与村民不是非常熟悉的话，难以进行深入的调查。

即使是从研究对象的角度来考虑，红山峪村也具备了一定的典型性。该村是一个山村，村民共同居住在一个相对封闭的地域里。但红山峪村绝非华南那样的宗族村落，它最初是由11个家族以姻亲关系为主要联系方式渐渐组成的地域团体。家族之间的相互称呼皆由彼此的通婚关系来决定。作为一个以姻缘和地缘的结合为主而形成的村落，它的社会空间和社会组织的布局，不是完全以宗族为轴心的。而且红山峪村更大的通婚范围还是在村落之外，它的通婚圈实际上是一个超地方、跨村落的空间和场域。因此，我们完全可以以红山峪村为基础和中心，以通婚关系为线索，考察它的姻亲关系，这就不可避免地要延伸到周围区域，向外扩散至以某一标准为基准的某一区域，得以在较大的空间跨度中展示社会结构的机制。

本书总共获得的有效录音整理已逾50万字，另有35份礼单。在调查内容上，考虑的是姻亲关系体现的民俗事象，比如人生仪礼，但由于节日也是姻亲关系往来的重要场合，因此对这方面的调查也是相当丰富。除了访谈以外，本书还观察或参与观察了超过10场婚礼、5场葬礼以及若干婴儿出生仪式、部分节日，并在访谈对象的陪同下观看了4份人生仪礼的录像。

鉴于时间的原因，本书在除红山峪村之外的村落里选择调查对象时一般选择熟悉村落红白喜事的老人，或者有儿有女、处于完整的姻亲网

---

① 这使得本研究在某种程度上类似于安德明所说的"家乡民俗学"，参见安德明《家乡——中国现代民俗学的一个起点和支点》，《文化研究》2004年第2期。

络之内、熟谙人生仪礼流程的村民，在性别上也有所考虑。例如，选择山西沙堂村的王祥礼，高中文化，其妻夏双华，两人生活美满，都是40多岁，用王祥礼的话说就是"蛇盘兔，必定富"。他们有两个女儿，王祥礼本人兄弟姐妹共十人，他排行老六。大姐王祥玉嫁给本镇某村包汉仁；二姐嫁给本村李尚文；三姐嫁给本县某村张原涛；大哥王祥斌在本村；四姐嫁给本镇某村（该村在沙堂村西北不远）董令武；五妹嫁给本镇某村杨仁平；三弟王祥德在本村；四弟王祥瑞在本村；六妹嫁给本村张家成，家里比较富裕。他们有四个叔伯，其中有三个是王祥礼的亲叔伯，也都居住在本村。王祥礼的妻子夏双华娘家在本镇，有四个哥哥。因此对王祥礼的访谈能充分了解该村落所在区域的姻亲关系。该村另一个访谈对象高继瑾是经常在村里做红白喜事的总管。而对天津其村的调查选择在一个家庭范围里进行，但由于访谈的主要对象吕加新邀请了他的两个兄弟吕加才、吕加玉参与，而此二人均住在附近的东长屯村，加之吕加新之妻张增慧是附近有名的女经理，对红白喜事的处理极为熟稔，因此访谈的内容也能代表周围村落的情况。需要指出的是，除特殊情况（如山东红山峪村、河北范庄已在民俗学界驰名）外，一律按照学界惯例对村落采取匿名制。

表 1　　　　　　　　　　本书田野调查信息

时间	调查地点	调查人员	调查内容	有效录音整理	礼单
2000.7—2013.1	山东枣庄市红山峪村	刁统菊	访谈80余位村民；参与观察人生仪礼、嫁女回娘家等事象	200000	16
2004.6.18—6.20	北京台村、洪村	刘铁梁、刁统菊、李列	访谈12位村民	7800	1
2004.10.8－10.11	山东淄博市东营村	刁统菊、冯欣	访谈5位村民；观察有关仪式	30000	3
2007.2.21—2.27	山东莱阳市小姚格庄村	刁统菊、郭贵荣、张璐	访谈12位村民	20000	0
2008.10.28—11.1	山东菏泽市刘村	刁统菊	参与观察冷丧仪式	11000	1

续表

时间	调查地点	调查人员	调查内容	有效录音整理	礼单
2008.11.6—11.15	山西临汾市园村	刁统菊、刘晓文、袁振吉	访谈2位村民	55000	9
	山西晋城市杨村	刁统菊、郭俊红、袁振吉	访谈2位村民		
	山西太原市沙堂村	刁统菊、郭俊红、袁振吉、王丹婷	访谈3位村民		
2009.10.3—10.6	天津静海县其村	刁统菊、张玉、王娜、佘康乐、黄旭涛、舒德龙	访谈8位村民	60000	1
2009.2.22—2.28	河北石家庄市范庄村	刁统菊、袁振吉、丁志芳、王娜	访谈4位村民	16000	1
2009.4.30—5.5	河北邯郸市曲村	刁统菊、荣新、张玉、刘爱昕	访谈8位村民	28000	2
2009.4.5—4.9	山东淄博市淄河镇4村	刁统菊、刘清春	访谈5位村民	32000	0
2009.6.1	山东滕州市刁沙土村	刁统菊	参与观察婚礼	3000	0

续表

时间	调查地点	调查人员	调查内容	有效录音整理	礼单
2009.8.31—9.5	山东莱芜市颜庄镇7村	刁统菊、李久安、刘清春、张佳、郭凌燕	访谈10位村民	16000	0
2010.5.7—5.11	山东济宁市微村、湖村	刁统菊、余康乐、刘欣	参与观察婚礼与丧礼	10000	1
2010.6.15—6.18	山东潍坊市寒亭8村	刁统菊、王加华、徐伟、余康乐、李琳琳、刘欣	访谈16位村民	13500	0
2011.11.4—11.6	山东滕州市吉村	刁统菊、赵容、李倩	参与观察婚礼	5000	0

（四）"姻亲"的地方含义

由于本人侧重考察的是华北乡村社会的姻亲关系，因此在概念上趋向于地方性。这就需要分辨"姻亲"含义和其他对"姻亲"的定义。

从法律上来说，亲属关系的具体发生途径有三种：婚姻、血缘和法律拟制。这三种途径分别形成了配偶、血亲与姻亲。顾名思义，"姻亲"是以婚姻为中介而产生的亲属关系，具体来说又分为三种情形：配偶的血亲；血亲的配偶；配偶的血亲的配偶。从这三种情形来看，不仅公婆与儿媳互为姻亲，叔嫂之间、妯娌之间也是如此。但根据法律来划分人们的亲属关系，可能会和人们的地方观念、习俗发生严重的冲突。

一些研究者对姻亲关系的界定和我国法律类似。华若璧和詹娜认为一个女人和她的妯娌彼此就互为姻亲①,看来她们均未考虑到女人的最终归宿的意义,实际上是忽略了社会文化对亲属含义的框定和影响。② 不过弗里德曼和葛伯纳二人相对来说考虑到了社会文化基础,只是他们把母系姻亲和妻系姻亲③区分开来,其中妻系姻亲被他们称为"姻亲"。④

根据调查来看,从比较宽泛的意义上来说,华北乡村社会的亲属关系有三类。第一类是血亲,是由血缘的自然联系而形成的宗族关系,同一宗族的人互相称为"本家"⑤或"自家人",可以称之为血缘亲属。第二类是通过与不同家族联姻,即结成姻亲关系,可以称之为姻缘亲属。此外还有一类亲属关系,需要通过仪式来确定的,就是干亲关系和结拜关系。不管是拜干亲还是结拜兄弟或结拜姐妹,都是需要用一定的仪式(包含观念上的认同)确认的,参加了这个仪式,就有成为干亲或结拜兄弟/姐妹的资格,否则就是被排除在外的。干亲关系和结拜关系虽然不在一般我们所说的亲属关系之内,但是考虑到它们和朋友等关系的区别,有时我们也会把它放在亲属关系之内。大卫·K. 乔丹(David K. Jordan)把盟兄弟(sworn brothers)叫作仪式亲属。⑥ 受到他的启发,我们把干亲和结拜兄

---

① Rubie S. Watson, "Class Differences and Affinal Relations in South China", *Man*, New Series, Vol. 16, 1981, No. 4. 詹娜认为"姻亲系指以婚姻关系为中介所产生的亲属称谓,而姻亲关系即以配偶为中介,本人与配偶的直系或旁系血亲之间的亲属关系",比如公婆与儿媳之间的关系就是姻亲关系,参见詹娜《辽东民间社会的姻亲关系——以沙河沟村为例》,辽宁大学硕士学位论文,2003 年,第 4 页。

② 2001 年 3 月笔者与同学在泰山王母池庙会上碰到山东莱芜的一对婆媳。在了解了两人的关系以后,笔者问婆婆姓什么,她回答说:"姓宣",笔者再问儿媳同样的问题,她则奇怪地望着笔者说:"俺是一家子,当然也姓宣!"如此看来,她们彼此之间认同为一家人,即同属于丈夫家族。

③ 母系姻亲和妻系姻亲实际上只是代际不同而已,通过父亲的婚姻和儿子的婚姻联系起来的姻亲实际上都是姻亲。

④ [英]莫里斯·弗里德曼:《中国东南的宗族组织》,刘晓春译,上海人民出版社 2000 年; Bernard Gallin and Rita S. Gallin, "Matrilateral and Ritual Relationships in Change Chinese Society", Hsieh Jih-chang and Chuang Ying-chang (eds.), *The Chinese Family and Its Ritual Behavior*, Institute of Ethnology, Academia Sinica, 1985, pp. 101 – 106.

⑤ 红山峪村村民习惯上对同一个家族的人有一些不同的分类,比如说"我们是叔伯兄弟","我们是堂兄弟","我们还没出五服","我们是近门","我们是本家"。这些说法是在特定的情形下运用,当说到"我们是本家"的时候,包含两个含义,第一是我们是一个宗族的人,第二我们的关系虽然是一个宗族但并非近亲。本书通常以第一个含义为主。

⑥ David K. Jordan, "Sworn Brothers: A Study in Chinese Ritual Kinship", in Hsieh Jih-chang and Chuang Ying-chang (eds.), *The Chinese Family and Its Ritual Behavior*, Institute of Ethnology, Academia Sinica, 1985, pp. 234 – 264.

弟/姐妹都称为仪式亲属。这种仪式亲属不同于血缘亲属和姻缘亲属，具有自己的特点。

　　干亲关系不同于结拜关系，其最初建立就是以家庭为单位的。在调查过程中，我们发现，一般来说，两家由于初始关系密切才会有结干亲家的可能。① 干亲关系被认同的程度不高，"干亲不是亲戚"② 几乎得到所有受访者的认同。"干亲如拉锯，你不来我不去"，说明了干亲关系要依靠持续的往来才能维持下去。干亲之间背地里依照具体的情境可能会说是"干亲家"。"干亲家"是对应姻亲来说的，通婚结成的姻亲之间就是"湿亲家"。这种干亲关系，维持需要精心，而延续也很困难，到了干兄弟的一辈，关系就几乎很淡了，甚至还不如结拜兄弟。姻亲则不同，不但"姑舅亲，辈辈亲，打断骨头连着筋"，而且两宗族之间一旦联婚，就成为"千刀割不断的亲戚"，干亲却没有这样的效力。

　　干亲往往是人们遇到困难时候所建立的关系，也有两家关系好而在生下小孩以后相约做干亲的。人们认为"干亲不是亲戚"，主要是因为干亲没有像通过联姻结成的亲戚那样具有稳固的基础以及明显的延续性，后者正是亲戚的特性之一。因此，在礼物交流上，不像姻亲那样会遵照一定的规范。来自山东淄博城子村的一份娶妻礼单显示出干亲和其他亲属关系相比，没有礼物往来上的规范约束，尽管礼物分量超过了姑舅亲，但在性质上和新郎的朋友没有区别。而河北的调查资料显示，从形式上来看，干亲之间来往较多，参加仪式时上礼同样超过姑舅关系，但一般而言情感深度"还是不如姑舅亲"。

　　亲属关系内部两个最基本的分类是血亲和姻亲，姻亲实际上是和血亲相对的。不过在地方文化里，并没有"姻亲"这个词汇，只有"亲戚"。亲戚作为一个与宗族成员相区别的工具，与姻亲一样都可以区别血亲，因此二者可以相互置换。母系亲属就是姥娘家，这也是通过联姻建立的姻亲关系，与妻系亲属"丈人家"相比，只是代际不同而已。因此，笔者把母系亲属和妻系亲属统称为姻亲，认为姻亲关系是指一切

---

① 这种结论是要排除掉一些特殊事象，例如为了孩子好养活，去认刘（留）姓为干亲，或者认马姓、朱姓等姓氏。

② 有人认为认干亲多一门亲戚，经常来往，有利于生活、生产方面的互助。也有人认为本来两家关系很好，一旦结下干亲，就成为义务性的了，在来往中必须要及时、适当，否则关系就会发生疏远甚至断裂的危险。

经由联姻建立的关系，是宗族成员以外的亲属。对于男性来说，由于婚姻联系，妻子的亲戚就是他的亲戚，此外自己的姐妹及其配偶、父亲的姐妹及其配偶以及母亲的姐妹及其配偶，包括母亲的父母在内，都是他的亲戚；对于女性[①]来说，出嫁以后，出生家庭的父母、兄弟及其配偶、姐妹及其配偶成为自己的亲戚，其丈夫的所有亲戚在地方观念中经由婚姻而自动成为她的亲戚。

由于干亲的联系松散而缺乏习俗化，"亲戚"排除了"干亲"。血亲因为与宗族相关，因而就排除了出嫁的女性。在地方观念里，女儿出嫁就是"出门子"，一旦出了门子，就是"出姓的人"。虽然嫁出去的女儿回娘家的时候，招待比较随便，和自家人一样，与其他亲戚明显不同，并且娘家仍然会维护她在婆家的权益，但是这并不能说人们把嫁出去的闺女看作是一家人。恰恰相反，闺女一旦出嫁，马上就成了外人，娘家的事务她无权干涉，而且娘家人对她总是抱有许多不同于儿子的期待。所有调查地点的调查都能够说明嫁女出嫁以后娘家人可以在礼物交流上获得各种补偿，而且在天津的调查甚至可以说明即使在嫁女去世以后，仍然对娘家的繁荣兴盛发挥着关键作用。女人由于婚姻会重新获得姓氏，那就是丈夫的姓氏。这样看来，当两个不同姓氏的女人嫁给兄弟两个，她们应该是一家人，这和法律意义上的妯娌关系是完全不同的。

本书所说的"姻亲"完全是指亲戚，之所以在题目中不用"亲戚关系"而采用"姻亲关系"，是想要突出这种关系的媒介——联"姻"。此外，我们总是能根据女人的流向来确定姻亲关系的双方。笔者把嫁出女儿的家庭或家族称为给妻集团，而把娶来媳妇的家庭或家族称为受妻集团。在本书具体应用关系的双方时，"集团"有时候是指家庭，有时候是指家族，因此为了清晰起见，在所指为家庭时直接把关系的双方定为给妻家庭和受妻家庭，而"集团"在仪式场合可能更多的是指五服以内的家族近亲，其他场合大多可以指代全部的家族成员。

[①] 这种定义对女性来说具有重要的意义，因为是婚姻为女性设定了一个最终的社会位置。未婚女性没有适当的社会位置。李亦园认为冥婚的存在主要是对未婚早逝的女孩的社会地位给予一种补救的方式，弥补了家人对于早逝女儿不幸遭遇的缺憾，参见李亦园《从若干仪式行为看中国国民性的一面》，李亦园、杨国枢：《中国人的性格》，（台湾）桂冠图书股份有限公司1994年版，第181—200页。

三 研究设计

(一) 家庭——家庭叙述框架的选择

钟伟强（Wai-keung Chung）在他的论文中强调了家庭的功利主义，家庭经常发挥它的观念来调节宗族的组织原则以更好地服务于自己的利益。① 这表明家庭具有相对的独立性。刘铁梁则从更广泛的角度出发，把家庭作为掌握村落社会自治情况的事实上的观察对象，认为不能仅以"家族村落"的理念来认识中国农村基层自治组织的形态，姻亲交往、土地制度、特殊职业和村长对外势力等方面的传统习俗规范与文化心态，均牵涉到家庭之间的权益与地位关系。虽然各地方的婚丧嫁娶都会体现出家族的界限，但是几乎所有的制度性习俗又都体现出以家庭为界的利益与情感关系。②

张永健指出农民家庭是农业社会的基本细胞和基本经济运行单位。各种统计资料和研究已经充分证明，中国传统农民家庭不是多代合堂、同居共财的家庭结构形式，而是个体小家庭。但是这种小家庭也不同于现代家庭。它存在于以各种礼仪、习俗和法律所表达的复杂的、以婚姻关系为基础、以血缘关系为纽带的亲属关系网络之中，或说亲属网络联结着个体小家庭，它反映了传统农业社会结构与社会关系的基本特征。③ 但是这个"个体小家庭"的具体面貌是什么，张永健并没有给予说明。他所说的个体小家庭存在于亲属关系网络之中，这一点和刘铁梁所说的习俗规范牵涉到家庭权益是互为补充的。

王思斌提出了"网络家庭"的概念，并给出了具体构成形态。年轻

---

① 钟伟强认为弗里德曼的宗族范式不能概括中国宗族的表现形式。如果想要理解宗族变体的原理，宗族和家庭之间的关系就不应该被忽略。宗族的重要本质基本上是一个家庭组织，而家庭本质上是一个利益最大化者。家庭经常发挥它的理念来调节宗族的组织原则以更好地服务于自己的利益。他坚持认为，中国宗族的组织原则应该被理解为决定宗族组织的父系血统观念和表现成员家庭特点的家庭功利主义之间的妥协。宗族特征的变体在某种程度上是二者妥协的结果。参见 Wai-keung Chung, A Discussion on Chinese Lineage Organization, Department of Sociology, University of Washington, http://students.washington.edu/wchung/lineage.pdf, pp.7-8。
② 刘铁梁：《传统乡村社会中家庭的权益与地位》，《北京师范大学学报》2001年第6期。
③ 张永健：《婚姻丧葬礼俗与中国传统农民家庭制度》，《社会学研究》1994年第1期。

夫妻家庭的分立和老年空巢家庭的出现，使许多农村出现了为数不少的网络家庭。网络家庭指名义上互相独立，实际在经济、心理等方面有着密切的，甚至不可分离的联系的两个或几个家庭组成的家庭群体，它的一般表现形式是子代家庭与被赡养父母家庭组成的实体。在网络家庭中，子代耕种老年父母的责任田，老年父母则为子媳看顾孩子、料理家务。这两个家庭在居住上是分开的，但在生产甚至日常生活方面是合作的。在农村，这种家庭形式越来越多地被人们所接受。① 根据调查，网络家庭从外观上看起来，父母与已婚儿子别居另灶，似乎是两个不同的家庭。但从实际来看，不管是兄弟分家，还是父子分家，并没有分"亲戚"，网络家庭在姻亲往来上并没有明显的区分，对外仍然是一个利益和情感的综合体。

在姻亲关系的研究中，有学者注意到联姻双方两个集团的地位②，但在关系双方具体范围的界定上都十分模糊。事实上，在姻亲关系的具体交往中有一个"隔代报偿"的原则，例如兄妹姐弟之间的关系，也表现在姑妈与娘家侄子的关系上，父亲与女儿的关系将延续到姥爷与外孙的关系上。总之，姻亲之间的关系不管是利益交换还是感情交流，不是随着个人生命的结束而终止，而是以家庭为单位，连续表现在几代人的生活中。这个家庭单位，不是张永健的"个体小家庭"，而是王思斌所说的包含至少三代人的网络家庭。因此，对于结成姻亲关系的双方，本书将采用"家庭—家庭"这个框架。③

姻亲关系在从夫居的社会里，对于姻亲群体的建立和群体的内部关系具有结构性影响。虽然联姻造成的关系在家庭单位上体现得最为明显、最为充分，但并不止于这范围。在宗族的层次上，姻亲关系偏于仪式性（比如丧礼）的方面，在村落的层次上则体现了区域联合的内容。因此，

---

① 王思斌：《婚姻观念的变化与农村社会亲属化》，《农村经济与社会》1990 年第 5 期。

② Arthur P. Wolf, "Chinese Kinship and Mourning Dress", Maurice Freedman, *Family and Kinship in Chinese Society*, Stanford California: Stanford University Press, 1970; Maurice Freedman, "Ritual Aspects of Chinese Kinship and Marriage", Maurice Freedman (ed.), *Family and Kinship in Chinese Society*, Stanford California: Stanford University Press, 1970; Emily M. Ahern, "Affines and the Rituals of Kinship", Arthur P. Wolf (ed.), *Religion and Ritual in Chinese Society*, Stanford California: Stanford University Press, 1974.

③ 这个框架与李霞的"娘家—婆家"框架类似，但她是站在女性主义立场把女性放在两个家庭的中间，特别强调的是女性的亲属关系，参见李霞《娘家与婆家：华北农村妇女的生活空间和后台权力》，社会科学文献出版社 2010 年版。本书注重的是以家庭为单位来看姻亲关系，同时从家庭往外延伸到家族和村落的层次。

本书不会局限于家庭—家庭的框架。不管是宗族还是村落，作为一个整体的时候必定会清晰地显示出它的个性，所以在通婚关系上不能忽略宗族—宗族以及村落—村落框架的意义。① 在下文中，笔者还要对姻亲关系在宗族层次上的表现进行说明。

（二）理想与实践的二分法视角

利奇（E. R. Leach）从对亲属称谓的研究出发，认为田野工作者有三个行为模式的层次需要考虑：个体的实际行为（the actual behavior）；所有这些个体的行为模式的平均状态构成了"规范"（the norm）；当地人对他及其社会的行为的描述构成了"理想"（the ideal）。田野工作者因为时间有限，只得依靠有限的报告人，而且总是试图把第二种模式和第三种模式看成一样。但是利奇对这两种模式是否完全一致存在着疑问。在亲属制度的研究中，这是一个重要的区别，因为任何对亲属制度的结构分析必定都是对理想行为（the ideal behavior）的讨论，而不是规范行为（the normal behavior）。② 根据笔者的田野经验，人们对自己及其社会的行为的描述，并不完全是"理想"状态。受访人在描述他们的姻亲交往时，除了发表概括性的意见（这些意见差不多可以认为是理想状态）以外，也常常从具体的例子出发，或是证实人们的行为规范，或是表明人们对行为规范的背离。

布迪厄（Bourdieu Pierre）把社会行为划分为系统和个人行为。他提出了"实践"（practice）概念，认为它是系统和个人行为之间互通的中介。在他看来，实践一方面实现了个人的利益，另一方面在某种程度上又是结构和体系再生产的机制。在布迪厄看来，亲属关系可以分为两类：正式的亲属关系（the official kinship）和实践的亲属关系（the practical kinship）。③ 正式的亲属关系指的是基于系谱关系的亲属关系，这种关系落实到汉族亲属关系上就是宗族制度。当各类亲属关系被个人应用于实践，就变成了"实践"的亲属关系。布迪厄的"正式的亲属关系"与"实践的亲属关系"经李霞的演绎，成了宗族制度与女性的亲属关系，其区别与

---

① 在超地方社会的形成中，正是村落起到了关键作用。
② E. R. Leach, *Rethinking Anthropology*, London: Athlone Press, 1961, pp. 30 – 31.
③ Bourdieu Pierre, *Outline of a Theory of Practice*, Cambridge: Cambridge University Press, 1977.

人类学界对宗族制度和姻亲关系的区分类似——制度化与非制度化。

受到布迪厄的影响，李霞认为民众生活构成状态可以分为三个层面：（1）制度层面的内容主要由各种仪式表现，仪式行为和仪式物品的象征表达是其主要的表意方式，其表达是程式化的、演示性的，缺乏互动的因素。展示社会结构的秩序是其核心内容，包括由此决定的等级化的权利义务和程式化的情感。（2）以年节等特定时期的交往活动为代表的习俗层面的主要内容是社会关系的互动，互动采取的是程式化的交换行为，情理是习俗活动的主要原则。（3）具体情境下的实践行为主要体现在日常生活中，这一层面上的互动以具体的事件为起因，其直接推动力往往是实际利益的考虑。她同时也指出，在实际生活中以及在人们的观念中，这三个层面并不是截然分开的，其原则及行为会相互渗透。① 李霞的研究方式是把仪式与实践对立起来，但实践同样也是日常生活的一部分，是主体的活动内容之一。换言之，仪式也是一种实践。从这个角度来看，李霞这种对生活整体的划分效度就需要重新考虑。②

某一社会所流行的社会价值观是通过它在礼仪习俗中的表达来维持的。③ 因此，我们在这里所遇到的关于姻亲关系的价值观念，也必然有其适当的礼仪表现方式。仪式是表达的、象征的文化，容易趋于统一，更能体现规范性的东西。象征文化一方面是对惯例的强调，另一方面是对可能出现的背离惯例的各种或然性的防止的强调。仪式通过各种象征手段，并且在很大程度上是以文化规范中的角色理想为依据，因此更能展现社会结构的一般表现形态。仪式体现理想中的规范化的个人在网络中的结构性位置、权利和义务，但并不否定和排除个体的因素对仪式操作的影响。从这个角度而言，仪式表达并非"程式化的、演示性的"，其中也有互动的因素存在。与人们的"理想"观念相比，仪式其实就是一种实践，它更能体现群体行为规范。

人们的实践除了仪式以外，还会面临更多复杂的态势和处境，这些处

---

① 李霞：《由女性民俗研究引发的对民俗生活的思考》，中国民俗学会成立20周年研讨会（北京）会议论文，2003年。

② 李霞在中国民俗学会成立20周年研讨会（2003年，北京）会议上发表了她的观点后，高丙中曾进行过提问。此处笔者受到了高丙中的影响。

③ 参见［英］拉德克利夫-布朗《原始社会的结构与功能》，潘蛟等译，中央民族大学出版社1999年版，第29页。例如，社会基本价值观的灌输、执行和强化尤其是通过婚礼、丧礼这些仪式来表达的。

境往往就是交错着事件的前因后果、时间、空间与关系主体等多重脉络的存在关系网。在这些复杂的网络里，由于个体的情感、观点更不容易受到规范的影响，因此姻亲关系的规则在这里就呈现出明显的伸缩性。规范不仅存在于仪式之中，个体实际上大多还是依据规范来行事的，当然他们的主观意图有时也会体现在具体行动之中。仪式所表达的象征规则和个体的实际规则是有差异的，仪式偏于理想、规范、单一，而个体的行为体现了更强的多样性和灵活性。

虽然我们在田野调查中接触到"理想"的机会远比实践要少，但是由于实践与理想的彼此互释的关系，我们仍然可以接近、把握理想。相比之下，人们的具体实践更需要重视。长期以来，学界对亲属关系的理想状态关注得更多，比如对宗族制度的研究就较多地从理想——固定、刻板的制度层面而非从实践——鲜活的行动层面来研究，这种方式直接导致了我们对宗族制度的研究的过分偏重，甚至误解。① 虽然姻亲关系在制度性上不如宗族，但在实践层面却有非常丰富的表现，一方面通过人生仪礼来集中展演姻亲交往规则，另一方面个体之间的交往对日常生活也具有格外重要的意义。

笔者受到利奇的三个层面的划分和布迪厄的实践概念的共同影响，认为理想与实践的区分不能仅仅限制在亲属关系上，它同时也是对生活整体的划分。生活就是实践，理想体现在实践之中，仪式只是实践的一部分，更能体现民众的理想。民俗学者在进行田野调查时，往往首先去关注仪式，因为仪式更方便进行结构分析，但这对于生活整体的研究而言肯定是不完整的。

---

① 例如，宗族制度在理念上强调团结，实际却不乏分裂倾向。

第 一 章

通婚圈:姻亲交往观念的空间投影

一 物理距离:"远了香,近了殃"

要描述和讨论通婚圈,首先不能离开对其地理空间的考察,但必须要注意通婚圈与人们如何选择配偶具有一定的联系,而与姻亲交往方面的规则和观念的联系则更为密切。从这个角度来说,通婚圈实际上是人们姻亲交往观念的空间投影。

通婚距离是测量人们通婚范围的重要指标[①],但是需要明确这个距离是物理距离。

表2　　红山峪村媳妇的出生村落距离及女儿的嫁往村落距离[②]
（数据采集截至2005年）

媳妇出生村落距离范围 （单位：公里）	数量	百分比 （%）	女儿嫁往村落距离范围 （单位：公里）	数量	百分比 （%）
0 < X ≤ 5	106	55.79	0 < X ≤ 5	70	56.00
5 < X ≤ 10	43	22.63	5 < X ≤ 10	36	28.80
10 < X ≤ 100	30	15.79	10 < X ≤ 100	18	14.40
100 < X	11	5.79	100 < X < 无限	1	0.80
总计	190	100.00	总计	125	100.00

---

① 高小贤:《婚姻、家庭、妇女》,中国农村研究网,2003年。
② 本书所有调查数据比例均采用"四舍五入"法。

从表2来看，1/2强的媳妇是从5公里以内的村落娶来的，而有几乎同样比例的村民选择把女儿嫁到同样的地理范围内。这说明人们挑选配偶还是有一个相对的最佳距离，即5公里以内。这个距离是步行即可轻松到达的范围。考虑到由于过去的交通工具不发达且道路不畅通，人们常常步行拜访亲戚，因此这个距离是比较合适的。5公里以内是一个核心的范围，过半数的人会在这个范围内选择配偶，笔者称之为核心通婚区域。有78.42%的媳妇的出生村落是在10公里以内的，84.8%的女儿嫁到10公里以内的村落，说明10公里是一个比较明确的界限，是大多数人可以接受的一个通婚范围，笔者称之为基础通婚区域。

红山峪村的这种事实也暗合了20世纪80年代以后农村通婚情形的普遍趋势。20世纪80年代中期以来一些有关农村婚姻家庭的社会学调查发现，20世纪50—80年代末农村的通婚距离变化不大。1986年全国6省区农村婚姻家庭调查资料显示，每个年龄组的通婚圈大致是相同的，有近1/5的婚姻发生在1公里之内，有1/3多的婚姻是发生在1—5公里。[①] 这样看来，通婚距离在5公里以内者超过了一半，说明近距离通婚在各地都是比较普遍的。

如果要计算红山峪村女人的来向和去向的平均距离，笔者决定把山东省以外的通婚数据去除，因为如果要加上这些数据，将不能反映实际——80%以上的人都愿意在10公里以内选择配偶。这样，得出的结果是：媳妇的出生村落距离红山峪平均11.7公里，而女儿嫁往村落距离本村平均7.58公里，因此可以说人们把女儿嫁得更近，而媳妇的范围则明显要大得多。综合嫁娶两个方面，通婚的平均距离在10.6公里以内，这个数字是比较符合现实情况的。一般来说，在10公里外寻找配偶不是人们通常的选择。

对来自山西、山东、河北的礼单进行分析，其结果能够支持10公里左右是常见选择这一结论。在天津其村的调查表明，通常通婚圈的范围大约也在10公里。人们认为给孩子选择配偶，应该在本县选择，"觉得外地的，对他不放心。""为吗都是当地人呢？他知根知底。出了事

---

① 参见高小贤《婚姻、家庭、妇女》，中国农村研究网，2003年。

他跑的话，可以找。有的事别论（有些事属于例外），（例如）说不上媳妇啦，老（年龄偏大）啦，残疾啦，二婚啦，属于这个，可以找外地，其他的都不找外地的。"按照这个说法，人们更喜欢在附近村落寻找配偶，"比如其村离杨家园有1公里地，实际出于咱其村的姑太太就有十几个。"①

考虑到在方圆5公里以内择偶的人数占据了1/2强的比例，我们不能不对通婚村落的物理距离加以认真分析。从红山峪村的事实来看，家人、族亲、邻里一般是在本村，而近80%的姻亲大多数分布在方圆10公里以内的地理范围中。河北赵县北王村村内婚比例为36.9%，而村外婚大多为邻村，通婚距离为1—4公里，通婚范围狭窄。② 相比之下，红山峪村还是较外向的村落。

物理距离因素是人们考虑到的一个主要因素。虽然人们希望女儿不要嫁得太远，但是太近了也没有好处。在所调查的每个村子里几乎都能发现村内婚，其中杂姓村比主姓村明显要多，但是访谈对象表示人们并不是一致赞同这种通婚。由于亲家之间距离太近，微小的矛盾容易积累起来，久而久之矛盾得到外化和激化，会加剧姻亲之间的冲突。再者说来由于乡邻关系和姻亲关系混合起来，容易模糊两种关系的界限，姻亲之间的权利义务关系不能得到明晰，造成了"既不是邻居又不是亲戚"的混乱状态。相比之下，和外村通婚是最佳的选择。

如果姻亲居住在村外的话，则在不多不少的往来中保持了某种程度的新鲜感，反而更能促进彼此的交流。所谓"远了香，近了殃"说的就是住得远了能够保持关系的亲密与和睦，而住得近了则容易让关系变得糟糕。所以也有村民认为姻亲有时候比本家还好相处，就是因为距离的原因，彼此较少有矛盾的积累，较少产生直接的政治、经济冲突。喜欢村外婚的基本原因，还在于如此可以扩展关系网络。尽管在通婚圈的核心部分形成了"亲戚窝"，但是人们总是尽可能地在没有亲戚关系的人群中缔结姻亲关系。事实上，当村内的两户人家已经建立了良好的乡

---

① 访谈时间：2009年10月5日，访谈地点：天津其村，访谈人：刁统菊、佘康乐，访谈对象：吕加新夫妇。

② 麻国庆：《家与中国社会结构》，文物出版社1999年版，第40页。

邻关系以后，如果彼此之间再进行通婚，这实际上也是家庭或家族社会资源建设上的一种浪费。台湾小龙村对配偶出生村落的距离远近的观念和华北乡村有诸多类似之处。他们喜欢村外婚的最基本的原因，是这家人想要扩展别处的联系，并予以巩固，最好是和没有亲戚关系的人家结亲。①

表3　　　　　　　红山峪村通婚当事人之间的原有关系统计
（数据采集截至 2005 年）

关系类型	亲戚关系	朋友关系	没有任何关系	总数
数量	36	3	267	306
百分比（%）	11.76	0.98	87.26	100.00

在 306 个有效数据中，有 87.26% 的人寻找的配偶婚前和自己没有任何关系，仅有 11.76% 的人婚前即有亲疏程度不等的亲戚关系。人们对姻亲关系的总的希望有两点：一是与没有联姻关系的人群通婚，增加新的通婚对象；二是巩固原有的姻亲关系，比如表亲通婚是为了亲上加亲，等于是使原有的姻亲网络更加稠密，进一步确保相互负有的权利与义务。相比而言，人们还是更喜欢与陌生人通婚，由此拓宽原有的姻亲关系网络。其实两种途径在根本上是一致的，都是为了能够更好地扩展并充分利用血亲之外的社会资源。在天津调查时发现的一则材料，可以从侧面表明人们对扩展姻亲关系网络的期待和偏爱：

    有一家姨表亲，表哥表妹的关系，他们现在都五十来岁，……有人对这样的婚姻不理解，"放着两门亲不走，非得走一家。"②

---

① 小龙村人认为同村两家通婚有诸多缺陷：没有新奇之感，结婚时无法展示排场；两家住得太近，容易引起姻亲之间的恶感；家长害怕和婚姻情形有关的闲话。姻亲的关系好坏由住处的远近决定，最理想是住得近，这样相互接触就不致太难，但又不要太近，同住一村反而不好，保持往来的距离也许更能维持良好的关系。这种择偶距离远近的观念可能是通婚方面的一个普遍考虑。参见［美］葛伯纳《小龙村——蜕变中的台湾农村》，苏兆堂译，（台湾）联经出版事业公司 1980 年版，第 171、172、198 页。

② 访谈时间：2009 年 10 月 6 日，访谈地点：天津其村，访谈人：王娜，访谈对象：杨桂勋。

不喜欢村内通婚、希望和没有亲戚关系的人通婚并不意味着通婚的物理距离越远越好，远近是一个相对的观念。人们更愿意认为把女儿嫁得近一些，表面上看来是为了将来"小孩走姥娘家方便"。其实这是保证自家能够作为给妻集团获得应该享有的来自受妻集团的各种帮助并且保持其优越地位的起码条件。况且，如果把女儿嫁得太远了，那也不是自己熟悉的世界，无法保证女儿获得幸福的生活。

二 村落的社会位置与通婚

从通婚的行政区划范围来看，有1/2强的人是在本乡镇内部范围内选择配偶。其余接近1/2的人在相邻乡镇甚至是相邻乡镇以外选择配偶。这表明人们选择配偶并不特别强调行政区划，比如红山峪村娶入新娘的出生地有徐庄镇，而人们从不把女儿嫁到徐庄镇，这和红山峪村与东凫山乡的通婚情形恰好相反。虽然西集镇与付庄乡并不相邻，中间还有东凫山乡隔着，但仍然有8.80％的女人嫁到那里。行政区划对通婚的影响之微弱以及婚入与婚出的不平衡更加凸显出人们在择偶上的社会文化意义，个中原因不外乎距离因素以及人们对村落的社会评价。

雷伟力（William Lavely）独具慧眼，看到了通婚村落的社会分层问题。他认为人们选择和哪些村子通婚，往哪里流动，都是受到了空间分层的影响。[1] 笔者以为他的空间分层即是用社会的眼光来为地理空间划分了层次，比如从经济的角度进行划分，便使得各个村落具有了社会评价的意义。这种分层依据一定的标准，画出了通婚圈内部的村落地图，区分出了不同层次的村庄。从华北乡村的通婚情形来看，这种分层主要是在地理空间上的划分，自然条件的优劣直接影响到了空间的社会分层。自然条件一般包括地理环境的好坏、水资源的富余与稀缺、土地的肥沃与贫瘠和交通的方便与否。

---

[1] William Lavely, "Marriage and Mobility under Rural Collection", Rubie S. Watson and Patricia Buckley Ebrey (eds.), *Marriage and Inequality in Chinese Society*, Berkeley Los Angeles Oxford: University of California Press, 1961, pp. 286 – 312.

笔者对通婚圈的考察，除了注意到在通婚村落中因婚嫁不平衡造成的嫁娶村落的区分以外，也充分借鉴了雷伟力的观点，认为除了个体的择偶分层以外，在整个地理空间内比如村落的层次上也存在分层。这种分层主要是社会针对自然条件而产生的评价造成的，村落所拥有的自然资源基本上决定了它们的社会位置。人们在对自我和其他村落的评价中，不但获得了一种本村落的凝聚力，形成了一种内在的认同与区分机制，更重要的是区分出自我与他人，建构了当地的人群认同与区分体系，在通婚圈内部形成了一种富有社会意义的等级结构。

表4　　　　红山峪村媳妇的出生地（数据采集截至2005年）

具体区县	区县总比例（%）	具体乡镇	数量	各乡镇所占比例（%）
山亭区	85.79	付庄乡	108	56.84
		徐庄镇	21	11.05
		张庄乡	10	5.26
		北庄镇	8	4.21
		山亭镇	7	3.68
		半湖乡	4	2.11
		西集镇	4	2.11
		辛召乡	1	0.53
枣庄其他区县	8.42	市中区	12	6.32
		薛城区	2	1.05
		峄城区	1	0.53
		滕州	1	0.53
枣庄邻近地区临沂	2.63		5	2.63
山东省以外	3.16	云南	3	1.58
		安徽	1	0.53
		江苏	1	0.53
		四川	1	0.53
总计	100.00		190	100.00

表5　　　　红山峪女儿的嫁往地（数据采集截至2005年）

具体区县	区县总比例（%）	具体乡镇	数量	各乡镇所占比例（%）
山亭区	87.20	付庄乡	67	53.60
		东凫山乡	19	15.20
		半湖乡	5	4.00
		张庄乡	5	4.00
		北庄镇	2	1.60
		西集镇	11	8.80
市中区	5.60		7	5.60
滕州市	3.20		4	3.20
薛城区	2.40		3	2.40
峄城区	0.80		1	0.80
上海	0.80		1	0.80
总计	100.00		125	100.00

（一）空间的社会分层与婚嫁流向

传统阶级社会给人们的影响在通婚行为上表现为门当户对观念，这种观念在历史上一度给婚姻打上了深厚的等级烙印。红山峪村有一句话很形象地反映了不同家庭的不同择偶圈——"簸箩门对簸箩门，板凳门对板凳门"，门楣反映出家庭在政治、经济方面的地位。

李中清、王丰认为，能否进入婚姻取决于家庭资源的多少，家庭资源则依家庭地位和职业而不同。个体的职业声望越高，家庭状况越好，就越有可能结婚。而职业作为一个反映社会中稳定收入来源的标志，对婚姻的影响更为重要。[①] 这种说法更看重个体及其家庭的因素，忽略了一个人所处的更大社会范围的因素，比如村落。个体与村落之间存在着依附与被依附的关系，村落在社会分层中的位置因此是能够影响到个体对配偶的选择的。

村民言谈之间对周围村庄的评价经常以村落性格特点为主，比如说某

---

① ［美］李中清、王丰：《人类的四分之一：马尔萨斯的神话与中国的现实（1700—2000）》，陈卫、姚远译，三联书店2000年版，第113页。

村人的特点是"忠厚",而另一村的人则以"团结"著称,某村则以"富裕"闻名周边村落。红山峪村对自己的评价是"红山峪的人都能吃苦",而外村人"都觉着这里人很平和,姓杂,好办事,没有一个横行霸道的人"。

村民对其他村落的评价即使是负面的,也不影响通婚。影响到通婚的,主要是这种社会评价:

> 山后:横岭、磨泉、柳泉,生活不好,地亩窄,都是山地,不能种麦子,"看麦穰垛,这么小"。麦是细粮,很宝贵,象征好生活。
>
> 山里:"山里"得看从哪边说。从红山峪往东、往北都是山里。人家平原觉着咱是山里。
>
> 山前:地亩宽、有菜园、肥沃。西凫山、东凫山往南,良庄是代表,闺女愿意去。
>
> 山外:西集靠街,好挣钱。枣庄那边像齐村都是山外。那边是平原,地亩宽,但土质不行。①

在周围村落的社会地理观念中,"山前""山外""山后""山里"这些不同的位置标志着对不同自然资源的拥有。山地代表着贫穷和落后,甚至低贱,但是平原则相反,是富裕、进步、高贵的象征。显然这已非单纯的地理方位的划分,更是因自然资源而产生的文化区位和社会区位的划分。相比之下,山西洪洞园村对周边村落的区分更为一目了然,仅从名称上即可轻易理解,即为"山里""平川""城郊"。

历史上,红山峪曾经有过两个绰号——"干巴庄"和"大麻疯庄"。村子里的光棍汉,主要是从20世纪60—70年代开始积累起来的,原因就是这两个外号。曾经有二三十年的时间在附近乡镇流行一句俗语:"红山峪,命真糠,三年打两个空水缸。大水缸,吃仨月,光棍汉,三十多。"村子里吃水向来都很困难,最初都到邻村挑水吃。早年的村干部王广山凭着为村民打了一口井让人纪念至今。20世纪末,借助中德粮援项目,村子里钻机井、铺管道,总算使红山峪村彻底告别了吃水困难的历史,摘掉

---

① 访谈时间:2003年12月31日,田家强结婚第二天,田家宴请各姓代表,笔者也在被邀之列,借此机会发起了有关村落评价的讨论。

第一章 通婚圈:姻亲交往观念的空间投影 53

了"干巴庄"的帽子,吃上了标准自来水,生活质量得到极大提高。①

一度与吃水难并存的还有其他劣势。

> 红山峪一开始和这片里的庄子相比,从经济上来说并不穷,就是因为入社以后出了个"大麻疯"②。结果红山峪成了"大麻疯庄",那时候俺说(被媒人介绍到)到这个庄上的时候,人家还都说:"娘啊!你要到大麻疯庄上去啦。"现在说起来,哪个人不好处,都这样说他——"这个人不叫偎(叫人亲近),长大麻疯!"大麻疯谁敢偎?都恐怕离得不远来。过去咱庄上都不敢拾东西,掉么都不拾,就怕是大麻疯的。六七十年代光棍汉多,也是闺女都不敢来。你不知道,小刁,大麻疯忒吓人了!③

吃水难可以解决,"大麻疯庄"随着时间的流逝,也很容易为人们所淡忘。但是"山里的"是一个大自然赐予的永远无法消除的记号。当然,这只是和平原地区相比,如果是和山后徐庄镇相比,红山峪村就不算是"山里的"了。

表6　　　　付庄乡内部的通婚村落嫁娶对比统计
（数据采集截至 2005 年）

女儿嫁往村落	在67人中的女儿人数	媳妇来自村落	在108人中的媳妇人数
白庄	4	白庄	11
崔庄	10	崔庄	11
东方山	2	东方山	3

---

① 能够吃上自来水,对人们来说是莫大的幸福。这种幸福只有体验过挑水的痛苦才能理解到。2004 年 12 月 8 日,田传江提道:"这片里有个人,到年根了,上天喜庄南井挑水,快到家了,不小心摔倒了,两个痰盂破了,水都没了。他又气又伤心,上吊死了。唉,这都是过去的事了。"还有一个例子,2003 年 8 月 7 日,栗淑云:"那时觅(雇)人挑水,儿子都孝顺,但是儿子都不跟(比不上)自来水,儿子还有忙不过来的时候来。自来水一拧龙头就出来了。恁姐(老太太对访谈者的尊称,从子孙辈出发的称呼),这忒好了!"

② 人们把得"大麻疯"病的人称作"大麻疯"。

③ 访谈时间:2003 年 8 月 6 日,访谈地点:山东红山峪村,访谈人:刁统菊,访谈对象:施爱红。

续表

女儿嫁往村落	在67人中的女儿人数	媳妇来自村落	在108人中的媳妇人数
东南山	2	东南山	4
东小观	1	东小观	9
付庄	8	付庄	2
横岭	1	横岭	8
红山峪	11	红山峪	11
建设	1	建设	5
涝坡	9	涝坡	1
南井	1	南井	1
天喜庄	5	天喜庄	9
西方山	2	西方山	3
西南山	3	西南山	4
西王湾	4	西王湾	8
西小观	3	西小观	1
总数	67	储峪	4
		东王湾	2
		胡沟	2
		黄山前	1
		纸房	8
		总数	108

从红山峪的通婚村落来看，女人的流动在村落之间是不平衡的，媳妇的来向和女儿的去向有区别。女人的具体流向基本上可以说明红山峪在通婚圈内的社会位置。下面分别从该村在付庄乡内部与该村和其他乡镇的通婚方向来具体分析这种不平衡的女人流动。

红山峪和崔庄的通婚几乎是平衡的，这一点将在本节下文给以说明。红山峪和白庄虽相隔仅有半公里，但是两个村落的通婚并不平衡，过去"白庄人认为红山峪很穷，以为自己是平原，但是实际不穷，后来来了一个，觉着不孬，慢慢来得就多了"。嫁到横岭村的只有一个女性，这是一个换亲的例子，否则红山峪人是不愿意把女儿嫁到那里去的。红山峪的女性嫁到付庄和涝坡的数量远比红山峪从两村娶的女性数量要多，这与储峪、西王湾、东小观的女人喜欢嫁到红山峪来的理由相似,原因在于付庄的地理位置优越于红山峪,靠近平原地区,而红山峪的自然条件又比建设、西王湾、东小观要好,和横岭相比则具有更大的优越性。

表7　　　　　通婚乡镇对比统计（数据采集截至2005年）

女儿嫁往乡镇	各乡镇在125人中的数量	媳妇来自乡镇	各乡镇在190人中的数量
半湖乡	5	半湖乡	4
北庄镇	2	北庄镇	8
付庄乡	67	付庄乡	108
市中区	7	市中区	12
滕州	4	滕州市羊庄镇羊庄	1
西集镇	11	西集镇	4
薛城区	3	薛城区	2
峄城区	1	峄城区庙后	1
张庄乡	5	张庄乡	10
东凫山乡	19	山亭镇	7
上海	1	山东临沂	5
总数	125	辛召乡前安	1
		徐庄镇	21
		江苏	1
		云南	3
		四川	1
		安徽	1
		总数	190

红山峪与半湖乡的通婚几乎是平衡的;北庄镇的女人到红山峪来的要多于红山峪到北庄镇去的数目,西集镇则相反;东凫山乡的女人没有一个嫁到红山峪的,而红山峪的女人也没有一个嫁到徐庄镇的。这个表格简直可以说是代表了红山峪周围乡镇的社会分层。当然也有例外,比如从市中区来的女人要多于红山峪村嫁到市中区去的女人,但这也是有特殊原因的。

人们从临沂市娶来媳妇,主要是来自一些特别困难的地方。而从云南、四川、安徽等地娶来媳妇，则是因为这些男子在当地寻找配偶有较大难度，不得已出此下策。从江苏娶来媳妇的一个个案是因为该男子到徐州去做过生意，其家境在红山峪是比较优裕的，而且父亲曾担任过乡镇干部。红山峪虽然是山村，但是该男子各方面的条件包括家庭条件和个人都比较优秀，这也算是一个例外吧。

总体上来看，人们对村落的空间分层标准主要是自然地理条件，以及由此而产生的社会经济条件。这包括土地、水利以及该村与市场距离的远近。这些与经济水平的关系比较紧密。从这些条件来看，"山里"的吸引力自然要比"山外"差一些。

> 过去有这么一个女的，她不愿意嫁过来，结果也没过来住，后来到底还是走了。人家男的倒不怕破财，就是名声难听。以前有不愿意结婚的，捆起来拉到婆家，人家都能过下去，就她没过住。她整天亏得慌，年幼时常说："恁姐啊，山外的闺女（就算是）沤大粪（也）别往山里来。"①

"沤大粪"是极脏极累的工作，可是山外的女孩宁愿"沤大粪"，也不想嫁到山里来。俗话说"宁往南走一千（里），不往北走一砖"，山里女子更喜欢往山外嫁，特别是山前。山外"地亩宽，吃水近，有菜园子，距离集市近"，例如山前的东皂山乡、西集镇，最受欢迎。当然"最不喜欢穷庄、没出产的村"，例如徐庄镇的某些村子。

"山里"与"山外"的差异对村落通婚的影响十分普遍，不仅在红山峪，在其他地方也是如此。笔者在北京台村的调查发现，当地的女孩喜欢嫁到北京城里来，而村里的媳妇多来自门头沟与河北省交界地区。在山东青州一个山村井塘村也是这样的情形：

> 本村姑娘都是往下走，媳妇多来自上边，等正月初二闺女回娘家，就看出来了，凡是本村嫁出去的姑娘都从下面上来了，媳妇都是往上回娘家。条件当然是平原好，越往下条件越好，山上条件哪能

---

① 访谈时间：2003 年 12 月 31 日，访谈地点：山东红山峪村，访谈人：刁统菊，访谈对象：栗桂云。

比？除非是条件很不好的人家，才把姑娘嫁到上面去。①

前面所说的山西洪洞园村对周边区域做了"山里""平川""城郊"的分层，结果是"山里的姑娘愿意嫁到平川里，平川里的姑娘想进城"②。而山西晋城杨村的访谈对象表示："咱这儿的闺女都愿意嫁出去，外边的闺女都愿意嫁到这个村里，因为我们村里经济条件好一点。"③

由于从夫居制度的存在，将村落在社会空间上进行分层，对女子来说比较重要。但是相对于男子而言，不管是父母还是男子本人都更重视女子的个体条件。如果哪个村的女子外貌周正又会过日子，那么本村男子都喜欢娶这个村的女子。红山峪村的媳妇、来自建设村的施爱红，其二姐之漂亮和贤惠是出名的，因此人们就特别愿意娶建设村的闺女。如果男子娶了条件好于本村的村庄的女子，村民认为这样的男人有本事。现在这种评价不太多见了，因为年轻人多数都外出打工，和山外的女子自由恋爱后把女子带回家来的就有好几个。本书调查过程中，所发现的这样的例子不胜枚举。据山东莱阳小姚格庄嫁出去的衣姓女子所说，小姚格庄的姑娘嫁到他们村后都很孝顺且通情达理。多年口耳相传的结果是，大家都想娶小姚格庄的姑娘。

有的村落更喜欢村内婚。④ 在山东淄博城子村调查时，被问及理想对象这一问题的访谈对象一再强调门当户对的原则，在通婚距离上则由近及远。这一择偶观决定了人们选择配偶经常会把首选定在本村之内。包括城子村及其周围村落在内，经常采取村内婚的形式，俗称"当庄婚"，有"好儿好女不出村"的说法。比如韦恒才的三代宗亲娘家都是本村，姑、姨都有嫁在本村的，他妻子也是本村的，三妹妹也是当庄婚。六份礼单也

---

① 访谈时间：2003 年 11 月 8 日，访谈地点：山东井塘村，访谈人：刁统菊，访谈对象：吴书记。
② 访谈时间：2008 年 11 月 11 日，访谈地点：山西洪洞园村，访谈人：刁统菊、刘晓文，访谈对象：韩为民。
③ 访谈时间：2008 年 11 月 13 日，访谈地点：山西晋城杨村，访谈人：刁统菊、袁振吉、郭俊红，访谈对象：任学斌。
④ 有些特殊历史时期也会造成大量村内婚的现象，这在北京、山东的田野作业中都曾经发现过。"生产队时村内婚多，大多是自谈（自由恋爱）的，因为那时青年人接触不到外村人，成天在生产队里干活。"访谈时间：2004 年 6 月 19 日，访谈地点：北京台村，访谈人：刁统菊，访谈对象：李兴华。

表明村民的通婚圈以村落内部居多，较少来自附近乡镇和本镇其他村落，这一点与城子村的市场圈较为一致，同时也和城子村作为一个人口众多且较为富裕的杂姓村有关。姓氏复杂、人口众多使得人们有充足的余地在村内选择配偶来回避同姓通婚。村落经济条件有时候也能决定村内婚的数量。如河北赵县范庄村由于地处梨区，经济条件较好，导致女子内嫁的倾向较为突出。对村内婚的偏爱，造成村内联姻家族之间既有姻亲关系，又有地缘关系，这种复杂的家族关系在村级管理上也产生了一定影响。这一影响不属于本书讨论的范围，姑且悬置不论。

人们喜欢把女儿嫁到哪些村落和娶哪个村子的女儿的因素是不同的。村落的性格不会对通婚产生较大影响，但村落的自然条件因为能够决定大多数人的经济条件，而成为一个重要的影响人们选择配偶的因素。考虑到给妻集团和受妻集团之间的地位和权益关系，把女儿嫁到富裕的村落自然有利于提升自己。而娶低于本村地位的村落里的女儿，也是不得已而为之，因为条件好的村落不会把闺女嫁过来。因此，在通婚圈中形成了一个空间的分层结构，这个结构在外观上以女人的流向为特征。人们总是尽可能地把女儿嫁到条件优越于本村的村落，这是造成婚姻挤压的一个原因，也就是说在婚姻市场上处于最底层的男性即使是在社会分层中位置落后于本村的村落也有可能娶不到妻子。这在一定程度上导致了换亲与其他可能的非主流结婚选择。

（二）"亲戚窝"的形成

如果仅仅把红山峪在山东枣庄市范围的通婚村落比较一下的话，可以发现有18个村落是和红山峪有双向通婚关系的，而有70个村落是与红山峪有单向通婚关系，那么与红山峪村有通婚关系的村落中至少有1/5是有可能形成"亲戚窝"的。这18个村落中也有一些村落与红山峪虽有双向通婚关系，但是数目毕竟较少，甚至仅是偶然现象。考虑到这个原因，那么夫妇彼此在婚前有亲戚关系的占了11.76%这一比例就比较符合现实情况了。这些村落大多数均坐落在红山峪的核心通婚圈内部，尤其是崔庄和该村的通婚关系几乎是保持了双向完全平衡的情形。这种情形并非特殊，通过田野调查以及对31份礼单的分析，发现大多数村落都具有这种"核心通婚圈"的特征，而其中杂姓村落更为显著。如何解释这种现象？

其一，地理范围为山区的农业村落，20世纪90年代以前与较远地区进行交往的可能性极少，为儿子寻访儿媳、给闺女找个婆家受到地域的局限，即大多数人只能在具备亲友关系的地域内择偶。经常是亲戚、邻居、本家来承担媒人的身份，其比例分别为51.96%、15.03%、9.48%，三者总和在所有的通婚个案中占据的比例高达76.47%。随着社会的发展，观念的更新，自由恋爱越来越多，加之打工潮造成的年轻人在打工地点自主择偶，很容易让我们产生介绍对象或者相亲已经不再是农村青年择偶的主流这一印象。我们不可否认打工潮对通婚圈扩大的影响力，但据笔者在山东近些年的调查来看，传统仍然在发挥主要作用。每逢年底，许多村落里会有越来越多的人家办喜事，或者为孩子相亲。2010年山东滕州虺城店村一男青年特意从上海回老家与从杭州回老家的邻村姑娘相亲，并在三天后利用传统习俗——交换手绢——订婚。2009年在天津其村的调查也足以颠覆这一误解，"现在结婚还是媒人介绍的多……请亲戚朋友帮忙给看着点"[①]。有邻居或亲戚作为媒人介绍对象，结果很容易导致一个村落核心通婚圈的范围相对固定。

其二，婚姻作为"终身大事"，不管对男性还是女性而言都具有重要的意义。对男性来说，"种好庄稼一季子，娶好媳妇一辈子"，"一辈无好妻，十代无好子"，这是一点也不夸张的。对女性来说，婚姻大事更是不能马虎，"男怕入错行，女怕嫁错郎"。找一个好婆家是女儿一生的幸福，父母在为女儿挑选配偶时简直是慎之又慎。故而人们常常会选择在亲戚圈内寻找配偶，不仅有关选定对象及其家庭的必要信息是免费的，更重要的是这些信息能够确保可靠。通常来说，这些信息对男女双方来说也是对称的。媒人往往就是姑舅姨妈，知根知底，正应了那句俗话："穷瞒不得，富避不得。"

其三，长期以来村民逐渐形成了"好骡子好马不出村"[②]的观念。无论男子还是女子，如果个人或家庭条件都比较符合人们的择偶观，那么由

---

① 访谈时间：2009年10月6日，访谈地点：天津其村，访谈人：王娜，访谈对象：杨桂勋。
② 牛、羊的饲养存在服不服水土的问题，外地的牛羊进入当地，不太愿意吃当地的草料，当地的牛羊如果到山后磨泉村一带也不愿意食用那里的草料。在购买牛羊时，首先考虑这个问题。一般都愿意购买本村及邻村的牲畜饲养，故有"好骡子好马不出庄"说法（参见田传江《红山峪村民俗志》，辽宁文化艺术音像出版社1999年版，第73页）。

于同村人最早得知其信息而容易捷足先登，因此他们很少有可能与外村人结亲。尤其是那些外貌出众又聪明伶俐的女子，男子父母往往主动托媒人提亲。长此以往，就在村内或临近村落形成了亲戚关系。一般而言，除非是各方面条件不好的人才会在远处寻找配偶。若女子嫁到非常遥远的村落，可能就意味着女方家庭人缘不好或女子本人有某些缺陷，在本地无法找到合适的对象。这大概也是一个导致女儿嫁往村落的范围小于媳妇出生村落范围的原因。

其四，由于未婚女子婚前的朋友圈多为幼时积累、建设起来的女性伙伴，因此只要有一个人与某村通婚，就会逐渐牵引其他的通婚对象，由此逐渐形成通婚村落。如果一个和某村从未有过通婚关系的村落里的人希望和该村通婚，这样的亲事成功系数就比较小，因为人们认为这"不顺路"①，即没有熟人引路。因此，即使是付庄乡内部，也有与红山峪不通婚的村落，比如盛岭村。

其五，人们在选择配偶时，还会考虑到物理距离的原因。物理距离的远近，直接影响到人们日后的亲戚往来是否方便。只要是有双向通婚关系的村落，其距离一般都不会太远。

其六，乡土社会的生活是富有地方性的。地方性是指他们活动范围上有地域的限制，在区域间接触少、生活隔离，各自保持着孤立的社会圈子。② 一个村子内部当然是一个熟悉的社会，而村和村之间是有相对的孤立和隔膜的，但这种隔膜可能在人们的核心通婚圈之外更加浓重。因此，人们尽可能地在可以掌握的区域内建立姻亲关系。这样不仅隔膜相对较少，而且熟悉的程度也会逐渐增加，从而得以在更大的程度上减少彼此的隔膜。尤其是地处山区或交通不便的村落，自然环境就限制了人们和外界的交流。虽然人们和外界的接触越来越多，打破原有通婚圈的现象也时有发生，但是高度整合的文化各部分变化速度不一致③，传统的习俗惯制相对于经济发展来说具有很强的滞后性，很难在短时期内彻底消失，它们依

---

① "不顺路"还有一层含义，从红山峪到张庄乡文王峪村虽然现在已经有非常平整的公路，但需要拐好几个弯，在村民眼里仍是不顺路，因此通婚人数也比较少。显然它并非指交通的不顺畅，翻山越岭未必是不顺路。

② 费孝通：《乡土中国生育制度》，北京大学出版社1998年版，第9页。

③ [美]威廉·费尔丁·奥格本：《社会变迁——关于文化与先天的本质》，王晓毅、陈育国译，浙江人民出版社1989年版。

然支配着民众在诸多方面的行为和心理。

崔庄和红山峪双向平衡的通婚关系基本上是由以上几个原因决定的。姻亲关系本身就是形成新的姻亲关系的一个重要基础。久而久之，红山峪与附近村落形成了一种固定的通婚联系，由于在一个村落中可能存在好几家亲戚，因此就和这个村子结成了密切的关系。这种关系，往往在一个更大的区域外能够发挥作用。红山峪村一位田姓村民五个妹妹中有两个嫁到了崔庄。他每次遇到妹夫的异姓邻居，即使是不认识，但只要听说了是崔庄人，还是感觉双方要亲近一些。虽然这里不能排除地缘关系的因素，但是姻亲关系在维系、加强彼此之间的联系上，显然要重要得多。

（三）通婚圈的变化

从下面的表格可以看出，红山峪在通婚乡镇的数目上有一个大致的逐年增加的趋势，东凫山乡以下几个区县以及外省市都是从20世纪70年代以后逐渐与红山峪村建立通婚关系的，尤其是市中区各个乡镇与红山峪的通婚是在20世纪90年代以后才开始大幅增加的。这与近些年来年轻人外出打工有关。

近几年，由于国家在意识形态层面上的大力宣传和贯彻，自由择偶已经成为社会的普遍风气。而且青年人因外出打工不仅开阔了视野，扩大了交际范围，同时还获得了独立的经济地位，在婚姻大事上的自主权有所增强，社会交际圈远远超出本村，更加倾向于自主择偶、自由恋爱。许多年轻人从山外带回来对象，这种婚姻往往会遭到女方父母的极力反对。而从男方父母的立场来看，男子不需要花钱就有了媳妇，是经济困难条件下的一个最优选择，村民对于这样的男子也持一种积极的评价。

表8　　红山峪通婚乡镇的年代变化（数据采集截至2005年）

时间段 通婚乡镇	1940—1949年	1950—1959年	1960—1969年	1970—1979年	1980—1989年	1990—2004年	通婚乡镇案例总数
北庄镇	1	0	0	1	3	5	10
付庄乡	5	19	16	20	67	37	164
山亭镇	1	0	0	2	1	3	7
市中区	1	0	1	3	2	12	19

续表

时间段 通婚乡镇	1940— 1949年	1950— 1959年	1960— 1969年	1970— 1979年	1980— 1989年	1990— 2004年	通婚乡镇 案例总数
西集镇	1	0	1	0	4	9	15
半湖乡	0	2	3	0	3	1	9
徐庄镇	0	3	1	5	7	5	21
张庄乡	0	2	2	3	0	8	15
东凫山乡	0	0	2	2	5	10	19
临沂	0	0	0	2	1	2	5
辛召乡	0	0	0	1	0	0	1
薛城区	0	0	0	2	1	2	5
滕州	0	0	0	0	1	4	5
峄城区	0	0	0	0	1	1	2
安徽	0	0	0	0	0	1	1
江苏	0	0	0	0	0	1	1
上海	0	0	0	0	0	1	1
四川	0	0	0	0	0	1	1
云南	0	0	0	0	0	3	3
该时间段的总数	9	26	26	41	96	106	304

20世纪90年代以来的变化不仅仅是通婚乡镇的增多、通婚圈的扩大，而且也表现在通婚已经超越了既定的社会分层原则上。比如下面这个来自山东红山峪村的个案：

  2001年一青年结婚。那时他27岁，新娘大约22岁，两人是六七年前在齐村某工厂工作的时候相识，不久两人相恋、同居。女子的父母认为红山峪地处山里，且男子家中十分贫困，因此不愿意把女儿嫁过来，经常来村里吵闹、要人。但是女子不回去，男子本人及其父亲也不希望女子回去。最后经与双方都有亲戚关系的中间人调解，女子父母在无可奈何的情况下同意了。在村人眼里，男方父母是相当荣耀的，女方就"丢人了"——从齐村那么好的一个地方跑到山里来。①

齐村地处平原,靠近枣庄市城区,不管是自然条件还是社会经济条件均较优越于"山里",具有很大的吸引力。2016年初的调查表明,近十几年来,不断有齐村的女子嫁到红山峪,这与社会分层原则逐渐被打破有关。

表9　　　　付庄乡各个时间段的通婚数目及相应比例

（数据采集截至2005年）

类型＼时间段	1940—1949年	1950—1959年	1960—1969年	1970—1979年	1980—1989年	1990—2004年
付庄乡内部通婚数目	5	19	16	20	67	37
各个时间段的总数	9	26	26	41	96	106
在各个时段的百分比（％）	55.56	73.08	61.54	48.78	69.79	34.91

上表是付庄乡在各个时间段的通婚数目以及在该时间段所占的比例。从20世纪90年代至今,在付庄乡内部通婚的比例开始明显下降。这从反面证明了通婚圈在20世纪80年代以后的确是逐渐在扩大的。

虽然与红山峪通婚的乡镇、村落都在逐年增加,通婚圈呈现出一个缓慢扩大的态势,但从20世纪90年代至今的通婚情况来看,超出原有基本通婚圈的通婚仍然为数不多。这有两个原因,第一是在选择配偶方面,习惯性的家长支配和媒人介绍仍然占据了比较多的分量,即使是年轻人在外打工,一般也是由家里帮助他选择配偶;第二是年轻人的打工地点大多还是在枣庄范围以内,甚至仍然是附近的乡镇企业。因此,即使是自主择偶,潜在的可选对象也很难超出这个范围。

三　通婚圈与象征的公共性

地方文化有一个"约定俗成"的特点,因此在一个通婚圈内部进行

---

① 此案例系笔者在2005年初对当事人的访谈。

通婚，有利于借助象征的公共性来表达联姻家族共同的意愿。

象征是隐藏着的文化，体现的是人们的内在观念和心理状态。从象征人类学的角度来分析，每个文化都有一套内在的意义系统。对于这套意义系统，如果仅仅从外表所反映的简单现象来判断是不能得出完整的结论来的。象征之所以作为象征，就是因为它借助了一些手段和方式，这些手段和方式正是文化的符号。

符号"可以具有任何一种实在形态"，包括"物质实体的、色彩的、声音的、气味的、客观运动的与味觉的等诸多形态"[①]。每种具体事物、图案、数字、色彩、方位之类以及象征事象，各自具有自己的特点。人们通过联想、比较，运用形似、谐音、会意等方式，赋予它们某些特殊意义，经过长期传承和发展，以约定俗成的惯例，达到人们的心理效应，成为民间的象征民俗。[②] 象征运用的手段之一是谐音，所以在一个通婚圈内部，方言也应该是大体一致的。象征既有多种表达手段，同时也随着人们的日常运用已经发展成为一种俗信行为。仪式成为俗信的载体之一，在婚礼、丧礼等礼仪性聚会等场所，每每都有大量俗信在演示和传播。[③]

提到象征的载体，本书要参考埃德蒙·利奇的结构象征论。利奇认为，象征文化实际上是社会结构和思想结构的功能性的语义表达，在人类的文化交流中发挥重要作用。利奇用符号来指称"象征物"，象征物与它所表达的事物之间的关系是转喻的，这是一种邻近的状态，如王冠是代表王权的符号，二者均处于同一文化环境中。与转喻相比，隐喻则取决于类似。[④] 显然利奇比较强调语境的因素，例如只有在政治的情境中，王冠才代表王权。而王冠用作啤酒的商标时，它是符号而不是象征，因为它们之间不存在内在的关系，属于不同的文化场合。

借鉴利奇的观点，即把象征放在具体的语境中来考察，而不是单独把它剥离出来，因为在具体语境中，才能看到人们是如何理解象征的，以及

[①] [美] 莱斯利·A. 怀特：《文化的科学——人类与文明研究》，沈原等译，山东人民出版社1988年版，第25页。

[②] 叶大兵：《论象征在民俗中的表现及其意义》，《民俗研究》1994年第3期。

[③] 刘德龙、张廷兴、叶涛：《论俗信》，《民俗研究》2001年第2期。

[④] [英] 利奇（E. R. Leach）：《文化与交流》，郭凡、邹和译，上海人民出版社2000年版，第12—14页。

如何通过象征进行互动。人们在不同的语境下，会采取不同的符号来表达不同的意义，而且语境在很大程度上决定了符号的象征意义。如果没有特殊的语境，这些象征将不成其为象征。

北京门头沟地区习俗，娶亲时，新郎头天晚上带上一斤白面去新娘家，新娘家的人将面粉连夜烙成大饼，但必须加进半斤盐。第二天新娘进了男方家的门，将这张饼分给大家都吃一点，人们张口说"好大的盐分（缘分）"，以表示双方结成姻缘。利用"盐分饼"（缘分饼）来象征夫妻、联姻家庭之间的和谐，假如与不在同一个通婚圈里的家庭联姻，女方不做盐分饼，类似的愿望无法得到表达，这也会是当地人的一桩憾事。

特纳并不把象征视为意义的载体和文化的窗口，而是把焦点置于象征使人们互动、是鼓动行为的原动力之上。[①] 这种说法也许过于夸大了象征的作用。象征不是人们互动的原动力，而是人们交往的手段，创造出象征来是为了方便人们之间的互动与表达。人们利用丰富多彩的象征符号来沟通内心世界和外部世界。象征是人们赖以沟通和互动的渠道，它借助符号让人们更加方便地交流，而无须把每一个想法都明白地表达出来。这种交往的方式虽然形式极其简朴，却饱含着文化的意味。"鸡"谐音"吉"，经常用于生育、婚礼仪式中寓意"来时吉利，走时吉利"，亲戚之间不管来还是往，都是吉祥平安的。丧葬仪式中的扎社号、要小礼（或请响器）等民俗事象则象征着受妻集团对给妻集团的补偿与回报。此外人们也在日常交往中进行不间断的交流。这种交流是有所凭据的，正所谓"亲戚笸子换笸子"，作为礼物盛具的笸子实际上就是交换的象征，人们借此传递彼此的情感。正因为有了日常的礼物交换，才有了危难时刻的相扶相助。

仪式不仅反映了人和人之间的关系结构和秩序，同时由于它本身作为一种民俗事象包含了丰富的象征符号，使得人的内心世界具有丰富的意味。从这两个方面来说，人们身心内外的整体秩序都可借助仪式得以重建与维护。仪式是人类社群维持其功能所必需的。在每一仪式中，社群内的成员（个人或群体）使用各种"象征"从事彼此间的"对话"，在仪式中将关于对方角色的认定以及其他信息做某种程度的沟通。这种沟通所传

---

① ［日］绫步恒雄：《文化人类学的十五种理论》，周星等译，贵州人民出版社1988年版，第161、166页。

递的讯息，是此后社群间社会关系的调整、重组及社会互动赖以进行的依据。①

怀特对符号的意义进行了充分的强调。他认为，人能够创造含义并赋予某个事物以意义和价值。全部文化或文明都依赖于符号，没有符号就不会有文化。正是使用符号的能力使文化得以产生，也正是对符号的运用使文化延续成为可能。符号使人从纯粹的动物转变成人类这种动物。②

象征人类学更是专门以阐释象征符号为己任。20世纪60年代中期以来，一些人类学家认为文化不是封闭在人们头脑里的东西，而是体现在具体的"公共符号"上的体系。所谓"公共符号"，指的是事物、事象、关系、活动、仪式、时间等，也就是处在同一文化共同体的人赖以表述自己的世界观、价值观和社会情感的交流媒体。③

符号的公共性关系到符号表达的有效性，而"符号表达的有效性前提涉及的是交往共同体当中主体相互之间共同分享的背景知识"④。因此，在一个相对稳定的通婚圈内寻找配偶就有了意义。生活在一个圈子里的人，传承着共同的象征性文化，作为一个有语言和行为能力的主体，可以在言语和行为中进行文化的符号表达。在同样的一个生活世界里，不会产生有异议的文化符号。象征物与象征对象之间的关系是通过文化来达成的，文化是形成符号的公共性的基础。由于同一地区内的交往对象是具有相同"文化知识"的人，因此相互之间的交流肯定是有效的，较少有发生误解的可能。共有某些象征表明一个范围相对固定的地理空间同时也是一个相对稳定的文化空间。通婚圈内部有共同的社会文化，有共同的象征知识。这些约定俗成的习俗确保人们会遵守同样的规定与禁忌，在使用象征进行交流和沟通的过程中不致遭遇障碍和发生误会。

山东南部山区，周围村镇的人们习惯上将赠礼者赠送的礼物依样减半回赠对方，但礼物中若有肉便不能如此。人们熟知一个禁忌，那就是若亲

---

① 余光弘：《A. Van Gennep 生命仪礼理论的重新评价》，(台湾)《"中央研究院"民族学研究所集刊》1986年第60期，第229页。
② [美]莱斯利·A. 怀特：《文化的科学——人类与文明研究》，沈原等译，山东人民出版社1998年版，第29、35页。
③ 王铭铭：《社会人类学与中国研究》，三联书店1997年版，第190页。
④ [德]尤尔根·哈贝马斯：《交往行为理论：行为合理性与社会合理性》，曹卫东译，上海人民出版社2004年版，第13页。

戚以肉作为礼物相赠送，受者是不能再把肉作为回礼赠还的，因为此时的猪肉已经是"死的"，把赠者赠送的肉再作为回礼会让亲戚关系很快中断。但这种禁忌仅仅存在于附近几个村镇，超越了这个范围，很可能该禁忌就不为人所知。

  春林说个山后不知道哪个庄的媳妇，上人家那里去送年礼，谁知道人家把送去的肉割两半，回了一半，结果亲戚没成，秕了。①

不管这个亲戚关系究竟因为什么没有达成，人们却都认为是"回肉"的缘故。这种偶然事件只会使得该禁忌的不可违背性更加巩固。人们希望在熟悉的通婚圈内部联姻，其原因也在于在一个固定的地理空间里，其文化的象征是由习俗来约定的，因其具有高度的公共性，故而在交流中较少出现误解的可能。

四 通婚圈映射姻亲交往观念

  通婚使一个核心区域成为一个将制度、观念体系和实践集于一身的整体形态。华北乡村社会往往是经由一些社会网络同宗族之外的群体和区域建立联系。任何一个村落总是不可避免地会和其他村落发生种种联系。比如，人们喜欢把女儿嫁出村外，并从其他村落娶来媳妇；经常与其他村子的人们共同到一个集市上去购买日常生活用品，对日常生活用品需求的增加也促使人们越来越多地走到更远的市场去；到一个庙宇里去祭拜神灵祈求护佑或趁庙会之机亲友相聚；由于学校校址的原因，人们常常在儿童时期就与其他村落的村民结成良好的关系；同在一个乡镇企业工作的工人，因大多来自附近村落，往往能够在同事中发现许多熟悉的面孔。在这些社会网络中，逐渐建立了借助民间信仰形成的信仰圈，也有集市贸易形成的市场圈，而最为普遍且最为重要的应是通婚关系。村落不是孤立的村落，村落也无法孤立，由于村子和外界发生联系的需求及机会越来越多，所以

---

① 访谈时间：2004年4月10日，访谈地点：山东红山峪村，访谈人：刁统菊，访谈对象：段侯氏。

村民也在逐渐地扩展自己的活动范围。这些联系的方式不是孤立的，它们总是互相交织在一起，使村子处在不同性质的区域之内。相比之下，通婚可能是最基本的区域联系方式，并且由于其区域范围相对固定，且习俗规定了姻亲之间一系列必要的往来，保证了姻缘关系在很大程度上能够满足人们的多元需求。

这种通婚关系，无论嫁娶，与村落相对的一方所处的区域范围，称为"通婚圈"。通婚圈所形成的社会基础，是把婚姻看成是家族、村落的大事。换言之，也就是将婚事与家族和社区紧密联系起来。[①] 通婚圈是姻亲关系的空间表现，在这个空间里，通婚形成一种制度化的关系，宗族与宗族之间互通有无。除了村内宗族的联姻以外，更扩展到超村落的地域，使得姻亲关系在姻缘的基础上加入了地缘的因素。

"通婚圈"自然可以被视为交流女人的圈子。在这个圈子里，除了地理空间的意义，还有社会空间的意义。任何一个村民，在决定把他的女儿嫁出去的时候，都会考虑到那个村庄所处的社会位置与社会评价。通婚圈与人们的生活空间相连，但由于通婚的社会空间意义，也反映了各自的人际交往关系。圈内人们之间的行为，包括业已习俗化和日常交往中正在使用的规则，都是姻亲关系的实际表现。这种表现作为一种民间行为层面的叙事，在对乡土社会结构的理解上，具有十分重要的意义。

在选择通婚对象时，通婚村落的社会位置和物理距离是人们关注的主要方面，这两个因素与姻亲关系的结构有密切的关系，对于未来姻亲关系的权利和义务的实现有着至关重要的意义。当然，这并不能否认其他原因不会影响到通婚村落的选择，比如前文曾经说过的"顺路"与否，还有某些心理的原因[②]也会产生某种程度的影响。总之，通婚圈映射出人们选择配偶的方式与姻亲交往观念，其相对固定表现出人们与姻亲的交往十分频繁，易于形成一些约定俗成的交往规则。

---

① 王铭铭：《社区的历程——溪村汉人家族的个案研究》，天津人民出版社1997年版，第46页。

② 东皂山乡某一个村子自然条件远远超过了红山峪，与红山峪村有一条笔直的马路连接，但是红山峪村的女性嫁过去的并不多，原因就在于曾经有红山峪的女子嫁过去以后与丈夫生活不久即离婚。离婚导致了姻亲关系的中断，这当然不符合人们建立姻亲关系的目的，因此人们产生了对与该村通婚的排斥心理。

第 二 章

姻亲关系的仪式性表达(上)

作为一种社会关系，姻亲关系的结构在仪式中表达得最为清晰。姻亲关系的仪式化表述是一种偏于理想的表述，虽然总是会掺杂着复杂的现实因素，但是和仪式之外的生活情形相比，仪式仍然可以代表一种理想状态。而且，在仪式之外的生活情形，常常受到在仪式中所体现和运用的原则的影响。仪式中的原则在一定程度上可以决定、影响非仪式生活的实践。

尤其是人生礼仪更能直接体现姻亲之间往来的规范性内容，它们是人进入一个社会阶段时的文化逻辑。传统社会把我们每个人的一生以出生、成年、结婚与死亡四个节点划分开来，由此来加强生命的意义，体现生命的价值。然而人生礼仪和社会意义之间的关联也需要考察和强调。这些礼仪习俗充分显示出个体在人生的每一个重要节点都应享有的必需的照顾以及应负的责任，一方面是需要他人尤其是亲属的关照，另一方面是关照自己的亲属并承担相应的责任。在关照与被关照——不管是实际的还是象征性的——之中，体现了一个人所处的社会关系网络。这个社会关系网络，依据所处的社会，表现出独特的性质，但大多数社会还是以亲属关系为主。笔者在这里主要关注的是亲属关系的一部分——姻亲关系。

由于各种仪式的性质不同，参与仪式的姻亲群体也不同，这就涉及联姻双方的群体识别问题。周秦以来出现的各种有关"婚姻"的语源解释，见于经传及字书的诠释共有四种，分别是指谓新婚夫妇、夫妇结合之关系、婿与妇之父母、婿与妇两家亲族而言。[①] 婚姻从新婚夫妇一直到两家

---

① 陈鹏：《中国婚姻史稿》，中华书局1990年版，第1—5页。

的亲族，都有具体的运作与表现。婚丧嫁娶仪式从某些方面来看是以家族为单元来进行运作的，但是单个的家庭①才是仪式的实际行动主体，是仪式举办力量的主要来源。而送花、送面鱼、扶枋子等仪式以及逢年过节嫁出去的女儿给娘家送节礼均是以家庭为单元的②，即使再往外延伸也不过是到堂兄弟一层。在具体的生活互助方面，比如借情往来，人们则往往以一个联合家庭或者扩大家庭为单位，比如一个男人的岳父的兄弟可能也会成为他的合作对象。姻亲关系超越了家庭的范围，尤以婚礼和丧礼最为明显。在这两种仪式中，姻亲关系透过家族和村落这些社会单元的交换来缔结、维持和延续，而且这种更大范围的姻亲关系的运作不仅仅体现在仪式方面，在经济、政治方面体现得更为明显。许多事例可以证明一个嫁出去的女人与她的出生家族的地位和荣誉互为表里。

姻亲关系的仪式性表达是地方的文化表演。通过这种表演，姻亲关系的观念、原则以及秩序都有较为全面与充分的展演。在人们进行姻亲往来的时候，联姻家族之间的关系呈现出一种阶序性质，给妻集团相对受妻集团来说，由于送出了一个女儿，使得对方实现了家族延续和维护的理想，因此处处享有优越感。这在村民的观念中，就是一种"亲戚理"，人们就根据自己在亲属网络中的位置，按照亲戚理来与亲戚进行交往。"姻亲关系的仪式性表达"部分，本书分为两个部分进行论述，第一部分以对姻亲关系的建构与维护为主，第二部分重点探讨姻亲关系的动态重组。

一　婚礼：婚姻缔结

就中国的社会结构及历史文化的脉络而言，家庭是社会的细胞，是社会网络中的一个核心单位。人际关系的建树和整合往往是从家庭开始的，个体成员的联姻关系能够发展为整个家族的关系。自古以来婚姻就不是一个简单的两个当事人之间的事情，而涉及两个家庭。家庭是最基本的联姻

---

① 仍然是指"网络家庭"。
② 吉国秀在对东北清原镇婚姻关系的考察中，其中对姻亲关系的范围界定是以家庭为单元，参见吉国秀《婚姻仪礼变迁与社会网络重建——以辽宁省东部山区清原镇为个案》，北京师范大学博士学位论文，2004年。

单位,但是家族的涉入也是非常突出。无论是订婚前的确立对象阶段,还是订婚过程,更重要的是从婚礼开始的那一刻,甚至到联系两个家族的女人死去,姻亲的意义就始终建立在家族的基础之上。这恰恰符合了《礼记·昏义》的部分精神:"昏礼者,将合二姓之好。"

其实早在两个家族通婚之初,就已经表达了联姻要取得家族同意的思想。从古至今,人们在决定是否接受另外一个家族的女人做媳妇时都会征得祖宗的确认。① 议婚经过全家族的深思熟虑,其严肃气氛也使当事人体会到婚姻的确不是儿戏。今天虽然已经没有那么复杂的仪式了,但人们的主旨并未改变,仍然习惯于把一个异姓女人的八字在堂屋的神码前放置三天,看此期间有无意外发生。祖宗对婚事的认可不仅仅对这个家庭有意义,同时对于与该家庭并列的以至再疏远一层的兄弟家庭具有同样的意义。

事实上,婚姻的整个缔结过程也处处透露出对姻亲关系的整合。这种整合,不仅仅是从个人到个人,也不是从家庭到家庭,而是跨越了宗族甚至村落。一般传统的婚礼都是要"开筵受贺",大宴宾客,这既是家庭展示实力的一个场合,更是联络并扩展人际关系的重要契机和手段。从这个意义上来说,婚礼上的主人公并非一对新人,他们扮演了傀儡的角色,在幕后操纵的却是家庭乃至家族。无论是娶媳妇还是嫁女儿,都是家族的一件大事,本家和姻亲的参与由始至终,这种参与一直延续到嫁女去世以后。而同村落的其他家族由于参与送嫁妆、送亲和参与陪客,也走到这个姻亲网络中来。② 一个人的婚礼动员起这么多人,原因就在于婚姻的意义不仅仅是男女的结合,或是两性关系的确立,婚姻不是一件人们的私事,其意义足以使得很多人为这事忙碌干预了。③

古人制定下来的士阶层实行的"六礼",即纳采、问名、纳吉、纳

---

① 古人在了解了女方的具体信息之后,要在祖庙进行细致的占卜仪式,以决定是否结这门亲戚。根据《礼记·昏义》,当男方经"问名"得知女子姓名之后即进行占卜,若得吉兆,就请媒人向女家报喜,决定缔结婚姻。男方在祖庙中占卜,这显示着男子的婚事是由整个家族,包括历代祖先来共同参与的。

② 调查表明,当人们娶媳妇或嫁女儿的时候,一般都会邀请本家族或者本村的外姓来为送亲者作陪,一般外姓陪客大多是"本村书记,在外面当过什么官的,在哪个厂子里的,都是能干的那些人物"。

③ 费孝通:《乡土中国 生育制度》,北京大学出版社1998年版,第129页。

征、请期、亲迎，唐玄宗时的《大唐开元礼》又规定从品官至庶人均行"六礼"而成婚姻，从此礼下至庶人。"六礼"虽经历朝历代加繁化简，又因民间习俗因时、因地、因人情的自然演变，已发生丰富多彩的变化，但直至明清，上至宫廷，下至民间，在基本的结构程序上仍依古制。① 具体到华北乡村社会而言，一般实行的是聘娶婚，其婚俗在结构上存在一致性，一般都要经过提亲—定亲—迎娶等基本流程。此处对婚礼的叙述，并非详细描述婚姻缔结的全部过程，关注的其实是姻亲交往。

媒人深谙村民的联姻心理。一般来说，村里有相当一部分婚姻是通过媒人缔结的，即使在外地打工的年轻人也不拒绝媒人的介绍，这在部分程度上保证了传统通婚圈的稳定性。说媒主要看"人"（品貌）和家庭条件，外加父母必须正派。不过，目前年轻村民外出打工，有部分村民不再遵照传统的亲邻"说媒"而是经过自由恋爱来寻找配偶，已经大大突破了原有的通婚圈，在通婚圈上也造成了目前来看尚不是特别明显的年龄分层。② 这种变化也体现在择偶观上。

在所调查的绝大多数村落，都出现了一个择偶观的年龄分层。如在身高上，老年人希望儿子娶个子高的女子为妻；在物理距离上，老人不特别介意儿媳的娘家远近，而在意女儿所嫁婆家的远近；在家庭条件上父母希望女儿找对象要谨记"穷不能穷到底，富不能扎下根，能挑高郎，不挑高房"。而在年轻人心目中，最应该得到重视的首先是男女之间的爱情。老人在家里都是把条件对子女先讲清楚，但"现在的年轻人找对象，不管家里老人有没有意见，都是阻挡不了的"。结果是，在讲究婚姻自主的大形势下，老年人往往在无奈之下接受年轻人的决定。尽管如此，由于仍是固守传统仪式的老人来操办婚事，因此除了见面等常规程序可以免除以外，一些必要程序仍是必不可少。受此影响，那些在外打工的年轻人也并非多数都在打工地点寻找配偶，恰恰相反，仅有少数人如此。调查中我们发现，春节以前半个月是许多村落举办婚礼的高峰期，原因就在于外出打工的年轻人大多只能在那个时候请假回家办婚事或者相亲。由此可见通婚

---

① 彭牧：《进入"围城"：婚礼"六礼"的文化阐释》，《寻根》1998年第5期。
② 以2007年对山东莱阳小姚格庄的调查为例，借助家谱资料以及初步访谈，大体上能够看出，35岁以上的村民择偶范围在传统的通婚圈之内，而35岁以下的村民中其配偶出生地点多超出莱阳市，外省市的也能见到。

圈的突破也仅仅是特例。此处以山东一例个案为主兼及其他省份的调查来叙述婚礼过程中的姻亲往来。

2001年农历三月十一日①，段承桂要给次子段秋俊娶媳妇，新娘是距离本村大约2.5公里的某村的陈莉。两人的婚事是段承桂托他的侄女婿介绍的。媒人算起来是新郎的叔伯姐夫，同时也是新娘的本家哥哥。山西洪洞园村说"媒人是杆秤"，意思是一般媒人都了解两家的情况。此个案中的媒人与新郎、新娘的关系确实能让媒人担当起"秤"的功能。通过对媒人的访谈②基本上把提亲、见面、相家等下通书（订婚）之前的一系列事宜都了解到了：

> 男的老实。我是受二叔的委托给他找个对象。我受此委托，反复考虑亲戚关系。他们对脾气，对品性。两家离得近点，女的家里就姐妹俩，为了照顾她父母方便，离近了更好。从1996年农历十二月我就搭手牵线，1997年农历二月二十九日双方见面。见面的时候，我在中间，他俩相差20米，女的跟着她婶子，在北庄村路北旁见面，两个人也说话了。我离得远，就在一边袖手旁观。女的说得给俺父母商量商量。我给女的她婶子说："婶子，你看看，我老不哄，少不瞒，情况就在这里摆着，你看着办，合适呢就愿意，不行呢就拉倒。"她婶子说："这事得二妮说，她行呢，就愿意，不行也随她。我没意见。"
>
> 见面觉着还行，后来也找人打听了。找谁打听我具体找不清（说不清楚）。以后两人他关心她，她关心他。到2001年，两人还算满意。现在都不和年命了。进入伟大的21世纪，这一套谁还相信？你是个研究生，研究生你说你相信吗？她婶子和她娘俩来相家，男的这边办了两桌，她婶子一桌，她一桌，没办男桌，我没上，列席，找这边邻居来陪她娘俩，就是妇女陪妇女、闺女陪闺女。个人的满意基本达到80%以上，现在都讲究婚姻民主、自由。我已经搭上桥子，

---

① 因为喜事的日期总是贯穿了人们的一些观念，为了体现这种观念，对有关此个案的记事皆按照习俗采用农历。

② 访谈时间为2001年农历三月三十一日。

两人感情也越来越深了，下通书的事我就退居二线了。①

时隔不久，段秋俊和陈莉带着段家父母给的钱去枣庄买衣裳，同时买一个花包袱，包上衣服放在婆婆家。定好下通书的日子后两人一同去女方家，把4个硬币钻上眼，各拴在红、绿头绳两头，缠上包袱。包袱里还有艾叶、麸子、面和小米、一对鱼、一对葱。这就是下通书和下启了。虽然仪式与传统相去甚远，但是基本的红纸绿帖仍是有的。下过通书，亲戚关系就算是确定下来了。

这一确立姻亲关系的步骤在各地有不同的叫法。如山西有些地方叫下彩，山东小姚格庄叫"过红"，也是双方正式确立姻亲关系的仪式。2007年，我们在山东小姚格庄曾经目睹一例过红个案，男方给女方2600元钱，而不是当地通行的10000元，但女方并不特别在意。过红时，男子的姻亲参与较多，他们被男方请来和男子的叔伯一起参加过红仪式，坐陪女方亲戚，顺便也通知结婚日期。

一般订婚仪式举办过后，双方即开始按照亲戚关系往来。比如山西园村，"订婚以后，双方就认作亲戚了，一方有红白喜事另一方应该参加。比如女方家有丧事，女婿也去，但要披红绸（以此与已婚女婿相区别）以示吉祥之意。逢年过节男方必须上女家的门。"② 订婚以后到迎娶之前这段时间，每逢中秋节、春节（有的地方还包括端午节、农历六月初一）男子要去女方家送节令礼物，这在河北、山西叫作"追节"，而天津、北京则分别称之，如"送节礼""送年礼"。此俗在山东也非常普遍。

喜日子一定，新郎全家立刻投入到紧张的准备工作中。喜被是在婚前几天（二月二十六日）由新郎母亲邀请邻居中的"全乎人"③ 制作的；房子是五六年前就盖好了，新郎的家族近亲兄弟均来帮忙装饰新房；三月六日三个姐姐合伙花了1200元买了席梦思床。基本上新房这就算布置好了。婚礼上帮忙的各个角色也都很快确定下来。执喜人是新郎的大爷和叔

---

① 后经对新娘、新郎的访谈加以证实与补充。
② 访谈时间：2008年11月11日，访谈地点：山西洪洞园村，访谈人：刁统菊、刘晓文，访谈对象：韩为民。
③ "全乎人"的意思是双方父母健在、儿女双全者，有些地方称为"好命人"。

伯大哥。他们负责婚礼的各项事务的分配,"年幼的端菜、送酒、拿盘子","年老的烧火",每件与婚礼有关的事项都要安排好,不能出现空当和混乱,"喜事办好办孬"全在执喜人的本领了。迎亲的人也要提前安排,他们必须是"全乎人",以与新郎的亲属关系最近为最佳选择,大舅、大哥是男迎亲的,大娘、大嫂是女迎亲的。

喜日头天,新郎和堂叔兄弟早上就去叫客了,叫的是姐姐、姥姥、舅舅、舅妈等,顺便撒喜帖。尽管一些亲戚早就知道段秋俊今天结婚,但主家还是在十来天之前就要安排妥当,好让客人有给"小孩做个新衣裳"来参加婚礼的时间。另有叔兄弟两人负责贴喜对联,新郎家族的近亲也要在大门上贴一对双喜。下午新郎的三叔带着新郎及其侄子,一共三辈人,去"林上"上喜坟。① 上喜坟要把四方形红纸用石头压在坟头顶部,这张红纸就可以向众人宣告段家近日将会娶媳妇。

喜日早晨按照"四条金砖垫床腿"的习俗铺喜床,要找一些小孩子滚喜床。新郎的母亲还要在拜天地之前把香案布置好,之后便是迎亲。迎亲者有副执喜人、新郎的两个叔兄弟以及一个仁兄弟。车队到了新娘村口后,把鞭炮挂在树上燃放起来,这等于是告知女方迎亲队伍到了。女方家人出来招呼大家进门喝茶。

女家大门两旁照例有"青龙见喜","喜"是单喜,家有女儿出嫁,当然不可贴双喜。院内觥筹交错,来喝喜酒的都是女方的至亲。男方将喜日确定后通知女方,女方也安客、叫客。事实上,新娘的舅舅、姑妈、姨妈、姐姐等人早在十天前就来添箱了,礼物包括现金和实物两种形式。

喜日的前一天也就是三月十日晚上,新娘的婶子、叔伯嫂子拾柜,把香烟、饼干、八个馒头以及自家蒸制的两个离娘饼和瓷制痰盂②放在柜子里。痰盂内盛一斤点心,还有六个染红的熟鸡蛋、红花生、枣、栗子、两盒香烟。放在柜里的衣裳不能叠起来,保持散乱、舒展的状态,以使日子

---

① 通常由新郎的侄子负责扛新人磕头跪拜时垫在膝盖下的红席,俗称"扛红席的"。"林"是当地对坟的称呼,因为坟上通常长着一棵树,所以叫作"林"。上喜坟笔者没有亲见,人们忌讳女子到林上去上坟。为了表示对当地文化的尊重和理解,笔者放弃了去上喜坟的想法。不过后来笔者在弟弟结婚的时候经父母同意破除禁忌也观察到了上喜坟的具体过程,算是对当时的一种补充。

② 据调查,痰盂的功能是婚后由新人作为便溺器具使用,类似华南地区作为嫁妆的"子孙桶"。

过得"舒坦"。① 一切妥当以后,用红头绳把柜鼻拴连在一起,不可用锁锁上,否则会把婆婆的嘴锁得不会说话,可见此举意在预防婆媳之间可能会发生的冲突。

女方客人酒足饭饱,就开始往车上搬嫁奁。除了煤气罐和煤气灶是新娘的小姐妹团送的以外,其他大多数东西包括大组合柜、化妆柜、镜子、暖瓶、台灯、缝纫机、落地扇、摩托车、彩电等本来是男方买的,但女方执意要拉回家里,结婚当天再拉回来。这是普遍通行的习俗,嫁妆可以显示女方家的实力。

到了出门的时间,新娘要告别父母。山西洪洞甚至还要举行新娘拜别祖宗、拜别爸妈的仪式。新娘离家时,各地几乎都有"不带娘家土"的讲究,如新娘在上轿前,鞋底上贴一红纸,上车时把红纸揭下来,有的则是换鞋,有的则由人抱上汽车,如山西祁县由新娘哥哥或表哥之类的人抱上车,所谓"哥哥抱妹妹,幸福一辈辈"。由于土地与财富的联系,人们以为女儿出嫁若沾上了娘家的土,将会使娘家逐渐贫穷,或者带走娘家土将会使得"娘家无后",这是更为严重的罪过。临上车前,要让新媳妇喝稀饭,意思是少惦记娘家人,和娘家人走动得少些,多和婆家人相处,不要三天两头回娘家。

车队一到男方村口,鞭炮就接连不断地响起来。新娘一进家门,新郎的大娘就从手中的盘子里抓了一把麸子,混合着枣、栗子、糖和花生,往她头上一扬,说:"一把栗子一把枣,大的跟着小的跑。"拜过天地以后,新郎来把蒙脸红子挑开。女迎客的则招呼女送客的到堂屋喝茶。拜天地后男迎亲的出来与男送亲的握手、寒暄,招呼他们喝茶。新郎的兄弟们该干的活就是从车上把嫁奁一件件搬进新郎家中。女方来的人没有帮忙的,他们现在全都被请到屋里喝茶、吸烟去了。

中午12点整开席。不同亲戚的座席位置表明人们对不同姻亲的态度,此处以表格简单展示一下。

---

① 许多村民告诉我说,在过去穷的时候,女方赔送的衣服少,把衣物散开来堆放,实际上是为了"衬柜",也就是使衣服显得多一点。人们对当地民俗的解释并未完全从观念或者象征上来理解,有时候是和现实生活的具体实际相互联系的。

表 10　　2001 年农历三月十日山东红山峪村参加喜筵的客人座次安排

地点	客人	陪同	敬酒人
堂屋（三间正房中间）	女送客的	女迎客的以及新郎的婶子	新郎
新房（三间正房西屋）	伴娘、新娘	新郎的妹妹、侄女	新郎
东屋（三间正房东屋）	男送客的以及送亲队伍中其他男性	男迎客的、媒人、新郎的干姨夫	新郎
厨房（堂屋东面偏南一间）	新郎的姥姥、姨	新郎的大娘、婶子等人	新郎新娘
院子	新郎的同辈女客人	无	新郎新娘
院子	司机、新郎的同辈男客人	无	新郎新娘

　　从对客人和相应陪客者的安排上，充分体现了受妻集团对不同类型的亲戚的态度。新娘娘家的客人都在三间正房里，而且，虽然没有在堂屋招待"大客"（男送亲的），但是主家其实是考虑到了新房里都是女客人，若把大客安排在堂屋，毕竟有许多不方便。而男方的客人，即使是新郎的姥姥也是安排在了堂屋以外的房间，新郎的姐姐们以及其他同辈的男客人则在院子里，而且并不需要安排陪客，因为新郎的姐姐们是"最担待事"（随意而不需特殊关照）的亲戚。

　　这样一个安排透出婚礼上实际存在着的根据女人的流动和新亲、老亲的重要性来排列的姻亲关系的秩序：首先是主家的儿媳妇也就是新娘的娘家人；其次是作为陪客的新郎的舅舅，虽然他也是比较重要的亲戚，但是在与主家的关系上，与新娘的娘家人相比时重要性就稍微降低一点，原因在于新建立的姻亲要比已经建立的姻亲显得重要，而且前者是处在建立之初、正需要细心维持的时期；接着是新郎的姑姑、姑夫和姐姐、姐夫，他们实际上是为新郎结婚服务的，新郎结婚资金的最大来源除了父母就是这些人了，尤其是姐姐。简单来说，基本上可以按照阶序关系这样来排列：

　　　第二代媳妇的娘家人
　　　第一代媳妇的娘家人
　　　第一代女儿女婿

第二代女儿女婿[①]

在 2 个菜上桌后以及所有的菜都上桌以后，新郎的父亲要来"整碗"，即向客人表示感谢。席间新郎新娘要给客人敬酒，但新娘不必给娘家人敬酒。男送客的席间还给正在忙碌的厨子送谢厨礼。但因厨子与男方是亲戚，他不肯要这个钱，说："这都没旁人（外人），这是别的事？"事后他对访谈人员解释说："都是亲戚里道的，人家给咱是尊敬咱，咱再给他是互相尊敬。"

本来新人应该在喜日第二天要给参加婚礼的亲属磕头，包括拜至亲以及拜家族。这对新娘来说是格外重要的一种仪式，它们标志着新郎的亲属对新娘的认可和接纳，同时它又是新娘认识新郎亲属、明确他们在既存的亲缘网络中的社会位置的一个途径和场合。但第二天也就是三月十二日是清明节，当地有"不忌清明，死老公公"的忌讳，所以新郎的姑姑、姐姐等人作为嫁女必须当天接受叩拜，以回避第二天的清明节。磕头不是白磕的，接受叩拜的亲属要给新人磕头礼。这种仪式非常普遍，如山西有些地方称"见大小"，其仪式内容与拜至亲、拜家族大同小异。

从下表可以看出，新郎的三个亲姐姐给的磕头礼最多，每人 400 元；其次应该是姑妈，如果他有亲舅舅和亲姨夫，他们将给 200 元；再次是他的叔伯姐姐和叔伯舅舅分别拿 100 元。严格来说，磕头礼或喜礼的数额按照由少到多的顺序，应该刚好可以和婚宴上的座席位置之尊卑对应起来。如果有亲舅舅、亲姨夫，那么按照关系，给得最多的是姑妈和舅舅，姨夫虽然通常也给得一样多，但是大家都知道新人和姨夫的关系远不如和舅舅、姑妈亲近。尽管这三个人和新郎亲疏有别，但是并不会在喜礼和磕头礼上表现出来。新郎的叔伯姐姐和新郎的亲姐姐、姑妈都拉开了一个档次，人们俗称此为"沿"，即所谓拉开了一个沿，这样才能表明亲姐姐是亲姐姐，而叔伯姐姐只是叔伯姐姐，其位置和关系的亲疏毕竟还是很明显的。

[①] 这个也可以用另外一个事例来注释。笔者的婆婆，山东滕州一位普通的农村老太太，把家中自己种植的山药分为三类，第一类是最上等的，给儿媳妇的娘家人，第二类是中等质量，给自己的娘家人，第三类质量比第二类稍微差点儿，给自己丈夫已经嫁出去的姐妹。当笔者把这件事情讲给访谈对象时，几乎所有访谈对象，尤其是年长者，第一反应都是会心一笑，然后表示赞同。

表11　　2001年农历三月十一日段秋俊结婚时的磕头礼统计

关系	磕头礼数额（单位：元）	备注（以新郎为中心）
二姥娘	100	亲姥娘去世
大舅	100	叔伯舅舅（新郎母亲为独生女没有兄弟，下同）
二舅	100	叔伯舅舅
三舅	100	叔伯舅舅
四舅	100	叔伯舅舅
姨夫	100	叔伯姨夫
姑妈	200	亲姑妈
老高姐	400	亲姐姐
老赵姐	400	亲姐姐
老王姐	400	亲姐姐
老卢姐	100	叔伯姐姐
老贾姐	100	叔伯姐姐
老夏姐	100	叔伯姐姐
老杨姐	100	叔伯姐姐
老张姐	100	叔伯姐姐
老孙姐	100	叔伯姐姐

　　喜日第二天一大清早，新娘早早起来拾柜，即与新郎一起将盛着两个离娘饼、四个馍馍的筐子交给公婆，并给二老磕头请安。新郎的大娘也赶来给新娘开脸。两个女迎亲的和一个扛红席的带着新人去拜祖坟、拜家族。家族中凡接受叩拜的人同样要给新人磕头礼。大家回家后，全家分吃一个离娘饼。

　　上午新娘的叔叔、哥哥来接新娘回门，把果子、饼干、馒头等作为礼物赠送给男方，男方则以和喜日相同的席地招待他们，请来村子里最尊贵的人来陪客。在他们走的时候，要回赠礼品，只需把他们带来的礼品返回一半即可。

　　随着时代的变迁，六礼的运作时有不同，但总的来看婚姻的缔结不离提亲、订婚和结婚三大部分。运作起来，复杂程度丝毫不逊于古代的六礼，其间包含并且演示出了丰富的社会习俗。仪式作为一个表演的舞台和一种活动的语境，承载着许多角色。每个角色的出场，例如媒人、男女迎亲的、执喜人、亲戚、新人，都不是随意而为的，是在习俗的规定之下进行活动的。不在同一个文化场域中，是难以理解每个具体的仪式所包含的丰富的象征意味的。

格尔兹的研究表明了斗鸡与巴厘社会的地位和等级有相应的联系。① 这也启发我们关注仪式与参加者的现实地位等级的关系。整个联姻的过程，包含了无数的礼数，这些礼数的操作展现着两个联姻家族的关系。虽然女人的流动决定了受妻一方要在仪式上处于下方，但这并不意味着他们一定是无条件地遵从给妻一方，反而尽可能地通过各种手段来展示自己家族的实力、维护自己家族的声誉，因此婚礼必定是两个联姻家族之间的一场非常重要的潜在的较量。村里财产分布的不均匀，并没有在日常生活水平上表现出明显的差别，人人都有节俭的意识，"但是在婚丧礼仪的场合，节俭思想就烟消云散了。"为了履行社会义务，人们尽全力来举办一个慷慨的仪礼，这才能表现出一个家庭在村子里的经济地位。② 婚礼上往往能够见到铺张的场面，一方面这是村落文化中讲究排场的普遍性需求——炫耀殷实家境，展示家庭实力；另一方面则是两个联姻集团竞争的结果——不能让亲家小瞧了自家的力量。这和当媳妇自杀时，给妻家族打着为了嫁女出气的名义、实际上却以"让他们知道姓某的不是好欺负的"的理由来动员、号召家族成员去维护家族的地位、名誉和势力是同样道理。

二 回门：从"女儿"到"亲戚"

"回门"是汉族婚俗中比较普遍的一个习俗。《中国风俗大辞典》对其内容的解释是"已嫁女子第一次返回娘家探望父母叫归宁，俗语叫'回门'"。③ 而《中国风俗辞典》给出了回门的具体意义所指，"这是婚事的最后一项仪式，含有女儿成家后不忘父母养育之恩，女婿感谢岳父岳母恩德及女婿女儿婚后很恩爱等意义"④。

---

① ［美］克利福德·格尔兹（Clifford Geertz）：《文化的解释》，纳日碧力戈等译，上海人民出版社1999年版，第471—521页。
② 费孝通：《江村农民生活及其变迁》，敦煌文艺出版社1997年版，第93页。
③ 申士垚、傅美琳：《中国风俗大辞典》，中国和平出版社1991年版，第79页。
④ 叶大兵、乌丙安：《中国风俗辞典》，上海辞书出版社1990年版，第125页。

"回门"在不同地方有不同的称呼。经过调查，可以确认的是在华北乡村，一般认为回门就标志着婚礼的结束，确立了女人在婆家的身份，同时也更新了她和出生家族的关系。婚姻为女性提供了一个合适的社会位置，使她和出生家族的关系在家族意义上彻底脱离开来，从此姓着丈夫的姓氏，成为娘家的一个亲戚。但回门对于女性在出生家族的亲戚身份的强调似乎稍显不足，而结婚当年一对新人在婚后第一个大节（一般为中秋节或春节）去女方家送节礼的习俗反而能更好地显示出这种特点。因此，回门虽可以说是婚礼的结束，但一对新人第一次"追节"（或称"送节"）所具有的赋予女性新身份的意义却更加明显一些。

回门时新娘除了自己的穿用和一张回娘饼（或回娘肉）以外并没有带任何礼品，最新的调查表明有时新娘回门甚至不带任何礼物，空手来回。女儿出嫁时娘家要赠送两张离娘饼，婚礼第二天新郎全家吃掉一张，另外一张由女儿回门时带走，带走的这张离娘饼此时就叫回娘饼。两家各分一张饼，意味着联姻双方的日子过得同样红火。可见这似乎更强调女儿的双重身份和中介性质。其次，回门只是在象征意义上，大多数人都是在新郎家附近一转，除非是距离娘家特别近的才会到娘家去待一会儿。因此这个时候她回娘家，尽管是已经拜过了天地，但在严格意义上仍然算不上是外家族的人。按照习俗，嫁出去的闺女回娘家是不可能空手的。因此，从礼物的交流来看，此时嫁女还没有完全脱离娘家女儿的身份，与娘家亲戚的身份还有一点距离。

第一次送节，女婿必须前去，去之前好几天就通知丈人家做好准备。虽然只是一顿饭，但丈人家也要请来厨师预备婚礼上才会置办的"大席"，并提前请好陪客。时间大多在中秋节前或春节前，因这是女儿女婿婚后第一次给父母送节礼，故有些地方称作"走头趟"。

第一次送节是女婿给丈人家送礼品最为丰厚的一次，岳父岳母及其族人如父母、兄弟亦会收到不同礼物，收礼者都要略备薄礼回赠。走头趟所送的节礼，丈人家总是把礼物留下一半，回赠一半，但从不会回礼条肉，因"回肉"犯禁忌，意味着目前的亲戚关系不会长久。另外，许多地方讲求丈人家回赠一些粉丝或腐竹或粉条给女儿女婿，这种物品以其掰扯不开的外形来象征双方的关系往来不断。从此以后，女儿女婿再来送礼，大都没有定规，依个人经济情况而定，而且大多都是女儿一人，对女婿则无习俗上的要求。倘若女婿陪同女儿一同回娘家，岳父母招待也不可随意，要尽量丰盛，正如俗话所说"招待女婿一桌子菜，空里再加上蒜臼子"，这和女儿独自回娘家时吃用日常饮食即可完全不同。

从这一天起，对娘家而言闺女真正成了外人，成了"出姓"的人。在21世纪初之前，许多地方习俗规定娘家父母以女婿的姓氏来称呼嫁女，如"老张"或"老李"，总之，娘家人不再用她的出生家庭的姓氏和乳名来称呼她。对女婿则背称"贵客"，人们认为当岳父的说这个话好听、文雅，说"门婿"也可，若说"闺女婿"则会突出人的蠢笨。但是第三者可以说某人是某人的闺女婿或者老丈人。一般情况下，即使女婿对女儿不好，岳父和岳母也不过多责备女婿，反之女婿也不能顶撞岳父岳母。

当新女婿和嫁女第一次来送节的时候，丈人家以一整套招待"贵客"的礼仪来对待女婿，不管是待客的桌椅、餐具还是酒席或者他的座次，都赋予了新女婿一个比较尊贵的地位。这是新女婿第一次正式上门，正式以亲戚的身份面对给妻集团。回门是女儿回门，走头趟是女婿走头趟，此时女儿是作为受妻集团的媳妇去做客，在丈夫的陪同下，带了足以表达对给妻集团的尊敬的礼物，这些更能够强调她的亲戚角色。从此她就是娘家的亲戚了。在来年正月十六娘家人会来接女儿回去，俗称"叫客"，进一步明确了女儿的亲戚身份。

婚姻把一个女性从父母的女儿、兄弟的姐妹变成父母和兄弟的亲戚，就是从第一次送节礼开始的。表面上看来，"回门"后婚礼即刻结束，但女性身份的转换却是在送节仪式上完成的，因此可以说是该仪式在最终意义上确立了女性的正式身份，完成了联姻家族姻亲关系的缔结。

三 生育：姻亲关系的稳定与延续

一个新生命的诞生，固然会让家人在刚刚淡化了婚礼的喜庆气氛之后倍加欢喜，但其严肃意义也不容忽视，因此古今中外的人们对生命的孕育与诞生，其态度可说是至诚至重。从怀孕开始，尤其是在婴幼儿阶段，是生命最为脆弱的时候，母亲与孩子都需要特别的关照与爱护。诞生一个孩子并非仅仅与受妻集团有关，而是两个家族的喜事，对孩子的关照与爱护也是来自两个家族。

婚姻给了女性一个合适的社会位置，赋予她生育的资格和权利。但是只有她生育孩子（或者过继了孩子），才能真正成为这家的人，否则永远都是一个外人。如果不生儿育女，作为一个媳妇，将永远无法真正与夫家家族联结成一个生命共同体，不但自己无法接受后代的祭祀，丈夫也因此成为绝户，这真是"罪孽深重"！这是生育对于女性的文化和社会意义所在。

在婚礼上新娘是一个处于阈限期的危险人物，而她嫁到夫家但未生育之前，同样也是一个阈限期，对婆家来说她仍然具有危险性，是一个显在的边缘人和隐在的破坏者。"新娶的媳妇妨三年"，这时候的女人因为没有生育而立足未稳，作为一个外来者被丈夫家族的人边缘化，因而成为潜在的具有破坏力和污染力的外人。无论发生了什么不吉利的事情，统统都归罪于新媳妇①，她因此成了一个天然的现成的替罪羊。"娶媳妇，盖堂屋，三年里头定穷富"，堂屋的风水好不好，能够影响到家庭的穷富；而刚把媳妇娶进门的家庭，未来的命运如何，全赖这个新媳妇！

根据在红山峪村的调查，在249份有效数据中，当女性没有生育孩子之前，她平均每23天回一次娘家。女人频繁地回娘家常常很容易招致婆家人的不满。笔者将在以后论及给妻集团对受妻集团可能存在的分裂力量，这种分裂力量主要是由于女性与娘家扯不断的血缘联系导致的。因此，一个媳妇频繁回娘家容易招来抱怨，也会让公婆因此对她倍加防范，如同防范一个外人。但是女性生育以后，生活的重心转移了，尤其是和公婆分家以后，既要照顾家庭，又要照顾孩子，回娘家的频率也大大降低到将近55天一次。更重要的是生育了一个孩子，女性在婆家得到了正式的承认，她本人也才能稳定自己身为丈夫家族的一员的心理，并且她依靠这个孩子逐渐开始培育自己的"子宫家庭"（uterine families）②，也培植自己的势力。实际上，女人要度过对婆家来说具有危险性的阈限期，必须要生育孩子。生育孩子以后，她的称谓变成了"某某他娘"，而不再是"某

---

① "田厚庵的媳妇刚嫁过来的正月初一的早晨，饺子下烂了，大家都说是新媳妇妨。田厚庵后来告诉我，那其实是因为娶媳妇用光了家里所有的东西，只好把仅有的一点小麦面与米面混合在一起做饺子皮，当然会下粘了。"参见刁统菊《一九四二年的一个婚礼》，《民间文化论坛》2004年第4期。

② "Uterine families"是玛格瑞·沃尔夫在《台湾乡村的女人与家庭》中提出的一个概念，参见 Margery Wolf, *Women and the Family in Rural Taiwan*, Stanford, California: Stanford University Press, 1972, p.33。

某家里的"，这时她在丈夫家族的地位稳固下来了，甚至说话底气也足了，她的子宫家庭的最重要的一个基础也形成了。

　　一个未生育的媳妇频繁地回娘家不但容易导致已经建立的姻亲关系不融洽，而且婚姻也处于不稳定的状态。费孝通先生认为，在农村中，结成婚姻的主要目的，是保证传宗接代。妇女的生育不仅完全确认了她的社会地位，同时也是姻亲关系生效的开始。① 费孝通先生同时指出了生育对女性的社会地位和姻亲关系的意义。虽然联姻的两个家族可以凭借婚约和聘礼并通过婚礼来缔结彼此的姻亲关系，双方从此互有一些权利和义务关系，比如相互之间的称谓和基本的互助，但这并不表示男女当事人的婚姻就此稳定。

　　订婚确立了姻亲关系，婚礼则宣告姻亲关系在社会意义上的合法性，而只有当娶来的媳妇生育了下一代——姻亲关系可以延续的证明与基础，这时双方的姻亲关系才算真正稳定下来。生男生女不是最主要的，生男孩固然皆大欢喜，受妻集团的人更高兴，家族香火得以延续。生女孩也是一样宣告了女性的生育能力。嫁女生育对娘家人来说也是一件大事，不仅她的将来有了依靠，这个孩子也可以继续履行对给妻集团的义务。因此，在媳妇生育以后，婆家要派人到其娘家报喜。

　　女人生育的孩子是维系姻亲关系的链条，是姻亲关系延续下去的证明，有了孩子，姻亲关系一般可以延续三代。有时候姻亲关系的第二代可以帮助调解两个家族的关系。倘若联系两个家族的女人去世了，姻亲关系很有可能中断，但是孩子可以从中发挥积极作用。即使是嫁女因丈夫家族虐待而死，看在外甥的份上，给妻集团也常常会网开一面。当然个别特别恶劣的事件根本就无法顾及孩子，"人家闺女都没了，孩子还管吗？又不是自己家的人！"

　　总之，在父系社会，女性必须而且只能透过婚姻和生育两种手段才能和丈夫家族的祭祀脉络衔接起来。社会机能与生物机能的这种结合使得一个异姓女人成为丈夫家族的合法成员。只有这时，姻亲关系才有延续的可能并真正稳固下来。

---

① 费孝通：《江村农民生活及其变迁》，敦煌文艺出版社 1997 年版，第 31 页。

（一）生育是给妻集团的责任

既然生育一个男性后代对一个家族来说非常重要，那么最起码娶来的媳妇必须具有生育能力。在广东、广西、福建惠安一带及某些少数民族地区比较流行"不落夫家"习俗，新娘出嫁后，只在夫家住几天便回娘家长住，与其夫偶尔相会，直至怀孕临产才被接回婆家，这主要是为了鉴别妇女是否具有生育能力。[①]

如果一个媳妇不能生育，对于姻亲关系将是很大的影响。受妻集团对作为两个集团的中介的女人当然不会满意，同时给妻集团的威望也会降低，家族中其他女儿甚至同一村落里未嫁女子的出嫁都有可能受到影响。不能生育的女人，其娘家父母兄弟都自认对不起受妻集团，处处在受妻集团面前抬不起头来。即使这个女人的公婆对她有虐待行为，娘家兄弟也不好出面替她出气。因此，一个女人若迟迟没有生育，最着急最操心的是她的出生家庭。天津一位受访者说："女儿嫁出去之后，好几年不怀孕，娘家为此简直是操碎了心。各种求子的方法纷纷登场，要是不信迷信的都找医院。信迷信的都找拽门头的，就是巫婆。"[②] 四个字"操碎了心"形容出娘家父母为迟迟不能生育的嫁女所做的努力。

> 自己闺女没生孩子，当娘的操心比婆婆多，上山挖药熬茶喝，十来样子，老婆婆哪里操心去？那也得看好孬，脾气好的也问点。虽然给咱没关系，但是为了各人的闺女，娘得操心，要不闺女难过，不得好日子过。俺闺女走（出嫁），十来年才生孩子，老婆婆就找事，成天给脸色看，俺也不好走闺女家。搁是（如果是）以前都有退婚的。就是人家熊（斥责）两句，两口子之间打两下，咱这边也不好去说哎。光生闺女不生儿子，老婆婆也不喜闺女，那还能喜亲家？那是更

[①] 林淑蓉认为，侗族人的婚姻关系之确定不是在接媳妇过门之时，而是在第一个小孩出生后男女家族为之举行满月仪式时才算完成。缓落夫家的婚姻形态所强调的正是生育或再生产的重要性，也就是说社会的再生产必须透过一个新生命的开始，夫妻关系才算确定，社会的建构才有可能，社会的时间也才可能延续下去。参见林淑蓉《生产、节日与礼物的交换：侗族的时间概念》，黄应贵：《时间、历史与记忆》，（台湾）"中研院"民族所1999年版，第252页。

[②] 访谈时间：2009年10月6日，访谈地点：天津其村，访谈人：刁统菊、佘康乐，访谈对象：吕加新。

大的事,人家没人(没儿子),能不烦咱这边?躲计划生育的都是来娘家躲,娘家给她(跟她)贴心,疼她,上别人家躲,谁问?就是上别人家去了,都是娘家给送饭。也能上她姐姐妹妹家,咱这边抽查的来了,到那里躲两天,再回来。反正娘家是可靠地方。①

该个案的受访对象就曾经为自己的闺女到山上挖过中药,闺女不生育的事实让她十来年一直都有很大的压力,见到闺女一次,压力就增大一次。直到闺女生了外孙,她才长舒一口气,走闺女家也坦然了许多。对于女儿的生育,娘家父母如此操心,表面上看来是给妻集团为了女儿的幸福才这么操心的。但生育其实是给妻集团对受妻集团所负的一个责任。给妻集团相比受妻集团所具有的优越感和优越地位主要也是因为是自己给予对方家族一种新鲜的生命和延续下去的动力,使他们能够在死后得享子孙祭祀。换言之,给妻集团的优越地位主要是通过嫁女生育一个男性后代获得的。从这个角度来说,人们渴望男性后代的愿望越强烈,给妻集团的责任就越重大,其地位也就越高。

事实上,从新娘的嫁妆里我们也可以看出给妻集团对受妻集团负有生育的义务。从结婚之前起,给妻集团就开始为闺女的生育做准备。新娘嫁妆里头有一项常见的东西,那就是一个瓷制痰盂②,内盛红鸡蛋、栗子、枣。对于"这个痰盂是做什么"的问题,受访人总是回答说是"夜使的",即夜里当作马桶使用。但是我们从痰盂里放的鸡蛋、栗子、枣等就可以看出,这实际上与华南地区流行的"子孙桶"③含义类似。第一,痰盂内部放置的食物其含义也显而易见,通过谐音来寄寓"早立子"的希望。鸡蛋则是生育仪式中必用的一种食物,给嫁女开脸时也会使用痰盂里的红鸡蛋,边开脸边念叨"今年吃你的喜馍馍,明年吃你的红鸡蛋"。第二,由于华北农村一般将厕所建在院落一角而非居室内部,因此痰盂主要是供女性在室内作为便器使用,它与女性的生活方式和生殖器官有密切的联系。笔者猜测这可能是以女性的私密物品来表现人们求子愿望的一种方式。

---

① 访谈时间:2004年1月4日,访谈地点:山东红山峪村,访谈人:刁统菊,访谈对象:宫李氏。

② 此物状如常见的盆盂,在20世纪50—60年代是用泥巴捏成的,20世纪70年代则时兴买瓷制的,现在饰以龙凤、牡丹等图案,美观大方。

③ 李晖:《兽子·虎子·马子——溲器民俗文化抉微》,《民俗研究》2003年第4期。

生育是给妻集团的责任还体现在其他方面。当孩子夭折了，还是需要给妻集团来帮助。家中有婴儿夭折，要即刻处理，有关衣物全部扔掉。之后产妇被丈夫送到娘家"躲避"，丈夫到丈人家吃完饭才可返回。产妇在娘家过七天就可躲过"诓人鬼"，再由娘家兄弟送来。来时由娘家人送给一把锁，锁在居室的门鼻子或门挂子上，如此将来再生下孩子就"能喂住了"（活下来），以后孩子的乳名一般会叫"锁住""大锁""二锁"的原因就是如此。等再生下孩子，锁就可打开。① 一般来说，女儿和娘家的母亲由于血缘的联系具有真正的母女之间的那种情感，在娘家休养，无疑可以获得最自然、最充分的情感和心理的安慰以及身体的调养。从社会意义上来说，由于孩子夭折，给妻集团对受妻集团所负的责任没有完成，因此要提供一把锁来锁住下一个孩子，以避免同样的事情再次发生。

对于给妻集团来说，闺女是出姓的人，能给自己家族带来有用的社会资源。可是闺女不能生育，那样不但影响与自己有血缘联系的人的幸福，更是影响到了两个集团间的姻亲关系，甚至直接影响到给妻集团以后的联姻。当女儿生产以后，给妻集团证明了女儿的生育功能，两个集团的关系也能够确立下来了，这对给妻集团具有格外重要的意义。正是由于这个原因，当女人生育以后，其婆家才给娘家报喜，获知喜讯的姥姥才会送许多礼物来。反之，当外孙结婚后第二天，有些地方例如河北衡水也会给去世的姥姥姥爷上坟。②

（二）送米：生育仪式中的姻亲关系

如果说女人是两个集团的中介，那么孩子就是两个集团的链条。中介仅仅是把两个家族联系起来，链条却使两个集团联系得更为紧密和稳固。因此，两个联姻家族对孩子的健康都是格外关照，不敢马虎。

1. 催生

催生，是娘家父母去看望临近产期的嫁女，"到时候小孩好来得快，不会发生难产那些不好的事情。闺女生孩子都是在鬼门关上"，"一个孩子一等生，不知哪个送性命"。俗信娘家去看望，嫁女可以平安生下孩

---

① 田传江：《红山峪村民俗志》，辽宁文化艺术音像出版社1999年版，第339、414页。
② 访谈时间：2013年4月29日，访谈地点：山东济南，访谈人：刁统菊，访谈对象：李向振（河北衡水人，山东大学民间文学专业2012级博士研究生）。

子。河北习俗，当妇女头胎临产前，母亲要给女儿送些馒头、挂面、红糖、鸡蛋等食品至婆家。生产的危险性让给妻集团对此格外担心，催生仪式显然是给妻集团在临产前看望嫁女，借此祈望她顺利生产，也表示姥姥家对外孙负有的责任。

2. 报喜

报喜，是受妻家族派人告知嫁女娘家孩子平安生下的喜讯，顺便告知做生育仪式的时间。

一般生男为大喜，生女为小喜。嫁女平安生下孩子，假如是大喜，那自然皆大欢喜；假如嫁女是头胎，即使生女孩也令人高兴。给妻集团此时是高高在上的，不管如何担心女儿生产，亲自去了解都会降低己方地位。而受妻集团不来报喜，则是非常过分的行为，显得看不起人，也很容易引起两个家族的纠纷，田野调查显示不报喜这种事情确实极少发生。

不管生男还是生女，报喜人的性别一律都是男性，而且是两辈子人，这其实也暗示出人们对宗族血缘延续的渴望。若生男，报喜人带书本；若生女，则带上一朵花，书本与花的性别区分则表达了人们对男性和女性的社会期望，也反映出社会性别角色的早期形塑。至于给妻集团回赠鸡蛋的生熟和数目，是利用谐音或数字来象征女儿以后的生育也是非常顺利的，婴儿均可以平安存活下来。受妻集团将孩子降生的喜讯告知给妻集团，因喜为两个集团之喜：一个是实现了延续家族的理想，一个是确保了己方的优越地位。

3. 送月米和喝红糖茶

送月米①也叫送粥米、送米，一般婴儿出生后 20 天以内进行。华北乡村各地的送米仪式略有差异，但肯定都会在婴儿出生以后举行这种仪式，并有相应的姻亲前来参加。

---

① 送月米之前，要把孩子的名字确定下来。"小孩取好名，给他姥娘家的人看看，怕重名，重了，得改，姥娘家的人名不能重。不用专门问，等报喜过两天，送月米之前，姥娘上亲家那里望望大人孩子泼辣不，姥娘问：'小孩起得什么名？'人家奶奶就说了，'起的什么什么名'，姥娘知道了，没有重名的就不说什么了，这样就行了。"访谈时间：2004 年 1 月 4 日，访谈地点：山东红山峪村，访谈人：刁统菊，访谈对象：宫李氏。小孩名字取得如何，也是有可能影响姻亲关系的。小孩如果和姥娘家的人重名，意味着受妻集团对给妻集团的不敬。将来孩子是经常会"走姥娘家"的，如果和姥娘家的人重名，如何让人家称呼他？所以，爷爷奶奶在给孩子取名的时候一定要避免和姥娘家的人重名。

闺女生了孩子，娘家要送粥米，必须得有鸡蛋、红糖、褥子，有条件的还送小棉被、夹被、毛巾被，有的还给钱。现在都是去医院生孩子，娘家人也跟着去医院，母亲去服侍月子。娘家姐妹都要送粥米，一般都给钱，100块、200块或更多。远门的拿10块钱或几斤鸡蛋或一块褥子布等。①

此处以我们在山东桓台东营村参与观察的一场送米仪式为例展示该仪式中的姻亲关系。

2004年10月9日是宗永华出生的第十二天，即"送米日"。孩子出生时是剖腹产，因此不是在第八天而是在第十二天送米。这一天，宗家的许多亲戚都要来庆祝孩子的出生，送"筵子"和"看钱"。据说，这时来的亲戚比婚礼时来的都多。

宗家请来大厨准备中午的宴席，共有12桌客人，每桌上16道菜。送米筵席上必吃的食品是一种米饭，与平时吃的不同，是小米、大米、红枣一起煮成的，只在"送米"时吃。上午亲戚陆陆续续地挎着筵子来看望产妇和孩子。筵子，是一种藤编的椭圆形挎篮，本村没有人会编，都是在集上买的。大多数的筵子最上层放块布料和毛巾被，布料下面放着用一块红布包裹起来的麦子和鸡蛋（每人所送鸡蛋数量不定）。姥姥家的筵子特别大，据说能装七八十个鸡蛋。但姥姥家的亲戚一般是到开筵的最后一刻才来，她们来了宴席才能开始，所以要见识大筵子只有耐心等待。

当亲戚们挎着筵子来时，自有两个家族近亲迎上去招呼，登记姓名，两个专门的记账人就在一本名为米资簿的笔记本上写下"某某某、筵子一个、鸡蛋某某个"。筵子的大小一般是差不多的，但是姥姥家来的筵子如果不是一个特别大的，那就会拿两个，所以在姥爷的名字下面可能会写上"筵子两个"。如果筵子上有布料，就添上"布一块"。当然，并非所有的亲戚都会送筵子，例如小孩的两个姑姑，为了方便，每人拿了100元现金，就代表了所有的礼物了，其中包括给孩子的见面礼（俗称"看钱"）。

自有近亲如妯子专门负责把写好名字的红纸条夹入布料中间，同时往

---

① 访谈时间：2009年10月6日，访谈地点：天津其村，访谈人：刁统菊、余康乐，访谈对象：吕加新。

箢子上也贴上一张写有同样姓名的红纸条，这样等客人走的时候，不至于拿错。她把登记好的布料交给婴儿的姑姑叠放在堂屋西侧。婴儿姑姑把麦子倒进袋子里，然后进西屋让人清查鸡蛋数量，出来再告诉记账人"某某家多少个鸡蛋"，记账人则添上鸡蛋数量，但麦子具体多重则不称量也不记录。婴儿的姑姑也负责往清空的箢子里放回礼，一般都是六个生鸡蛋和六块糖，然后把空箢子都顺序堆在南屋下。

这一套程序流水一般，丝毫不乱。送米人把箢子登记以后，则进里屋看望母女俩，她们通过询问"奶水够不够"来表示对孩子的关怀，然后在不经意间把"看钱"（5—100元不等）放在离小孩头部不远的褥子上，再待上一会儿，陆续借辞离开卧室。产妇等一批亲友全离开里屋后，把看钱收起来，同时默记每个人送的钱数，等宴席开始后再寻机添在米资簿上。

中午12点左右，产妇的娘家亲戚终于从邢家镇坐着小货车来了，婆家人迎上去，把十几个箢子和许多儿童衣服、玩具提进家里。她们带来了十七个箢子，其中十五个与早些时候来的亲戚类似，另外两个箢子是小孩的姥姥送的，包括一箢子小米、一箢子鸡蛋，还有馒头，上面堆放着布料、毛巾被、小孩衣服。婆家人收拾产妇娘家的十几个空箢子，回赠礼物中，除了包好的六个鸡蛋六个块糖外，还包括姥姥家自己带来的两个馒头。

孩子姥姥家人一到，筵席很快开始。堂屋、西屋各摆一桌，堂屋招待婴儿的姥姥和产妇的姥姥，西屋是小孩的姑奶奶、姨奶奶之类的亲戚。其他十桌则摆在左邻右舍的堂屋里，而且这些邻居每家都要出一名男子来端菜。这是无论如何不能拒绝的义务，乡邻互助的传统习惯历来如此。每上一道菜，都由各家的男子，用红木托盘从宗家端到自己堂屋。每席十六道菜，称"四四到底"。等菜全部上齐，宗家的人、大厨及帮忙的近亲和庄里乡亲都在门外的小桌上吃余下的饭菜。

产妇已经趁亲戚们吃饭的空闲，在米资簿上添上了各人给的看钱。至此，米资簿的内容已经全部填完了。我们借来看，只见是由裁成16开的红纸订成，封皮写着"米资簿"三字，内容由左向右竖写。米资簿经过整理，为了方便起见，特用表格表示。以下喜簿和账簿的整理亦是如此。

关于米资簿，有几个需要解释的地方。

第一，来送米的亲戚远远超过婚礼。在婚礼上，新娘的娘家人除了送亲的家族近亲，其他人一律不来。而送米时关系涉及得比较远，甚至超过了丧礼，比如小孩奶奶的姥娘家也会参与到这个仪式中来。而且当天来的亲戚，虽然各方都有，但以母方姻亲（婴儿母亲的娘家及奶奶的娘家）居多。

表12　　　　　　　　山东东营村一份米资簿摘录

村名	送米者姓氏	笼子数（个）	布（块）	鸡蛋数（个）	看钱（元）	关系①（与新生儿）
周家乡荣家庄	李	1	1	23		大姑的大伯哥
邢家镇	李				100	大姑父
演马村	黄	1	1	35	30	父亲的大姨家
王茂庄	周	1	1	36	30	父亲的姑
邢家镇	耿	1	1	20	20	父亲的姑奶奶家
邢家镇	宗				30	父亲的叔叔
本村	荆	1	1	26		父亲的堂叔妹妹
演马村	黄	1	1		10	父亲的姨表弟
邢家镇	宗	1	1	40	30	父亲的姑妈
西家村	崔	1	1	29	50	姥姥的姑表姐
邢家镇	宗	2			100	姥爷
王茂庄	周	1	1	香油两瓶	100	母亲的姑
王茂庄	周	1	1		20	母亲的姑表姐
邢家镇	小丽				50	母亲的姑表妹
邢家镇	李	1	1	40	30	母亲的姑家
邢家镇	马	1	1	21	20	母亲的姑奶奶家
西家村	李	1	1	36	50	母亲的舅
邢家镇	宗	1	1	30	20	母亲的叔叔
邢家镇	宗				100	母亲的叔叔
邢家镇	张	1	1	29	10	母亲的堂姐
邢家镇	巩				100	母亲的同事
本村	宗	1	1	22	20	母亲的同学
演马村	黄	1	1		10	母亲的姨表弟家

---

① 亲戚关系一律是按照和当事人比较直接的关系来写，因为在访谈时，不管是小孩的父母还是其爷爷奶奶，说的都是和自己有直接联系的人。

续表

村名	送米者姓氏	箢子数（个）	布（块）	鸡蛋数（个）	看钱（元）	关系（与新生儿）
西家村	崔	1	1	43	30	母亲的姨表姐
西家村	崔	1	1	40	50	母亲的姨家
周家乡荣家庄	李	1	1			奶奶的姑家
邢家镇	宗	1	1	25	20	奶奶的弟弟
本村	宗	1	1		20	奶奶的舅表妹
周家乡荣家庄	李	1	1			奶奶的姥娘家人
邢家镇	付	1	1		20	奶奶的妹妹
本村	宗	1	1	32	50	奶奶的妹妹
周家乡荣家庄	李	1	1	25		奶奶的娘家的侄子
邢家镇	宗	1	1	25	20	奶奶的叔伯妹妹
王茂庄	周	1	1		20	奶奶的堂妹
邢家镇	民子				20	堂叔哥哥
周家乡荣家庄	李	1	1			小姑的大伯哥
邢家镇	李				50	小姑的婆婆
邢家镇	李				100	小姑父
周家乡荣家庄	李功	1	1	71		爷爷的妹妹
邢家镇	宗				30	爷爷的亲叔
本村	石	1	毛毯一件		20	爷爷的堂兄弟
邢家镇	宗	1	1	36	20	爷爷的姨表妹
邢家镇	宗	1	1	30	30	庄里乡亲
邢家镇	宗				30	庄里乡亲
邢家镇	宗				20	庄里乡亲
本村	宗	1	1		10	庄里乡亲

第二，表格中的亲戚关系有时候写的是女性，有时候写的是男性，但是来送米的一律是女性。因为男性是不方便到里屋去看望产妇和孩子的。而不管来者何人，绝大多数都是报上自家男人的姓名。因此，在米资簿里，送米者的姓名几乎全部是男性的名字。"关系"一栏中有些虽然是女性，例如"母亲的姑表妹"，实际上姓名写的还是婴儿母亲的姑表妹夫的名字。

第三，从表格中可以看出，有些人没有看钱，但是这并非实际情况。

据我们估计，有两个原因，一是可以看出，没有注明看钱的那些人大多都是和孩子的奶奶直接有关的亲戚，因此这部分看钱可能就由奶奶直接收起来了。另外一个原因，可能是由于同时来送看钱的人太多，产妇记不清楚，因此宁愿不写。但是这个原因有点牵强，我们曾经问过产妇："这么多人，你怎么能记住谁拿了多少看钱呢？"她笑着说："怎么记不住呢？人家给你钱，你就得记住。"如果不是这两个原因，那么就是这些亲戚没有拿看钱。从表格中可以看出她们拿的鸡蛋就比较少，因此可能是亲戚关系太过疏远，不需要拿看钱。

第四，来送米的多是亲戚，邻居很少。据宗家的邻居们讲，从产妇出院到出月子这天，邻居们哪天都能去，也是由女性送看钱或其他礼物，但不在送米这天去，因为"这天人多，去了就是给人家添麻烦"。

这一场送米仪式，仅仅亲戚就有近百人，用了12张桌子，因此就出现了送米必有"米资簿"的现象。亲戚的范围体现了亲戚对家庭仪式的参与程度，山东南部和东营村在这方面就有较大的差异。第一，东营村的送米一般要有米资簿，因为来的客人很多，而且大多数还是产妇婆家人的亲戚，总共能去近百人，甚至婴儿奶奶的娘家都会派人来参加。否则如此多的亲戚，没有文字记录是不可能的，仅仅凭借个人的记忆很容易出现拿错笼子甚至回礼不当的情形。而鲁南的送月米客人，主要还是产妇娘家的亲戚，比如姑姑、舅舅、姨妈、兄弟姐妹，礼物差不多相同，产妇自己心中有数就行了，产妇婆家的亲戚只有至亲比如婴儿父亲的姑姑、舅舅、姨妈、兄弟姐妹，因此不需要记账。第二，东营村所有来送米的人都是女性，在记账时报上的却是丈夫的名字，考虑到女性在丈夫家族的附属性地位，这也不难理解。而鲁南来的却有男性客人，那就是产妇的娘家叔伯和弟弟。弟弟是抱鸡来的，鸡的意味既有"吉利"之意，又象征着嫁女的生育能力。叔伯来而非父亲来，据人们说因为这个时候产妇的父亲不方便来，来了也不好进"里屋"看望产妇。但是这个原因显然说服力不够强，如果父亲不方便进里屋，那么叔伯同样也不方便到侄女婿的卧室去看望侄女的。一群女人在里屋实际上是在进行养育经验的传承，排斥男人的介入，最终的结果是生育作为女人的天职这一观念得到传承与加强。让产妇的娘家叔叔来送月米而不是让父亲来，笔者以为最主要的原因是，既然婚姻是家族之间的联姻，那么习俗就提供了这样一个机会让给妻集团内部嫁女父亲以外的男人与受妻集团面对面交流，这个人最有可能是产妇父亲的兄弟。虽然产妇的父亲可以来叫满月，但那个时候并非正式场合，所以习俗也会提供给他另外一个比较正式的机会，那就是"送花"①。

4. 叫满月与送满月

如果产妇生的是男孩，则在生产后的第 30 天叫满月，是女孩则在第 28 天，人们常说"小女孩挪窝早，下边来个小（男孩）"。虽然是希望第二胎生个男孩，但叫满月日期的不同也反映了人们对不同性别的价值观。

天津又把叫满月称作"挪骚窝"。孩子到姥姥家去要先在奶奶家用锅底灰抹个黑鼻头，回来的时候就不用抹了，叫"黑鼻去，白鼻来，到老发财"。孩子到了姥姥家，不直接抱进屋，而是抱到厕所门口站一站，叫"熏一熏，长大个"。山东南部习俗，从奶奶家来的时候用红色染料涂抹婴儿鼻梁直通两腮，离开姥姥家之前，则用白粉涂抹像个舞台上的小丑，意思是"去时是个红蛋虾，回来吃得白煞煞"，表明孩子在奶奶家还很小，但是在姥娘家几天就吃得白白胖胖，这象征着孩子的健康成长离不开姥姥家。让小孩离开姥娘家时穿上褪毛衫也包含了这种意义，婴儿褪去胎毛，开始长大了。再则，村民认为涂抹上"红狗"和"白狗"，在来回路上可以吓唬鬼怪，以免它们伤害婴儿。由于狗在人们心目中是一种易于饲养的动物，此举可能也是把孩子比喻为狗，使孩子能够很容易地存活下来。

送满月的时候，按照山东南部的习俗，姥姥家要给孩子铰头，同时还要给铰头羊。

---

① 鲁南习俗，嫁女出嫁当年，腊月里娘家来接她回去过几天。等该回去了，就由当爹的去送嫁女。送嫁女得捎带着送花，花是赶年集买，进了腊月以后哪天送都行。送花一般都是当爹的去送，嫁女婆家要以大席相待。第二年就不必送了，而且这是婆家招待娘家人的最后一顿大席，以后不管谁到嫁女家去，对方都不会以大席来招待，俗称"满席"。送花在这个意义上可谓是"大席终结者"。从"当爹的"的心理出发，"闺女出门了，当爹的得去看看吧"。送花只是一个借口，其意义在于给送出女儿的父亲提供一个正式的合乎习俗的与受妻集团进行直接的面对面的沟通与交流的机会。回门常常是嫁女的兄弟的任务，送月米则是女儿的叔伯的任务，只有送花能让"当爹的"正大光明、理直气壮地到闺女家去，因此嫁女婆家要以大席招待。和父亲不同，母亲走闺女家相对父亲来讲比较频繁。作为女人，她的来访一般来说总是被看作是非正式的，受妻集团不需要认真对待。即使女儿女婿分家单过日子了，对她的招待也比较随意。而父亲去了，女婿则起码要沽酒买肉，正正经经地陪老丈人喝上几盅。近些年，送花仪式趋于简便，譬如 2007 年笔者结婚以后，娘家没有按照传统仪式送花，而是直接给笔者 1000 元现金，但母亲也言明："这算是给你送花了，也不想让你公婆麻烦（置办酒席）"。

> 铰头羊都是给母羊,母羊好串羊,羊泼辣,繁殖快,小孩好养活。买洋红染了羊头羊背牵着送去,打这(从此以后)羊是小孩的东西,就是卖了,也是他妈妈给留着钱。俺三个闺女都给个羊。搁是(如果是在)过去,满月舅舅来叫,得给铰头,头发搁水缸底下,说是小孩长得水许(水灵)。要是生的是小闺女,就不铰头,不过有的也给"铰头羊"。只要姥娘家牵个羊或者猪,没钱的给个铰头鸡,用洋红染的苘绳拴上,反正是个喘气的就行。①

现在由于产妇生产一般是在医院里,胎儿出生后胎毛已经由医院做了处理,所以铰头习俗基本上已经消失了,但送铰头羊或者铰头鸡的习俗仍然保留下来。

5. 过百天、看花与褪盘、抓生、挂锁子、过圆满

男婴儿出生后到一百天,各地有给婴儿"过百天"或"百岁"的仪式,届时亲戚朋友携带礼物前来探望,奶奶家要盛情招待。婴儿长到6个月大,在农历二月底种牛痘疫苗,俗称"种花"。"种花"七八天后,姥姥带着一些烧饼前来探视,叫"看花",意思是希望小孩的花发得如同烧饼一般。看花习俗过去和现在有些不同,主要体现在物质层面上。

> 小孩种花,姥娘家来看花,过去都是过了麦季,多少收点麦,买点衣裳,搁在烧饼筻子里送去。看花只有姥娘看,妗子多了分开家了,姥娘就不去了,妗子和舅舅去,到那里人家得办席。现在打花针,都不看花了。褪盘还给以前一样。种花以后,个把月,就要消了,这就是褪盘了。褪盘了,姥娘家、姑家、姨家来看,褪盘拿烧饼,再加上油条,配搭着好看。都是东一筻子,西一挑子的。(收到筻子还得分散给邻居)过去,小孩的奶奶收三个两个筻子也都不够散的,自己可能吃不着。现在也不散。现在家家都有(粮食和钱)了,日子比每来(过去)强不知多少,都是头麦里褪盘,给大人买

---

① 访谈时间:2004年4月14日,访谈地点:山东红山峪村,访谈人:刁统菊,访谈对象:段良杰。

衣裳,带着奶粉、方便面。烧饼现在不稀奇了,家里都是面食了。①

婴儿的奶奶把亲戚来褪盘的烧饼、油条依样返回给客人一半。当天下午,两家把烧饼送给各家的邻居——"都是喜事,吃个烧饼",叫"散烧饼",说明小孩的盘已经掉了,这"鬼门关"算是通过了。看花、褪盘都有姥姥的参与,此举暗示了孩子通过鬼门关是离不开姥姥家的帮助的。

小孩出生后一年,父母要为他举行"抓生"仪式。经济条件允许或者特别娇贵的孩子,还要在周岁这天"挂锁子"。挂锁子前亲朋好友出资,让银匠铺打一副银质锁子,祈祷孩子终生幸福平安。这种挂锁子不同于为小儿治病的"犯锁子"。挂锁子可避邪防灾,犯锁子是为了治病。

> 有的小孩不好,也可能几个月的时候,或者生把(一周岁左右),也有三四岁出现的,不是屙就是哕,或者发热,吃药打针都不管,找神老妈妈来看,送香,烧个纸封,许愿,磕头。等病好了,回来起(集)七个姓的线,用线挂锁上。看小孩什么情况,什么病挂什么锁,不一样。这个锁是娘爷打,这是小事,牵扯不到人家亲戚。用线挂上锁,就个(找个)双日子,等找来神老妈妈,让她染,头上加一对字钱,挂到小孩脖子里。过去是戴十天半月,再交(送给神灵),现在随着就交,买上香箔,把线烧了,老少烧香磕头。也有的小孩老是不好,今天这里疼,明天那里痒,反正没有舒适的时候。就许到庙上,到培根的时候,姑舅两姨拿压坛钱,姥娘拿得最多,比其他亲戚一般要多上一倍,锁门娘娘叫到就算了。这个是大事,亲戚,特别是姥娘家,都得来。②

挂锁子是"小事",因为仅仅是个别的症状,只需要父母出资就可以了。但是当孩子经常不舒服的时候,人们就认为事情比较严重,因此要把孩子送到庙里许愿救人,姥娘和姑舅两姨都得参与。

---

① 访谈时间:2004 年 1 月 4 日,访谈地点:山东红山峪村,访谈人:刁统菊,访谈对象:宫李氏。

② 访谈时间:2004 年 1 月 4 日,访谈地点:山东红山峪村,访谈人:刁统菊,访谈对象:宫李氏。

山西有的地方等孩子13岁时"过圆满":

（过圆满）要举行一个简单的仪式，孩子的奶奶姥姥以及一些亲戚就会给孩子开锁。奶奶、姥姥、妈妈、娃娃必须在，其他的人像姑姑、姨姨想去也行，没有明确的规定，以前开锁姑姑姨姨拿的钱少，20元或30元，现在300元、500元、1000元不等，把礼钱做成锁的样子，拴到线上给孩子戴在脖子上，其他的人上礼就可以了。在哪里许愿就在哪里开锁，如果在北斗七星那里许愿就在院子里摆上供品开锁。过圆满通知亲戚朋友只打个招呼："娃过圆满呢，你们都来啊！"客人就拿上钱行礼，但姑姑姨姨要拿油饼，朋友就不拿了。①

总之，婴儿从出生开始，就受到亲戚尤其是姥娘举家的诸多照顾。山东小姚格庄的习俗，婴儿出生第十二天，奶奶家要举行送米仪式。这天来的客人主要是婴儿姥姥家的亲戚。姥姥送一把长命锁、见面礼、小被子、打算袄、饽饽、鸡蛋，奶奶家要摆席招待，姨姨、舅舅也会赠送相应的礼物。到了满月，姥姥家要来"搬孩子"，即一些地方俗称的"叫满月"。一周岁生日时，姥姥、姑姑、舅舅、姨姨都要来送礼道贺。第二个生日在姥娘家过，第三个生日在姑姑家过，第四个生日及以后就随便过了。这种生日时的亲戚参与习俗大大地调动了亲戚对养育婴儿的积极性，当婴儿长成大人，逢年过节他会看望舅舅、姨姨、姑姑，所有的亲戚都会见证他的成长。

从以上诸多仪式来看，孩子的出生对于两个集团均具有重要意义。他既是姻亲关系延续的证明，同时又是姻亲关系良性循环的信号。小孩从未出生时起就在两个家族集团的关注之下，不过动机不同。受妻集团是为了自己的香火，给妻集团是为了自己在姻亲交往中的优越地位和嫁女的幸福生活。自从有了孩子，双方之间的走动更为频繁。当然这走动更多是孩子的走动，没有一个孩子的童年不和姥娘家有千丝万缕的关系。对于外孙，姥娘姥爷非常疼爱，舅舅和姨妈对于外甥，也是格外关心。孩子出生的确是沐浴在两个家庭的关心之下的，一方面是母亲的娘家，另一方面是父亲

---

① 访谈时间：2008年11月11日，访谈地点：山西洪洞园村，访谈人：刁统菊、刘晓文，访谈对象：韩为民。

的家族。孩子每一个重要的成长关口，尤其不能脱离开姥娘家的关心和爱护，甚至他的工作和结婚对象可能也是舅舅和妗子帮助介绍的。他结婚的时候姥娘家会来送喜礼，从此以后，他成为一个"大人"了，与姥娘家的那种亲热的关系逐渐转变为尊敬，因为那个时候通常姥娘已经去世，而代表姥娘家的是舅舅。舅舅对他而言，既有情感的关怀，但更多的是超越了父亲的那种权威感。这种舅权在他的母亲去世时将表现得比较显著，在那个场合下舅舅将来协调他与兄弟之间的关系。

第三章

姻亲关系的仪式性表达(下)

上一章对姻亲关系仪式表达的一部分——婚姻缔结和生育习俗中的姻亲交往进行了描述与分析。嫁妆和聘礼看似财产的交换,其实人与人之间的经济交换关系早就蕴含了丰富的伦理和文化内涵。从整个婚姻的缔结过程和以后的姻亲交往来看,聘礼和嫁妆是亲家之间为了建立长久、和谐的姻亲关系而采取的交换体系中的一部分,是一种基于社会文化意义上的经济交换。这种交换不仅可以缔结婚姻,更重要的是可以促使双方关系更加和谐、稳固。订婚确立了姻亲关系,婚礼则宣告姻亲关系在社会意义上的合法性,而只有当娶来的媳妇生育了下一代——姻亲关系可以延续的证明与基础,这时双方的姻亲关系才真正稳定下来。婚姻偿付制度与生育行为本身共同确立了姻亲关系中的"亲戚理"——阶序性关系。在以后的往来中,这种阶序关系对姻亲之间的交往发挥了决定性的作用。除了联姻仪式与生育仪式以外,丧葬仪式也是一个姻亲往来的重要场合,个体所有的亲属都会到场。

通过从说媒到回门的一整套联姻程序,村民建立了两个家族之间的姻亲关系,并在日常往来中对姻亲关系进行相关的维护,而一系列包括分家、生育、丧葬在内的仪式改变了姻亲关系的结构,使相关人员之间的关系结构得到重组或强化。前一章虽然也是有关仪式的展演,但更多是关注姻亲交往秩序的建构与确立。本章首先对丧葬仪式进行描述,偏重于展示姻亲关系的阶序性关系,并指出丧礼给予姻亲关系的重组意义。人生仪礼与节日期间的相互拜访和礼物往来相结合,一起不断重申和强调姻亲之间的关系模式。透过这些不同的仪式,姻亲关系的结构随着代际进行持续的更替,从而保证了它的相对稳定性,这是一个动态的人际关系网络的持续建构过程。

一　丧葬仪式：姻亲关系的展演与重组

汉族社会的丧葬习俗往往被视为将亡者的灵魂从阳界过渡到阴界的仪式性手段，是把亡者送往另一个世界的必要手续，既可以寄托生者对亡者的哀思，又能借此让亡者的灵魂安居于另一个世界，不要在家中作祟于生者。因此丧礼历来是极尽复杂之能事，其间表现出丰富的文化和社会规则。

王明珂认为中国丧礼的传统，最主要的是慎终追远的精神，并非枝节仪式，这个精神也是维护中国文化传承与社会秩序的主要力量。因此他认为丧礼必然包括三项内涵：葬法、葬礼和对"死后世界"的思想或信仰。[①] 事实上，关于死亡的仪式、习俗和信仰是一个复杂的文化传统的综合体[②]，对亡者遗体的处理方式以及送葬的仪式、习俗是和人们对"死后世界"的思想或信仰无法分离的，民间的丧葬习俗总是同人们普遍的信仰与知识紧紧地联系在一起。

传统的丧礼不管采用何种形式，都是以灵魂不死为基本观念的。王明珂对丧礼三项内涵的关注实际上都是有关于亡者的，比如人们对亡者所采取的一切具体行为，以及人们对死后世界的想象，包括反映在丧俗、葬俗中的思想观念，已经有许多学者对此表现出了极大的关注。[③] 但是丧礼除了包含王明珂所说的三项内涵以外，还有对活人所生存的这个世界的方方面面的关心。这种关心一方面是依靠在亡者的丧礼中设置一些禁忌和通过对亡者坟墓的处理来确保和增加亡者后代的幸福；另一方面，由于人们在丧葬仪式中的礼节与现实社会秩序存在着基本的对应关系，因此我们可以

---

① 王明珂：《慎终追远——历代的丧礼》，姜义华、吴根梁、马学新：《港台及海外学者论中国文化》（下册），上海人民出版社1988年版，第569页。

② 郭于华：《死的困扰与生的执著——中国民间丧葬仪礼与传统生死观》，中国人民大学出版社1992年版，第21页。

③ 郭于华：《死的困扰与生的执著——中国民间丧葬仪礼与传统生死观》，中国人民大学出版社1992年版；何彬：《江浙汉族丧葬文化》，中央民族大学出版社1995年版；徐吉军：《中国丧葬史》，江西高校出版社1998年版。

根据这种对应来挖掘丧礼的社会根源及功能。①

　　一个成员的死亡对一个村子的重要性是什么？某人去世的消息，传得比任何事情都快。笔者曾经看到村里的傻子背靠柴垛，坐在太阳底下晒暖，口中不断地嘟囔："崔庄死人了，崔庄死人了。"俗话说"话不传六耳"，全村人将在一两天之内获知具体的详细的信息②，比如什么时候"开门"，什么时候"发丧"，了解了这些就够了，可以在开门的当天晚上去"听喇叭"③。然而即使没有傻子，消息传得也很快。人们的核心通婚圈并不大，赶集、走亲戚、串门，或者在与邻村相邻的土地上耕作，还有公路上去火葬场火化的大卡车，总之各种各样的机会都能让人们进行类似的信息交流。且不说是邻村的某人去世，即使是隔上两三个村子，也肯定来得及让村民去听喇叭。

　　人不可能脱离社会而存在，总是作为社会的一分子生活在群体之中。相对于其他人生仪礼，丧礼所能牵动的群体更广泛，更强调一个人的各种社会关系的完整。亡者的亲友来得越多，个体及其家庭和家族的声望也就越高。在本书中，笔者关注的是丧礼中的姻亲关系，而丧礼是一个人的所有姻亲——无论亲疏——聚集最全的一个场合，因此可以说丧礼是姻亲关系的集中展演。丧葬仪式清晰而全面地表述了各种姻亲关系的范围，比如母系姻亲（舅舅）、父系姻亲（姑父）、自身姻亲（岳父）、子代姻亲（嫁女婆家和儿媳娘家）。

　　因此，一个人的死亡绝不仅仅是他个人的事，它会改变原有的社会关系和社会结构，对于生者以后的生活同样具有重要意义，因而奉行一定的

---

① Arthur P. Wolf, "Chinese Kinship and Mourning Dress", Maurice Freedman (ed.), *Family and Kinship in Chinese Society*, Stanford, California: Stanford University Press, 1970, pp. 189 – 207; Maurice Freedman, "Ritual Aspects of Chinese Kinship and Marriage", Maurice Freedman (ed.), *Family and Kinship in Chinese Society*, Stanford, California: Stanford University Press, 1970, pp. 163 – 187; Emily M. Ahern, "Affines and the Rituals of Kinship", Arthur P. Wolf (ed.), *Religion and Ritual in Chinese Society*, Stanford Calif.: Stanford University Press, 1974, pp. 270 – 367; 李亦园：《中国家族与其仪式：若干观念的探讨》，（台湾）《"中央研究院"民族学研究所集刊》1986年第59期，第47—61页，另见杨国枢《中国人的心理》，（台湾）桂冠图书股份有限公司1988年版，第1—24页。

② 国强的媳妇生了二孩，总算得了个儿子，可谓是喜事一桩，然而只有附近的几户人家知道当天"喝红糖茶"。笔者每天在村里串悠，竟然不知道这个消息，当天爬山时遇到了一个婶子，她告诉笔者下面国强家正喝红糖茶呢。等笔者兴高采烈地赶去，发现客人即将离开。然而笔者的住处和国强家并不远，仅仅隔了两排房子。

③ "听喇叭"意为欣赏葬日头天晚上乐队的表演。

丧葬仪式便具有非常重要的价值。死亡意味着某人永远地离开了原有的社会关系网络，他的家族网络、乡邻网络以及姻亲网络中原有人际稳定状态将失去某种平衡，特别是重要、关键人物之死更是如此。活着的人必须适应这种情况，重新调整各自的位置与角色，以求建立新的稳定和平衡。从这个角度来说，葬礼的主角与其说是亡者，还不如说是后面的那些生者。一方面，丧礼为亡者的儿女提供了表示孝敬之心的机会，让人们通过一个排场的丧礼看到其儿女的孝心，并通过某些仪式来表达后代对祖宗保佑以使家族繁荣昌盛的期望；另一方面，也让亡者的娘家或者丈人家感到光彩，亡者的其他亲友也可以表达对亡者的哀悼和尊敬，并且借此机会与孝子进行新的关系的创建。但是最重要的是，丧礼让亡者与原来亲属关系网络中其他人的亲疏距离发生了变化，所有的人在亲属序列中不需要重新注册，但要重新排队，以孝子为中心来更新亲疏关系，并重新确认自己的位置。因此，丧葬仪式对于活人的意义除了希冀不可知的力量来护佑生者[①]，更重要的是它的社会意义，那就是确立生者与生者之间的血缘和姻缘的亲疏关系，来重新构建以孝子为中心的亲属关系网络。

因此，对于丧礼，本书持这样一种观点：丧礼与现实生活中姻亲关系的秩序不仅存在着基本的对应关系，而且也是全部姻亲关系在理想层次上的大展演[②]，更是它们在秩序和结构上的一次重组。

丧礼动员起来的力量，不仅是亡者家族全体成员，而是全村各个姓氏。闻讯而来的亲戚，不仅有婚礼、送米等场合必来的至亲，而且其至亲所在的家族在丧礼中都有相应的权利和义务，甚至平时绝不来往的只要还能连上亲戚关系的在这个时候都会来，比如亡者姥姥家的表侄。甚至，一个人的丧礼不止有他所在的村落成员参加，亡者所在家族的通婚村落也都会参与进来。

不同人员与亡者的亲属关系不同，参加一场丧礼就有着不同的说法。一般而言，亡者的晚辈直系亲属等均称之为孝子、孝妇、孝女、孝孙。本书中所指的孝子是亡者的儿子，准确点说是财产继承人，孝妇指称亡者的儿媳妇，孝女则专指亡者的女儿。孝子和孝妇是主办丧事的，即"发丧"，被称为"主家"或者"丧主"。老人一去世，孝子马上报告族中长

[①] 丧葬仪式中有些仪式富有象征意义。棺材放在堂屋正当中靠门口，大头冲屋门，棺头前放一只碗，碗里放半碗生小米，加一些水，一双竹筷套紧一个顶针里，斜插进碗里，这叫"倒头饭"。"顶针"在当地俗称"顶子"，而顶子是清朝官员官帽的别称，因此"顶针"实际上包含着亡者后代会出现官员的寓意。

[②] 这种展演同时也在宗族内部的关系和结构上存在，只是这并非本书所关注的重点。

辈。族中长辈得信后会立刻召集村里的白事老总和家族近亲商讨丧礼各项事宜，并派人给亲戚送信，各类亲戚按照习俗前去参加白事礼仪。

（一）上账：丧葬仪式里的姻亲关系

笔者对整个丧葬仪式的叙述从亡者去世开始直到周年祭祀，为了全面铺陈姻亲对亡者的义务，对以后的年节祭祀也略有叙述。有些和本书主题关系不大的仪式并没有进入到本节。①

1. 丧礼与经济账

2004年3月7日晚上11点多，80多岁的巩张氏去世了。家人顿时痛哭起来，这代表了死讯的哭声很快传到了乡邻的耳朵里。第二天一大早，门旁就竖起了纸幡，按照男左女右的原则竖在大门两旁。同时，杉杆套几个用竹篾扎成的圈，外边用纸条裹上。人们从几个圈就知道亡者有几个儿子。旗号是发丧的标志，外村来吊唁的亲朋进村一看就知道在哪个孝子家里发丧。

巩桓军虽然已经"出支"②了，但由于弟弟巩桓兵一直未娶妻，因此他什么事情都得承担起来，是事实上的丧主。他与叔伯哥哥一起确定参加丧礼亲友的范围，最后商定父辈以下的亲戚都来，这样就算是确定下来都给谁送信了。这次孝子没有请二宅先生择日子，而是自己选定3月11日开门、3月12日发丧，因为父亲已经去世了，安葬母亲就可以按照原来的穴位了，这样可以节省一二百元的费用。加上不用专门找举重③的人，孝子孝孙的仁兄弟来帮忙，又可以节省500多元。否则得"恳"（磕头去请）本村人来帮忙，这样又得加上几桌席。这些都是由儿子来决定的，不仅涉及经济账，而且父母葬于何处，也关乎到家族未来的命运，"闺女④根本说不上话"（没有发言权）。丧葬首先得算经济账。虽然一个丧礼会因为大量的亲戚上礼而略有盈余，但是这些礼物一部分早就由丧主在"行来往"时随过礼了，也相当于提前支出；另一部分是丧主尚未支出的，将来要在同样的场合"还复"人家。因此，不管一次丧礼"是赔是赚"，实际上从一个较长的时期来看，收支都是平衡的。

---

① 这里的个案以2004年3月巩桓军母亲的丧礼为主，陈兴焕的父亲陈吉发以及其他人的丧礼为辅。除非指出具体是谁的丧礼，否则就是指巩桓兵母亲的丧礼。
② 意思是过继给族人了。
③ 丧礼中的举重就是抬棺材。
④ 巩张氏没有女儿，因此丧礼中凡是女儿应该承担的义务一律由侄女来承担，比如"扎社号"。

2. 送信

送信就是给亲戚报丧。送信的由家族近亲担当，一般由 4 个人分东、西、南、北方向四路分开送，3 月 9 日必须送到信，因为"摊信"的大都是至亲，提前送让人家有个准备。尽管至亲们都已经知道了丧事，但是葬日的具体时间尚未知晓，他们接到信后还要逐渐通知其子女，尤其是嫁女，她们属于"带客"。

送信包括两趟信，头趟是来哭，第二次是发丧。有些亲戚是丧主家必须给送信的，比如至亲属于"摊信"的，亡者家族的嫁女和亡者的娘家人或丈人家在这个范围之内。对于亡者的娘家人或丈人家，就更为紧急，人尚未咽气，就得送信，送晚了娘家人肯定会生气。有些亲戚是不"摊信"的，比如亡者已经出嫁了的外孙女，属于"带客"。人们把"摊信"和"带客"区分开来，摊信的亲戚显然要比带客在亲属距离上更接近亡者。一个男人的姨妈，在他结婚的时候是摊信的，当他是孝子的时候，就是不摊信的了。考虑到白事是一个非常不同于其他仪式的场合，只要是亲戚，白事都一定参加，从姨妈在丧事上不摊信这一点来看，姨妈这种亲戚关系的确是比较松散、脆弱的。

3. 成殓与内柜：给妻集团的权力

每个孝子都怕舅舅以及舅表兄弟在丧礼上"找碴儿""生事"，特别是老太太去世，孝子总要与姥娘门上的表兄弟们商议，征得他们的同意才敢成殓。成殓就是把尸体放入棺材内，这其中包括复杂的程序和内涵丰富的讲究，一般都是要有益于亡者后代的繁荣。棺材当时不能封盖，必须等亡者的娘家人来确定亡者是否是意外死亡。

丧葬仪式是给妻集团集中表现势力和实力的机会和场所。任何一个媳妇的背后都站着一个家族，她的利益与其出生家族的利益是互为表里的。多数娘家人在这个时候，求的是亡者入土为安，一般不会添麻烦。只有孝子、孝妇平时不孝顺，甚至虐待父母，娘家人才会借机折腾，其目的不仅是为亡者出口怨气，更重要的是让孝子庄上的人知道，亡者娘家门上的人不是好欺负的，借此也可以显示自己家族的人多势众。但如果亡者为女性且属意外死亡，例如因家庭成员之间的口角或不堪虐待而自杀，则联姻家族势必会发生争斗等比较严重的冲突。村民认为"人命关天"，在出了人命的情况下要想把姻亲关系延续下去根本是毫无可能。哪怕仅是因为些微口角而导致女人自杀，同样也可能造成严重的后果。

一九八几年，远川的媳妇和婆婆吵架喝药死了。俗话说"死人头上有浆子"，指的就是这样死法的人。都怕这样的死人。亡者娘家人因为人都死了，什么都不怕。旁人都得让着。娘家人不来，主家不敢成殓，主家老少一起商量，让俺兄弟俩"挡头行"，就是发挥作用的意思。主家这边是我的丈人家，我不能拒绝。我这边又是亡者娘家人赵家的丈人家，"顶头的亲戚"，说话算句话。最后决定不管赵家提什么要求，一律答应。人家的闺女不在了，人家心疼，将心比心，叫咱，咱也一样。我一手托两家，对赵家来说，不能不让人家闹，毕竟人家的闺女死了，叫谁谁心疼，但不能闹得太出格，人毕竟不是远川家害死的。远川还有三个孩子是赵家的外甥，有千刀割不断的亲戚，孩子大了走姥娘家，能不相认吗？

赵家来的时候，主家人大气不敢出。开始娘家哥哥兄弟来了几个。主家人让烟让茶，人家眼皮不翻，坐也不坐，一个个横鼻子竖眼。婆婆早已躲了起来，公公早就去世了。别说是因为婆媳吵架死了，就是两口子拌嘴死的，也得先找公婆出气。远川的哥哥也躲起来了，他也是首先出气的目标。远川没怎么受气，都知道他公母俩感情很好。就俺兄弟俩出头露面，主家其他人只听话，不敢说话。赵家也没怎么毁坏东西，否则要惊动官府，都不敢。十几年前田庄的一个闺女在东集河北上吊死了，结果闹得人家三间屋没剩点，最后派出所出面拘留了几个，以后都不敢这样了。

赵家回去了，主家还是不能成殓，尸体放在家里，家人不安生。族长出面让俺兄弟俩到赵家求情，一连两趟都无济于事，后来我也不想再问了，赵家人才翘边。不管怎么着，得把人埋了，第三天来了一伙子人，要求好枋子，楸木的，要给死人做一身呢子衣服，当时最好的布料，又贵又时髦。要皮鞋，铺的盖的三面新。主家为了息事宁人，什么都答应了，咬牙照办，花了两三千。为了防止被糊弄，赵家亲眼看着办，赵家这是想毁坏东西，目的是为亡者出怨气，同时还是为赵家"要要脸"，让别人认为赵家不是好惹的，更不是好欺负的。

葬日，赵家来了20多个劳力，还有不少女的，看来闹一场是不可避免的了。到了棺材出门前，这是娘家人心情最不稳定的时候，赵家青年人围着棺材要砸棺材盖，这是最忌讳的事情，敲打棺材盖，主家"犯重丧"，以后得接着死人。人家主家早有准备，周围都有人护着，宁愿砸在自己身上。因为这是不能制止的……不能不让人家砸。

远川的哥哥因为弟媳的死发丧，几天没吃饭，同时身体又有病，打发棺材出门，回到家里一口气没上来死了。不知道到底砸没砸棺材盖。后来反正老大媳妇认为这是赵家砸棺材盖的事。到这（到今天为止）两家还是不来往。①

妇女自杀后，人们处理姻亲之间的冲突，习惯上均是针对具体引发冲突的人。但是若是夫妻之间的矛盾引起的自杀，娘家人往往会看在妇女所生育的孩子的份上，放过其丈夫，但是仍然需要一个发泄的目标，那么公婆理所当然地成为替罪羊。受妻集团在面临给妻集团的愤怒与报复之下，往往采取息事宁人的办法，尽量满足对方提出的各种条件，以平息冲突。毕竟人家的闺女是在婆家自杀的，婆家无论如何脱不了干系。

除了满足对方各种条件，还会寻找调解人来调解冲突。调解人一般是在给妻集团面前说话有分量的人，或者与双方均有良好关系的人。该个案中的调解人周来福在当事人双方之间的地位是非常有意思的。事件中涉及的两个家族以及调解人三家，周来福对远川的家族来说，代表了受妻集团，而对赵家来说，又代表了给妻集团。换言之，周来福对远川家族负有义务，需要他帮忙的时候，他必须去帮助他们；但在赵家面前，他又处于一个更高的地位，其权威至少可以暂时压抑赵家的愤怒。

由妇女自杀引发的冲突，往往不是家庭间的冲突，亲戚关系的破裂很快就扩展、引申到整个家族，都是以家族间的关系为背景和框架的。一般情况下，当冲突解决以后，联姻的两个家族之间的亲家关系，转变为仇家关系。这种关系通常来说不是结构性的，很难在亲家和仇家之间发现彼此转换及相互依存的关系。

在这种意外死亡的女性的丧礼上，给妻集团可以出气，但是当亡者为男性时，他们就不好再做干涉了。虽说当儿子不孝顺父亲的时候，习惯上父亲可以找来舅舅责备外甥，或者在无法协调冲突的时候，由舅舅自主决定几个儿子如何分担养老费用。但是当一个男人去世的时候，不管是否遭受过虐待或者采用什么方式自杀，其丈人家都是没有权利干涉的。各地的调查都可以支持这一点。可见，给妻集团只是对自己家族嫁出去的女儿有保护的权利和义务。对于给妻集团来说，嫁女的丧礼和其丈夫的丧礼也有一个比较，这种比较其实是对自己家族地位和荣誉的维护。

---

① 访谈时间：2003 年 1 月 6 日，访谈地点：山东红山峪村，访谈人：刁统菊，访谈对象：周来福。

> 俺爷（我的父亲）发丧的时候，是两班喇叭（请了两班吹鼓手），到了俺娘那时候，钱不足，那也不能少了，要不她娘家侄子，虽说不是亲的吧，那人家要说"俺姑夫死两班喇叭，俺姑就不行了？恁（你们）不拿钱，俺拿订喇叭"。人家就是不说这个话，要说这话也能说着了。咱也不能等着人家说啊。①

在丧礼上，给妻集团的地位非常显赫，这种显赫同时还表现在舅舅可以担当内柜，他所拥有的权力大过了任何人。

> 内柜一般是孝子的舅舅，弟兄多的，不能一篮子拎，得找个公道人，他舅就能当这个公道人。舅舅不能来，舅表兄弟也行。姑家，儿媳妇的娘家，也来当内柜，但是不为首。真管事的只有舅家。内柜看着东西，别让人乱拿，别偏着谁，算账也看着。孝子的丈人家也来当内柜，但是他们只能看看，他一个人绝对不行，那谁还不向着自己的闺女家？田传壮的娘死了，他表弟刘起盛来做内柜，还有他兄弟媳妇的娘家人。第一天开门，外柜收的礼当天晚上没交柜，因为刘起盛当时没在那里，外柜情愿担风险也不交了，自己拿回家，第二天才交给刘起盛了。只有表弟管事，安的别人不管是谁都不管用。②

没有了舅舅，表兄弟在有关事务上的权力是一样的，这意味着只要是给妻家庭的人就有当内柜的资格并拥有相应的权力。对女性来说，这是给妻集团的义务；对受妻集团来说，这是舅舅的权力。孝子"姥娘门"（给妻家族）能当内柜，监督丧礼花销，这表示姥娘门可以担任公平、正义的角色，而丈人门在此事上只是一个可有可无的角色。事实上，不管是孝子的舅舅家还是丈人家，对于这个家族来说，都是给妻集团。但是在具体的场合显然二者有不同的地位。从前文的婚礼上可以看出，下一代的给妻集团的位置要比老一代的给妻集团重要得多。但在丧礼上，由孝子的舅舅来当内柜：第一，由于亡者是他的姐夫/姐姐，或者妹夫/妹妹，如果他觉得丧礼办得不体面，他可以提出他的看法，孝子也必须尊重他的意见；第

---

① 访谈时间：2003年1月6日，访谈地点：山东红山峪村，访谈人：刁统菊，访谈对象：周振德。
② 访谈时间：2003年1月6日，访谈地点：山东红山峪村，访谈人：刁统菊，访谈对象：周振德夫妇。

二，丧礼所收的一切财物与每个孝子都有关系，如果这时其中一个孝子的丈人家来当实际上的内柜，那么很可能会造成不公平的现象，因此不会被赋予完全的信任。更重要的是其中一个孝子的丈人担任内柜造成的不公平更有可能引发兄弟矛盾和家族内部冲突。在这个意义上，与孝子们具有相同亲属距离的舅舅的角色就是一个公正的形象，作为给妻集团的代表避免或消除了受妻集团内部的冲突，维护了兄弟之间的平衡。

4. 分工与张案

2004年3月8日早晨，孝子由本村的外事老总领着，到本村执事的和忙工大门口"恳人"①，这是乡邻互助的传统习惯。早饭后张案。② 在喇叭的伴奏下，孝子跪倒在案前，由一人宣读案上的姓名与分工，外事老总强调纪律，一般是"要各负其责，有全局意识，把场（仪式）办好"。然后各人就开始干各人的活了，家族近亲干活实属应该，但是外姓人既然已经情了孝子的头，也得把活干好。所有忙工，都由外事老总按照具体的工作分组，丧礼中的事务非常繁多，必须由大老总提前安排好各项事务，一个丧礼办得如何，很大程度上是由大老总来决定的。

所谓"案"其实是一张白纸，上面贴上红纸条和白纸条，红纸条上写的是帮忙的外姓人，有本村的也有外村的，白纸条上全部是亡者的本家。因为最后这"案"得在葬礼上烧掉，所以外姓人的姓名必须写在红纸上，这样即使是烧掉也没有什么不吉利的事情。所有的姓名前面都有孝子对他们的称呼，这种称呼实际上反映了各种关系的具体内容。

从整个丧礼事务的分配来看，具体负责内柜的以孝子的舅舅为首，其次是孝子的内弟，再有就是孝子的表叔，也就是亡者的舅表弟，可以看出这是孝子家的三代给妻集团的人。但最有权力的是孝子的舅舅，也就是亡者的娘家人。这几个人中，只有一个是本村的高福明，其他都来自外村。所有写在

---

① 巩家单门独户，人手少，即使邻村大注的本家都来总共才10个忙工，必须从全村10个姓氏里找。3月9日早晨，周瑞安领着孝子到本村所用忙工的大门口去"恳人"（磕头请人来帮忙）。执事的和忙工都是帮忙，不收取费用，按照当地风俗，孝子必须先在门口磕一个头。被恳的人都知道在这种情况下自己该怎么办。俗话说"孝子的头，满街流"，虽说不是多么珍贵，但一旦"情接受了人家的头"，不管本身有无困难，即使自己不能去，也得找自己的儿子、兄弟代替，不管刮风下雨，就是老天下刀子，这个忙也得帮。以后自己家遇到同样的事情，只要去恳，人家也是一样不会拒绝。

② 对"张案"的调查来自2004年7月4日至7月8日陈吉发的丧礼，张案的具体时间是2004年7月7日早饭后。

红纸上的外姓人，除去这几个来自外村的内柜以外，都是红山峪村民。从孝子对他们的称呼可以看出，孝子家族与村中田、宫、周、段、王、杨、孙、高、巩各个姓氏的亲戚关系。这个村子的亲戚关系网络由此也可见一斑。事实上，即使和陈家没有亲戚关系，这些人一样会被孝子"恳"来帮忙。

2004 年 7 月陈吉发丧礼上张案①

某某②田老表弟大人
某某宫老表弟大人
某某周老表叔大人　　　　　　　　总理

某某田老表祖父大人
某某宫老表姐丈大人　　　　　　　外柜执笔

某某田老表叔大人　　　　　　　　帮柜

某某周表祖父大人
某某段老表叔大人　　　　　　　　执棚

某某宫老表叔大人
某某王老表叔大人
某某宫老表侄大人　　　　　　　　挂帐子

某某周老表叔大人
某某杨老表叔大人　　　　　　　　接花圈

某某孙老表姑丈大人
某某高老表叔大人　　　　　　　　接盒子

---

① "案"的原形上，是把一组人的名字从左至右写上，在名字的下部中间处注明所负责的事项。此处由于电脑书写，则把一组人所负责的事项写在该组最后一个人的名字后面。

② 名字从略。

某某田老姐丈大人
某某田老表叔大人
某某段老表兄大人
某某巩老表兄大人　　　　　　　　　　大客屋

某某周老表兄大人　　　　　　　　　　重首

某某官老表弟大人　　　　　　　　　　负责水电

某某孙老表祖母大人　　　　　　　　　女仕总理

某某田老表叔大人　　　　　　　　　　厨师

舅父老大人
某某梁老内弟大人
某某沈老表叔大人
某某刘老表叔大人
某某高老表叔大人
某某李老表叔大人　　　　　　　　　　内柜

某某官老表弟大人
某某段老表侄大人
某某巩表兄大人
某某田老表叔大人
某某周老表叔大人
某某段老表弟大人
高老表弟大人　　　　　　　　　　　　大盘

某某周老表叔大人
某某官老表兄大人　　　　　　　　　　大锅炉

某某周老表祖父大人
某某孙老表弟大人　　　　　　　　　　荤锅

某某宫老表兄大人
某某周老表叔大人
某某田老表叔大人　　　　　　　　洗刷
某某宫老表弟大人
某某表弟大人　　　　　　　　　　提茶
苫块孤哀子陈兴启
　　　　　　　叩榜
　　　全

家族的各负其责，不得有误
某某二叔
某某四哥
某某大哥
某某大兄弟　　　　　　　　　　　总理内事

某某大兄弟
某某大侄
某某四侄
某某三兄弟
某某四兄弟　　　　　　　　　　　大盘

某某二哥
某某二哥
某某二哥　　　　　　　　　　　　洗刷

某某二侄
某某大兄弟　　　　　　　　　　　大锅炉

某某二叔
某某三兄弟
某某大侄
某某二侄　　　　　　　　　　　　烟酒

某某二叔	外柜
某某二弟	议孝
某某大侄	除孝
某某大哥	
某某大哥	
某某三哥	
某某三弟	听差

苦块外子
陈某某
陈某某
叩榜
鸣炮奏乐
从

5. 亲戚：上账、烧纸、交流

成敛后，得到信的亲戚要前去吊孝，也叫"哭人"[①]。家中再忙也得来烧纸，这是亲戚交往的规矩。别的事如喜事不来参加，情有可原，白事不来，以后见了孝子不好交代。嫁出去的女儿，得信后先给公婆磕头讨孝，得到允许后方可来奔丧。一般来说，嫁女闻知死讯，要从婆家门一直哭到村口，再从村口一直哭到娘家门口，在灵桌前还要跪叩、哭悼，一直到有人劝慰为止。亲戚来哭人，主家要谢客。孝子拜谢男性亲戚，孝妇拜谢女性亲戚，但孝妇要遵守"闺女给娘家人磕头穷娘家"的禁忌不给其

[①] 有老人去世，其至亲在一个村不止一家，同时也会牵连到至亲本家族的人，所以许多女子往往结伴而去，因此有"女人成群，不是发殡就是哭人"之说。亡者的女儿在这时候哭泣的声调一般都是同一个韵律。其他女性亲戚不是这么个哭法。女人一般来到棺材前坐在地上放大悲声齐哭："我的姑夫呀！""我的二舅呀！"哭完后对孝妇、孝女略表安慰，立即返家，等"开门"时再去送殡。男子到棺材前跪倒磕一个头，接着就哭，哭时晚辈要蹲下哭，同辈可弯着腰哭："嗷！我的姑夫！"如此一连几声反复哭，经别人劝止才停哭。哭完后临别前要安慰一下孝子，也是等"开门"时再来。

娘家人磕头。亡者的嫁女则没有资格谢客。

所有参加丧礼的人员在棺材前哀悼亡者以后都要到外柜那里去上账，最后形成一份俗称"吊簿"的礼单。上账后，有些亲戚去坐席，但因为亲戚很多，不可能同时吃饭，不坐席的亲戚趁机寻找各自的亲戚聊天，或评论场子（仪式的各个方面包括席面）的优劣，或互致问候、交流信息。

6. 泼汤、亮花圈

3月11日上午，外事老总布置泼汤任务，抬浆米缸、端大盘、扛花圈以及拿旗、锣、伞、扇等，尽量都找同一家族的人即本家来干。放炮的和敲大锣的不用老总操心了，他们都知道自己什么时候该干什么。

三声炮响以后，鼓乐齐鸣，孝子及其本家每人到灵前磕一个头，接着排队缓缓走向本村的土地庙。队伍的排列具有严格的规定。最前面是花圈，由本家子侄高举着；花圈后边是雇来的人打着旗、锣、伞、扇，吹鼓手随后吹奏；往后就是亡者的长子长孙挑着扎纸杆子；接着是一人端着"大盘"，其中盛放香、纸箔、供品；后边有两人抬一瓦罐，里边装米、水，叫"浆米罐"；最后是孝子、孝眷，族内人及至亲等戴孝亲属，排一溜长队，来到土地庙。抬着瓦罐的两个人负责把米、水绕土地庙浇一圈，点燃纸箔和香后，戴孝的亲友跪在庙门前一齐磕头、痛哭。返回时不走原路而尽量转大圈。由于丧主住在本村最北头，土地庙在本村最南头，到土地庙后则从别路返回，让前后村民都能看看，这样那些不能亲自到场的村民都能"听喇叭"了。出门就开始放炮，中间也会放炮，声势尽量要大。村民认为，这是为了在亲友面前摆摆场面，实则也可有效地振兴和整合家族。因此无论是泼汤还是亮花圈，途中行进时一般都比较缓慢。对一个家族来说，在一个适当的机会自然而然地张扬、显示家族的威风和势力是非常必要的。在这种时候，人们最关注的是亲戚的多少，"你看人家，这么多亲戚，真行！"要不就是"他家亲戚不多呢"，言谈之间充满了遗憾。

葬日上午圆汤、亮花圈①，一切与泼汤相同。顾名思义，亮花圈的主

---

① 20世纪60年代中期，曾提倡移风易俗，村内老人去世，实行火化，开追悼会，不办大席，认为是文明节俭。但是追悼会只实行了两三年，红山峪村只有两位老人是按照"文明节俭"的方式发丧的。实行公墓，几十年来经过几次反复，后来不在公墓埋葬，仍回复到原来葬地。只有火化，由于政府强行，一直坚持到现在。亮花圈最初是"破旧立新"的产物，作为代替"泼汤"的一种新形式而产生的，举着花圈在村内转一圈，不能请吹鼓手，如此坚持到20世纪70年代末。但是20世纪80年代后，除恢复原来旧的丧葬习俗外，亮花圈反而成为一个新的习俗逐渐得到稳定，仍是在村内转。但是，亮花圈的时间并没有稳定下来，只是在葬日空闲时候，比如葬日午饭后的一段时间。

要目的是在尽可能多的人群面前展示花圈，虽说其目的不是到土地庙泼汤，但是行走的路线、亲属排列的顺序与泼汤完全相同。

2004年7月陈吉发的丧礼上，亮花圈的男性亲属队伍排列是这样的：儿子①，侄子，孙子，内侄，孝子的仁兄弟，女婿，内侄女婿，外孙，孙女婿，外孙女婿。女性队伍的排列基本上还是依据男性队伍的排列顺序：儿媳，闺女，侄媳妇，孙媳妇，侄女，孙女，娘家侄媳妇，外孙媳妇，外孙女。这种排列方式无须谁来指导，因为"经常这样，都知道什么亲戚，自己该站在谁前边谁后边，都很明白"。在2004年3月11日巩张氏丧礼的泼汤队伍中，是比较强调辈分的，侄女站在孙媳妇的前面。但是在陈吉发的丧礼上孙媳妇站在了侄女的前面，对此，人们也能够理解："侄女是出姓的人，孙媳妇辈分再低还是自己家的人"。辈分原则和内外有别这些宗族观念常常一起交织在这种场合下，虽然人们有时确实无法兼顾，但是无论以哪种原则为优先，人们都能提供一个具有一定说服力和合理性的解释。

亲属的排列顺序兼顾了宗族、辈分和亲属距离等原则，但是2004年7月陈吉发的丧礼上亡者的女婿与孝子的仁兄弟双方的站位出了一点问题。村民田英玉的父亲去世时，亡者的侄女对仁兄弟的媳妇抢站在她们前面也是非常不满：难道孝子仁兄弟的媳妇与亡者的关系比侄女还要亲近？从这里我们能够看出，仁兄弟作为一种仪式亲属，通过与孝子的亲密往来逐渐增强了自己在以孝子为中心的亲属网络中的地位，在亲属序列中的位置也逐渐靠前。他们认为自己应该站在那个位置，其依据就是自己和孝子的仁兄弟关系，类似于亡者的义子，所以在陈吉发的丧礼上，仁兄弟站在了女婿前面，而在田英玉父亲的丧礼上，仁兄弟的媳妇也站在了侄女的前面。

对此，村民的观点有两类：第一种观点认为仁兄弟类似于儿子，因此站在女婿前面还是说得过去的；第二种观点认为仁兄弟不管怎么样，不是真正的亲戚。前者表明了仁兄弟比朋友等关系要亲近得多，具有拟血缘性质，后者则反映了相比仪式亲属，人们认为还是通过血缘和姻缘建立的亲属更加可靠。但是不管怎么样，这至少可以说明仁兄弟在人们生活中的位置的确是越来越重要了。

---

① 孝子按排行排列，老大在最前边，由扶丧客扶着。假若老大特殊情况未在家，就让一人托着大盘，里边放着孝衣、孝帽、孝疙瘩，以示还在。如果老大去世，由其长子代替，后边按长幼排列。如果亡者的某一个儿子（包括长子）被过继出去，则把他放在最后。

7. 起小礼：喇叭钱

3月11日晚上7点，外事老总开始催促亲戚去吃晚饭。这场席对大多数人而言是比较轻松的，因为饭后就可以闹棚①了，然而对巩家的女婿包括亡者的闺女婿、侄女婿、外甥（实际代表了亡者的姐夫或妹夫）来说却是个严峻的考验。人们一般"趁饭时起小礼"，因为这个时候他们都比较集中，都是在饭桌上，而白天可能三三两两地分散聊天，难以聚齐。主家根据

---

① 闹棚一般就是在主家门口，喇叭队一直在那里，放上一张桌子就能够吸引全村人的视听。闹棚几乎就是全村的狂欢节，男女老少都来看，甚至"东西两庄"的也来。闹棚一般从晚上9点开始直到第二天凌晨，主要是流行歌曲和传统戏曲的演唱，也会表演一些电视节目中比较流行的小品和舞蹈。丧葬的基调本是哀伤和肃穆，但与闹棚所引起的欢乐气氛显然充满了矛盾。徐高潮认为这种矛盾现象也正揭示了闹棚的核心问题：闹棚是在娱人。他描绘了距离红山峪几十公里的滕州乡间葬礼上的闹棚图像，并对闹棚进行了文化解释。首先，在古人生死轮回观念中，等于是与先人团聚，自然可喜可贺；其次，与葬礼程序安排的技术设计有关，即为丧主和厨师提供充裕的休息和准备时间，且符合传统幸福观念，闹棚之"闹"可以传递出喜丧之"喜"；再次就是民间最朴实的解释——借机对关爱老人的亲友和邻里进行酬谢（参见徐高潮《闹棚》，《民俗研究》2001年第1期）。张振涛指出了丧礼上请僧道、邀乐社、聘戏班的原因，就是因为这个接受了乡众捐赠的家庭，必须履行义务，对关爱自己的乡亲提供某种形式回报，为生活在单调困苦乡村中的亲戚邻里，提供放松一下的艺术享受（参见张振涛《尊祖敬宗、敦乡睦里——葬丧仪式中的音乐功能（一）》，《星海音乐学院学报》2002年第4期，第14页）。这实际上和徐高潮给出的第三个解释一致。徐高潮的理解大体上能够解释闹棚的实质。但笔者想再补充一点想法。为了父母的丧礼，人人都认为要大操大办，花钱越多越好，这样才能让父母走得光彩，也可以显示出孝子的孝顺。因此要千方百计地创造花钱的项目，请喇叭就是最好的一个项目，也可以借此机会感谢乡邻。如果丧主不花钱租赁喇叭，丧礼收入一般而言肯定会大于支出。因为请喇叭不但要支付喇叭钱，还要包吃包住，吹鼓手一顿至少得一桌，连续两三天的席地也不会是个小数目。不请喇叭，人们认为丧主小气，舍不得花钱，想从老人的丧礼上赚钱。从这个角度来说，请喇叭可能也和人们对孝顺的观念有关。没有一个人在举办丧礼时不请喇叭，人们能够理解因为穷困不举办丧礼，但是只要举办丧礼就必定会有喇叭。从父母的丧礼上赚钱的人将会获得一个负面社会评价——不但小气而且从父母的丧礼上赚钱。山东红山峪附近习惯上"上礼"都很重，尤其是嫁女，2015年的调查得知上礼要6000元左右，不过他们也在丧主家一连吃上两天左右的大席，帮忙的本家也要去吃。但是整个丧礼最后结算下来，大体上收支还是平衡的。而山东淄博东营村也是这样，一个丧礼丧主能够收礼2000元左右，花费大体上也是这么多，因为既不请喇叭，也只招待亲戚一顿饭，帮忙的本家都不再招待。整个丧礼的花费和人们上礼是一致的，比如女儿是上礼最多的，但一般是100元。总之，丧礼上的收入应该和支出保持大概的平衡，至少不应该有盈余，这样丧主才能维持自己的声望。一旦有盈余，不仅容易让人们把丧礼中某些本来微不足道的缺陷扩大化，而且会导致当事个体和家庭在整个村子里地位和声望的迅速下降。村里不乏从父母丧礼上赚钱的例子，这种人的名声会立刻掉价。因此，若谁为父母风光地举办了丧礼，则其社会评价也会上升。有一个村民为叔叔（其子是智障患者）举办丧礼，最后算账发现亏了800多元，但是亡者的侄子并不觉得亏，说："亏1000元也不要紧，这样才是给俺叔长脸呢。"人们对这个侄子的评价值立刻上升。

与他们的关系安排坐席,例如侄女婿坐在一起,外甥们也会统一安排座位。

起小礼通常由丧主近门晚辈出面,采取半真半假开玩笑的形式索要小礼。① 小礼要多要少具有很大的灵活性,因为并不记录在账簿上,不过谁都知道小礼给多了显得自己面子上好看。而丧主所委派来起小礼的晚辈,通常都是能说会道的年轻人,采用软磨硬泡的办法尽可能多要。但是对哪些亲戚要多少小礼,也不是漫天开价的,总是有一个大体的习惯上的约定。小礼和大礼不同,大礼由几个与亡者具有相同亲属距离的亲戚共同商议以达成一个统一的协定,比如要顾及贫富的差别,否则会导致个别亲戚的尴尬甚至引发关系的破裂。而要小礼的时候,找谁要,要多少,事先已经过外事总理和孝子的商议,丧主希望亲戚们拿出的现金数目都写在一张红纸上。一般情况下,亲戚们都了解这些情况,既然是不拿不行,因此也就不会过分推托,有的甚至是索性要多少给多少。

表13　　　　2004年7月4—8日陈吉发丧礼上的起小礼统计

亲戚关系	期望数目(元)	实得数目(元)	人数备注
亡者的闺女婿	200	200	2人
亡者的孙女婿	150	150	1人
亡者的叔伯侄女婿	100	80	5人
亡者的叔伯妹妹	50	50	1人
亡者的叔伯孙女婿	50	30	1人
亡者的外孙女婿	50	50	3人
亡者的外孙	20	20	3人
亡者的妻侄女婿	10	10	1人
孝子仁兄弟一伙	150	60	1人
孙子仁兄弟一伙	100	50	1人

按照拿小礼由多到少的顺序来看,依次是闺女、孙女、叔伯侄女、叔伯妹妹、外孙女、叔伯孙女、外甥、妻侄女。叔伯孙女婿和叔伯侄女婿在

---

① 2004年4月14日晚上,笔者在白庄村观察到了另外一种集小礼的形式。小礼不在晚饭时起了,各人的亲戚各人包,也就是说,亡者的孙女的小礼由各个孝子分头收集,亡者闺女的小礼由几个孝子一起收集。

小礼上都没有按照主家的要求拿,这是由亲属距离决定的,他们可以推赖掉一些,主家对此也无可非议。妻侄女婿是拿得最少的,这甚至是可以不拿的。小礼与其说是对亡者的义务,毋宁说是对丧礼举办人的帮助。它的另一名称——"喇叭钱"暗示出其实际功用是帮助孝子支付给喇叭匠子的工钱的。总之,小礼实际上和纸活一样,都是受妻集团的义务,其中嫁女一方支付小礼最多是应当的,因为根据"亲戚理"来说,"闺女婿就是摊讹的"①。在山西、河北和天津的调查都能够说明这一点。

> 白事,闺女挑的份最多,多穷的闺女都得挑头。这是白事!别的事儿,闺女没挑头的。②

> 父母去世了,这个嫁出去门的闺女要请响器,闺女得花钱,比如说闺女来过一七了,她请的响器,也是她出的钱。那还有纸车、纸马、纸房这些纸扎,也是闺女出钱了,儿子出一部分,女儿出一部分。女儿还要摆一桌供。……闺女和外孙上礼最多。……还有路祭了,路祭也是闺女出钱了,路祭上所有的花费都是闺女的。侄女愿意拿也可以拿。儿子不拿,孙女也不拿,就是闺女得拿。③

8. 坐腰席与摊送

3月12日亮花圈回来,外事老总高喊"烧纸的客坐腰席"。腰席就是葬日那天亲友和忙工的午饭。腰席人数少于早晨席,因为朋情等一般客人吃完早饭都回家了。只有至亲及其带客、仁兄弟等人留下来,因为他们"摊送"。摊送就是有义务将亡者送到坟地去。腰席作为一个时间性的划分标志,区分出了摊送和不摊送两种亲戚类型。摊送的人和丧主家的亲属距离无疑是比较亲近的,从与丧主的关系来说,丧主的姐妹及其丈夫、女儿及其丈夫、外甥女及其丈夫、仁兄弟,这些人都是摊送的。孝子丈人家的亲戚不在摊送的范围之内,可见摊送可以区分亡者家族、给妻家族和受妻家族。

---

① 这里的意思是人家在丧礼上让女婿多出钱出物是应该的。
② 访谈时间:2009年10月6日,访谈地点:天津其村,访谈人:刁统菊、佘康乐,访谈对象:张增慧。
③ 访谈时间:2008年11月13日,访谈地点:山西晋城杨村,访谈人:刁统菊、袁振吉、郭俊红,访谈对象:任学斌。

9. 路祭与摔老盆、翻财

表14　　　　　　　　　2004年7月8日陈吉发丧礼路祭调查

与亡者的关系	行礼方式
孝子、孝孙、侄子①	齐九叩
东小观的本家13人	懒九叩
东方山村的内侄3人	懒九叩
闺女婿2人	懒九叩
西王湾村的姑表弟2人	懒七叩
侄女婿8人	懒九叩
孙女婿2人	懒九叩
内侄女婿3人	懒九叩
大儿子的仁兄弟4人	齐九叩
二儿子的仁兄弟	齐九叩
叔伯外甥1人	懒九叩
孙子仁兄弟4人	齐九叩
外孙女婿2人	齐九叩
外孙子2人	齐九叩
舅表弟2人	懒五叩

拆棚、揭案以后，将棺材抬出门，走到大路上，开始路祭。路祭就是亡者的亲属在棺材前行礼祭拜。行礼的讲究很多，有"九叩礼""七叩礼""五叩礼"。九叩礼分"齐九叩"②和"懒九叩"两种，七扣礼和五

---

① 人员依照时间顺序排列。
② 田传江认为是"奇九叩"，他认为"九"为单数，故应是奇（jī）（参见田传江《红山峪村民俗志》，辽宁文化艺术音像出版社1999年版，第315页）。但是笔者认为既然有懒九叩，那么相对应的就应该是全面的九叩礼，即齐九叩。而且人们只有双和单的观念，奇偶之分从未在村民的言语中出现过。齐九叩礼仪如下：跪倒磕一个头起来叩礼，如此四次，然后到桌前传香，传完香后磕一个头，退回原处再像传香前一样磕四个头，最后在棺前大哭。"懒九叩"是先跪下连续磕两个头，如此两次，再传香，传香后磕一个头，退回来再像传香前一样跪下后磕两个头，如此连续两次方走近棺前哭泣。七叩礼也分为齐七叩和懒七叩，前者是跪下磕一个头，如此三次后传香，然后磕一个头，接着退回原处像传香前那样磕三个头。懒七叩如同懒九叩，只是跪下后连续磕三个头。行五叩礼也分齐五扣和懒五叩，方式可依九叩礼和七扣礼类推。

叩礼也有如是的区分。按照行礼人与亡者的亲疏程度来划分，从"齐九叩""懒九叩"依次到"齐七叩""懒七叩"再到"齐五叩""懒五叩"。一般来说亡者的子侄肯定是一起行齐九叩，其他人在行礼上均比照各自与亡者的关系稍次之。舅表弟行懒五叩礼，与他们身为"里表"的身份有关。

从表格可以看出，亡者的外孙女婿行礼居然重于他的岳父即身份为女婿的人，这也并不奇怪，女婿是按照习俗规定，行礼仅仅次于孝子，但是外孙女婿在女婿后面行礼"行大了"，也无可厚非。如果那些和自己与亡者的关系类似的人行得礼"大"了，即超过了一般的规定，比如该行七叩礼而行了九叩礼，自己就不能再行七叩礼了，否则面子上就很不好看。这也导致人们在行礼的时候宁愿"往大了行"。"礼多不伤人"，"行得礼大了"并不会招致人们的怪罪。此外，偶尔会有人行礼不符合任何亲属应当对亡者行的礼，这可能是由于某人在行礼的时候注意力不集中或者受到节奏缓慢的喇叭影响，数错了磕头的次数所致。对此，人们最多当场一笑，态度其实也是很宽容的。

路祭结束以后，要摔老盆。摔老盆是由扶丧客把一个瓦盆放在一个孝子头上一比划，继而将盆在地上摔碎，因此就有了"顶老盆"之说。顶老盆是和继承权联系在一起的，只要是亡者的同家族人都可以顶老盆，首先是他儿子，以长子为先，过继出去的儿子除外，没有儿子可以是侄子。如果亡者没有儿子，他的女婿是绝对不会顶老盆的。如果他顶老盆，则说明他是上门女婿，而上门女婿的名声是谁也不愿意承担的。在巩张氏的丧礼上，尽管母亲丧礼的举办主要由巩桓军负责，但毕竟他已过继给他的大伯了，所以"攤摔老盆"的还是他的弟弟。

男性亲友在磕头的时候，孝妇和孝女一直在哭泣。路祭时有女儿哭泣对亡者而言是一种荣耀和安慰，没有女儿的常常会聘请一个女人扮演女儿来哭。[①] 棺材抬走后，孝妇要去"翻财"[②]，这与女性的继承权有关。只有亡者的没有过继出去的儿子的妻子，才有翻财的资格，女儿是没有这个

---

① 2001年在段其科父亲的丧礼上就演出了一场《哭棺祭》。孝子的8个仁兄弟花180元请喇叭队里的杨丽梅哭唱40分钟。租来的闺女哭声悲切，不但表达了对父亲的怀念，也表达了出嫁了的闺女对娘家唯一一个哥哥深深的牵挂。此举博得人们的赞扬，觉得孝子孝顺，让去世的父亲能听到女儿的哭泣；同时也对他的朋友众多表示赞赏。

② 在女执事的指点下，孝妇翻棺材下的四块石头，据说是"翻财"。

资格的。因此，可以说顶老盆、翻财均与财产继承权有重要的关联。但是特殊的情形下，民俗与生活会发生冲突与矛盾，有继承权的儿子可能没有媳妇，对这种情况人们则选择灵活的办法来变通。巩桓兵本人尚未娶妻，尽管他的大哥已经过继出去了，翻财之俗也必须得由他的嫂子来完成。①

10. 埋葬与圆坟

2004年7月8日一次葬礼上，路祭以后本家、至亲的女子不能送到坟地，而至亲的男子，特别是闺女婿、侄女婿、孙女婿、姐夫、妹夫以及外甥等人必须去，帐布上写"泣送归茔"者即是。动手放棺材下地、铲土埋葬的都是举重的去做。埋棺材之前，地理先生除了比较注意亡者在阴间应该享有的生活的便利以外，比较注意的是如何在两个棺材②的高度等上面注意平衡，以保证兄弟两人的日子同样红火，但其中没有丝毫的对女儿的关注。棺材下地后，以上至亲一齐痛哭，哭罢即脱去孝衣、撕开孝帽③，离开主家。

圆坟人员是孝子、孝妇、孝女以及亡者的嫂子和女执事的。亡者的嫂子用水壶提来水饺，大家一起动手把7个水饺按照前三后四的原则埋在坟堆里。接着女执事的往孝子的衣襟上兜土，然后孝子把衣襟上扬，如此把土撒到坟上。除了儿子和儿媳妇往坟堆上撒土表示留财之外，嫁女在儿媳妇撒土以后，也依样操作。父母不但是给儿子留下财富，对闺女也有一定的虽然是很有限的赠予。每个人撒三次土以后，接下来是每个儿子头拱坟中间的土，每人三圈，但是到了坟口上，就不再拱了，因为拱土"是拉家院墙的，得留个门"，所以再原路转回来。亡者在阳间的房子是留给儿子的，阴间的房子也应该由他的男性后代来建造。最后儿子把酒瓶打开，把酒洒在坟口，烧掉纸箔，大家一起痛哭一场。圆坟以后，两个闺女脱去孝衣、撕开孝帽，就告别兄嫂直接回婆家了。

---

① 在陈吉发的丧礼上，由于他的大儿子有媳妇，二儿子没有，所以只有大儿媳妇一个人去"翻财"，不然两个儿媳妇是要竞争的，看谁翻得快，不管快慢，人们都有相应的评价：快了的表示会过日子，慢了的说明会在妯娌之间谦让。

② 陈吉发的妻子去世时因为家中非常贫困无力置办棺材，因此，这次孝子是把父母的两个棺材一起下葬。

③ 人们告诉我，撕开孝帽可以避免主家继续死人。

11. 孝子算账与礼物分配

2004年3月12日晚上7点，举重的和执事的一起到主家吃"回林饭"。席间，孝子给每桌都磕头拜谢。第二天一大早，孝子就专门去请外柜先生帮助算账，包括各种收支以及帐布的分配，算账也要内柜在场。最后算下来从现金上来说是亏空3000元。当天中午设宴招待参与算账的人，叫"酬客"。

大部分丧主，都本着宁亏不盈的原则，以免别人说"拿老的卖钱花"，所以尽力大方一些，铺张一些，因为几乎所有的亲戚都会来参加丧礼，都想在众人心目中留个好印象。极个别的家庭则不同，想尽千方百计让亲戚朋友多上礼，招待上多克扣，但是过后丧主往往威信大减。丧礼上的所有现金收入和支出，都是在孝子之间平均分配，但是帐布的分配并不是平均分摊，而是以几个孝子为出发点，谁的亲戚朋友给的帐布属于谁，共同的亲戚给的帐布才由几个孝子平均分摊。因此，有些亲戚宁愿少上礼金，尽量买好帐布，礼金是公共的，帐布最终却归属于自己家的亲戚。这只是对一般情况而言。特殊情况下，例如兄弟几个有穷有富而且都很团结，富者就多出钱或全出钱，比较富裕的女儿也有可能主动拿出相当可观的资金助丧。未成家立业的兄弟则不再分摊负担，这叫"情孝帽子戴"。有的父亲或母亲健在，而未成家立业的兄弟又"跟老的过"，兄弟共同的亲戚送来的帐布，就多分给他一些。

事实上所有的村民对丧礼的收支也很关心，见了孝子，都会问："怎么样？空（亏空）了吗？"场子的优劣也是丧礼过后村民私下经常议论的话题。

12. 烧五七、烧周年及守孝

葬礼之后，儿女要去烧五七和烧百天。一般都是在傍晚，孝子、孝妇、侄子、侄媳妇、嫁出去的孝女及侄女，身穿孝服聚集在坟前祭酒、烧纸，大哭一场。烧周年"宁烧缺，不烧过"，可以在亡者去世一年的时间之前几天，但不能拖后。参加人员、形式如同烧百天。烧周年以后，对父母的祭祀一般就在清明节、十月一和春节三个节日。嫁女节日无须祭祀娘家父母，在山东许多村落，女儿不能到娘家给父母上坟，否则"穷娘家"。

守孝主要体现在服装上，服装的渐变可以帮助亡者的儿女渡过悲伤的时期，逐渐回到正常生活中来。父母去世一人，孝子、孝妇和孝女均穿孝半年，孝子穿毛茬白鞋，袜子如发丧期间一样，上衣领子须用白色，帽子一律用白布条镶白边。孝妇、孝女穿白鞋白袜，裤腿用白带子扎裹，外扎细带或白头绳。半年后换上黑色衣裤、帽子、鞋袜。穿一年黑衣后，再转入正常穿戴。

守孝期间，禁忌娶嫁，不走亲串友，不大声欢笑。第一年春节时，孝子不贴对联，不酥菜，不蒸馒头，吃素馅水饺，不杀猪宰羊。大年初一，全家人起得特别晚，太阳出来后再发纸，也不给别人拜年。但是嫁出去的孝女没有这些禁忌。亡者的侄子除第一年可贴素对联，即用蓝色对纸写对子、张贴以外，其他也没有任何禁忌。直至老人去世后的第二年，孝子才可贴素色对联。对嫁出去的女儿来说，孝子具有的禁忌她不必遵守，因为她是另外一个家族的人。

（二）丧服：与姻亲关系的同构

学界一般认为，丧服礼表征着一种亲属关系规范。《仪礼·丧服》所反映的亲属体系具有浓厚的宗法色彩和明显的联姻特性，是一个从父居、男性传递、男性联系、自我定向与祖先定向同时运作的父系体系。[1] 古代的丧服制度和现今已经发生了许多不同，其复杂成分也趋于简单，但是丧服与亲属制度的关系仍然是比较密切的。可以肯定地说，观察和了解丧服制度至少有助于人们进一步了解亲属关系。

一般而言，通过仪礼上的参与人员的服装具有与平日显著不同之处，丧礼更是如此。所有参加丧礼的人，都在服装上有一个与常日不同的变化。这印证了特纳仪式研究中的"阈限"说。既然生与死的交替也是一种过渡，而对于亡者来说他正处于阳界与阴界的中间位置，属于"阈限"状态，那么生者与他的关系也同样处于一种模糊不清的状态，因此以服饰符号的改变作为与处于阈限状态的亡者交流的特殊方式。孝服毫无疑问反映了居丧期间人们哀伤的情感心理，但同时它也与亲属关系存在着一种同构关系。每一个参加丧礼的人，都是基于与亡者不同的关系来行事的，孝服则能够很清晰地表现这种关系。

女性亲戚由一个女性总理来负责，比如召集她们吃饭，当她们哭泣不

---

[1] 石磊：《仪礼丧服篇所表现的亲属结构》，（台湾）《中研院民族学研究所集刊》1982年第53期，第1—43页。

止时给以适当的劝止和安慰，同时也担当扶丧客的角色专门架扶孝妇。女总理一般会从亡者家族的媳妇中寻找一名较为熟悉各类亲戚的女性专门负责给女性亲戚散孝（分发孝服）。同样，从陈吉发丧礼中的"案"我们也可以看出，议孝的一人也为本家族男性，专门负责给男性亲戚散孝。亡者族内人员以及各家亲戚的孝服，都由各家出资置办，而老亲则统一使用发丧基金。

丧服习俗和形制是以亡者为中心，以亲属之间的关系距离为依据，因此丧服才能够表现出亲属距离和亲属关系的结构原则。丧服在这里作为一种亲疏的指标，贴切地反映出服丧者与亡者亲疏程度的不同。亲属距离经由丧服这种民俗符号的表达，表明了一种社会秩序，最后亲属关系也自然而然地浮现出来。这里有几点需要特别指出来。

（1）摊孝在这里成了划分亲戚不同类型的一个标准。穿孝的人包括亡者的家族晚辈、亡者娘家或丈人家族的晚辈以及亡者的受妻集团。家族晚辈服丧的依据是血缘关系和辈分秩序，而后两种人群之所以也摊孝，是因为他们是亡者的内亲。其他亲戚比如孝子的丈人家是亡者的外亲，不在摊孝的范围之内，所以在表格中也不会有他们的位置。

（2）在摊孝的亲戚范围之内，在血缘或姻缘关系上距离亡者越近的亲属，孝服就越完备，距离较远的亲属，甚至可穿可不穿。人们用各种配件和颜色来区别各类亲属关系，以此来细化与亡者不同的亲属距离。

  外亲和内亲：是否服丧的区别。
  男性与女性：服装上的区别以及有无扎腿带子。
  孝子与侄子：除了孝服不同，哀棍的粗细与材质也不同。
  孝妇与孝女：有无搭头的区别。

从孝服来看，侄子、孙子、外孙子、女婿、侄女婿、孙女婿都有共同的地方，但是他们又有某些区别：侄子的孝服无须系腰带，而其他人都要系腰带，但是腰带及其上面的带扣又有明显的区别。女婿用白布巾束腰，侄女婿在束腰的白布巾上再系上蓝色头绳，孙女婿则在束腰的白布巾上再系上红色头绳。不管是女婿还是侄女婿、孙女婿，凡是已订婚但尚未举办婚礼者一律把一尺红布系在腰带上，再用白布包裹起来，露出一点红色即可。长孙的带扣是白色的，其他孙子是蓝色的，外孙却是红色的。

（3）外甥指的是孝子姐妹家的儿子，妻方姐妹的孩子虽然也是外甥，但是人们认为"那种亲戚（姨娘亲）根本不算亲戚"。一个人必须为舅舅服丧，但为姨娘是否服丧就没有严格的习俗规定。因此从未有为妻方姐妹的孩子准备孝服的现象，虽然他们也来参加丧礼并在丧礼上随礼。从村里目前的情况来看，人们对亲戚有一个细致的分类，"姨"由于不是主家直接的联姻关系，没有习俗规定的权利与义务关系，因此缺乏习俗的约束力，在丧服上也没有相应的规定。

古代为舅舅服丧和为姨母服丧也不一样，但是与今天相比其偏重恰恰相反。丁鼎的研究表明，《仪礼·丧服》所规定的丧服制度，即体现了以宗法制为本位的周代社会观念，对于宗亲和姻亲之分非常严格，也就是在服制上重父党而轻母党和妻党。对此，《仪礼·丧服传》归纳出这样一条原则——"外亲之服皆缌"，即为母亲家族与妻子家族的亲属在原则上只能服最低一级的丧服——缌麻。显然，"外亲之服皆缌"所体现的深层意义即是父权制对于母权制的抑制，这是不难理解的。可是，《仪礼·丧服》小功章将外祖父母与姨母定为小功五月之服。① 这一点历来就受到许多学者的关注，丁鼎结合社会学和文化人类学的知识提出了一个比较有说服力的解释。他认为姨服重于舅服实际上反映了中国古代原始婚姻的遗迹。具体说来，就是《仪礼·丧服》的这一规定，实际上保存了对于中国古代普那路亚家庭与对偶家庭时代婚姻制度的"一点朦胧的记忆"，反映了历史上与从母（母之姐妹）曾经有过比与舅（母之兄弟）更为亲密的关系。②

为舅舅服丧穿缌麻，而为姨母服丧要穿小功，这和今天的丧服制度恰恰相反。从田野作业来看，就华北乡村目前多数地方的情形来说，不但姨娘的丧礼可去可不去，而且母亲去世以后外甥与姨母的关系也形同虚设，尤其是在和舅舅的联系对比之下，与姨娘的关系之疏远更为明显。这些规定与舅舅、姨妈对姐妹之子的权威是相互对应的。

（4）前文曾经说过举办丧礼首先要算经济账，这体现在丧礼所需花

---

① 丁鼎：《〈仪礼·丧服〉考论》，社会科学文献出版社2003年版，第222页。
② 同上书，第225—234页。

费的各个方面。比如亲戚来哭人，主家应该根据亲戚关系给孝服。即使是那些关系比较疏远的亲戚，也要给一块孝布，系在胳膊上或者包在头上，以此表明是来哭人的，在吃饭时也不致被人误解。丧礼之后，亲戚可以使用这块孝布，比如在做裤子的时候用它做口袋布。调查人员也注意到山东红山峪村有人用两块或者三块孝布来做枕头的内壳，这在其他省份的调查也得到了证实。所以，有时候会有亲戚因为孝布的大小和主家发生争执。事实上，孝布的大与小在丧礼上并没有什么区别，假如孝子想在这上面做些俭省，而上礼的亲戚却想多要些布料，矛盾自然就由此而生。

表 15　　　　　　　山东红山峪村丧服形式（2005年）

服丧人的身份	丧服形式				备注
	头部	服装	足部	手中物品	
孝子	孝帽缝成筒形，上口用麻绳缩紧，麻绳两头带穗，搭拉下来。戴时下口用麻绳围扎一圈，耳朵内掖棉花团①	孝褂用"半个"即一丈八尺长的白粗布缝制，底边沾地，毛边，带大襟，用白布系扣。背后另加一块四方布叫"搭腰"。在束腰绳上挂"孝疙瘩"②	亡者死后三天之内，孝子只能赤脚或穿软底的白袜子，三天后穿上下都是毛茬不挽边的白鞋	哀棍，即长约2米、直径约5厘米的一根柳木棍，上面旋转贴着花边白纸条	白鞋是用白布覆盖在普通布鞋上的，如果家里还有一个老人，则用白布覆鞋时不盖满

---

① 若是父亲去世，则在孝子左耳朵上掖一团带棉籽的棉花团，若是母亲去世则掖在右耳朵上。假若父母都不在，两耳朵都掖。此举表示孝子对外界事宜一概不问，专心守灵。

② 亡者为母亲，则孝褂前边毛边（毛茬）；若父亲去世，则背后毛边。父母双亡才前后皆毛边。孝妇和孝女的孝褂毛边也是如此。搭腰专门用于隐藏亡者灵魂，在发丧期间，亡灵除受祭外，均藏在孝子的搭腰里。孝疙瘩用苘绳拧成"可把"（可把：一只手虚握时拇指、中指和手掌形成的最大周长，做数量词用）粗的绳子，下端挽成疙瘩，挂在一侧或两侧，男左女右。如果父母都不在，左右各挂一个。

续表

服丧人的身份	丧服形式				备注
	头部	服装	足部	手中物品	
孝女与孝妇	孝帽称为"手巾",长一尺宽五寸,后边从鬏子下盘上来,两股各拧几道在鬏子上方系两个结。孝妇手巾的外边还要顶"搭头"①。未婚孝女的孝帽叫"幅布":白粗布长三尺,缝成半截筒形,另一半不缝,一头缩紧口,把不缝的半截在脑后交叉,搭在身后至腰部	孝褂用"一勾子"即九尺白粗布缝制,其他与孝子同,只是孝褂底边到臀部下。一律把孝褂翻过来穿,用苘绳束腰。孕妇则用白鞋带子代替。束腰绳上也系有孝疙瘩	鞋子同孝子,但是有扎腿带②扎裹在小腿后,亡者死后三天内用麻劈做扎腿带,在外边扎上,三天后换绳带系扎	同孝子	嫁女给父母穿孝前要给公婆磕一个头,才能穿孝,俗称"讨孝"
侄子	八寸粗白布,对角折成三角形,三个角捏在一起缝一两针即可。这是普通的孝帽子	孝褂不带搭腰、底边齐边对襟③	白布覆鞋帮,后鞋帮留一块不覆盖	哀棍细而长,不贴纸条。取柳树某一枝。④家族近亲皆是如此	

① 搭头五尺长的白布,折叠成双层,一边只缝半截,顶在头上,两头搭肩。

② 长白布长一尺,宽五寸。扎腿带子,若父母一方去世,则扎一层,去世两人,扎双层,以下亦如此。此外,如果是家中尚有一个老人在世,则孝妇和孝女的扎腿带子仅有一边是毛边。

③ 假如他们妻子已去世,只用一层白布巾束腰。如果本人不在,由长子代替,束腰巾从肩上斜攀,以作区别。

④ 不论有几个儿子只能从一枝上取,从长子往下由粗到细,禁忌从别枝取。

第三章　姻亲关系的仪式性表达(下)　　127

续表

服丧人的身份	丧服形式				备注
	头部	服装	足部	手中物品	
侄媳妇、侄女	"手巾"顶在头上，不挽鬏子。未婚侄女用"幅布"，缝制方法同未婚孝女，只是在交叉处，用蓝线扒成苘朵花	孝服同孝女，只是系着蓝色的孝疙瘩	用白布覆鞋帮，后鞋帮留一块不覆盖。扎腿带，长白布尺一尺，宽五寸，侄女用蓝布条系在扎腿带子上	同侄子	侄媳妇的孝服由丧主负责，但是侄女的孝服是自己父母给，给就穿，不给就不穿
孙媳妇孙女外孙女	"手巾"，后边从鬏子下盘上来，不拧只系一个结。未婚孙女外孙女用"幅布"，缝制方法同未婚孝女，在交叉处，孙女外孙女用红色线扒成苘朵花	和孝妇、孝女一样，不系疙瘩。过去都没有孝褂，用长条白布，披在头上就挡了	覆鞋留出鞋口和后鞋帮不覆盖。扎腿带，形制同侄女，只是用红色带子系在上面	同侄女	
孙子与外孙子	一般孝帽子。外孙子在两个角上系上红布条	孝褂不带搭腰、底边齐边对襟。腰带上的带扣，长子长孙用白条，其他孙子用蓝布条，外孙子则用红布条	一般白色卫生鞋①	孙子用哀棍，同侄子。外孙没有	

---

① 最近几年，所有摊孝的至亲，包括女婿，由丧主给白色卫生球鞋，但仅在丧葬期间穿着，过后就不再穿了。

续表

服丧人的身份	丧服形式				备注
	头部	服装	足部	手中物品	
重孙子	普通孝帽子	孝褂不带搭腰、底边齐边对襟，带扣用则用红布条①	一般白色卫生鞋	同侄女	
女婿②	普通孝帽子	孝褂不带搭腰、底边齐边对襟，用两层白布巾束腰。③未婚女婿把一尺红布系在腰带上，再用白布裹起来，但要露出一点红色	一般白色卫生鞋		
侄女婿	普通孝帽子	孝褂同女婿，只是束腰巾上系蓝色头绳。④未婚侄女婿把一尺红布系在腰带上，再用白布裹起来，但要露出一点红色	一般白色卫生鞋		

---

① 假如他们妻子已去世，只用一层白布巾束腰。如果本人不在，由长子代替，束腰巾从肩上斜攀，以示区别。

② 女婿穿孝服只是在丧葬期间，孝帽子是普通的孝帽子，和儿子不同。如果主家给孝褂子，就穿，不给也可以不穿。过去有的家庭比较穷困，给不起女婿孝褂子，女婿照样可以送殡。

③ 假如他们妻子已去世，只用一层白布巾束腰。如果本人不在，由长子代替，束腰巾从肩上斜攀，以作区别。

④ 同上注。

续表

服丧人的身份	丧服形式				备注
	头部	服装	足部	手中物品	
孙女婿	普通孝帽子	孝褂同女婿，只是束腰巾上系红色头绳。① 未婚孙女婿把一尺红布系在腰带上，再用白布裹起来，但要露出一点红色	一般白色卫生鞋		
外甥	一般孝帽子	给就穿，不给就不穿	一般白色卫生鞋		从此往后的亲属，一般不需给大孝（大褂子）
外甥媳妇	白布顶头上即可。也可不戴	给就穿，不给就不穿	给扎腿带子		
内侄	一般孝帽子	给就穿，不给就不穿			
内侄媳妇	白布顶头上即可。也可不戴	给就穿，不给就不穿	给扎腿带子		
内侄女	白布顶头上即可。也可不戴	给就穿，不给就不穿			
内侄女婿	一般孝帽子	给就穿，不给就不穿	系腰子		
孝子之孙的仁兄弟	一般孝帽子	给就穿，不给就不穿	无腰带		
仁兄弟媳妇	白布顶头上即可。也可不戴	给就穿，不给就不穿			

---

① 假如他们妻子已去世，只用一层白布巾束腰。如果本人不在，由长子代替，束腰巾从肩上斜攀，以作区别。

续表

服丧人的身份	丧服形式				备注
	头部	服装	足部	手中物品	
外孙媳妇	白布顶头上即可。也可不戴	给就穿，不给就不穿	给扎腿带子	·	
外孙女婿	一般孝帽子	给就穿，不给就不穿	无腰带		

总之，根据一个人的孝服，除了排行不好判断（长子与长孙例外）以外，人们总是能判断出他们与亡者的关系。由于人们的通婚村落大多都是附近的村庄，对主家的大多数亲戚甚至能够指认到个体的层次与亲疏。这一特点在其他区域同样存在。例如山东莱阳小姚格庄和许多普通村庄一样，老人去世要举行丧葬仪式，同姓自发前来帮忙，姻亲照规矩前来吊唁。不同的亲戚根据亲疏、性别做出符合民俗的反应，围观者也可根据主家为他们配发的孝服来判断其与主家的亲属关系。女婿身份的男人（不管是闺女婿、侄女婿、孙女婿还是重孙女婿）都要戴四个角的"客帽"，而侄子的孝帽是耷拉角，兄弟和孙子则戴两个角的孝帽，外甥的孝帽也是两个角。儿子和侄子的孝帽要扎顶，孙子的孝帽头顶放麻，麻上有坠，一旁有棉花团，后边有飘零。亲戚参加丧礼所携带的礼物也有明显的区别，外甥女和侄女送花圈和帐子，闺女要扎纸马，女婿带饼干、果子。

（三）丧礼之后：亲戚关系的重组

在有关丧葬的仪式中，人们相信对待亡者的所有方式都将对生者尤其是尚未出生的后人的生活产生至关重要的影响。从后人的健康、财富，到社会地位，丧礼仪式无一不关注到。因此，与其说丧礼是为了安葬亡者，不如把丧礼看成是生者对未来生活的寄托和对人际关系的重整。如果仅仅从丧礼一些仪式中为后人的繁荣和昌盛所做的努力来判定传统丧礼中的人文精神——重现世、重彼岸，那显然是不够的。亡者去世后，经过一次丧礼，一个新的社会秩序得以重新组织，人们在社会网络中的位置进行了一次大的调整和重组。丧葬仪式把每一个生者被打乱了的位置重新调整到最佳状态，帮助生者建立起充满自信的心理机制，继续乐观地生活下去。

1. 自然疏远：动态的姻亲关系结构

正如同婚礼的终点不是回门一样，姻亲关系的终点也不是联系两个家族的女人的去世。当一个人离开这个世界以后，因他造就的姻亲网络会发生许多变化，但并非就此中断，而是重新进行一些调整，比如可能会抬高一些人的地位，也会引起某些人和给妻集团的亲戚关系的自然疏远。

譬如一个男人和他姑妈的关系，是非常亲密的至亲关系。他和姑妈的儿子，是一世姑舅表兄弟关系。当爷爷奶奶在世的时候，他的姑妈和表兄弟经常来姥姥家；爷爷奶奶去世后，当姑妈在世的时候他将很频繁地去她家走动，因为侄子看望姑妈是应该的，当然他的表兄弟也应该经常来看望舅舅；但等姑妈姑夫去世了，他就不再主动去姑妈家了，姑表兄弟却应该先来这边看望亲戚。姑舅亲是比较重要的亲戚，女人除了自己的儿女，最关心娘家兄弟的儿子，侄子在很多情形下都可以代替兄弟的角色。而男人除了自己的儿女最关心自己姐妹的儿子，他对外甥有权利，因而享有外甥对他不同一般的尊敬；但同时也有义务，因此一个男人对自己外甥的关心仅次于对自己的子女。这种关心，实际上也是把平辈之间的姻亲关系传递给下一代，所以一世表兄弟之间的关系几乎如同上一代，仍能保持比较亲密的往来。到了二世表亲，在亲属距离上更远了一层。这个时候，由于双方都有新的姻亲加入了彼此的姻亲关系网络，二世表亲的关系就趋于淡漠。除非是有一些功利性的动机或者额外的感情因素在促使人们继续保持各种联系，否则将仅仅限于红白喜事这样的习俗性的仪式行为。然而仪式行为的参与绝非姻亲往来的目的与内容的全部，这仅仅表明他们之间有姻亲关系。而且由于关系的疏远，这种参与也是比较有限的，对于举办仪式的集团的实际支持意义并不是很大。三世表亲仅在白事上还互有往来，再往后最初建立的姑舅亲可以说就是彻底断裂了。这个时候，姑妈的女性后代按照习俗是可以嫁过来，虽然人们还是不赞成这种通婚，坚持认为"三辈子不进姥娘的门"，但是只要不发生什么意外的事情，也不会有人反对。

费孝通先生在《生育制度》中说过"一表三千里"①，一旦成为表亲，就等于在亲属距离上远了一层。上辈是姑舅至亲，到己辈还是比较亲密的表亲，下一辈红事勉强还能来往，再往下就只能是白事的往来了。再

---

① 费孝通：《乡土中国生育制度》，北京大学出版社1998年版，第26页。

往后呢？通常就不再走动了。亲戚就这样在代际不断地新陈代谢，一辈一辈地逐渐疏远。但是只要各种亲属关系俱全，它的结构是永远不变的，变化的只是每一代的具体成员。婚姻造就了一个家族的姻亲关系的基本结构，而生育则在不断地产生新的成员来增加这个结构的具体成分并对之予以积极维护，否则旧亲不断地因死亡而减少，新亲却不会自动增加，这个结构肯定会发生变化直至彻底消失。宗族能够永远延续下去，姻亲通常三代以后就自动终止了原本亲密的关系，就是因为对于一个宗族来说，婚姻和生育不断地为它补充着新的姻亲关系，持续更新这个结构的成员和内容。

人们重视下一代的联系，有了下一代才能够把上一代人建立的关系延续下去，这大概与中国传统文化重视继嗣、重视绵延有关。亲属称谓反映了这一点：一个男人对妻子的兄弟和姐妹称"大/小舅子""大/小姨子"，类似于其子女对他们的称呼"舅舅"和"姨"；一个女人对其丈夫的兄弟称呼"大伯子/小叔子""大/小姑子"，类似于孩子对他（她）们的称呼"伯/叔"和"姑"；一个女人在有了孩子以后，家人和乡邻对她的称呼从"某某家里的"到"某某他娘"，表明她从原本对丈夫的依附转变成了对孩子的依附；一对有了孩子的夫妇对其父母的背称也会以孩子为基础。下一代是能够延续亲属关系的链条，当上一代去世之后，下一代担负起维持关系的责任，至少可以延续两三代。

导致"老亲"疏远的根本是有了"新亲"。如果想要更多的亲戚，完全可以一直联系着老亲，但是新亲才是人们着重交往的部分，由于建立老亲的中介已经不存在，因此在社会资源的意义上无法同新亲相提并论。对一个人来说，他着重联系的是以他为中介达成的关系，一个男人与丈人家的关系比他与姑舅家的关系亲近得多。一代一代地自然疏远，就是因为一代一代地有新的姻亲进入家庭的亲属网络。总之，在姻亲的层次上，没有一个静态而稳定的亲属团体，只有一个透过各种生命仪式随着代际而进行更替的相对稳定的姻亲结构，这是一个动态的人际关系网络的持续建构过程。

2. 意外断裂：中介的意义

随着代际的更替，姻亲关系出现自然的疏远是必然的，但是姻亲关系有时候也会发生意外断裂，这常常与联系两个家族的女性有关。丧礼除了造成亲属关系的网络变化而引起姻亲关系正常的疏远以外，也有一些让人意料不到的事情发生,从而导致本来很亲密的姻亲关系发生意外的断裂。这种情况,一般是由于联系两个集团的女人自杀而引起的。

> 说男的丧家了,就是媳子死了,公母俩感情和睦的,还和丈人家来往,可是还是不如以前了;也有接着认亲、续闺女的,那样的续闺女,发丧都是一样,给亲闺女一样待(对待),红白事都有来往;那要是打架或者受虐待死的,就完了,个别有孩子的,也来往,但是也不行了。人家有的还觉着没有闺女了,要孩子有什么用?①

在联系两个集团的女人正常去世的情形下,女婿和丈人家的关系会发生一些微妙的变化,所谓"打春的萝卜立秋的瓜,死了媳妇走丈人家"就是如此。不管是打春以后的萝卜还是立秋以后的瓜,由于已经过了时令,吃起来都是没有什么味道的,这和一个男人在媳妇去世后再去走丈人家有神似之处。"续闺女"习俗因此有可能成为一种维系原有姻亲关系的有效替代方式。

> 俺就一个闺女,病死了。人家给俺的客(女婿)介绍一个,给俺两个外孙当后妈妈。后来来续闺女,认亲了。他们领着小孩给俺认亲,吃顿饭就走了,也管俺叫"娘"。说实话,他姑夫②没少帮忙,就是俺闺女死了也一样。他姑夫给俺孙子找的给派出所的所长开车。去年这闺女八月十五来给我一百块钱,过年外孙来又给我一百。③

"续闺女"的习俗为关系的继续创造了条件,使得姻亲关系能够保持原有的结构。如果没有续闺女,仅有外孙作为联系的使者并不能起到这种作用,因为外孙毕竟是"外"孙。无独有偶,我们在天津和山西也发现了"续闺女"的习俗。

天津其村:

---

① 访谈时间:2003年1月5日,访谈地点:山东红山峪村,访谈人:刁统菊,访谈对象:段玉东。
② "他姑夫"是一个有了孙子女的岳母对女婿的一种敬称。
③ 访谈时间:2003年8月7日,访谈地点:山东红山峪村,访谈人:刁统菊,访谈对象:杨栗氏。

刁统菊：这个填房的，男人的第二个媳妇，要到头一个媳妇的娘家，要认亲。

张增慧：啊，是认续娘家。

刁统菊：续娘家？

张增慧：有！

吕加才：有的走得可近了，跟亲人一样。

张增慧：这个中秋节，春节啊，要先去，到娘家走亲戚，先去那个续娘家呢，去走，然后再去自己的亲娘家。都那样。

刁统菊：有孩子的情况下，就是头一个媳妇留下了孩子，会认续娘家。要是没孩子呢？

张增慧：没孩子也得（续）。

刁统菊：也得续的？

张增慧：也得续的。

刁统菊：万一关系不好的话也得去？

张增慧：一般都很好。①

山西沙堂村：

村里有人媳妇去世了，后边又结婚（娶妻）了。第一个老婆死后，再娶第二个老婆时，第二个老婆要去第一个老婆娘家认亲，也叫对方的妈为妈，亲戚往来也继续进行。但这一般为旧社会时候，现在，认亲的比较少了，第一个老婆的娘家人也不太愿意去接待认亲的人。因为，娘家人一看到来认亲的人就会不由想起自己死去的姑娘。如果第一个老婆留有孩子，那么认亲后，两家人的来往会频繁一些，如果没有孩子，认了之后也就是走个形式，交往很少。②

---

① 访谈时间：2009 年 10 月 5 日，访谈地点：天津其村，访谈人：刁统菊、余康乐，访谈对象：张增慧。

② 访谈时间：2008 年 11 月 8 日，访谈地点：山西沙堂村，访谈人：王丹婷，访谈对象：高继瑾。

上海松江地区的农村有"花烛夫妻"的观念,"花烛夫妻的鬼是走不掉的,它要看着你这个家"。这一结合信仰观念的说法大约在丧偶家庭中可以起到很大的约束作用,使得后妻对待丈夫前妻的孩子如同亲生。前妻病故后丈夫与后妻对前妻娘家的照顾,体现了本地区在姻亲关系方面的一种道德规范。实际上,嫁女儿需要支付的嫁妆的厚重程度(是聘礼的四到五倍)和"花烛夫妻"这一伦理观的约束作用是相互依赖的,这才是道德规范背后的力量。① 即使女儿去世,这种力量也能够使岳父家与女婿保持原有的权利与义务关系。各地以"续闺女"或"认续娘家"的形式来延续女儿的中介功能和这种力量所起的作用是类似的。

由于一个人的死亡,使得相关人员的姻亲关系发生疏远的变化,而联姻则增加了一个重要的姻亲关系。这是两者的不同,但是都是对一个家族尤其是一个家庭的姻亲关系网络的重新建构。娶进门一个媳妇,可以让自己的家族增加一门重要的亲戚,但是这个媳妇的非正常死亡让两个家族的关系发生翻天覆地的变化。原本是亲密的姻亲,现在变成了仇家。从这个角度而言,替代中介和原有中介的娘家建立起联系,有助于改善姻亲关系网络。

二 姻亲关系对不同仪式的参与范围与参与程度

中国乡土社会的基本格局就像是石子投入水中所形成的波纹,以自我为中心②,然后直亲、表亲、同族、同乡,层层外推。既然是层层外推,那必然是亲疏有别。既然是亲疏有别,那么亲戚之间彼此所负的权利与义务就必然不同。因此不是每一个亲戚都会参加家庭的某种仪式,而不同的仪式当然有不同范围的亲戚来参与。

(一) 不同的仪式指向不同的姻亲群体

在考察清原镇的姻亲关系时,吉国秀注意到了参加仪式的人群的历史

---

① 刘铁梁:《姻亲关系和乡邻合作——上海郊区张泽镇两个村庄的案例》,《民俗研究》2001年第3期。

② 费孝通:《乡土中国生育制度》,北京大学出版社1998年版,第27页。

变化。① 这种变化在一个乡镇的层次上可能比较容易体现出来。在进行村落层次的田野作业时，虽然笔者也发现了这种趋势，但是并不明显，一些制度性的关系比如同事关系较少参与进来，而拜把子这种仪式亲属则是一直都有参与的。笔者在这里主要关注的是姻亲关系对不同仪式的参与程度如何。

李亦园把北吕宋伊富高族的宗教仪式划分为家庭或个人的仪式、亲族群仪式、社群仪式。② 这种分类方法的依据是仪式参与者的社会关系。从姻亲关系的角度来看，家庭不同仪式有不同的姻亲参与，一些较不重要的仪式范围则限制在联姻的两个家庭之间。如果一定要分类的话，那么笔者宁愿以排除了姻亲的家庭/家族仪式和吸收了姻亲的亲属仪式为首要的标准。比如年节上坟祭祖、七月十五祭祖、中秋节以及非常规仪式如杀猪宰羊敬老天的仪式是不允许姻亲参与的，而庙会和求雨、谢雨仪式以及其他有关农业生产的祭祀仪式可以经由地缘关系扩大到姻亲关系的范围，但是并不刻意强调姻亲关系的参与，完全是因为地缘的联系无意中扩展到了姻亲关系。凡是涉及关系网络内的变化比如出生和死亡、男娶和女嫁等人生仪礼，因为涉及全部的亲属，故而姻亲是必定要参与的。具体说来，整个的联姻仪式涉及的是与家庭有直接关系的姻亲，而生育过程则把婴儿放到了与父方、母方皆有直接关系的姻亲的范围之内；丧礼关联到的姻亲范围最广，本家族的亲戚以及自家亲戚所在的家族甚至村落都能够联系起来。

由于笔者在送米仪式中已经详细说明了参与仪式的姻亲关系，此处就不再赘述。这里首先来看嫁女和娶媳两种仪式中姻亲指向的明显差别。

在举行嫁女仪式时，一般情况下是不需要喜簿的，因为亲戚都是至亲，数目较少，基本上父母能够清晰地保持对他们所送礼物的记忆。在众多田野调查中，笔者仅仅发现了2例嫁女喜簿。其中来自山东的1例因为嫁女的父亲曾经担任过乡镇干部，交友广泛，故有许多的人情往来。另外来自山西的1例是由于嫁女及其父亲均在乡镇工作，故而有许多制度性关系，比如其中随礼者21%是嫁女的同事或朋友关系，21.4%是父亲的朋友，45%是邻居，仅有12.6%是亲戚。考虑到绝大多数受访对象都认同嫁女不

---

① 吉国秀：《婚姻仪礼变迁与社会网络重建——以辽宁省东部山区清原镇为个案》，北京师范大学博士学位论文，2004年。

② 李亦园：《北吕宋伊富高族的宗教结构》，（台湾）《中央研究院民族学研究所集刊》1960年第9期，第406—408页。

需要礼单这一事实,这里还是将这 2 例礼单不作为典型进行分析。为了更好地进行对比,笔者选取同一个村落里的嫁女与娶妻礼单作为案例。

笔者访谈了田志军女儿出嫁时的收礼情况,将之简单制作成一个表格,权且当作喜簿来看。

表 16 　　　　　　　　2001 年田芳出嫁收礼情况

关系	住址	喜礼(元)	实物	饼干(包)	压腰钱(元)
姑	西集镇西集	200	毛毯一床	10	100
姑	半湖乡厚大西庄	200	毛毯一床	10	100
舅	山亭镇大荒	200	毛毯一床	10	100
姨	山亭镇小树腰	200	毛毯一床	10	100

田芳出嫁时,父亲田志军嫌麻烦——"还得办喜酒",因此尽管亲戚来添箱,他还是决定不收任何亲戚的礼物。从表格可以看出,每个亲戚所送礼物的内容完全一样的,似乎无法区分出亲戚的远近,送礼人与父母双方的亲属距离似乎是相同的。但是在田志军看来,"亲戚远近一样存在,只不过不能在东西上表明,本来和姨就不近,在东西上和姑舅再不一样,那姨更不能比了。"

田志军的二女儿田红 2002 年出嫁,姑、舅、姨同样还是都来了,而且带来的礼物和田芳出嫁时所赠送的礼物相同。但是田志军出于同样的理由仍然决定不收礼,只收了田红的姐姐田芳的礼物。姐姐和其他亲戚不同,对于没有出嫁的闺女来说,姐姐是最亲近的人了,礼物也比其他亲戚要贵重,也是"最担待事"的人,这种"担待事"也显示在即使是收了她的礼物,也不必置办酒席招待。

表 17 　　　　　　　　2002 年田红出嫁收礼情况

关系	住址	喜礼(元)	实物	饼干(包)	压腰钱(元)
姐姐	付庄乡西小观	400	毛毯一床	10 条饼干	200

所有亲戚来添箱的礼物,不管是现金还是物品,并不直接给女儿本人,全都由父母收取,由父母决定如何分配给即将出嫁的女儿。女儿出嫁若办

喜酒，那么来添箱的亲戚和喝喜酒的亲戚是完全相同的。2003年腊月二十日田成雪出嫁，她的父母就办了大席，请添箱的本家和亲戚喝喜酒。

然而当一个男人结婚的时候，送喜礼和参加婚礼的人群远远超出了女人出嫁的范围。那个场面上是见不到新娘娘家父母的身影的，只有她的舅舅、叔叔与大娘（或者婶子）和嫂子去送亲。通常情况下，一个男子结婚，他的亲戚中将会有以下人员来参加婚礼：

姥娘家：舅舅与妗子、表兄弟、未出嫁的表姐妹和未出嫁的姨，有时会延伸至姥爷的兄弟；

姑妈家：姑夫与姑妈、表兄弟、未出嫁的表姐妹；

出嫁的姐妹、叔伯姐妹及其丈夫，有些情形下会延伸至堂叔姐妹及其丈夫；

出嫁的姨及姨夫，可能会包括表兄弟和未出嫁的表姐妹；

父亲的姥娘家：通常代表人物为表大爷/表叔①，即父亲的舅表兄弟；

父亲的姐妹即姑奶奶家：通常代表人物为表大爷/表叔，即父亲姑家的表兄弟。

这只是一个比较固定的范围，大多数时候添箱或喝喜酒的人都会超出这个范围。参看下面这个喜簿，其中"备注"一栏说明了不在上述亲戚之外的人来参加婚礼的原因。

表18　　　1987年农历十一月七日周启发长子周宝强结婚喜簿

姓氏	关系	住址	喜礼（元）	实物	备注
陈	舅老爷（父亲的舅舅）	付庄乡西小观	5	被面	
陈	舅表叔（父亲的舅表弟）	付庄乡西小观	5		
刘	姑表大爷（父亲的姑表兄）	付庄乡东方山	10		
孙	姑表叔（父亲的姑表弟）	付庄乡红山峪	4		
孙	姑表叔（父亲的姑表弟）	付庄乡红山峪	4		
王	叔伯外姥爷	付庄乡横岭	5		亲姥爷已经去世
王	叔伯外姥爷	付庄乡横岭	5		亲姥爷已经去世
梁	姑妈	半湖乡雾家后	10	被面	

---

①　此时新郎父亲的姥娘姥爷以及舅舅妗子或已不在人世，否则他们应该会来。下面新郎父亲的姐妹也是同样情形。

续表

姓氏	关系	住址	喜礼（元）	实物	备注
王	姑妈	张庄乡张庄	10	毛毯	
张	姑妈	付庄乡涝坡	10	毛巾毯子	
王	舅舅	付庄乡横岭	10	被单	
陈	姨娘	付庄乡西小观	10	被单	
张	姨娘	东岠山乡马头	10	毛毯	
甘	姑表姐	西集镇伏里	5		来往多、相处好
李	姑表姐	张庄乡牛角峪	5		来往多、相处好
孙	舅表姑（父亲的舅表姐）	付庄乡白庄	5		住处为临村
张	舅表姐（二世表姐，父亲的舅表哥的女儿）	付庄乡大洼	5		住处为临村
宫	叔的丈母叔	付庄乡红山峪	5		住在一个村子
王	姨表姑（父亲的姨表姐）	付庄乡红山峪	5		住在一个村子
巩	舅表叔——祖父的姥娘家（父亲的三世表弟）	付庄乡红山峪	5		住在一个村子
巩	舅表叔——祖父的姥娘家（父亲的三世表弟）	付庄乡红山峪	5		住在一个村子
田	姨表叔（父亲的姨表弟）	付庄乡红山峪	10		住在一个村子
田	姨老爷（父亲的姨夫）	付庄乡红山峪	15		住在一个村子

表19　　2002年农历十一月二十九日周启发次子周宝平结婚喜簿与周宝强喜簿人员不同之处

姓名	关系	住址	喜礼（元）	备注
甘	姑表姐家的表外甥（姑表姐的儿子）	西集镇伏里	50	没有姑表姐夫了，所以写姑表姐夫的儿子的名字，实际上是姑表姐来参加仪式

通过对嫁女的喜簿和娶媳的喜簿的对比，可以看出亲戚参与的范围显然有区别。嫁出女儿，仅仅只有女儿的姑、舅、姨、姐来表示其祝贺，这些是父母的兄弟姐妹和新娘自己的姐姐。当娶媳妇的时候，不仅这几个

亲戚一定要来，而且新郎父亲的姥娘家和姑妈家都要来人。这涉及了新郎祖母的兄弟及其后代，新郎祖父的兄弟姐妹及其后代。这里还有一个问题需要注意，那就是姨娘可以来参加婚礼，但是姨奶奶、姨姥姥都不会来了。

丧葬仪式的参与人群的范围显然超过了嫁娶仪式。丧礼上一个明显的特征就是血缘亲属和姻缘亲属都向外进行大范围延伸，而姻缘亲属在血缘亲属的基础上所延伸的范围大大超越了婚礼所指向的姻亲群体，如此不仅联系了姻亲所在的家族，同时把村落也尽可能地勾连了起来。闻讯而来的亲戚，不仅有婚礼、送粥米等场合必来的核心亲戚，而且核心亲戚所在的家族在丧礼中都有相应的权利和义务，甚至平时绝不来往的只要还能连上亲戚关系的亲戚在这个时候都会来，比如亡者的姥姥家的表侄子。

郭于华认为，丧葬是集体性的活动，本身就是一次社会聚合的机会，这种聚合在缺少多渠道交往的传统社会中是十分必要的联系手段。她根据1988年对鄂西山区的一次葬礼的观察把参加葬礼的人群分为四个层次：（1）亡者的子、媳、孙、孙媳、重孙等是亡者的直系亲属和主要家庭成员，构成一个孝子集团，他们是丧葬仪式的主要承担者。这是与亡者最亲近的家庭核心集团。（2）家族亲属与姻亲亲属集团，包括亡者的兄弟姐妹及他们的配偶，亡者的侄、甥及配偶子女，还有女婿、亲家、堂表亲戚及更远一些的亲属。（3）再远一层就是邻里集团，这是以地缘关系划分的，但并非纯粹的地缘关系，而是同时掺混着较淡远的血缘关系。其中包括亡者自己所在村落的邻居，这其中自然有同姓的远亲，也包括亡者嫁出的女儿的邻里乡亲，这些或近或远的村邻与亡者有着或亲或疏的姻亲关系。（4）最后一层是由前三个层次带来的相关人士集团。这批人是亡者亲属如儿孙、女婿、媳妇等的朋友、熟人或所在工作单位的同事。[①]

这四个层次，第一层实际上是丧主集团；第二层包括亡者的家族近亲和姐妹、女儿等姻亲；第三层包括亡者的异姓乡亲、家族远亲以及女婿的家族近亲；第四层是朋友、同事等不是直接依靠血缘、姻缘和地缘建立起

---

① 郭于华：《死的困扰与生的执著——中国民间丧葬仪礼与传统生死观》，中国人民大学出版社1992年版，第53—55页。

来的关系。

郭于华的分类是以亲缘关系为核心向外扩展而构成的，血缘亲合性是其中最基本的因素。第一层是亡者的直系血缘男性亲属，把女儿排除出去，似乎是认为女儿是姻亲，但是在第二层却把亡者的姐妹、女儿和亡者的兄弟放在一起，这样族亲与姻亲就混合在一起了。事实上，族亲与姻亲的区别是人们区分亲属关系最主要的一个方式，在丧礼中这两类亲属关系与主家有不同的礼物交换模式。村民对于姻亲关系的分类，除了根据亲属距离来划分至亲和远亲以外，还有一个在类别上的划分，就是内亲和外亲，并且姻亲又因为女人流向的不同而在联姻家族之间产生了不同的权利义务关系。因此，笔者的分类在划分族亲和姻亲的前提下又进一步细分姻亲，共有7层。

第一层和郭于华的第一层是相同的，是丧主家庭即具体主办丧礼的群体，与亡者有直接的血缘传承关系，属于亡者的直系子孙。第二层是丧主家族的近亲即帮助主办丧礼的人群①，比如亡者的兄弟、侄子及其配偶。第三层主要是亡者的娘家人（或者丈人家），他们在丧礼中最有权威，对亡者本人（尤其是女性）具有的义务在这个场合表现得比较集中，属于内亲。此外还有亡者姥娘家的后代。第四层是从亡者家族嫁出去的女儿及其配偶，以及这些女婿的家族近亲，范围尤以亡者女婿的家族近亲为最多，这一部分人也属于内亲，他们对亡者所代表的给妻家族的义务最多最重。第五层是亡者、孝子、孝孙的朋友、同事和仁兄弟。第六层是亡者儿媳、孙媳的娘家人，俗称"外亲"，是亡者家族的给妻家族，相对于亡者其他的亲属尤其是受妻家族来说对丧礼的义务最小。第七层是完全依照地缘关系形成的本村乡亲，他们对亡者的义务以及上礼多少自有村落习惯的规定。

从参加丧礼的人员来看，姻亲在丧葬仪式上的参与往往不是指一个家庭，而一定会沿着血缘线索蔓延至一定范围的族亲，通过这种方式来沟通姻亲所在的家族和村落。总之，由于不同仪式具有不同的意义，因此涉及的亲属的范围也不同。

---

① 华北乡村一般缺少强宗大族，故而从家族形态来看，基本上这一层能够涵盖亡者家庭以外的其他家族人员。

(二) 历史的变化：姻亲关系越来越重要

社会学对姻亲关系的研究主要是从功能视角出发，认为近些年农村受到急剧变化的社会经济的影响，姻缘亲属的地位和重要性都在人们的生活中不断上升，因此相对而言血缘认同趋于弱化。[①] 社会学以姻亲在日常生活中的功能呈现不断增加的趋势为依据说明他们的重要性，本书以姻亲关系在仪式中的参与范围的扩大以及彼此所负义务的增加为根据，确实能够发现姻亲关系对一个家庭乃至家族重要性的扩增。

一个孩子出生后姥娘家给他送米时，过去是只有他的姥姥家来人。从上文送米仪式参与人员即可发现婴儿母亲的娘家舅舅、姨娘、姑妈也来送月米，姻亲关系的参与实际上超越了小孩母亲的娘家父母这种直接的姻亲关系，包括了小孩母亲的娘家的姑妈、姨妈等，等于是扩展到了给妻集团的姻亲，连接起了第三个家族。据调查，这种扩展的姻亲关系的参与在送米仪式上现在已经成了人们的习惯。婴儿母亲既然已经出嫁，就是婆家的人，除了娘家人以外，与娘家的诸多亲戚不再往来，由于这种传统观念的深刻影响，嫁女与其娘家亲戚的往来目前来看也仅是在送米仪式上稳定下来，尚未影响到其他仪式。

在山西沙堂村的调查发现延展姻亲关系的其他形式。一般在结婚典礼的第二天由女方的姐姐、姑姑或姨妈来叫新娘回娘家吃饭，称为"唤回回"。婆家需招待唤回回的人吃饭。典礼后的第五天，有新媳妇不吃婆家饭的讲究，必须回娘家吃饭，娘家的亲戚要请新人们到自己家吃饭，叫"回门饭"。这一习俗变化之处在于，原来只是新媳妇一人，但现在是新郎新娘一起去娘家亲戚那里吃"回门饭"。

除了对姻亲关系的延展以外，人们也让未经正式确立的姻亲关系提前进入姻亲的仪式性往来。山东红山峪村20世纪50年代前后，不过门的儿媳妇，即使订婚了，婆家有丧事也不会通知，但最近十几年以来这种习俗

[①] 参见王思斌《经济体制改革对农村社会关系的影响》，《北京大学学报》1987年第3期；郭于华《传统亲缘关系与当代农村的经济、社会变革》，《读书》1996年第10期；张庆国《现阶段中国农村血缘与姻缘博弈现象探析》，《许昌学院学报》2003年第4期；贺雪峰《新乡土中国》，广西师范大学出版社2003年版；杨善华、侯红蕊《血缘、姻缘、亲情与利益——现阶段中国农村社会中"差序格局"的"理性化"趋势》，《宁夏社会科学》1999年第6期；谢建社、牛喜霞《乡土中国社会"差序格局"新趋势》，《江西师范大学学报》2004年第1期。

略有改变。

> 以前也不允许不是棺头成亲的儿媳子（儿媳妇）来领丧。现在，儿媳妇没有过门之前，她的奶奶或者老爷（爷爷）去世，公婆必须得来，喇叭还得到庄子头迎接，未过门的儿媳妇给公婆磕头，就是讨孝，婆婆要给磕头钱，有200元的，有400元的，叫磕头礼。不光婆家来，婆家的近门也得来。公婆一样要拿小礼，一切和结婚了一样。如果是男子的奶奶死了，没过门的媳妇也要去，穿上孝衣，现在是把红被单子叠好，斜系到肩膀上。女子的父母、近门也都来吊孝。①

调查发现在山西、河北都有类似的现象。尽管订婚以后男女双方彼此互相认同为"亲戚"，但这与通过一场婚礼正式确立姻亲关系还是有着根本的不同。20世纪50年代前后，对于已订婚但未与儿子拜天地的儿媳妇，人们并不会让她参加婆家的丧礼，这表明她尚未被受妻集团所接纳。现在的情形则相反，订婚就把彼此的权利义务关系完全确立下来，未经正式确立的姻亲关系可以提前进入姻亲的仪式性往来。

除此之外，人们还把一些姻亲关系通过赋予或者追加其仪式上的义务或者符号，来表示关系的亲近。当一种关系变得亲近了，关系的双方就变得更亲近，有了更多往来的理由，彼此之间的权利与义务关系也进一步得到加强。

> 过去老头老妈妈（老太太）死了，女婿没有孝，光闺女有孝，现在两个人都一样有孝。当然，女婿也可以没有孝，你不给也没嘛，但是现在一般的都给。②

对于一个男人来说，"丈人好亲戚"，当他的小家庭有困难时，将立即就能从妻子的娘家父母或者兄弟那里获得最直接、最可靠、最稳定的支

---

① 访谈时间：2004年1月7日，访谈地点：山东红山峪村，访谈人：刁统菊，访谈对象：周瑞安。

② 访谈时间：2004年1月9日，访谈地点：山东红山峪村，访谈人：刁统菊，访谈对象：田传江。

持。丈人家给了他一个女人，既能够帮助他实现血缘的延续，又带来了有用的经济生产能力，同时背后还有一个有效的帮助力量。而当他在家庭经济状况稳定以后，他也会尽力去帮助岳父或者大舅哥小舅子。丈人家帮他是情分，而他帮丈人家则是本分，否则也会影响到村民对他的社会评价，其威望也会迅速降低，甚至影响到他儿子的婚姻。让本来可以不戴孝的女婿戴孝，是能够让他更加清楚地意识到自己对丈人家族所负的义务的。当然，女婿有无孝服的这种改变与过去经济条件差也不能说毫无关系。

姻亲关系作为人们社会关系网络的一部分，其重要性体现在生活的方方面面。人们对于社会关系广泛的人有一个正面而积极的社会评价，对拜把子的热切和对朋友关系的进一步重视，实际上都反映了人们希望扩展关系网络的目的。同族人由于居处的邻近，相见的频繁，容易使细小矛盾得以积累造成彼此之间的"恶感"，而姻亲关系由于距离的原因不能够常常见面，反而最能够保持和谐、稳定的关系。根据女人的流动方向，在不同的姻亲关系中规定了一系列的权利和义务关系，让处于困难中的人们总是能得到亲戚的帮助。通过仪式来强化彼此的义务，不管运用哪种手段，实际上人们都是为了在原有姻亲关系的基础上进一步加强相互之间的关系。

三 仪式：表达与维护社会结构的活动文本

阿诺德·范根纳普（Arnode Van Gennep）把仪式视为一种社会现象首次对它进行了解释。每一个人，从他的出生开始，在人生的每一个重要阶段，其社会身份和地位都要经过转换才能通过几个重要的生命关口，比如成年礼。这种转换一般都需要社会来举行一定的仪式，帮助当事人及相关社会成员来实现对社会文化的理解与接纳，这就是"通过仪礼"。范根纳普看到了仪式作为一种个体没有经过社会的中断即从一个社会角色过渡到另一个社会角色的过程。这个过程包含了三个阶段：分离、过渡和重组。在范根纳普看来，通过仪礼实际上是一种把个体融合进一个社会群体的新的地位和角色的机制。[①]

[①] Arnode Van Gennep, *The Rites of Passage*, Translated by Monika B. Vizedom and Gabrielle L. Caffe, Chicago: the University of Chicago Press, 1960.

范根纳普开启了对仪式的研究，不过学界对通过仪礼的分类尚未达成一致的看法。仪式具有许多功能，例如心理和情感方面的功能①，但是所有那些被认为具有重要社会意义的仪式更加吸引社会的注意。学者已经考虑到仪式与社会系统的关系，他们往往把通过仪礼与社会结构联系起来，认为群体性仪式具有对全社会的支持意义。

1942 年，美国人类学家埃利奥特·D. 查普尔（Eliot D. Chapple）和卡莱托·S. 库恩（Carleton S. Coon）追随范根纳普，把围绕着个体来组织的仪式叫"通过仪礼"。但是，在范根纳普对"通过仪礼"分析的基础上，他们把有关群体事件的仪式作为"加强仪式"（rites of intensification），提醒人们注意卷入的地位的习惯性关系的仪式描述，认为这种行为有加强或强化他们的习惯关系的效果。查普尔和库恩进一步详细阐述了仪式行为恢复平衡的功能，在这种平衡中，社会互动中的变化即将或者已经发生。他们表明了个体之间互动的规则怎样被诸如婚姻或者死亡之类的事件来干扰，也指出了仪式对重建一个基于已变化了的情境的新平衡的关系。②

真正继承并大大发展范根纳普理论的还是特纳（Victor Witter Turner）。特纳认为仪式与社会结构之间存在一种功能上的对应关系：仪式反映了社会结构。特纳特别关注了个体角色转换过程之中的"过渡"阶段。他将范根纳普的分离、过渡与重组改称为"阈限前、阈限期、阈限后"三阶段。阈限期是通过仪礼的核心，是"结构"的交界处，这是一个"结构—反结构—结构"的过渡过程。在阈限前后的阶段中，社会结构存在于社会当中，规定着社会关系和社会地位；到了阈限期，社会结构出现了短暂的空白，显示出反结构的主要特征；当仪式结束时，日常的社会结构又得以恢复并重新确立。阈限期在仪式过程消除了社会的不平等，但这只是一种暂时性的消除，真实目的是重新构造和强化社会地位的差异。在特纳看来，社会生活就是由结构和反结构的二元对立构成的，社会结构意味着异质和不平等，而反结构则消除了等级，象征着同质和平等。这种反

---

① 马凌诺斯基指出当人类面对其经验知识中不可逾越的沟壑时，仪式有减轻焦虑感和激发信心的作用。而拉德克立夫－布朗提出了这样的主张：当制度性的仪式未举行时人们便常常体验到焦虑。参见史宗《20世纪西方宗教人类学文选》（上册）"第二章（四）'编者按'"，上海三联书店 1995 年版，第 121 页。

② Solon T. Kimball, "Itruduction", Arnode Van Gennep, *The Rites of Passage*, Translated by Monika B. Vizedom and Gabrielle L. Caffe, Chicago: The University of Chicago Press, 1960, p. 9.

结构特性正是仪式的本质。①

台湾人类学家曾对范根纳普有关过渡仪式中分隔、过渡、整合的理论提出过质疑。余光弘对范根纳普生命仪礼理论进行了重新评价,认为在实际材料的检验下,他的理论有稍作修饰及引申的必要。余光弘对范根纳普理论的引申之一就是生命仪礼中边际人物不是单一的,而是多范畴的②,"在为某一个人的生命关口所举行的生命仪礼中,扮演'边际角色'(liminal persona)的不仅是'仪式所集中的个人而已',其他参与仪式者也都该被视为'边际角色'或过渡人物(transitional being)。换言之,在一个生命仪礼中,身份地位转变中的新员是有许多不同范畴的。"关于这一点,特纳早已明白地指出,在各种生命仪礼中,牵涉到的不只是那些仪式所集中的个人,同时也标示出和他们有血缘、婚姻、银钱、政治控制及其他各种联系的人之间的关系之改变。我们自己的"伟大时刻"对别人而言同样也是"伟大时刻"。③

余光弘指出了在一个仪式中所有参与人员的地位和身份都发生了变化,这是具有重要意义的。事实上,每一个参与仪式的人员在一定程度上都是当事人,处在亲属网络中的每一个人的位置都发生了变化。新郎娶了媳妇,可他的母亲由此成为婆婆,同时妻子的母亲成为丈母娘,他的姑妈也有了一个侄媳妇,等等。

对于一个弟弟即将当新郎的姐姐来说,她依照习俗履行自己责任的同时,在她的关系网络内增加了一个"娘家的兄弟媳妇",这一身份使得她在娘家的"外人"性质进一步得到加强。虽然这个嫁入娘家的女人来自其他家族,但正因为她的"进门"这一行为,使她真正成为娘家的人,而自己由于"出门"早就成了一个外人。她与母亲的一切交往从此必须小心,否则从娘家多拿了什么,就会引起弟媳的不满与敌意。对于一个哥哥即将娶嫂子的女孩来说,她从此成了小姑子,她出嫁的时候嫂子是最适

---

① Victor Witter Turner, *The Ritual Process: Structure and Anti-structure*, Chicago: Aldine Pub. Co., 1969.

② 王亚南曾解析人生仪礼民俗中的"亲长身份晋升仪式"(参见王亚南《亲长身份与亲权:从云南民俗看华夏社会传统》,《云南社会科学》1989年第4期,这是从人生礼仪中的当事人范畴之外扩展到了另外的范畴,即亲长。

③ 余光弘:《A. Van Gennep生命仪礼理论的重新评价》,(台湾)《中央研究院民族学研究所集刊》1986年第60期,第229—257页。

当的送亲人选。在日常生活中，姑嫂二人很容易发生矛盾，但是也很可能形成非常亲密的关系，或结伴外出，或共同劳动。作为小姑子，她的嫁妆和嫂子的利益息息相关，因此同样会受到嫂子的密切关注。总之，任何个体介入一个网络，都会引起网络中的其他人的生活的变化，这种变化有时候可能是至关重要的。"伟大时刻"，的确是针对网络中的所有人的，而不仅仅是中心人物的伟大时刻。

余光弘注意到了生命仪礼中边际人物多范畴的特点，但是他并没有注意到仪式对边际人物之间的关系结构的影响。根据特纳的观点，通过仪礼的阈限阶段是一个结构—反结构—结构的过程，反结构指的是"新人"在身份和等级上的模棱两可，但是对众多的边际人物之间以及对边际人物和中心人物之间的关系来说，阈限阶段反而具有"正"结构甚至"强"结构的性质，个体没有失去地位的差异，而是获得了地位的凸显。受到查普尔和库恩的"加强仪式"的影响，笔者认为，在生命仪礼中，仪式参与者的多范畴之间的关系结构得到了确认和加强。从这个角度来说，仪式再现并且建构了姻亲关系。

每一个个体在他的亲属网络中都有各自特殊的角色，在正常社会生活中，他的位置是固定的，久而久之，这种固定的位置可能会发生弱化。但是经过一个仪式，会重新赋予并确认个体的新位置，同时由于中心人物产生了新的关系，任何一个与中心人物相关的人在关系网络中的位置也发生变化，原先趋于弱化的关系结构在有所更新的同时也会重新得到整理。整个社会秩序在通过仪礼期间经过仪式角色的分配和更新得到最全面最完美的重申。这样，亲属的地位结构、关系结构以至社会秩序都因仪式中的各个人物的表演得到加强。①

在乡土社会，仪式中的象征性往往成为民间秩序的一种结构，在特定的时间和地点集合了一批与自己有亲属关系的人，其中每一个人都携带着各自的社会角色与身份，与各自的长幼尊卑在同一个场域里建构出相应的共时性关系。仪式是"用以表达个人当时在社会结构体系中所占的角色

---

① 仪式中存在着强结构并非否认仪式中没有"反结构"。比如闹新娘的时候，有俗话说"三天以里无大小"，有些地方连平日与兄弟媳妇的交往存在诸多禁忌的大伯子都可以闹新娘。

身份"①，是一个彰显个体在社会结构中的位置的象征系统。象征是文化的约定俗成，在这个意义上人们要在较为固定的通婚圈内选择配偶就有了意义。

笔者曾经就一个问题问过许多村民，那就是"为什么你参加我家的婚礼，而我也参加你家的婚礼，还要来回送礼，这样不是很麻烦吗？"人们对笔者的回答是简单而又深刻的："你不上我这里来，我不到你那里去，关系不就断了吗？"人生仪礼与节日期间的相互拜访和礼物往来相结合，一起不断重申和强调姻亲之间的相互关系，同时也培养了不同村落之间的联系。一方面，仪式如同特纳和利奇所认为的那样，是社会结构的反映；另一方面，仪式又在以操演的方式组织、调整、维持着人们之间的关系，提供给人们相互来往的机会和平台。考虑到这两点，仪式应该可以看作是表达与维护社会结构的活动文本。

---

① ［英］利奇（李区）（E. R. Leach）：《上缅甸诸政治体制：克钦社会结构研究》，张恭启、黄道琳译，（台湾）正港资讯文化事业有限公司2003年版，第12页。

第 四 章

婚姻偿付制度：姻亲之间的礼物交流

一 嫁妆与聘礼的多样性

在缔结婚姻时，联姻的两个家庭之间相互交换礼物（不管何种形式）是世界上许多民族和社会中一个比较普遍的实践。在人类学那里，男方向女方的赠予包括聘礼（bride wealth）、聘金（bride price）①、新娘服务（bride service），指的是新郎或其亲属送给新娘本人或其亲属的礼品，包括钱财、物品，也包括以体力劳动的形式提供的各种服务。女子出嫁时亲属赠送的各种物品或货币称为嫁妆（dowry），有时候也包括新娘或其亲属提供给新郎亲属的新郎服务（bridegroom service）。

古德在他的《家庭》中提出了"为什么有的社会是给新娘下聘金，而有的社会却给新郎送去嫁妆"这个问题。在西方国家婚姻交换之中，可以看出几条总的原则：第一，嫁妆和聘金与新婚夫妇的地位以及双方家庭世系的利益相关；第二，婚姻中涉及的财富转移在长辈眼里是公平合理的；第三，婚姻中的财富转移是双向而非单向的，回赠礼物关乎名誉；第四，嫁妆或聘礼制度可以决定婚姻安排过程中的当事人的价值。② 事实上，当今学界有关嫁妆和聘礼的讨论之复杂远远超过了这几种原则。针对

---

① 由于聘金相对于聘礼来说包含的文化意义较少而货币意义太过明显，使得受妻集团与给妻集团之间具有了买卖一个女人的意味，忽视了两个集团缔结婚姻的文化意义，因而笔者在本书中倾向于使用"聘礼"一词。

② ［美］威廉·J. 古德：《家庭》，魏章玲译，社会科学文献出版社1986年版，第83—86页。

近年学界逐渐有人开始讨论嫁妆与聘礼的问题①,本书利用所能接触到的资料对有关嫁妆与聘礼的意义问题进行简单的检索,总结出几种主要的理论成果:继承说;福利说;劳动价值说;竞争说;家庭意图说;财产转移说。需要指出的是,每一种理论在得出具体的结论之前,都有各自的理论背景与田野基础,本书的检索将不详细涉及这些背景与基础。

1. 继承说

杰克·古德（Jack Goody）于 1973 年对欧洲社会进行考察,指出嫁妆在它的一般表现形式上,是在父母死亡之前的一种财产继承形式。② 坦比亚（Tambiah）于 1984 年发表了同样的观点,认为嫁妆暗示了女性结婚时被转移的女性财富或者女性权力,是父母死亡之前的一种财产继承形式。③ 这种认为嫁妆实际上是女性提前继承父母财产的观点,放在汉人社会习俗的背景下是没有立足之地的。

关于女性的财产继承权,一直是现代女权主义者关注的主题。笔者认为,按照中国的传统习俗,嫁妆之于女性的性质,首先要否定它是女性在父母死亡之前对其财产的提前继承方式。由于中国传统的财产继承制是单边而非双边的,以父系血缘关系为准绳,因此只要有儿子就不可能轮到女儿来继承财产,女性是一直被排斥在外的。其原因如法国历史学家古郎士所指出的,将来接替父亲祭祀祖先的是儿子。④ 儿子要传递家族的香火,要继承父母的财产,但是也有赡养父母的义务。女儿长大后要嫁给其他家族,不会继承财产,也不需承担赡养父母的义务。这并不是否定了女性的继承权,嫁出去的女儿将随同她的丈夫来继承公婆的财产。如同女性的地位最终要通过婚姻和生育来确定一样,她的继承权也与婚姻和生育有关。

---

① 例如,蒋晓杰:《中国传统婚俗中彩礼与嫁妆的流变研究》,硕士学位论文,辽宁大学,2004 年;瞿明安:《跨文化视野中的聘礼——关于中国少数民族婚姻聘礼的比较研究》,《民族研究》2003 年第 6 期;格勒等:《色达牧区的嫁妆和聘礼——川西藏族牧区的人类学专题调查之一》,《中国藏学》1995 年第 2 期。

② Alice Schlegel, Rohn Eloul, "Marriage Transactions: Labor, Property, Status", *American Anthropologist*, New Series, Vol. 90, 1988, No. 2, p. 306.

③ Lionel Caplan, "Bridegroom Price in Urban India: Class, Caste, and 'Dowry Evil' among Christians in Madras", *Man*, New Series, Vol. 19, 1984, No. 2, p. 216.

④ [法]古朗士:《希腊罗马古代社会研究》,李玄伯译,上海文艺出版社 1990 年版,第 34—35 页。

2. 福利说

福利说的主要观点是，嫁妆与女儿在受妻集团中的生活是否幸福有关。艾丽斯·斯赫莱格尔（Alice Schlegel）和罗恩·埃劳尔（Rohn Eloul）认为家庭能够用女儿的嫁妆来增加她们的幸福。这有两种方式：一是用来交换具有高地位的女婿，这在印度是非常普通的实践；或者以此来吸引较穷的但是像样的女婿，可以通过女儿的财富确保他的忠诚。[①] 张俊森（J. Zhang）和陈威廉（W. Chan）在把嫁妆当作是女儿继承父亲财产的手段的同时，也认为嫁妆将会影响到一个新娘的福利。这种影响体现在两个方面：第一，它增加了新娘的新家庭能够获得的资源；第二，它使新娘在其家庭中具有威胁力，或者是占据有利的交易位置。这种假设得到了台湾的微观资料的检验。[②] 巴里·S. 休利特（Barry S. Hewlett）则认为嫁妆既然是在死亡之前传递给女儿财富的手段，实际上等于是对女儿福利的一种投资。[③]

艾丽斯·斯赫莱格尔和罗恩·埃劳尔的研究结果，和中国社会有某些类似之处。农村女孩若想嫁到城市，大多需要漂亮的外貌或丰厚的嫁妆。同时，父母在女儿出嫁之时赠送嫁妆，可以帮助女儿获得在家庭事务中的控制权，这种控制权的大小在某种程度上是由嫁妆的价值来决定的。在福利说这一观点之上，嫁妆可以被看作是协商情形下的女性的代理人。

3. 劳动价值说

劳动价值说认为婚姻偿付与男女双方在生产性劳动中所创造的价值有关，但由于男女两性在同一社会中所创造的劳动价值的差异，产生了社会类型与婚姻偿付制度的对应。伊斯特·博塞若普（Ester Boserup）把嫁妆看作是一种女人为了确保她及其子女在他们自己对生存的贡献相当小的环境下为未来生计所做的偿付。她强调女人的农业劳动成果可以作为是聘礼

[①] Alice Schlegel and Rohn Eloul, "Marriage Transactions: Labor, Property, Status", *American Anthropologist*, New Series, Vol. 90, 1988, No. 2, pp. 291–309.

[②] J. Zhang and W. Chan, "Dowry and Wife's Welfare: A Theoretical and Empirical Analysis", *Journal of Political Economy*, 1999, 107 (4), pp. 786–808.

[③] Barry S. Hewlett, "Evolutionary Approaches to Human Kinship, in Linda Stone", *New Directions in Anthropological*, Lanham: Rowman & Littlefield Publishers, 2001, p. 100.

还是嫁妆将被支付的标准。她描述了两个主要的社会类型,一个是聘礼社会,其特点在于高度的女性对农业工作的贡献,高度的女性再生产和经济自治权,以及较高的一夫多妻婚姻的发生率;另一个是嫁妆社会,其特征则在于低度的女性对农业的贡献,和较低的一夫多妻婚姻的发生率。①

　　古德从婚姻与妇女在经济和生产中的地位之间的关系出发,提出了"生计经济地位"决定论。该理论认为妇女在生计经济中的贡献大小是影响支付嫁妆或聘礼的决定性因素。和博塞若普一样,他根据世界民族志也把全世界分成两种不同类型的社会,一种社会是男人承担主要农业劳动,妇女处于从属地位,主要任务是生儿育女,因此女方家为确保女子出嫁后在新家庭中的地位,就必须要支付嫁妆。古德由此得出一个重要结论,即在男人从事主要农业生产的社会中,普遍流行的是送嫁妆而不是下聘礼。在另一种社会中,女人承担主要生产劳动,她们既是母亲,更是主要劳动力,其在家庭经济中的巨大贡献赋予了她们在经济上的较大自主权。在这种社会当中,男人要想获得一个妻子,就必须补偿女方家庭失去一个主要劳动力的重大损失,这就产生了聘礼。② 但是,古德这一理论无法解释为什么中国社会许多民族中普遍存在着嫁妆和聘礼共存的现象。

　　劳动价值说把婚姻偿付与社会经济相联系,这种观点在华若璧（Rubie S. Watson）那里也同样存在。华若璧在新界调查了香港最大的宗族之———厦村邓氏的婚姻和姻亲关系,把村落成员区分成两个明显的阶级:小农和地主—商人。她认为尽管两个阶级都遵循同样的婚姻仪式,但他们的通婚圈不同,在婚姻偿付和姻亲关系上也有显著不同的系统,小农嫁女儿时常常接受男方的聘礼,而地主—商人则倾向于赠送女儿嫁妆。姻亲关系上的不同并非阶级区别的唯一标志,它们同时也是创造和保持那些区别的制度性结构的一部分。③ 日本学者植野弘子也关注到了姻亲交往在阶级分层中的作用。她从姻亲关系和贸易活动的关联性出发,以尼泊尔藏族和西藏藏族的资料为基础进行讨论分析,认为一般说来同一风俗习惯的地域

---

　　① Ester Boserup, *Women's Role in Economic Development*, New York: St. Martin's Press, 1970, pp. 48 – 50.

　　② Jack Goody, *Production and Reproduction: A Comparative Study of the Domestic Domain*, Cambridge: Cambridge University Press, 1976.

　　③ Rubie S. Watson, "Class Differences and Affinal Relations in South China", *Man*, New Series, Vol. 16, 1981, No. 4, pp. 593 – 615.

是婚姻的范围,但这并不适于藏族的所有阶层。藏族的通婚圈也有阶级和阶层的差异——富裕阶层和从政者追求更为广泛的婚姻圈,目的是为了经济利益和政治利益,反之贸易的移动和政治利益的加强也产生了新的阶层,从而可以说在西藏社会姻亲关系增大了社会、经济上的差别。① 阿吉兹也持有与植野类似的观点。②

4. 竞争说

竞争说的主要观点是嫁妆是女人之间的竞争,而聘礼是男人为了女人而进行的竞争。斯蒂文·J. 戈兰(Steven J. Gaulin)和詹姆斯·S. 博斯特(James S. Boster)二人提出女性竞争模式,表明嫁妆与女人对地位和财富的竞争有关,并在人种地图中的 1267 个社会中与博塞若普的劳动价值模式对比,认为女性竞争模式具有显而易见的优越性。聘礼的广泛分布和嫁妆的稀有性表明男人经常为了妻子竞争,而女人之间为了丈夫的竞争很少有与男性为了妻子的竞争平等的分布。③ 后来,他们又在后续研究中指出,"嫁妆的正当含义是起因于女性进行(或者代表女性)的竞争",由于一夫一妻制和社会具有明显分层之间的联系,一些可能成为丈夫的人比其他人提供了更多的再生产性的相关资源,因此可以把嫁妆当成一种获得具有更多资源的丈夫的竞争性策略。④ 米尔德丽德·迪克曼(Mildred Dickemann)也认为嫁妆是女人之间的竞争。⑤

加里·S. 贝克尔(Gary S. Becker)于 1991 年构建了一个关于嫁妆的标准经济模型,认为嫁妆和聘礼是被当作金钱转换器来清理婚姻市场的。该模型有两个预测,当新郎相对缺乏的时候,新娘付给新郎嫁妆;当新娘相对缺乏的时候,新郎付给新娘聘礼。而且,一份嫁妆是新娘财富的组成部分。当新娘财富的其他部分增长的时候,嫁妆就会消失,可能会被聘礼

---

① [日] 植野弘子:《藏族的婚姻关系和贸易网状关系》,西藏网—民间文化。
② [美] 阿吉兹:《西藏的婚姻和社会关系》,人民网—联报网—西藏—西藏专题—西藏婚俗,1987 年。
③ Steven J. Gaulin, and James S. Boster, "Dowry as Female Competition", *American Anthropologist*, New Series, Vol. 92, 1990, No. 4, pp. 994 – 1005.
④ Steven J. Gaulin, and James S. Boster, "Testing Explanatory Models of Dowry: A Reply to Schlegel", *American Anthropologist*, New Series, Vol. 95, 1993, No. 1, pp. 157 – 158.
⑤ Mildred Dickemann, "Women, Class and Dowry", *American Anthropologist*, New Series, Vol. 93, 1991, No. 4, pp. 944 – 946.

替代。① 可见，贝克尔认为聘礼和嫁妆服务于共同目的，仅仅是效能转移的方向不同。这种看法，实际上和竞争说是类似的。由于婚姻市场上两性资源不平均，所以导致了女性或者男性彼此之间的竞争，因此嫁妆或者聘礼就可以作为婚姻市场的调节剂。

贝克尔的理论可以解释中国某些农村存在的一种现象。20 世纪中期之前，山东南部以及山西部分农村人们娶妻一般来说几乎不需要聘礼，只需一张婚书即可。但是 20 世纪 50 年代末期以至 20 世纪 60 年代，当村落经济状况越来越差的时候，女子仍然按照以往的习惯和心理嫁到条件相对优越的村落，结果导致了当地性别比例的严重失衡，甚至产生了许多换亲、转亲的现象以及一部分村内婚。为了给儿子娶上媳妇，逐渐出现了普遍使用聘礼的情形。婚书的作用仍旧存在，但却需要聘礼来帮助巩固本来仅仅一张婚书就可以确定的姻亲关系。在这种情形下，聘礼习俗成为一种调节婚姻市场的有效机制。

在中国，聘礼被看作是一种调节婚姻市场的机制，同时也是为了弥补给妻集团对女儿的儿童时期的养育投资②以及如古德所说的对女儿的权利的丧失③。女人不仅仅为丈夫生育子女，延续家族血脉，同时她还具有重要的经济意义。"赔送"之"赔"表现的就是父母对成年女儿的养育之恩随着她的出嫁而无法得到全部报偿的心理。

5. 家庭意图说

艾丽斯·斯赫莱格尔和罗恩·埃劳尔指出婚姻贸易经常被解释为新娘的父母与新郎之间所做的安排，这可以在好几个方面被理解——家庭可以将此作为一种手段和机制，试图保持或者增加他们的资源，比如满足劳动力需要，增加财富，保持或者提高自己的地位。④

---

① Aloysius Sio, "The Economics of Marriage 30 Years after Becker", for the 2003 CEA meetings in Ottawa, P. 12.

② Croll, E., *The Politics of Marriage in Contemporary China*, Cambridge: Cambridge University Press, 1981, p. 183.

③ Alice Schlegel, Rohn Eloul, "Marriage Transactions: Labor, Property, Status", *American Anthropologist*, New Series, Vol. 90, 1988, No. 2, p. 306.

④ Alice Schlegel, Rohn Eloul, "Marriage Transactions: Labor, Property, Status", *American Anthropologist*, New Series, Vol. 90, 1988, No. 2, p. 306, pp. 291 - 309.

伊佩霞（Patricia Buckley Ebrey）认为在中国社会不能用继承来解释结婚时父母给予女儿的嫁妆，她提出了几种与家庭意图相关的解释。她认为，送出嫁妆有三种解释：其一是给妻集团为了面子需要展示嫁妆；其二是可观嫁妆的存在与跟遥远社区的人们结成姻亲关系的需要有关①；其三是由于社会的商业性增强，更需要嫁妆来展示新娘家庭的财富，供人衡量其家庭地位。同时作者又认为嫁妆比聘礼有三个好处：给了一个"更好的"新娘；提供给家庭策略更多的灵活性；使姻亲关系更稳固。②

弗里德曼也认为人们赠予女儿嫁妆，不是因为女儿有经济要求，而是为了保持或提升家庭的社会地位。③ 陈其南指出女儿之嫁妆只是一种可有可无的馈赠，是父亲可以凭自己的意志力加以裁决的处理方式，因此嫁妆实际上反映的是父亲的意图。④ 嫁妆不仅与父亲的意志相关，与宗族、房份原则也有密切的关系，"嫁妆的内容和价值都必须合乎地方宗姓约定俗成的礼法，姻亲的族群认同与房份同样应被注意到，尤其中国人家长的意志也不是孤立存在的，父亲关于女儿婚礼嫁妆的安排完全受房份原则的制约"⑤。

家庭意图说，实际上是把女儿的出嫁和整个家庭的命运联系在了一起，这表明由于女人的流动带来的姻亲关系实际上是一种非常重要的社会资源。家族和姻亲同是人们的社会资源，家族作为血缘的组织，是没有办法往外扩张的，虽然可以利用生育来增加血亲的数量，但那仅仅是在家族范围之内的增加。在家族之外，人们却可以通过与不同姓氏的联姻来实现社会资源总量的增加和类型的扩展。也许正因为此，作为直接减少姻亲种类和数量的换亲才得不到人们的欢迎，而只是一种权宜之举。婚姻的整个缔结过程也处处透露出对姻亲关系的整合。这种整合，不仅仅从个人到个

---

① 华若璧也支持前两种观点。

② Patricia Buckley Ebrey, "Shifts in Marriage Finance from the Sixth to the Thirteenth Century", Rubie S., Watson and Patricia Buckley Ebrey (eds.), *Marriage and Inequality in Chinese Society*, Berkelry Los Angeles Oxford: University of California Press, 1961.

③ Arthur P. Wolf, "The Study of Chinese Society on Taiwan", Hsieh Jih-chang and Chuang Ying-chang (eds.), *The Chinese Family and Its Ritual Behavior*, Institute of Ethnology, Academia Sinica, 1992, "Introduction", p. 10.

④ 陈其南：《家族与社会——台湾与中国社会研究的基础理念》，（台湾）联经出版事业公司1990年版，第166—167页。

⑤ 庄孔韶：《银翅——中国的地方社会与文化变迁》，三联书店2000年版，第260页。

人,也不是从家庭到家庭,而是从宗族到宗族,甚至从村落到村落。

6. 财产转移说

古德认为聘礼和嫁妆都涉及结婚时财产的转移,不管这种转移有何象征,它们都有各自的经济功能,不是主要作为一次购买中的媒介物,而是作为财产再分配的方法。婚姻贸易中的这些区别必须和社会组织的其他方面尤其是经济方面联系起来。① 这种看法集中表达了许多学者把聘礼和嫁妆看作是财产转移的观点。阎云翔也曾通过东北下岬村的田野调查表明,新郎也希望父母能多给新娘聘礼,因为这些礼物最终将回到新夫妇二人的小家庭里。②

财产转移的确有助于一个新家庭的生产和再生产,但这种观点显然没有完全揭示出二者的本质。从一般的方法论言之,如马克思所说的,人的本质不是单个人所固有的抽象物,在其现实性上,它是一切社会关系的总和。③ 不能否认人们在婚姻上的选择确实有经济因素在发挥作用,但我们也不应把经济因素绝对化,而应当看到这种经济选择必然包含着的文化和社会内涵。通婚无疑是区域联系的基本方式之一,并且由于其区域范围相对固定,且习俗也规定了姻亲之间一系列必要的往来,保证了姻缘关系在很大程度上能够满足人们的许多需要,因此可以说那些基于社会和文化意义上的经济交换也并非毫无价值。一种外在的经济交换实际上隐含了内在的社会意义,后者正是村落与村落之间难以割舍的纽带。

从上述有关嫁妆和聘礼的研究来看,相比之下人们更关注嫁妆,这可能是因为大多数社会都是女性而非男性在流动。学者的观点可以说是众说纷纭,其实如果是把任何一个理论拿来和某一个个案相互对照,可能会发现一个理论是很难解释地方性知识的。例如在藏族牧区社会中,男女对家庭经济的贡献大小与嫁妆和聘礼的多寡并没有直接的联系。而且,嫁妆和聘礼的多寡,对妇女在家庭中的地位也没有产生很大的影响。与此相反,

---

① Jack Goody, "Bridewealth and Dowry in Africa and Eurasia", J. Goody and S. J. Tambiah (eds.), *Bridewealth and Dowry*, Cambridge: Cambridge University Press, 1973, pp. 1 – 59.

② 阎云翔:《礼物的流动——一个中国村庄中的互惠原则与社会网络》,李放春、刘瑜译,上海人民出版社2000年版。

③ [德]马克思、恩格斯:《马克思恩格斯选集》(第一卷),中共中央马克思恩格斯列宁斯大林著作编译局编译,人民出版社1995年版,第56页。

家庭经济条件、男女婚后居住模式以及各个地区大同小异的财产继承方式和文化传统对嫁妆、聘礼的影响是显而易见的。随着社会经济的发展，牧区的嫁妆和聘礼的内涵也会随之发生变化。[①] 在藏族牧区社会是这样，其他社会有关嫁妆与聘礼习俗的实践也有比较丰富的表现。再者，如果考虑到历时性，不管是嫁妆还是聘礼，它们在联姻家庭之间的转移可能不是一种理论就能解释得了的。

尽管学者对嫁妆与聘礼的看法差异很大，但他们还是站在一个共同的基点之上。正如莱昂内尔·卡普兰（Lionel Caplan）指出的，学者们对于婚姻贸易有一个广泛的共识：它们在新娘出生家庭和新郎家庭之间婚姻联系的建立上是一个重要的因素。[②]

二 嫁妆来源及象征的多样性分析

（一）赔与送："嫁妆"的地方性含义

本节利用田野调查来展示华北乡村的嫁妆实践，表明嫁妆的有无和多少不单纯是一个经济的问题，它与女子在受妻集团的生活、与两个联姻家族之间的姻亲关系息息相关，其社会与文化内涵从嫁妆的实践过程中也可得以昭显。

"闺女出嫁满屋空，儿娶媳妇满堂红"，这句俗语描述的就是嫁妆在女方和男方之间的流动造成的一种对比鲜明的景象。为儿子娶媳妇，最重要的事情是建造房子，房子盖好了，需要新娘来填充。女方嫁女，通常会给女儿赔送嫁妆（主要指家具和电器）。嫁妆在不同时期的数量、档次、样式甚至加工方式都不一样。嫁妆是父母送给女儿的，但是不能涵盖父母送给女儿的全部礼品。例如说嫁妆有小三件：卧橱、柜、一对椅子。但是实际上除了嫁妆还有其他一些财物，比如柜子里装的东西和棉被以及父母和亲戚给的压柜钱、压腰钱，等等。能够把所有这些财物涵盖起来的词汇

[①] 格勒等：《色达牧区的嫁妆和聘礼——川西藏族牧区的人类学专题调查之一》，《中国藏学》1995年第2期。

[②] Lionel Caplan, "Bridegroom Price in Urban India: Class, Caste, and 'Dowry Evil' among Christians in Madras", *Man*, New Series, Vol. 19, 1984, No. 2, p. 216.

是"赔送",它包括女方赠给女儿的全部财物。

"赔送"这一说法在山东、天津、河北等地都是存在的,可以说"赔送了多少东西",也可以说"给闺女哪些赔送"。但是同时"嫁妆"一词也一样使用,只不过其意义略微有些差别。尽管嫁妆不能涵盖女方赠予的全部财物,但是嫁妆的分量是占了赔送的绝大多数。换言之,嫁妆基本上可以决定和衡量赔送的价值和数额。因此,笔者有时在本书用"嫁妆"一词来指代女子出嫁时从娘家带走的所有财物。

事实上,仅从"赔送"的字面意义上来解释,基本上也可以理解嫁妆实践。赔送之"赔"恰当地表明了村民的态度:"生个闺女养大了,刚中用就给别人了,还得给嫁妆,算是赔本了。"女人不仅仅为丈夫生育子女,延续家族血脉,同时她还具有重要的经济意义,即使是不外出工作或者不负责生产劳动,她也是家庭经济活动中不可缺少的一个角色。家庭成员中主妇的作用可以从家庭的方方面面体现出来。从村中几户单亲家庭来看,村民普遍认为有夫无妻的家庭不如有妻无夫的家庭日子过得红火。一方面是因为女性在"过日子"上的贡献是相当不可忽视的;另一方面是女儿出嫁以后,娘家并非不管不问了,反而会对嫁出去的女儿在生活上给予许多支持,这种例子不胜枚举。①

> 娘家比较有钱的,比如说闺女可能条件不太好,或者长得有什么残疾,然后他就多给点嫁妆……不图别的,图闺女能在婆家好过点儿。②

> 相家之后男方家要买嫁妆,也有男方给女方钱让女方去买嫁妆的。按说,这嫁妆应该女方买,"陪嫁"嘛就是赔了,出嫁闺女就得陪嫁啊。有的人家打肿脸充胖子,自己买了嫁妆还说都是女方买的。……娘家把压箱钱给闺女压到箱底下,要走那天,最少也压一千。娘家总得让闺女风风光光,让闺女走了能数着脸了,总得去了当个宝,不能去了受挫折了。③

---

① 村民孙孝其幼年丧父,舅舅经常来帮他耕种庄稼,全家人因此才免于挨饿。
② 访谈时间:2009 年 10 月 6 日,访谈地点:天津其村,访谈人:刁统菊、余康乐,访谈对象:吕加新。
③ 访谈时间:2008 年 11 月 13 日,访谈地点:山西晋城杨村,访谈对象:刁统菊、袁振吉、郭俊红,访谈对象:任学斌。

赔送之"送"则透出父母对女儿的感情。嫁妆可以决定女人在婆家的物质和精神两个层面的生活，比如丈夫能否帮助分担家务，自己在家中有没有一定的权威，在夫妻有不同意见时最终决定权在哪一方，对金钱有多大程度的支配权。闺女在婆家是否"得日子过"和是否"能抬起头来"，衡量因素基本上就是这些。这实际上相当符合"福利说"的观点。

当然，村落也有俗语说"赔送不尽的闺女，过不尽的年"，认为给女儿的赔送可多可少，"日子关键在人过"，"好男不吃分家饭，好女不穿嫁时衣"。这实际上恰好证明存在着尽力赠送女儿嫁妆的事实。当有人想在嫁妆上多争取一点的时候，就有了这些俗语的用武之地了。但是，第一，嫁妆不是可有可无的；第二，它的多少也不是随意的，而是对两个联姻集团有着重要的影响。嫁妆的有无和多少所决定的一切完全是两个不同的世界，其重要性不仅在于其有无和多少会影响到女儿在受妻集团的生活幸福与否，影响她与丈夫的感情，更重要的是也影响到两个联姻集团的"面子"以及双方的姻亲关系。

> 俺小姑子出门子的时候家里穷，轿里掏包袱走的。她对象生气，一辈子不走丈人家。俺老公公死了，他都不戴孝帽子，来了一站，就走了。他拿着这边给不是人的样（不尊敬）。俺一家人经常帮妹妹干活，到黑天半夜才回来，哪暖热他的心来？他三个闺女三个儿子都没好好地培养上学。末了亏得他当干部，勉强给找了临时工。这不说了（这些都不用说了），（而且）一点家里的活都不干，在外边还胡来，气得俺妹妹不得了。上辈不好，下边的老表关系也不好，基本上不来往。①

对这段访谈记录中的女婿来说，娶个媳妇却没有带来嫁妆，这肯定让他非常失望，自家显得颇没有脸面。俗话说"闺女出嫁满屋空，儿娶媳妇满堂红"，嫁妆显然有助于新郎家庭的建设，但更主要的是它还能够标志出两个联姻家族的地位。当可观的嫁妆被展示出来以后，围观者的评价

---

① 访谈时间：2004年2月10日，访谈地点：山东红山峪村，访谈人：刁统菊，访谈对象：陈韩氏。

会给两个联姻家族带来高度的满足感，给妻集团展示了家庭财富，赢得了慷慨的名声，包括"以后儿子说媳妇也好说了"。而男方脸上更是光彩，和这样的亲家联姻，本身就证明了自家的实力。

按照正常的姻亲关系的往来，丈人去世，女婿必定到场，给丈人家帮忙比给自己本家人帮忙还要认真，但这些义务做女婿的都没有做到。而他的丈人家对嫁出去的女儿照常给予帮助，可惜这并没有缓和因为"轿里掏包袱"而受到影响的姻亲关系，反而连最起码的感激都没有。这样的姻亲关系恐怕都不符合双方的初衷。

在北京的田野作业也表明，"女方管男方要东西，男方给得多，说明娘家脸面高。"① 反之，则说明娘家没有脸面，那么就会失去受妻家族应给予的一切。从根本上来说，嫁女儿不带嫁妆，实际上影响到的是给妻家族的威望和面子，由此才会导致女儿的幸福以及联姻家族的姻亲关系受到影响。虽然这样的例子不多，因为男方若对给妻集团的嫁妆表现出过分的热心，也容易影响到自身的威望和名誉。但村民对于村里以及临村少数几个"轿里掏包袱"的例子却是记忆犹新，每当我问到赔送少了对女儿有什么影响的时候，虽然他们总是说没有什么影响，但屈指可数的"轿里掏包袱"事件一定会被提到并且从未被遗忘过。

从整个婚姻的缔结过程以及之后的姻亲交往来看，聘礼和嫁妆是亲家之间为了建立长久而和谐的姻亲关系所采取的交换体系中的一部分，是一种基于社会文化意义上的经济交换。这种交换不仅可以缔结婚姻，更重要的是可以促使双方的关系更加和谐、长久且稳固。当嫁妆缺席的时候，这种交换体系就是不完整的，由此所达成的姻亲关系自然也是不圆满的。

（二）嫁妆来源的多样性

"赔送"虽然是父母来赔送，但是实际上，女子带到婆家去的所有财物是由几个稳定的来源组成的。

> 一般家庭男方一共给女方三万一千八，"三万一千八，三家一起发。"三家指双方父母家和男女的小家，就把年轻人独立出来了。嫁

---

① 访谈时间：2004 年 6 月 19 日，访谈地点：北京台村，访谈人：刁统菊，访谈对象：李兴华、李明全、赵永清、李正民。

妆钱多数用不了，过去家庭条件差的就给娘家留下一些钱叫作养身钱。现在新人就都带到小家里了。押腰钱是娘家长辈给嫁女的礼钱，缝到嫁女腰带上，现在流行送存折了。女方亲戚给女子的钱称作"上路钱"。①

嫁妆12、14、16床铺盖，12对枕头、枕巾。买两套立柜，男方一套、女方一套，沙发也是两套。地方小的话就一套。女方买空调等；男方买电视、冰箱、摩托等。谁买什么不一定。②

第一笔资金，来源于男方的聘礼。男方赠送聘礼的习俗在全国是非常普遍的。根据笔者在华北各地的调查，在20世纪80年代之前，一般而言男方赠予女方的货币和礼物的价值仅有大约三分之二被女方花费到嫁妆上。80年代以后，女方赠予男方的嫁妆价值高于男方赠予女方的聘礼价值，但是相差也并非很多。经过统计，前者仅高出后者28%。可见，女方用于置办嫁妆的资金多数还是来源于男方所赠送的聘金。

这一笔资金，在许多地方被称作"彩礼"。随着社会经济的发展，彩礼的数额也逐年上升，导致娶妻家庭的负担越来越重。造成这种现象的原因，与分家有关。根据调查，这种现象在山西最为常见。

男方都给女方些什么东西呢，现在兴打包，直接是钱，所有的东西都折成钱。……我们村最近有一个花了38800，今天结婚。现在新事新办发展到什么程度了呢？介绍人在旁边喝水，男家的男主角和姑娘亲口谈判，昨天谈判没有成功，因为女方要38800。那个姑娘说："我们村里就是38800！"男主角说我们这里没有38800那么多。男家是园村的，女孩是赵城镇的。男孩的父亲不同意，因为知道……只有上，没有下，就是刚开始定38800，女家在订婚到结婚以前会不断地要钱，到结婚当天有的还要5000。后来这个女孩还说："我们那里还兴'几个五'。"订婚后到结婚前要多少钱，订婚的时候全部的费用

---

① 访谈时间：2009年4月6日，访谈地点：山东城子村，访谈人：刁统菊、刘清春，访谈对象：韦恒启、翟玉龙、韦恒江。
② 访谈时间：2009年5月1日，访谈地点：河北曲村，访谈人：张玉，访谈对象：张靖娟。

已经造出预算来了，名目繁多，结婚与订婚虽然是两段，但是总得合为一体。

结婚的时候除了买的嫁妆外，也兴陪存单（存折）……越是男家家庭条件好的，女家要得越少，越是条件差的，女方什么也要不到，因为一旦分家就什么也没有了。嫁妆不能在分家的范围之内……分家，有两个儿子的在订婚结婚前基本上就定下一个分家的架势，也有分家的时候娘家人觉得不公平闹事的，所以（分家）在订婚结婚的时候就定型了。……我总觉得我们这一方农村收入这么低，要这么高的彩礼是一种畸形的现象，本来应该是与经济收入相称才合适，所以说"儿子发了，老子垮了"。①

第二笔资金，来源于女子的父母。女子父母出于多种原因，比如说疼爱女儿，愿意多给她一些嫁妆，或者不想担负一个"卖女儿"的负面评价，从而在嫁妆资金的支付上超出男方所赠予的聘金。这种情形在目前来看也是较为普遍的。

第三笔资金，是利用了"添箱"习俗，充分体现出社会关系网络的援助性质。添箱都是家族近亲和亲戚来添，礼物形式多种多样，但一般都少不了买几封果子送几个果盒来装箱柜，故叫"添箱"。至亲赠送的礼物要多一些，除了8个果盒以外还有喜礼（现金）以及一些衣料与床上用品。父母、姑妈、姨妈、姐姐还要给新娘压柜钱、压腰钱。其他在亲属序列中较远的亲友以及邻居也会赠送一定数量的果盒。20世纪70年代以后，新娘有要好朋友相送，她们也会拿一定的礼物来。所有这些礼物由父母支配，不一定都给新娘，饼干放在新娘柜子里一部分，出嫁当天也要消耗一部分，凡是床上用品一般都给新娘带走，作为喜礼的货币全部留给父母来补充嫁资，压柜钱②由新娘个人支配。

比较而言，表面上看来，女子父母是嫁妆的最大付出者，但并不是所有的资金都需要自己支付，一部分是同族近亲以及姻亲的赠送，还有一部分是受妻集团的聘礼，通常后者才是承担购买嫁妆的资金的主力。嫁妆的

---

① 访谈时间：2008年11月12日，访谈地点：山西园村，访谈人：刁统菊、刘晓文，访谈对象：韩为民。

② 压柜钱或称压腰钱、压柜礼，各地名称不一，但内容和内涵基本一致。

来源及其多样性，反映了社会对姻亲关系的关注，同时也包含了对从己方嫁出去的女性的关注与相关利益的期待。

另外，由于近二十年来打工潮的推动，许多年轻未婚女子也纷纷外出打工，这样获得的收入，除非家庭需要帮扶，不然一般都是留作"嫁妆钱"，所以有人在她们打工归来时开玩笑："挣了多少嫁妆钱了？"来自天津的调查资料支持了这一点，"现在女孩自己挣钱不给家里，自己攒着做嫁妆，要是家里没钱就不给（不买嫁妆），就用男方给的钱。"①

从嫁妆的来源来看，嫁出一个闺女能够得到多方的帮助，和男方要分两次或者一次拿出聘礼相比并不是特别困难。虽然男方父母也有亲戚赠送礼物，但是那些礼物主要是在婚礼现场才会收到，订婚礼物却完全由父母承担并且一次性支付。女方父母接受了家族和亲戚的帮助也要在适当时候帮助别人，但那不是一次拿出来的，"分期偿款"的方式显然更容易接受，这大概是乡村社会互助的典型形态。笔者在田野作业中经常听说有好几个儿子的父母即使年纪很大了，也不得不外出打工，而女儿多的家庭就没有这么大的压力了。

（三）嫁妆与女性继承权

嫁妆随着女性的出嫁被带到男方家中，那么我们就需要考虑，嫁妆对女性而言，究竟是什么性质？它是女性的私有物品？还是像随着女性出嫁而过渡到男方家族的生育权一样，也过渡到了男方家中，成为丈夫可以完全支配的物品？笔者认为，嫁妆对于女性的性质，首先要否定它作为女性在父母死亡之前对父母财产的提前继承方式。

前文梳理了有关嫁妆与聘礼的几种理论观点，其中一种为"继承说"，意即嫁妆与女性财产继承权有关。费孝通先生也从社会经济的角度，认为父权制社会中是存在女性继承权的，那就是嫁妆这种财产赠予形式。②

前文已经说明，中国传统的财产继承制走的是男性路线。儿子要传递家族的香火，要继承父母的财产，但是也要负担赡养父母的义务。女儿长

---

① 访谈时间：2009年10月6日，访谈地点：天津其村，访谈人：刁统菊、佘康乐，访谈对象：吕加新。

② 费孝通：《乡土中国生育制度》，北京大学出版社1998年版，第244页。

大后要嫁于别姓，不会继承财产，也不需承担赡养父母的义务。但与此同时，人们同样认为嫁出去的女儿没有赡养出生家庭父母的责任，只有逢年过节看望父母的义务。当我们把女儿受赠的嫁妆和儿子继承的财产相比较时，就会发现，这个比较结果和女儿看望父母的义务与儿子承担的赡养责任相比较所得到的结果是完全相适应的。

"儿图家产女图衣，房门后头是闺女的"。房门后头是母亲的衣裳箱子，女儿最多只能继承母亲的体己，这份体己是不算在"财产"之内的。按照传统观念，父母的不动产例如房屋和生产性资料仍然是传儿不传女。需要指出的是，笔者认为嫁妆不是女儿从父母那里继承的财产，这并不是否定了女性没有继承权，从民俗的角度而言，女性的继承权始终是和婚姻捆绑在一块儿的。

> 如果是两个以上的儿子，给公公或婆婆送丧以后，下葬返回后，媳妇们就会抢板凳。这里人下世以后有一个"七单"，七天为一期（头七，二七，直到到七七四十九天），桌子上放上七单，旁边有一个凳子，如果妯娌不和，她们就会抢着坐，就是抢当家的，谁抢上就是谁当家。现在只是一种形式了。①

李亦园指出，中国人最基本的实质欲望就是在社会系统中占有一个正常的地位，该系统是以家族为基础包括了现存和死去的亲属在一起的。正常婚姻具备生物、社会及仪式三要素，而在冥婚的情形中只有社会和仪式因素，生物因素完全不存在。李亦园认为冥婚的存在，主要是对未婚早逝的女孩的社会地位给予一种补救的方式，弥补了家人对于早逝女儿不幸遭遇的缺憾。② 换一个角度来看，李亦园实际上是表明了婚姻对于一个女性的主要意义——社会地位，因为一个没有出嫁的女儿在娘家是没有合乎社会文化之法的地位的。

尽管宗族以男性为线索的传承特征决定了女人在婆家只是一个"配"

---

① 访谈时间：2008 年 11 月 12 日，访谈地点：山西洪洞园村，访谈人：刁统菊、刘晓文，访谈对象：韩为民。
② 李亦园：《从若干仪式行为看中国国民性的一面》，李亦园、杨国枢：《中国人的性格》，（台湾）桂冠图书股份有限公司 1994 年版，第 186—188 页。

偶,但是无论如何婚姻毕竟为女性提供了一个安身立命的社会位置,通过婚姻她才拥有了合法生育权[①],从而才可以享受子孙的祭祀、参与祖先文化的建构。一个未嫁的女人,灵魂也是无所凭依的,死后有可能成为作祟于她的出生家族甚至村落的鬼魂,被村落视为邪恶的灵魂,可能对村落造成危险。因此,有俗语"女大不中留,留来留去留成愁"。由此,我们不应该把传统婚姻的意义限定在强调和建设父系宗族制度上面,也应看到它对女性的重大意义——为她安排了一个合适的社会和文化位置。

既然女性通过婚姻拥有了一个合适的社会和文化位置,那么她也可以拥有相应的权利,比如她可以和丈夫一起继承婆家的财产。在山东大部分地区父母去世的葬礼上,是儿子去摔碎象征着继承权的"老盆";是儿媳而非女儿有权去翻开用来垫棺材的石头,表示"翻财",或者去打扫棺材底部,表示"扫财"。"翻财"或"扫财"是一个重要的民俗现象,象征着女性继承权的实现,尽管这种权利是依靠婚姻取得的。现行法律规定了女儿也可以继承财产,但这与习俗存在着差异。当一对没有儿子的夫妻死亡以后,嫁出去的女儿不能回到出生家庭来继承财产比如房屋,除非是招赘。这是父系制和从夫居制度的结果之一。

在华北乡村,当婚姻解除以后,女性离开婆家不能带走财产,除非是自己的嫁妆,这表明她即使是生育了孩子(或者以过继等形式作为补充,形成名义上的母子关系),只要离开丈夫家族,财产仍然不能随意带走。因此可以说,女性的财产继承权始终是和婚姻捆绑在一起的。寡妇改嫁,嫁妆之外的财产,不管房屋还是生产资料,一律不得带走,否则会引起婆家和娘家两个家族的械斗。随着社会的发展和进步,寡妇改嫁不仅受到法律保护,同时政府提倡寡妇改嫁,甚至有不少公婆动员寡媳改嫁,宁愿自己抚养孩子,也不愿让儿媳终身守寡。但一旦涉及男方财产,传统的规定依然是要严格遵循的。

(四) 嫁妆作为嫁女代理人

人类学上用 bride price(新娘价格)或者 bride wealth(新娘财富)来当作聘金或聘礼。用 bride(新娘)来做前置定语,表明了聘礼是给女子本人的礼物或者象征其身价。但是嫁妆究竟是给女子本人的,还是给包括

[①] 或者以过继、领养等方式来弥补生育能力上的缺憾。

女子本人在内的家庭的，要因文化而异。"在西方国家，一般是给新郎，他可以在某些限制下使用，或在某些情况下完全由他支配。在爱尔兰农村，嫁妆是给新郎父亲的，他在得到嫁妆后就将自己的土地给新郎和新娘。就嫁妆本身而言，却是为新郎的姐妹准备的嫁妆，用来确保她们的婚事。如果新郎家里没有姐妹的话，也可用来为新郎的兄弟开创一项事业。"[1]

阎云翔在东北下岬村的考察表明新娘家提供的嫁妆和婚姻花费一样，都有益于新的夫妇单元。[2] 但由于农村父子的亲密关系在经济生活上表现得最为明显，即使分家也依然以"网络家庭"的形式存在，因此新的夫妇单元所获得的实物、现金等于是转移给接受妻子的家庭，包括男子的父母在内，都可以享受到嫁妆给他们带来的益处。试想，如果两人在家庭建设上缺少一些硬件，必然会忙于家庭资金的积累，老人的晚年生活自然就会受到或大或小的影响。

从调查来看，嫁妆是指新娘带到婆家的钱财和物品的总和，这是由女方娘家支付的。但嫁妆究竟是送给婚后的婆家还是专为婚后的女儿准备的却因嫁妆的具体内容而异。一般而言是给新郎及新郎家庭的，也有一部分是专为女儿婚后准备的。虽然订婚物品常常包括很多带有性别色彩的礼物，表明其中一部分是给女性本人的，但是最终将成为女性带到受妻集团去的嫁妆的一部分，由新夫妇二人共同消耗。嫁妆是到了男子的新房里，新郎及其父母均可从中受益，但是并非归男性掌管。

虽然受妻集团为嫁妆付出了大部分资金，它也仍然不是男子所能控制的。男子所偿付的聘礼的意义主要是用来巩固婚约。嫁妆在其最终的意义上，是女性从娘家带来的，她理所当然地拥有控制权。在婚姻生活期间，嫁妆是女人的绝对财产，而且将始终保持着这种权威，尤其在离婚时刻，由此嫁妆可以被看作是协商情形下的女人的代理人。离婚的女人，或者丈夫死去的女人，若要离开完全可以带走嫁妆而无须担心受到社会非议。房子、生产性资料以及收获物譬如粮食都不能带走，只有嫁妆是

---

[1] ［美］威廉·J. 古德：《家庭》，魏章玲译，社会科学文献出版社1986年版，第83—84页。

[2] 阎云翔：《礼物的流动——一个中国村庄中的互惠原则与社会网络》，李放春、刘瑜译，上海人民出版社2000年版，第174、181、189页。

她个人的。

通过上门女婿的研究我们也可以更深刻地了解嫁妆作为嫁女代理人的意义。就中国的婚姻形式而言，若从总体观照，一般是男子以聘而娶，女子因聘而嫁，正如俗语所说"男大当婚，女大当嫁"①。因此，当男人嫁到女人家中以后，人们就给他一个特别的称呼，叫"倒插门"，这本身就是一个具有污辱性的称呼。语言反映了人们的社会观念，在一个根深蒂固的父权社会中，男到女家成婚者，是被人瞧不起的，故被蔑称为"赘婿"②。

在山东潍坊聂家庄，上门女婿自带嫁妆是非常普遍的实践，而其地位同样受人尊敬。最主要的是孩子不需要改姓，一样遵从父姓，这并不需要婚前协商。③ 这和有些地方例如山东南部的实践是截然不同的，两手空空嫁过来的男人，其子女一般都随母姓。

上门女婿的问题提出了一个有趣的观点。在中国的情形中，大多数的上门女婿以丧失威望为代价而提高了自己的经济地位。但在日本，上门女婿不会丧失尊严，在伯恩斯坦（Bernstein）对日本农民的历史性研究中，他给出证据表明嫁进来的女婿随身带来了嫁妆。④ 这或许表明嫁妆不仅仅对女性有意义，对于招赘的男性来说，具有同样重要的象征意义。⑤ 它仿

---

① 畲族家庭即使是有三儿四女，也可能会把儿子嫁出去，参见傅良基《畲家婚俗》，《中央民族大学学报》1984年第4期。广西阳朔、荔浦壮族也有"嫁男"之俗，参见广西壮族自治区地方志编纂委员会《广西通志·民俗志》，广西人民出版社1992年版，第243页。

② "赘"字在古汉语中的本义为"抵押、以物质钱"，后引申指"多余的"。"疣赘"指的就是人身上的多余无用的肉（瘤）。《索隐》："女之夫也，比于子，如人疣赘，是余剩之物也。"参见吴世雄《"女婿"概念在语言中的表达及其所反映的社会观念》，《外语研究》1997年第1期，第16、18页。很显然，中国的"赘婿"是没有地位的，更不能继承女方家庭的财产。

③ 笔者在山东淄博东营村调查的一例招赘婚姻，夫妻在婚前商量好了若生下儿子就让他随父亲的姓氏。

④ Alice Schlegel, Rohn Eloul, "Marriage Transactions: Labor, Property, Status", *American Anthropologist*, New Series, Vol. 90, 1988, No. 2, p. 302.

⑤ 男人到女方家去居住、生活，带不带嫁妆是能够影响他的地位的，但是其地位卑下的根本原因还是宗法制度。招赘婚的实质，实际上同男方家族为儿子娶媳妇一样，首要的目的还是要保障家族的延续。实行招赘的目的是使女方宗族获得男性继承人，以能够让自己的家族得以繁衍下去。表面上来看，招赘婚使得当事人的居住方式和常人不同了，仿佛带有反宗法的色彩，但是实际上它正是一个家族在特殊情况下维护宗法制度的必要补充形式。对一个上门女婿来说，他和别的男人不同，别的男人是不出门的，只有女人才"出门子"，所以人们叫他"上门女婿""倒插门"。

佛是一个外姓人在永久进驻另一个家族时的正式的通行证和地位的保护人，可以证明她（他）的身份，象征她（他）的价值，让她（他）能够保有自己的尊严，同时也可以显示并标志其出生家族的地位和荣誉。

嫁妆对女性的意义，不仅在于它是协商情形下的代理人，同时它也是一个独立空间的象征，是女性保有个人私密性的保证。

即使男方不付聘礼，只要有一纸婚约，姻亲关系仍然可以确定下来。而嫁妆只要家庭条件允许，父母都应该赠送。按照传统习俗，虽然女儿没有继承权，但是她有权要求父母给嫁妆。正常情况下不给女儿赔送的父母也要受到社会舆论的监督。嫁妆不是女性继承的父母的财产，而是父母的"赔送"。过去不管生活如何贫困，一个针线筐子是必定会赔送的，而现在"柜子"是必须要有的一件嫁妆。不仅仅是因为"柜"谐音"贵"，寓意将来夫妇二人大富大贵，更重要的是柜子可以作为女性保管个人秘密的工具。有意思的是，也曾经有个别婆婆给嫁过来的没有带嫁妆的儿媳做一个针线筐子作为嫁妆，方便她自己使用。

柜子里盛放的东西是妇女的体己。女性仅仅拥有自己的体己是女性权力的表现方式之一。女性的体己包括很多种，比如她的私房钱①，均归她个人所有和支配，通常来说会全部用于她的小家庭成员。② 她的体己不仅仅是金钱，还有被一个女人视为珍贵的其他物品，比如首饰和具有纪念意义的东西。③ "针线筐子"象征着女人自己的私密性地带，这使得嫁妆有可能是一个女性性别色彩以及个人空间的象征。

女性活动的空间，大多在家庭中，而男性多是在家户之外。④ 然而家庭内部也未必是她可以独享的地方，厨房用以提供家人三餐，过道是与户外进行初步交流之处，堂屋（正房）则是男性的天地。只有柜子是唯一具有女性色彩的地方，其他都是全家共有或者男性专有的天地。整个社会

---

① 从娘家带回来的压柜钱、压腰钱，还有嫁过来以后攒的私房钱，包括磕头礼、婴儿的见面礼、幼儿铰头羊、压岁钱，还有扒蝎子、刨药材等副业带来的收入。

② 如果大家庭需要，可以借用，但以后必须要还，否则这将成为公公在儿媳手中的一个永远的把柄。只要发生了冲突，不还儿媳钱的事实立刻就变成刺向公公心中的一把最锋利的匕首。

③ 村民施爱红的嫂子在柜子底部就珍藏着一把结婚时用的梳子。

④ 关于家屋与社会文化的关系，可参见布迪厄和林玮嫔的精彩论述。[法]皮埃尔·布迪厄（Pierre Bourdieu）：《实践感》，蒋梓骅译，译林出版社2003年版；林玮嫔：《汉人"亲属"概念重探：以一个台湾西南农村为例》，（台湾）《中央研究院民族学研究所集刊》2000年第90期，第1—37页。

对女性的限制与捆绑表现在对她的权力与个人空间的压缩,这个小小的柜子于她而言,既是一个具有隐私性的空间,同时也是一个获得充分尊重的地方。无论是针线筐子还是柜子,都可以放置个人的秘密,丈夫也必须予以尊重。

由于通行的婚姻是男娶女嫁,而不是男子"倒插门",那么不管是换亲还是童养媳,抑或是具有普遍性的聘娶婚,受妻集团除了要偿付聘礼以外,还有迎娶新娘的花费,最重要的是房子的建设。房子是一个非常大的项目,一般早在儿子未提亲之前就早早准备好,因为有没有房子是说媒成功与否的关键。如同给妻集团要为女儿准备嫁妆一样,娶媳之前建好房子也是一份义不容辞的责任。

> 房子问题是婚姻问题(给男方父母)同时带来的第二个灾难,房子问题要解决不了就不要谈(找对象的问题),谈的条件就不具备了……房子是媒人介绍对象的前提。①

新房是为新婚夫妇准备的,而嫁妆是为新房准备的。当嫁妆填满了新房,就出现了村民经常说的"闺女出嫁满屋空,儿娶媳妇满堂红"这种对比鲜明的景象。

房屋	男性	同一家族
嫁妆	女性	不同家族

图1 房屋、女人与嫁妆

对于受妻集团来说,房子是不变的,需要的只是修复,永远都是属于自己家族的,永远都姓自己家族的姓氏。但是带来嫁妆的女性,却来自不

---

① 访谈时间:2008年11月11日,访谈地点:山西洪洞园村,访谈人:刁统菊、刘晓文,访谈对象:韩为民。

同的家族，姓着不同的姓氏。房子不变的是主人，嫁妆变的也是主人。用嫁妆来填满新房，如同把异姓女性带到男方家里一样。

考虑到嫁妆与女人的关系以及房屋和男人的关系，那么嫁妆可能还具有其他象征意义。透过房屋与嫁妆的象征关系，可以发现在父系祖先崇拜的意识下，受妻集团通过携带嫁妆的女人来和另一个家族建立起关系。随着嫁妆迁移到具有共同姓氏的房屋里，一个家族也就汇聚起来异姓的女人们，她们来自不同姓氏，嫁给了同一宗族的男人，从而共有一个姓氏。姓氏实际上成了可以勾连她们之间关系的工具，把她们联结起来，使她们成为一家人，而这一切都是从女人/嫁妆来到男人的房屋里开始的。

三　婚姻偿付制度的地方实践

（一）嫁妆和聘礼在红山峪："闺女出嫁满屋空，儿娶媳妇满堂红"

"峪"在《现代汉语词典》里的解释是"山谷"，我们从红山峪村的村名就可以看出村庄所处的自然环境。红山峪位于山东省南部，处在一个多山的环境中，地形复杂多样，丘陵多，平原少。该村所处山区属于温带季风型大陆性气候，在春季、夏季庄稼特别需要水的时候，经常处于干旱的威胁之中。不过农民传统的耕作方式已经顺应了这种气候特点。[①]

村庄的主体部分横在东西山顶之间，沿西山根而建。村内的交通运输皆靠人力，或担或推，全凭两条胳膊两条腿。对外，往北要翻山越岭方可到达其他地方，而往南、东、西三向直到20世纪70年代以后才实现公路交通。特殊的山区环境赋予了红山峪在社会行为和心理方面的独特性。传统的习俗惯制相对于经济发展来说具有很强的滞后性，很难在短时期内彻底消失，它们依然支配着民众在诸多方面的行为和心理。

这诸多方面的行为和心理就包括人们在婚姻偿付方面的一些行动和观念，并且，它们并非红山峪村所独有。在华北乡村，男女双方完婚之前男方一般要赠给女方一些财物，作为婚姻关系成立的条件。女方接受了这些财物之后，亲事才算确定下来。由此形成的婚姻一般被称作"聘娶婚"，红山峪村也基本符合这一模式。男方分别在数个场合给女方价值不等的财

[①] 田传江：《红山峪村民俗志》，辽宁文化艺术音像出版社1999年版，第8—9页。

物，比较重要的场合有两个，那就是下通书和下启，类似其他地区所谓的"小定"和"大定"。但是人们一旦说起来给女方的财物，通常记住的场合要多于这两个。为方便起见，笔者把所有由男方家庭流向女方的财物，统一叫作聘礼。但是要说清楚红山峪聘礼的地方性含义，有时候还要使用"压通书"和"压启"这两个词汇。本书使用的是"压",《峄县志》(二十五卷·清光绪三十年刻本)用的是"押"。"压启"之"压"是巩固的意思，而"押"也是表示利用财物抵押在女方那里象征着男方的信用。

见面（礼）：见面是 20 世纪 50 年代中期以后开始兴起来的，指的是男女双方约定在某一地点"相看"。20 世纪 70 年代则兴起男方给女方见面礼。[1]

相家（礼）：相家指的是女子本人或父母到男方家中先看一看，主要是房子，男子父母的为人处世，"过相"也即家庭经济情况，男子的外貌及举手投足等也在关注之列。大约在 20 世纪 80 年代开始兴起男方给女子相家礼。

下/压通书：在"见面""相家"后不久，开始下通书[2]。所谓下通书，并不仅仅是通书，一般有三样东西。第一是村民口里的"通书"，俗称"红纸绿帖"，即十六开的红绿纸各两张。第二是一些必不可少的信物，分别用红纸包上一小撮米和面，一小撮麦麸，一对干鱼，一包艾叶，一对葱，一小撮盐，梳子和箆子。[3] 这两点是下通书必不可少的，至今仍然严格遵守。第三就是压通书，即送给女方的礼物，不同年代压通书的品种以致价值各不相同。"下通书"具有相当的法律效力，下过通书以后，女子"活是人家的人，死是人家的鬼"。

下/压启：下启俗称"下大启"，表示正式确立两家婚姻关系。下启通常在办喜事之前的半年，因为要给女方留出准备嫁妆的时间。下启具体

---

[1] 关于见面礼、相家礼与下文的下通书、下启的程序与礼物以及嫁妆的制作和内容参见刁统菊《红山峪村婚姻民俗的调查与研究（1950—2001）》，硕士学位论文，山东大学，2002 年。

[2] 村民口里的"通书"，实际上就是婚约，又俗称"红纸绿帖"，即十六开的红绿纸各两张。"红纸""绿帖"也称"鸳鸯礼书"，红纸上款写上女方祖父或父亲的名子，中间一行写"大德望翁某某老姻伯或老姻兄大人阅下"。左边写"谨依冰言敬求金诺"，下边写新郎的名子。绿纸内容是"姻愚弟或侄某某率子某某鞠躬。"右边写"光前裕后金玉满堂"。但也有人家干脆什么也不写，习惯法效力一点也不减少。

[3] 这些物品各具有不同的象征意义。

日期的商定、参加的人员以及程序同下通书基本相同。下启也少不了下通书时的东西，除了第一和第二种以外，礼物也就是压启的东西要厚重一些。20世纪90年代中期以后单独下启的很少，大多和下通书合在一起。

以上是男方给女方的礼物。女方也会给女儿赔送嫁妆。嫁妆在不同时期的数量、档次、样式甚至加工方式都不一样。嫁妆是父母送给女儿的，但是不能涵盖父母送给女儿的全部礼品。前文已经讨论过嫁妆与"赔送"的关系，在这里可以用"嫁妆"一词来指代女子出嫁时从娘家带走的所有财物。

（二）嫁妆与聘礼实践的变迁与阐释

表20　　　　　　　　红山峪村嫁妆与聘礼平均值统计①

时间段	1950年之前（元）	1950—1979年（元）	1980—1989年（元）	1990年至今（元）
嫁妆平均值	86	105.8	272.1	7789.1
聘礼平均值	67.4	175.3	643.6	4402.2
平均值之差	18.6	-69.5	-371.4	3386.9

1. 20世纪50年代之前

从表20来看，20世纪50年代之前人们给女儿的嫁妆大于男方所偿付的聘礼，差额为18.6元。

> 每来（过去），很少给压通书、压启的，定亲就是下通书。以下通书为准，红纸绿帖就算数，女的她爹一接红纸绿帖，亲戚关系就定了。除非男的写休书了，要不女的就是男的人，永远不能更改。但是不管男的那边给不给女的压通书，给多少，女方必须得给闺女嫁妆。因为女的想找好头，当然到现在还是这样，谁家不想让闺女跟个好人家？当爹的，为了给儿子娶媳妇，得有地（土地）。解放前，周大发

---

① 限于篇幅原因，不能在此把每一个个案的情况都反映在这里。有些联姻的婚姻偿付存在较大的差异，在嫁妆和聘礼的支付方面有许多例外情况。女方给女儿多少嫁妆和男方给女方多少聘礼在具体的实践过程中与许多因素有关，比如男子或女子的外貌、能力。一般来说，处于相对劣势的一方会通过增加自己应该支出的那部分数额来弥补其他方面的不足，从而在整体上来看，联姻双方感到相互之间能够达到一种相对匹配的状态。

的爹周志伦有 30 亩地。横岭的知道他有地，就想把闺女说给他，想要点东西压通书，周志伦说什么都不给，说有地压着。结果人家还是把闺女说给他了。①

男子一般无须给女方压通书压启，仅仅红纸绿帖就可以确立两个集团间的联姻关系。我们在山西的调查也证实了这一点。

从解放前到解放后，在结婚这个仪式上有所不同，过去时候的订婚叫"换帖"。当时，双方搞个红帖，写一个字据，上边写父母姓名，下边落款长子（女）或次子（女）或三子（女）或四子（女）（即自己的名字），然后是年月日等。男女双方都是如此。写好后，男家一份，女家一份。然后，男女双方换帖，换帖后要说一句比较霸道的话，"如一方不愿，罚米百石"，意思就是一旦换帖后就不能悔改了。1952 年以后这种订婚的仪式就逐渐变化了。②

女性由于社会地位低下，以及在农业生产中付出的劳动较少，决定了她在受妻集团的地位必须由嫁妆来保证。同时，给妻集团给女儿嫁妆是父母为了让女儿找一个"好头"，也就是把女儿嫁给一个如意的女婿，至今仍然如此。在一定意义上，嫁妆成了一种父母为了给女儿找一个"好头"而借以在竞争中获胜的资源，同时嫁妆也与女子的社会地位和劳动价值相关。

2. 20 世纪 50—80 年代

20 世纪 50—80 年代，下通书不再仅仅停留在字面意义上，在男方和女方定下婚约的同时，聘礼的价值远远超出了嫁妆的价值。

六七十年代开始，男的找媳妇忒难了。挣工分时，男的 10 分，女的 8 分，但是光棍汉多，所以女的高了。订亲得给人家小孩压通

---

① 访谈时间：2004 年 1 月 5 日，访谈地点：山东红山峪村，访谈人：刁统菊，访谈对象：段玉东。
② 访谈时间：2008 年 11 月 12 日，访谈地点：山西洪洞园村，访谈人：刁统菊、刘晓文，访谈对象：韩为民。

书，压启，都这样说："钱是给小孩买东西的。"这样能巩固亲戚关系。①

到了 20 世纪 50 年代末期以至 60 年代，红山峪经济状况有一个下滑的趋势。按照传统的习惯和心理，女子总是喜欢嫁到条件相对优越的"山外"，这导致了当地性别比例的严重失衡。村民为了给家中的男子找到媳妇，就出现了普遍使用压通书和压启的情形。红纸绿帖的作用虽然仍然存在，但是需要压通书和压启来帮助巩固本来仅仅红纸绿帖就可以确定的姻亲关系。20 世纪 60 年代末期至 20 世纪 70 年代中期，"谁家没有闺女，别想说上儿媳妇"，于是出现了比较多的换亲、转亲现象。在这种情形下，聘礼习俗成为一种调节婚姻市场的有效机制。

社会政治的原因当然也是绝对不能忽略的。1950 年 5 月，中华人民共和国颁布了《婚姻法》。由于中国刚刚从旧社会脱离出来，过去的社会观念还是根深蒂固，因此国家在全国开展了声势浩大的普及《婚姻法》的活动。灵活多样的宣传方式使宣传工作真正做到家喻户晓、深入人心。第一部《婚姻法》为妇女参加各种社会活动开辟了道路，更为我国政治、经济和文化等方面的建设提供了大批生力军，极大地促进了农村的政治、经济和社会生活等方面的巨大变革。20 世纪 60—70 年代，政府号召女性参加经济生产，同时男性也以农业生产为主，相比较而言，女性在家庭生产中的劳动量增加了。

女性生产能力对家庭生活的重要性从江南和台湾的经验也可得到证明。蚕丝业在江南地区的家庭经济中占有很重要的地位，养蚕技术因此成为考察儿媳妇的一项主要内容。人们在挑选儿媳妇时比较重视的是两点，一是身体健康能生育后代，二是养蚕缫丝的技术，这表明了对一个儿媳妇所要求的两个主要职能，能绵续家世并能对家中的经济有所贡献。② 台湾小龙村的经验表明，如果女孩很会做事，就比较容易嫁出去，人们找媳妇也愿意找能干的媳妇：健康、强壮、能干而且农务和家务都愉快胜任。③

---

① 访谈时间：2004 年 1 月 19 日，访谈地点：山东红山峪村，访谈人：刁统菊，访谈对象：田厚庵。
② 费孝通：《江村农民生活及其变迁》，敦煌文艺出版社 1997 年版，第 39 页。
③ ［美］葛伯纳：《小龙村——蜕变中的台湾农村》，苏兆堂译，（台湾）联经出版事业公司 1980 年版，第 225、232 页。

1950年，制定了《婚姻法》来和婚姻中的"封建"实践斗争，包括婚姻转移。法律特别禁止"与婚姻相联系的礼物或者金钱的强索强要"。从后来的婚姻偿付实践来看，这一点是不成功的。虽然当时政府号召退彩礼，确实也有一些女子主动在小姐妹团的陪同下去退还聘礼，但那并非主流，原因就在于压通书的意义主要是在于巩固红纸绿帖已经不能完全确立的姻亲关系。从20世纪60年代开始，压通书的存在开始具有切实的意义。社会政治对女性地位的拔高和女性的生产性收入的提高，与性别比例不平衡一起决定了男子需要多支付压通书才能巩固婚约。红纸绿帖的效用虽仍然存在，但是有时候就不能单单依靠它了。

3. 20世纪90年代至今

从20世纪50年代之前到20世纪80年代，男方几乎不需要支付聘礼到付出聘礼，甚至聘礼要高于嫁妆，一直到20世纪90年代，女方支付的嫁妆价值远远超出了男方支付的各种项目的总额，其原因何在？

男方所支付财物的数额呈现出增长的趋势，是从20世纪70年代末期开始的，那时兴起一股女子主动要压通书的潮流，这股潮流至今未衰。

> 70年代开始女的主动要东西，因为要了不算在分家的范围之内。男的这边弟弟哥哥结婚，办得一个想超过一个，不属于分家这份。反正都逮老的谱。①

20世纪70年代末期开始，核心家庭逐渐增多，婚后不久小夫妻就要分家逐渐被人们理解并广为接受。于是，结婚之前女方一般尽力多要聘礼，因为不管要多少，分家时都不在被分财物的范围之内。这不是一种个别的现象。李银河在浙江余姚南阳村的调查也表明了在确定婚事时无论是女方还是男子本人都希望从父母那里多获得一些财物、多挣些家底。② 东北下岬村的男子也是努力地帮助未婚妻从自己的父母那里多争取彩礼。③ 可见，受妻集团支付的聘礼越来越多，与家庭结构的变迁不无关联。

---

① 访谈时间：2004年1月2日，访谈地点：山东红山峪村，访谈人：刁统菊，访谈对象：段良杰、段玉东。
② 李银河：《生育与村落文化》，中国社会科学出版社1994年版，第39页。
③ 参见阎云翔《礼物的流动——一个中国村庄中的互惠原则与社会网络》，李放春、刘瑜译，上海人民出版社2000年版，第187—190页。

小家庭也从给妻集团那里获得有力支持，首先就体现在嫁妆上。嫁妆作为夫妇二人的第一笔启动资金，很容易就能显示出小家庭的实力。虽说有"好儿不图家产地，好女不穿嫁时衣"的说法，但是无论男女，只要家庭条件允许，一般都希望尽可能地多要聘礼和嫁妆，因为它们"都是双方父母提供新家庭的物质基础"①。

　　大概20世纪80年代末期开始，男子外出打工的越来越多，即使结婚以后也一样继续以打工为主。因此家中的一切，包括农业劳动和家务，照看老人和孩子，都交给了女性。过去男子女子都以农业劳动为主，收入上体现不出来多大的差别，只有传统性别角色的规定。现在尽管女性在生产中承担的比重加大，然而在家庭收入所占份额上，由于农业劳动的入不敷出，女性的农业收入仍然无法和男子在外打工所获得的收入相比。男子的收入在家庭经济中占据决定性份额，成了家里花销的主要来源。②按照"生计经济决定论"，如同20世纪60—70年代女性生产性收入提高导致聘礼增加一样，男性收入在家庭经济中的比重上升，也迫使父母给女儿的嫁妆越来越可观。

　　虽然也有女子外出打工的现象，但并没有男性外出打工那么普遍。农村家庭内部存在着性别分工，一个劳动力是否外出并非个人行为，而是家庭整体决策的结果。如果全家不可能一同外出，那么选择男性的可能性大于女性。因为女性外出风险大，家庭为此承担的心理成本也高于男性。③此外，与女性婚后就投入生育也有较大的关系。可以说在20世纪80—90年代，女性的确在独立性上大大增强，但是并没有达到充分意义上的独立，仍然是父系制度下的一个被社会化了的性别角色。

　　伊丽莎白·卡什丹（Elizabeth Cashdan）指出，在高度分层的、实行一夫一妻制的社会里，女人对男人的投资有着高度的依赖，并且女人更大的独立会阻碍嫁妆偿付。④然而从红山峪来看，女人在自己的出生家庭中

---

　　① 费孝通：《江村农民生活及其变迁》，敦煌文艺出版社1997年版，第39页。

　　② 笔者在调查期间发现，家里如果没有人在外面打工，经济水平明显落后于有家人在外打工的家庭。许多村民反映，"在家里指望种地根本不够花，花钱还是得指望外头挣钱。"

　　③ 谭深：《打工妹的内部话题——对深圳原致丽玩具厂百余封书信的分析》，《社会学研究》1998年第6期，第63页。

　　④ Elizabeth Cashdan, "Women's Mating Strategies", *Evolutionary Anthropology*, 1996, No. 5, pp. 134 – 143.

所获得的相对独立的经济地位不但不会阻碍嫁妆偿付，并且由于长期浸淫在当地社会文化里，她们对嫁妆的态度很难发生根本的改变。实际上，女子婚前通过打工获得的收入，除了帮助父母在家庭生活方面的支出，大多数还是由父母代她积攒起来，作为购买嫁妆的储备资金。很少有女子像东北下岬村的姑娘那样利用聘礼来投资[①]，她们一般都是把全部资金用于购买嫁妆带到自己的小家庭里来。可以说，女性婚前收入也是一个促使嫁妆水涨船高的因素。

历时的考察可以发现一些不断导致嫁妆和聘礼发生变化的因素，但是仍有一些因素是固定不变的，这可能是影响婚姻偿付的基本原因。其实如果从整体上来看，嫁妆的平均值还是大于聘礼的平均值的。这是比较符合当地观念的，那就是女方给出的嫁妆价值应该超过聘礼的价值。笔者将通过对通书和赔送的地方性含义的共时性解释来表明这些观念如何决定了嫁妆和聘礼的实践。

(三) 通书与赔送：婚姻偿付制度的地方意义

人类婚姻"无论从生理角度，还是从社会角度上看，都有某种交换存在，包括情感、生理、经济、政治、文化等各种交换，这也就决定了交换价值能够在婚姻择偶中起稳定的协调作用"[②]。而"当父权制和专偶制随着私有财产的分量超过共同财产以及随着对继承权的关切而占了统治地位的时候，结婚便更加依经济上的考虑为转移了"[③]。

通婚与财产转移的必然联系，古代就已经存在。《礼记·曲礼》有云："男女非有行媒，不相知名；非受币，不交不亲。"婚姻论财有着诸多的深刻历史背景。中国古代婚姻史上盛行的"财婚"风气发肇于汉末，兴自魏晋，延续数代，影响深远。在这期间，财婚世风渐渐取代了汉唐原有婚姻理念中占主流地位的"门阀婚姻"，婚姻论财在人们的观念中成了

[①] 参见阎云翔《礼物的流动——一个中国村庄中的互惠原则与社会网络》，李放春、刘瑜译，上海人民出版社2000年版，第187页。

[②] 鲍宗豪：《婚俗文化：中国婚俗的轨迹》，上海人民出版社1990年版，第78页。

[③] ［德］马克思、恩格斯：《马克思恩格斯选集》（第四卷），中共中央马克思恩格斯列宁斯大林著作编译局编译，人民出版社1995年版，第77页。

结亲联姻的必要条件。①

1950 年，制定了《婚姻法》来和婚姻中的"封建"实践斗争，包括婚姻建立过程中的财产转移。但是通过对嫁妆种类以及价值的历时性考察，可以发现嫁妆和压通书作为一项缔结婚姻的实践，非但没有禁止，反而越来越普遍，甚至价值仍在逐步增加。名目越来越繁多、含"金"量越来越重的彩礼，把农村小伙压得喘不过气来，许多人在外辛苦打工几年，挣的钱还不够送彩礼。等当上新郎，不少小伙子及其父母已是债台高筑。②

20 世纪 40—50 年代的红山峪，由于普遍贫穷，嫁妆和聘礼的具体数目是非常有限的。现在，下通书和下启虽然还没有成为村民的沉重负担，但是有些做父亲的只要还有儿子没有结婚，即使已经 60 多岁也要外出打工，甚至为了避免老板辞退，不得不说自己是 50 多岁。在山东济宁马坡乡，有人说"娶媳妇都娶穷了"，而北京门头沟山区村民从河北娶媳妇，也需要给女方置办嫁妆。

20 世纪 80 年代以来，在市场经济的推动下，联姻过程中又增加了名目繁多的附加费用，例如相家礼。这表明传统习俗在经济的刺激下已经发生了某些变化。同时，"没有行市有比市"，乡邻之间往往轻而易举地就能导致攀比之风，但是攀比不是导致聘礼和嫁妆水涨船高的主要原因。不管是嫁妆还是聘礼，二者在缔结婚姻和营造姻亲关系方面各有其重大的文化意义，而非单纯的赠予关系，更不是纯粹的经济交易，也许这正是 1949 年以后的《婚姻》法对金钱婚姻的批判最终无果的根本原因。

古迪认为聘礼和嫁妆都涉及结婚时财产的转移，这种看法集中地表达了许多学者把聘礼和嫁妆看作是财产转移的观点。财产转移的确是有助于一个新家庭的生产和再生产。但这种观点显然没有完全揭示出二者的本质。除了经济和生产的意义以外，还应该进一步看到聘礼和嫁妆的文化和社会内涵。

1. 通书与婚约

从红山峪的事实来看，联姻双方之间的争执在聘礼上体现得最为明

---

① 陈丽萍：《中古时期敦煌地区财婚风气略论》，郑炳林、花平宁主编《麦积山石窟艺术文化论文集》（上、下），兰州大学出版社 2004 年版。

② 庄俊康、何成军：《高价彩礼重筑债台》，《甘肃经济日报》2004 年 5 月 31 日。

显。女方希望男方多给聘礼，这样不仅显得自己身价高，面子上可以说得过去，而且如果男方拿出的聘礼相当可观了，女方就不需要再增加很多就可以很体面地"打发闺女出门子"。谁都知道，用于打发闺女出嫁的资金多了，那么儿子的婚事必定会受到影响。

但是男方不会那么容易就满足女方提出的关于聘礼的要求。当然，有一些女孩的父母不会对聘礼提任何要求，因为若是和附近村落通婚，一般都会遵循该地区相对固定的行市。男方不愿意多给的原因有两个：第一是无论他们给女方支付多少聘礼，只要婚事是经过双方同意了的，女方那边一样会按照行情赔送女儿；第二，若男方有两个以上的儿子，用于长子婚姻的资金增加肯定会影响到次子的婚事。实际上兄弟之间从这个时候就已经开始了有意无意的潜在竞争。如果男子对女子非常满意，他通常希望父母多给聘礼，促进婚事的尽快确立，而且也可以为以后的小家庭多汇集一些储备资金，再者说来由于那种"轿里掏包袱"①的事情很少发生，女方肯定会把聘礼差不多完全返还。并且，女方也有可能会在聘礼的基础上追加一些数额，甚至聘礼越多，追加的数额也相应上升。如此说来，所有的财物等于是直接给了男子本人的小家庭，即使是他的父母也很难从中受益，更不要说他的兄弟了。

联姻集团在婚姻偿付上的竞争并不能作为婚姻是一桩买卖的证据。②压通书和压启的"压"很形象地表明了它们的意义——巩固婚约，这种地方性意义决定了通行的婚姻形式——聘娶婚并没有买卖的性质。而且聘礼也具有展现联姻双方社会地位的象征意义，因此绝对不能纯粹以买卖关系来理解聘礼。如果把聘礼当作女子的身价，那么就完全忽视了聘礼的社会意义和它所包含的文化规则。退一步来说，聘礼即使可以看作是女子的身价，其中也是包含了丰富的社会意义在内的，更何况聘礼仅仅在部分意义上考虑女子的身价。一方面，女方除非对男子不太满意才会极力要求男方多给压通书和压启，用以保证双方的相对匹配；另一方面，真正决定聘礼多少的不仅是男子的家境和男方对女子的满意程度，当时当地正在流行

---

① 把所用衣物用包袱包起来，放到花轿里充作嫁妆。
② 当问及红山峪村有没有彩礼的时候，人们很认真地告诉笔者，"这里没有彩礼，彩礼跟买卖一样，这里都是压通书和压启"。可见，在人们心目中，彩礼具有买卖的含义，而压通书和压启则没有这种含义。

的有关择偶的风气和观念也是一个重要的因素。

从传统习俗的角度来看，没有红纸绿帖的婚姻是不能成立的。红纸绿帖是婚姻合法化的文化因素。随着社会的变迁，不但出现了见面和见面礼、相家和相家礼，压通书和压启也变得越来越必要。前文已经通过历时性的追述，把压通书从仅仅是名义上的存在到象征上的偿付直到具有实际的巩固作用展示出来了。压通书能巩固婚约，不禁让人想起了古代六礼用雁的传统。

六礼中有五礼是用雁的，分别是纳采、问名、纳吉、请期、亲迎。关于用雁的意义，据古代诸家解释有三层意义：（1）取其顺阴阳往来，取妇人从夫之义，所谓"雁，木落南翔，冰泮北徂"。（2）雁是候鸟不失时信，象征男女信守不渝，婚嫁以时，不需女子久待。（3）雁阵成行，行止有序，以象征嫁娶之家长幼有序，互不越礼。汪玢玲认为用雁为信物更有其从一而终誓不再醮之义。周时从一而终思想已为社会所提倡。当然这不只是指女子对男子的忠贞不渝，也指男子对女子始终不弃，这是"因为在小农经济社会保持家庭的稳定和幸福乃是社会的需要"①。但是不论在任何时候，保持家庭的稳定和幸福都是社会的需要和期望。因此，不管是西方在教堂里举行的婚礼还是在中国山村举行的婚礼，都蕴含着对新婚夫妇未来生活美满和谐的祝福。

在笔者看来，支付聘礼和用雁的意义类似，不仅仅在于新订立婚约的两个当事人之间要信守不渝，更多的是对男女双方家庭而言的。古代联姻具有重要意义，任何一桩婚姻，都是经过了家族和祖先认同的。因此，两个家族一旦正式确立了姻亲关系之后，彼此都要遵守协约，而不能再随意发生任何变化。

2. 童养媳婚姻与姻亲关系

许多学者均曾注意到，除了嫁娶婚之外，汉人社会的婚姻形态经常呈现明显的地区性差异，如冥婚、招赘婚、童养媳婚，一个社区内部经常同时并存多种婚姻形态。② 以下笔者将从不同的婚姻形态例如童养媳来进一步说明嫁妆与姻亲关系之间的联系。

---

① 汪玢玲：《中国婚姻史》，上海人民出版社 2001 年版，第 18 页。
② 高怡萍：《汉学人类学之今昔与未来人类学研究》，《广西民族学院学报哲社版》2002 年第 5 期。

对于童养媳和姻亲关系之间的联系，就笔者目前所掌握的资料来看，学术界有两种看法。第一种看法以费孝通先生为代表，他认为童养媳制度使姻亲关系松散，影响了亲属结构的正常功能。① 弗里德曼和武雅士持有与费孝通先生相似的观点，认为童养媳和女儿身份的部分类化结果，造成姻亲关系的减弱。② 第二种看法以葛伯纳为代表③，他通过对台湾童养媳婚的分析指出这种实践比正常婚姻更能提早结亲，是立即建立姻亲的方法，它似乎可以加强姻亲关系，原因在于建立联系以后双方互有往来。④

童养媳的确可以立即建立姻亲关系，但是这种提前建立的姻亲关系和通过聘娶婚形成的关系不同，无法发挥正常的亲属功能。联姻家族之间几乎没有任何联系，即使有也是非常稀少。人们之所以选择这种婚姻形态，完全是无可奈何的决定，是对聘娶婚制度的补充。对于男方来说，根本目的是在贫穷的情况下⑤获得一个儿媳，实现家族的延续功能，让儿子有一个"家口"。如果家里所有儿子均未婚的话，通常会把童养媳嫁给长子，而不管他们的年龄是否匹配。对于女方父母来说，在贫困交加时把幼小的女儿送给别人，在减少一些负担的同时可能还可以获得相应的经济补偿。

父母没有赔送女儿，把女儿送给人家做童养媳和卖给了人家几乎没有差别，不仅让做童养媳的女儿处于被人瞧不起的境地，同时也丧失了对她的权利，几乎享受不到正常的女儿和女婿的孝顺与帮助。姻亲之间建立的联系也仅仅是名义上的，缺乏实际的意义。父母把女儿送给别人做童养媳，本身就是一种非常无奈的行为，在地位和声望上已经是低人一等，因此不会主动来看望女儿。通常来说，童养媳的娘家和婆家之间物理距离非

---

① 费孝通：《江村农民生活及其变迁》，敦煌文艺出版社1997年版，第48页。
② 庄英章：《家族与婚姻——台湾北部两个闽客村落之研究》，（台湾）中研院民族学研究所1994年版，第211页。
③ 马丁（E. Athern）也认为童养媳并未受到社会大众的轻视，也未减弱姻亲关系，在某些方面反而强化了彼此之间的姻亲联系，参见庄英章《家族与婚姻——台湾北部两个闽客村落之研究》，（台湾）中研院民族学研究所1994年版，第211页。
④ ［美］葛伯纳：《小龙村——蜕变中的台湾农村》，（台湾）联经出版事业公司1980年版，第186页。
⑤ 关于汉人社会实行童养媳婚的解释，以往学者大多同意是由于贫穷的因素造成，但是后继研究者则主张经济因素应该不是唯一的因素，认为中国南方盛行的童养媳婚，除了费用因素之外，还有婚姻市场妇女短缺的因素，例如庄英章在台湾的研究。参见高怡萍《汉学人类学之今昔与未来人类学研究》，《广西民族学院学报》2002年第5期。

常远，否则她在婆家所遭受到的一切很容易传到娘家耳朵里。在交通不便的情况下，双方来往的困难也减少了彼此的联系。因为双方之间的来往很少，亲属结构的正常功能无法发挥。一个媳妇在正常情况下可以从娘家获得的心理支持与情感安慰，童养媳几乎都没有。在她的社交圈子中，她永远是沉默的，虽然也受人同情，但是几乎没有发言权，而且一般来说她经常只能和同是童养媳的女人结为伙伴，互相倾诉彼此的痛苦。一个家庭可以从媳妇的娘家获得经济和政治上的帮助，童养媳婚姻造就的家庭几乎都无法获得。① 总之，童养媳婚姻让联姻双方在社会资源上都要弱于本地其他家庭。

（四）外在的婚姻偿付制度与内在的社会意义

联姻过程中的礼物交流在许多地区广泛存在，本节利用个案资料，试图表明嫁妆的有无与价值的多少并非一个单纯的经济问题，它与女子在受妻集团的生活、与两个联姻家族之间的姻亲关系息息相关。无论是嫁妆的来源还是其具体象征，都是具有多样性的。并且，从民俗的角度而言，嫁妆不是女性的财产继承方式，她的继承权始终是和婚姻捆绑在一起的。对这一实践近50多年来的历时考察，揭示出有关婚姻偿付的几种观点在解释华北乡村社会婚姻偿付实践时所遭遇的局限性，同时嫁妆与聘礼意义的共时性考察表明，二者对联姻双方之间姻亲关系的确立与联系来说相当重要，其经济意义可谓重大，而其文化与社会意义也不容忽视。红山峪村的个案并非仅有个案价值，它同时也是华北乡村社会的缩影。

人的本质不是单个人所固有的抽象物，在其现实性上，它是一切社会关系的总和。② 村民如何支付聘礼和嫁妆？依据何种标准？在不同时期应支付多少聘礼和嫁妆才算适当？如何确定二者之间的比例？对这些问题的回答，我们确实能够看到人们出于经济原因所做的思考。这一点不容否认，也难以回避。但即使人们在婚姻问题上的行动确实考虑到了经济因素的作用，我们也不应把经济因素绝对化，而应当看到这种经济的考虑必然

---

① 这部分论述是以笔者2001年对山东红山峪村三位童养媳的调查为主兼及其他地方的田野作业所得到的结论。

② ［德］马克思、恩格斯：《马克思恩格斯选集》（第一卷），中共中央马克思恩格斯列宁斯大林著作编译局编译，人民出版社1995年版，第56页。

包含着的文化和社会伦理意义。从整个婚姻的缔结过程和婚姻缔结以后的姻亲往来来看，聘礼有助于确立和巩固联姻家族之间的姻亲关系，嫁妆则可以维护亲属关系的结构，帮助平衡、协调姻亲之间的正常往来。二者均是联姻家族之间为了建立长久、和谐的姻亲关系而采取的交换体系中的一部分[①]，是一种基于社会文化意义上的经济交换。

林美容认为，在台湾，各种不同地域层次的人群结构，都与民间信仰脱离不了关系。[②] 从2004年阴历三月初三我们对红山峪周围村庄的沧老爷信仰状况调查来看，沧老爷信仰造就了一种神明信仰的影响范围与势力范围，同时也跨越了乡镇界限，其作用在于形成一种临时性的村庄联盟。它在结合与组织地方人群方面的无力，大概是由于没有一个强有力的祭祀组织、缺乏共同的祭祀活动所致。其联系村落的作用，似乎远不及通婚这种具有高度人文性的社会手段。[③] 沧浪渊周围村镇的组织力和活动力在空间上的展示可能是要借助联姻这样一种联结村落的主要手段。在红山峪，通婚无疑是最基本的区域联系的方式，并且由于其区域范围相对固定，且习俗也规定了姻亲之间一系列必要的往来，保证了姻缘关系在很大程度上能够满足人们的许多需要，因此我们可以说那些基于社会和文化意义上的经济交换也并非毫无价值。一种外在的经济交换实际上隐含了内在的社会意义，后者正是村落与村落之间难以割舍的纽带。

---

① 笔者认为，嫁妆的意义可能还不仅于此，或许还有其他的象征含义。
② 林美容：《妈祖信仰与汉人社会》，黑龙江人民出版社2003年版，第20、91页。
③ 也有学者指出，"水资源的集体利用，对于某些地区的共同体构成，所起的作用是学者不应忽视的"，参见王铭铭《"水利社会"的类型》，《读书》2004年第11期，第18—19页。但笔者缺乏对红山峪村周围的水资源使用状况的调查研究，因此本书暂时不讨论此地因水资源形成的区域社会的可能。

第五章

嫁女归属问题的民俗学研究

一 亲属网络与性别建构

乡村社会的亲属关系，传统上除了同一宗族关系以及姻亲关系之外，还有仪式亲属，即通过结干亲和结拜带来的结拜兄弟/姐妹这两种亲属关系。随着社会的变迁，同学关系以及近年来由于外出就业产生的朋友关系、制度化的同事关系也渐渐进入乡村社会。由于婚姻流动导致嫁女的居所变化，那么在一个村落内部，男女两性的亲属网络肯定会出现不同。在论述嫁女身份转变及归属问题之前，本节首先探讨男女两性亲属关系的差异，同时指出造成男女两性亲属关系差异的根本原因在于从夫居制度以及社会性别制度。

华北乡村社会，人们的亲属关系一般来说有三类。第一是由血缘的自然联系而形成的宗族关系，我们可以称之为血缘亲属；第二是通过与不同家族联姻结成的姻亲关系，我们可以称之为姻缘亲属。这两类是基本的、我们通常所说的亲属关系。此外还有一种拟亲属关系，需要通过仪式来确定的，就是干亲关系和结拜关系。不管是拜干亲，还是结拜兄弟或结拜姐妹，都需要用一定的仪式（包含观念上的认同）确认，参加了这个仪式，就有成为干亲或结拜兄弟、结拜姐妹的资格，否则就是被排除在外的。这种仪式亲属，不同于血缘亲属和姻缘亲属，具有自己的特点。

调查表明，干亲关系在各地的认同程度都不高，几乎每一个村民都同意"干亲不是亲戚"，亲戚关系只有通过嫁女或娶媳才能建立。有人认为认干亲多一门亲戚，经常来往，有利于生活、生产方面的互助。村民的确是很重视亲属网络的扩展，比如换亲，多数村民对它持否定态度，认为那只是解决男性找对象的权宜之计,因为拿女儿去换儿媳,实际上是等于少了一门亲戚。这也说明亲戚多了是有好处的。也有人认为,本来两家关系很好,一旦结下干亲,就成为义务性的了,来往必须及时、适当,否则关系就会发生疏远甚至有断裂的危险。"干亲如拉锯,你不来我不去",说明干亲要依靠互相的往来才能维持下去。干亲的建立是依据干亲之间原有的、密切的、类似于好朋友的关系,孩子的亲生父母与干父母之间的称呼一如往常,但是背地里依照具体的情境可能会说是"干亲家"。"干亲家"是对应姻亲来说的,因通婚结成的姻亲之间就是"湿亲家"。这种干亲关系,维持需要精心,而延续也很困难,到了干兄弟的一辈,关系就几乎很淡了,甚至还不如结拜兄弟。姻亲则不同,不但"姑舅亲,辈辈亲,打断骨头连着筋",而且两宗族之间一旦联姻,就成为"千刀割不断的亲戚",干亲却没有这样的效力,并且其所涉及的范围仅限于两个当事家庭。总之,村民认为"干亲不是亲戚",主要是因为干亲没有像通过联姻结成的亲戚那样具有稳固的基础以及明显的延续性。

男性如果有干父母,关系不会因为本人结婚发生变化,而女性在娘家时认的干父母如同亲生父母一样,女性出嫁后同样应该如同对待亲生父母那样,不仅逢年过节要送节礼,还要在干父母家遇有人生仪礼时必须到场,当然参与程度及重视程度都不如亲生父母,村落社会对此也有一个相应的评价机制。因此可以说,干亲关系基本不存在性别差异。而本家,即与自己同一宗族的人,性别差异是比较大的。对男性来说,本家关系终其一生不会发生变化。而女性的本家,婚前婚后是不同的,婚前以父亲的本家关系为标准,婚后丈夫的本家就成了她的本家。村民认为,女性出嫁到婆家以后,就成了"人家的人"了,即不再拥有出生家庭的姓氏,如果她的丈夫姓张,娘家将称呼她为"老张"。既然姓氏改变了,嫁女与娘家人之间就互为亲戚关系。

女性的社会关系,其中一部分是幼时在出生村落建立的伙伴关系。一起玩耍的伙伴通常是邻家的同龄女孩,有同宗族的本家女孩,也有外姓女孩。这些女孩之中,也许有一个一直和她交往密切,甚至一起上学读书,一起外出打工。20世纪70年代开始,读书的女孩开始增加。在小学期间,结交的同学同样是同村的同龄女孩,范围不再局限于邻居。由于学校校址的原因,同学的范围也有可能扩大至邻村。女孩能够读到高中的很少,一般读至初中,因此这期间的同学主要是附近几个村子的同学。小学时的感情基础以及做伴上学、放学的经历，使比较密切的同学关系仍然以同村的同学为主。这种情形在河北邯郸曲村尤其显著。

20 世纪 90 年代开始，逐渐有青年女子外出到本乡镇、本区或者本市打工，同事关系进入了她们的关系网络。未婚女性外出打工，由于工作中的相互帮助、生活中的相互扶持，她渐渐地结交了几个来往密切、性格投契的女子，但是这种同事关系也并不持久。农业部农研中心在分析劳动力外出原因时，提出了农村家庭的性别分工问题。他们以农户作为分析单位，认为一个劳动力是否外出，与其说是个人行为，不如说是家庭整体决策的结果。如果一个农户决定某一成员外出，那么家庭成员中谁最可能被选择呢？其中他们注意到性别的因素，即如果全家不可能一同外出，那么选择男性外出的可能性大于女性。他们的解释之一是女性外出风险大，家庭为此承担的心理成本也高于男性。① 从华北乡村社会整体来看，外出打工的未婚女性的确是少数，原因之一就是女性外出风险大，原因之二就在于人们认为婚配的夫妻二人，男性应该在年龄上稍稍大于女性，因此女性通常结婚较男性为早。因此，那些拥有制度化的同事关系的未婚女性在数量比例上是比较低的。

女性在和这些社会关系进行交往的时候，也有时代特征。以山东红山峪村为例来看，在 20 世纪 70 年代之前，女性出嫁，送亲的队伍中女性只有嫂子和大娘或者婶子两辈子人，20 世纪 70 年代以后逐渐开始有了"小姐妹团"，现在也有部分村民称之为"伴娘"。这也说明了女性具有建立个人社会关系的微弱权力。据说，小姐妹团送亲的兴起，是由于六七十年代政府号召移风易俗，首先便是退还彩礼。但是传统社会中的女孩除了较少的走亲戚的机会以外，一般出门不多，不敢见人，一个人不好意思去，便相约小姐妹帮忙，一同去夫家，后来慢慢兴起了小姐妹团送亲的习俗。小姐妹团类似于男性的结拜兄弟，虽然有些并没有明确的仪式，但是在女性的观念中，她们就是这么认同小姐妹团的。

最近 30 年来，女性在临近结婚时，一般是由本人选择那些送亲的小姐妹。这些小姐妹，大多和新娘同岁，有两小无猜的邻家伙伴，有感情甚笃的表姐妹，有读书期间结交的同学，可能也会有打工期间认识的外地同

---

① 谭深：《打工妹的内部话题——对深圳原致丽玩具厂百余封书信的分析》，《社会学研究》1998 年第 6 期。

事。总之，和她交往甚密的六个或者四个未婚女孩组成了她的小姐妹团。这个小姐妹团，不一定都是通过结拜来的，拜或不拜并不重要。

她们几乎都相互认识，只是以新娘为核心。小姐妹团中的每一个人都有以自己为中心的小姐妹团，可能会相互重叠。她们见证了她的成长，了解她的趣味，熟知她不同时期的喜怒哀乐，分享她的欢乐和忧愁，相互之间完全是精神上的相互支持和感情上的相互安慰。因此，在其中一个结婚时，其他人合伙或者单独送一点礼品，表示心意。1975年，杨传增和妻子关肖云结婚时，关肖云的小姐妹团送的是穿衣镜。1987年，陈兴娈嫁给周后生，带来的是六个小姐妹送的茶具和匾额。现在，流行送花、茶具等礼物，花钱不多，但是情意浓浓。

送亲的小姐妹必须是未婚的。村民认为结了婚的女人不能送亲："老娘们还送新媳妇？主家得烦！"个中原因是，先结婚的女子不能送后结婚的，主要是怕送亲的女子怀孕了，"喜见喜，必有一批"，对胎儿以及新娘都会造成不利影响。新娘结婚以后，小姐妹相互之间就没什么来往了。由于她结婚时小姐妹送了礼品，因此在她出嫁以后，娘家如若知道她的小姐妹结婚，就接着替她给小姐妹填箱。从这里我们也可以看出，一个女孩的小姐妹通常是在本村，至少也是邻村的或者是通婚圈之内的，这样才能及时知晓小姐妹结婚的消息。现在偶尔也有女孩出嫁以后，听说小姐妹结婚了，自己亲自再给人家填箱的。

女性的姻亲关系也是以结婚为界限，分为两个阶段。其中结婚之前，她的姻亲关系是随着她的父母来的，包括姑、姨、舅等。由于习惯上孩子幼时经常随着母亲走姥姥家，因此，她和姑表姐妹、舅表姐妹、姨表姐妹格外熟悉，童年时光的回忆里她们占据着不可磨灭的地位。这些姻亲关系一直保留着，直到她结婚那天，姻亲中的长辈姑、姨、舅来填箱，甚至她的舅舅必须担当送亲这一重大任务。结婚以后，她原来的姻亲关系基本上都会中断，除非与婆家的地理距离特别近的才会有来往。另外，她的父母、兄弟、姐妹以及其他的本家都成了她的姻亲，同时也成了她所嫁入的家族的姻亲。只有她的娘家兄弟、姐妹能够保留、加深和她的关系。丈夫家的姻亲也成了她的姻亲网络的一部分。因为"闺女是外姓人了"，如果她的丈夫姓王，那么她的娘家人要称她"老王"。她依旧把姐姐叫作"姐姐"，而把妹妹包括丈夫的妹妹都根据她们婆家的姓氏称作"老某"。

从夫居制度使得女性婚后不得不离开自己原来熟悉的生活环境，去面临一个新的日常交往群体，了解并适应新的关系网络。在亲属认知上，她一度成为一个边缘人的角色。当她们回到出生地时，会发现本来心理上、情感上非常亲近的人的态度也发生了变化。在娘家，她往往被视为"客"，在兄嫂、弟媳面前说话不再那么随便了，在情感上父母认为她是人家的人了，是"出姓的人"；而在婆家，她被视为"外人"。人们一般认为"新娶的媳妇妨三年"①，这实际上反映出丈夫家族的人对新娶进门的新娘抱有防范的态度，并没有在心理上完全接受她，认为她还没有完全成为自己家的人，是有危险性的外人。这种两边都不被认同的处境，往往使女性在婚后产生一定的失落感，产生情绪紧张和心理压力。这种紧张和压力需要等到她生育以后才能缓解。

刚到婆家的一段时间之内，习俗上允许她可以回娘家，比如"叫对月"，这可以调节她在婆家的陌生感造成的心理紧张。但是由于从夫居的习俗，她大多数时间必须待在婆家，因此仍然会渐渐地与丈夫的本家（实际上此时也已经是她自己的本家了）、邻居家的婶子大娘逐渐熟悉起来，她的关系网络成了 Margery Wolf 所说的"女人社区"。女人社区主要由邻居组成，不但帮助缓解她的家庭内部矛盾，更能维护她的社会地位。② 她的小姐妹团的姐妹，除非是娘家村上的，否则也只能在"正月十六好日子，家家都叫亲妮子"的时候偶尔能够见上一面，外村的几乎终生难以碰面，更不要说亲密联系了。

小姐妹团在她的日常生活中的位置与作用，由女人社区进行了补充与替代。大门口，井台上，夏日的树荫下，冬天的暖阳里，纳鞋底的时候，补衣裳的时候，总之只要有女人聚集的场合，就有家长里短在飞快地流动。与公婆的矛盾，对某位姻亲的不满，孩子哭闹不止的痛苦，家里的学生学习不好，请大家为儿子说个媳妇等许多的琐事，或许根本不是琐事，而是一个农村女性可能更看重的事情，就是在她的女人社区里进行传递的。无论是喜悦的共享，还是痛苦的分担，或者是经验的传递，女人社区代替了小姐妹团，在女性的日常生活中发挥着重要的作用。这种作用，不

---

① 新娶的媳妇在婆家待的三年之内，如果婆家发生了什么意外，比如出现了死人或者变得贫穷的情况，都要归罪于她。

② Margery Wolf, *Women and the Family in Rural Taiwan*, Stanford, California: Stanford University Press, 1972, pp. 38 – 39.

管是她的丈夫还是她的娘家抑或婆家，都无法发挥出来。

山东红山峪村在正月初七敬火神时，女人社区也或多或少地显示了出来。村民敬火神，往往按片进行敬拜，磕头、烧香以后，女人们靠墙站着聊会儿天。这个片几乎是和女人社区重合的。女人社区和正月初一已婚妇女拜年的团体不同，后者是在家族之内，按照房分、辈分来组合的一个团体。这个拜年的女性团体，与某位姻亲①死后去哭人的团体基本相同。目前来看，同姓群体居住分散，与女人社区很难重叠，因此二者总是有着或大或小的差异。

那些招赘的女性，因为本人的居住地点没有发生变化，或多或少能够维持原有的一系列关系，包括本家、姻亲、小姐妹团。其丈夫俗称是"倒插门的"，他的本家关系并没有改变。虽然不与本家居住在一起了，但在他以及本家的心目中，仍然具有同一宗族的关系。红山峪村的段文强和王华，虽然不是招赘婚，但是由于娘家村落的社会经济条件优越，二人结婚后搬迁到那里居住。王华婚前的社会关系得到了基本的维持，不能不说与居住方式的改变有很大的关系。

了解了女性的社会关系，我们再来看男性。男性的主要关系网络是本家和姻亲。他的本家婚前婚后没有任何变化，但是随着他的结婚，将增加岳父岳母、大舅哥小舅子以及两乔等姻亲。他的异姓关系主要是拜把子，又称仁兄弟，也有同事和朋友。仁兄弟可能是同村的，但更多是邻村或者更远村落的。拜把子实际上在姻亲关系之外帮助村民建立并加强了超村界联系。拜把子也许是从小到大的伙伴，也许是关系好的同学或者同事。拜把子关系比朋友关系更亲密，结拜兄弟相互之间负有的义务更接近于宗族成员之间的义务，在父母去世时这种义务体现得尤其明显。结拜兄弟之间相互称呼"兄弟"。村民认为这种"兄弟"比朋友可靠，在遇到困难的时候，"兄弟"必须互相帮助，否则就违背了结拜的誓言，将很轻易地导致人们对他的反面评价。相比之下，人们对朋友的期望值就要低一些。

结拜成员之中，如果其中一位去世，那么他的孩子可能会从此续上，儿子辈的若感情好，也能把拜把子的关系接下来，但续仁兄弟的现象并非普遍。有一田姓村民在镇政府工作的时候，结交了一伙朋友，共18个人，

---

① 此处的亲戚指的是结婚以后在婆家形成的亲戚。

于是喝酒结拜，相互之间一直处得很好。后来有因为工作调动离开乡镇而渐渐断了往来的，也有随着交往范围的扩大，又有新朋友补充进这个小团体。到目前为止，这些仁兄弟仍然相互来往，其中有一位去世，他的儿子参加进来，接续了上一辈的友情。田某的这些仁兄弟，不仅给予他经济上的帮助，协助他给儿子找工作，更重要的是给了他"面子"，让他增加了在乡邻心目中的威望。在村子里，田某属于能办事的人，不仅见多识广，而且"面子大，关系多"，这主要归功于他拜了这伙仁兄弟。

仁兄弟红白喜事都参加，如果其中一人的儿子结婚，仁叔应该出席，同时他的出席也能够给新郎的父亲以及新郎本人长"面子"，让他们显得"脸上有光"。除了红白喜事，现在生育以后送月米也有仁兄弟来的了，说明结拜关系在生活中的重要性增强了。这种仪式上的联系的增加，实际上表明人们更需要结拜关系的延续。事实上，仁兄弟之间平日的往来也很多，既有年节的拜访，更有困窘时的经济互助。这些都是和小姐妹团不同的。如若一人的父母去世，其仁兄弟和孝子一样披麻戴孝，这是最能显示孝子平日结交朋友的场合。仁兄弟比朋友所负的义务要多，不但要随礼，还要披麻戴孝。仁兄弟随礼，对于孝子举办丧礼来说，在经济上是一个很大的支持。村里一个段姓的老人去世，他的独生子的仁兄弟据说对他办丧事支持很大，而且他们雇用了一个女子，扮演老人女儿的角色，哭唱《哭棺记》。这件事一时在村里传为美谈，都说老人虽只有这一个孩子，可是丧事办得风风光光，更多人夸赞的是孝子的朋友多，办事能力强。

仁兄弟关系需要细心呵护，平日要注意多往来。仁兄弟有难要积极相助，否则来往少了，最终会导致关系冷淡，虽然不至于中断，但是与人们对仁兄弟的期望值也是越来越远。关系也有中断的情况，俗称"拔香根"或者"摔香炉子"。关系的最初状态都是各方面情况平衡的，但是"日子在于人过，后来有穷的，或者自己自动不去了，或者其他人嫌弃了"，慢慢地就出现了个别人脱离团体的情况。"再有就是感情不和的，也有其中一个做事让大伙看不过的"，逐渐被大家从仁兄弟团体里清除出去的。

如此看来，小姐妹团和拜把子有一些区别。首先，前者不一定都是通过仪式产生的，也不是一个时间建立的，而是围绕一个情感主体在不同的时间段和不同的情境下不断积累的结果，结拜关系更多存在于观念之中；

后者是同一时间建立的，有"拜"的仪式，无论仪式简单或者隆重。其次，小姐妹团人选多数还是在本村，既包容又封闭，是以一个女子为主而自然形成的一个感情团体；而拜把子的范围往往超越村落的界限，是一个相对封闭的团体，即使具有包容性，也是非常有限的，相互之间没有哪一位是中心，很容易由情感团体渐渐演变成利益团体，在日常生活中发挥着对家族的补充和支持作用。再次，小姐妹团因为是单纯的情感团体，不涉及经济利益、面子问题，因此能够很容易地维系下去，意外的断裂机会很少，但是一旦中断就不存在复合的机会，因为结婚改变了女子的居住村落以及她在生活中的角色，很容易导致小姐妹团的自然解体；而拜把子涉及的东西比较复杂，若非细心维护，则很可能发生断裂。最大的区别在于，小姐妹团随着女子结婚而自动解体，拜把子只要细心维护，却能够终生维系，不会因为结婚而中断，甚至死亡也无法阻止。

从制度化关系来看，同样在村民中也存在着性别差异。家庭整体决策认为，已婚妇女外出会使家庭付出的成本高于男性外出，因为已婚妇女承担的家务很难为男性替代。[①] 由于结婚的女性一般不再出去打工，随着嫁为人妇，深陷到家庭生活中，她婚前的同事关系也会逐渐中断。而男性由于婚后一般会继续原来的工作，因此先有的关系也可以得到维持，即使是不继续原来的工作，他也会在新的工作中增加新的同事关系，甚至这些同事也会参加他的婚礼及其父母的丧礼。同事关系类似于拜把子，但是实际上比拜把子的关系要淡，比如在父母的丧事上，拜把子的参与程度要大大强于同事。用一个不太恰当的比喻来说，拜把子类似于亲兄弟，而同事类似于朋友。

由此可见，女性的社会关系在结婚之前，其定位的基础在于父权，而婚后社会资源要从属于她的丈夫及其家庭，其定位的基础在于婚姻。男女双方社会资源明显是不对称的，女性相对于男性明显处于劣势地位。在从夫居制度下，女方嫁给男方后，进入男方原有的亲属网络，与出生家庭的亲属关系改变了，而其他的社会关系也会发生淡化甚至中断。男性除了会通过联姻增加新的姻亲以外，其他关系基本上不会发生变化。

女性婚前的社会关系受到父权制的影响，婚后由于从夫居制度，不得

---

① 谭深：《打工妹的内部话题——对深圳原致丽玩具厂百余封书信的分析》，《社会学研究》1998年第6期，第63页。

不离开娘家。但是居住在婆家同样缺乏自主性①，社会性别制度决定了是男性而非女性在生产、生活中具有主体地位。社会性别制度既与经济政治制度密切相关，又具有自身运作的机制。我国传统的社会性别制度从周代开始，随着以父权制为中心的等级制的建立而建立起来，由于其传递性与渗透性，至今仍以传统性别观念的形式影响着我们生活的方方面面。社会性别分工决定了男主外、女主内的家庭分工。男人必然成为家庭生活资料和生产资料的主要生产者，是家族事务的重要决策者，同时掌管家庭财产的经营和分配。而女性虽然生产并哺育婴儿，但子女成长过程中所需的衣食保健资料则主要依赖于丈夫的劳动，实际上男性早已取得了家庭、社会的主导优势。因此我们说，由于从夫居制度以及社会性别制度的存在，两性在婚后的社会关系发生了不同的变化。

社会性别制度造就了女性的生活模式，由此也限定了女性成员所能建构的社交圈子的范围与实质。调查发现，女性的户外活动半径明显小于男性，女性一般是在核心通婚圈之内进行活动，以逢年过节送节礼和平日串亲戚为主，而男性的户外活动半径甚至扩展到所在省份以外。女人一旦嫁人，就会离开原来成长的那片熟悉的天地，而从此留在夫家生儿育女，照顾老人，照看庄稼。而男人则出门打工，为全家的生计操心。在日常生产、生活中，男人发现，仅仅依靠家庭、家族的力量是不够的，有必要与婚姻、家族之外的网络保持广泛而稳定、密切而持久的联系，才能够维持全家的生存与发展，因此男性通常会把密切的朋友关系发展成拜把子关系，从而加强了相互之间的互助义务。这是一种类血缘关系，根源仍在宗族成员之间的义务关系。这实际上体现了男性在人际建构上的主动性和灵活性。拜把子能够终生存在，同事关系、朋友关系也不至于因结婚而中断。拜把子不仅融洽了男性的社会关系，更重要的是补充了家族、姻亲对生产生活的支持作用，同时拜把子对于家庭生活的支持和帮助则反映了男性在家庭经济生活中的支配性地位。反过来说，如果是女性负责操持家庭生计，那么即使婚后居住在婆家，她与小姐妹团的关系同样也有可能持续

---

① 当笔者问段巩氏她娘家母亲本人姓什么时，她的回答是"俺姥娘家姓王"。这样回答带有丰富的意味。她既回答了母亲的姓氏，同时又表达了对自己娘家的尊重，因为她认为她的母亲应该姓巩。调查期间，当女性被访谈人问及赶哪个集市时，她一般回答的是男性所去的范围。此外，当女性自己在家而丈夫不在家的时候，有人敲门时问"家里有人吗"，得到的回答一般是"家里没人"。

下去，而不会因为结婚中断她们之间的也许更加真挚的联系。

亲属网络的确存在着深刻的性别差异。这种差异一方面体现了从夫居制度的影响，另一方面也能够反映传统的社会性别分工制度。实际上，婚后采用何种居住方式本身就体现了性别的差异，因此可以说是性别制度建构了村民的亲属网络。接下来论述的就是对于嫁女来说最为重要、影响也最为深远的姻亲关系网络，看嫁女在姻亲关系网络中到底处于什么位置，她的位置又如何反映了两个联姻集团的姻亲关系。

二 从回娘家习俗看嫁女身份的转变

家庭中的人伦关系，从小的方面而言，是夫妻关系、婆媳关系；从大的方面而言，是联姻家族之间的姻亲关系。女人在家族之间的流动，建立了家族之间的姻亲关系。而姻亲之间的往来作为一种严密的体系，具有一定的结构和模式，其中既有仪式上的往来，也有日常生活中的实践。其中嫁女回娘家，作为一种既受到日常习俗的制约又有实践形态的人际交往，最能体现儒家文化中的和谐意识在民俗上的深层影响，是民俗服务于生活的一个典型功能。嫁女因婚姻导致身份转变，在回娘家方面就产生了各种习俗。大多数节日比如春节、中秋节、清明节均禁止嫁女回娘家，是因嫁女身份已由"女儿"转变为"外人"，而某些时段如正月十六娘家必须接嫁女回家的习俗可能象征着对传统社会秩序的微弱对抗，实现社会秩序的内部平衡与和谐。同时，习俗规定了嫁女在特殊时刻必须要回娘家，与对姻亲关系的维护有重要关联。日常生活中，习俗也给予新嫁女在回娘家上的某些自由，这有助于新嫁女尽快适应在婆家的生活，建立媳妇和公婆的和谐关系。

就笔者目前所见，有关嫁女婚后回娘家的研究尚不是特别多。彭美玲《传统习俗中的嫁女归宁》以礼俗沿革为重点讨论传统习俗中的嫁女归宁，同时也涉及了方志中的资料。[①] 杨连民、马晓雪《"归宁父母"与

---

① 彭美玲：《传统习俗中的嫁女归宁》，(台湾)《台大中文学报》2001 年第 14 期，转引自洪淑苓《"回娘家"习俗与女性研究》，韩理洲：《中国传统文化与新世纪》，三秦出版社 2004 年版。

"归宁"制度考略》分析了历史上不同学者对"归宁父母"的理解,探析了形成错误的根源,也对"归宁"制度作了一番历史的考察。① 洪淑苓的《"回娘家"习俗与女性研究》以歌谣、民间故事为中心,论述女性回娘家的深层意义尤其是与女性民俗文化的关系。② 笔者主要以来自晋、冀、鲁的田野资料为基础,探讨嫁女回娘家的几种情形(主要涉及嫁女回娘家的节日禁忌、娘家迎接嫁女回娘家以及嫁女在不同场合下主动回娘家)对嫁女与娘家、婆家以及联姻家族之间关系的影响,同时指出嫁女回娘家习俗在姻亲交往体系中的特殊意义。

(一) 送节礼、随礼、送面鱼:姻亲关系的维护

前文已经论述过,两个联姻家族之间存在着一种"亲戚理",即两个家族之间的阶序性关系。给妻集团由于给出了一个女人,使得其地位总是优越于受妻集团,后者对前者倍加尊重,甚至在礼物往来上也能够体现出这种特征。

两个家族建立联姻关系以后,维护姻亲关系就成了嫁女的一项重要任务。嫁女逢年过节回娘家,一是看望父母,尽做女儿的义务;二是看望哥嫂、子侄;三是娘家"有事"去随礼。三者主要目的都是维护和谐有序的姻亲关系,让联姻家庭和家族之间的往来变得更加有序、顺畅。

在一对未婚夫妇订婚以后,两家即建立起姻亲关系,男方需要在某些节日如端午节、六月初一、中秋节、春节等节日由准新郎出面去看望未来的岳父母,这种"追节"习俗在华北乡村社会极为普遍,有些甚至对礼物有特殊讲究,这是嫁女回娘家的替代形式。当准新郎成为新女婿,第一次去丈人家会得到特别盛大的招待,女婿在丈人家的特殊地位由此可略窥一斑:

> 新女婿来走亲戚,带来了两盒饽饽(八个)、酒,还有蛋糕。我按规矩留一半,回一半……招待新女婿的酒席,我用十六个菜,也有

---

① 杨连民、马晓雪:《"归宁父母"与"归宁"制度考略》,《聊城大学学报》2003 年第 6 期。

② 洪淑苓:《"回娘家"习俗与女性研究》,韩理洲:《中国传统文化与新世纪》,三秦出版社 2004 年版。

十二个的……陪客的都是俺闺女的叔伯等长一辈的男人……用的八仙桌，新女婿坐上席。①

女婿在丈人家倍受重视，但是嫁女回娘家从饮食招待到日常礼节就比较随意，但她在联姻家族之间的和谐关系上起到的作用却不可忽视。

至于姻亲之间的节日往来，一年里头数过年最热闹，从正月初一开始走亲戚串门，一般是晚辈看长辈。在这一点上，能够看出人们在制度层面对亲戚远近的划分以及对亲戚交往秩序的遵从，如山东莱阳小姚格庄"初一看姑姑、初二看舅舅，初三初四年轻人看丈母娘，以后再看姨姨"。而天津过了年以后要先看姑妈。山西洪洞讲究"不过'破五'（正月初五）女子一般不能在娘家住，初二、三、四这三天可以串门，但为主的是初三，正月初三女婿留下来吃饭，初二去舅舅家"。春节以外，端午节和中秋节之前几天，嫁女要给父母送节日礼物，一般是老人喜好的烟酒、点心和时令食品。

由于中国传统的财产继承制是单边而非双边的，以父系血缘关系为准绳，因此只要有儿子就不可能轮到女儿来继承财产，女性是一直被排斥在外的。与继承权相对应，嫁女对娘家父母也没有赡养的义务。虽然嫁女不养老，但是嫁女和女婿对娘家人也担负了许多义务，尤其是对于父母更是关怀备至。女婿对给妻集团负有的义务除了在仪式上进行必要的尊重和赠予以外，也包括生活中的照顾。当谁家的媳妇第一胎生了女孩以后，邻居们虽然也盼望她能生一个儿子就了（liǎo）了（le）全家的心思了，但是仍然用充满喜悦的语气来祝贺她："生个女儿好啊，赶明就有了点心匣子了，也有面鱼吃了。"对女婴的父亲通常是说"赶明有了酒瓶子了"，意思是将来有酒喝了。对于女儿女婿，人们的确是抱有这样的期望值的。②

民间文艺与一个地区的民俗生活、信仰观念和生产方式有直接的关

---

① 访谈时间：2007年2月22日，访谈地点：山东小姚格庄，访谈人：刁统菊，访谈对象：蔡志凤。

② 参见一则采自山东红山峪村的民间故事"没酒留不住父亲"："有个村的老头喜欢喝酒。有一次他去走女儿家，女儿一看她爹来了，喜得不得了。女儿麻利地烧锅，忙着给她爹做点好吃的，炒几个好菜。后来菜摆到桌子上了，她爹一看桌子上没有摆酒，就推说到外边有点事，结果女儿女婿怎么等都不回来。后来女儿才知道她爹已经走了，因为自己没给他准备酒，所以留不住他。"

系，因而它与人们的思想观念之间存在着互释性。笔者在田野调查期间发现，人们常常用某些民间故事或歌谣来表述某种意义，谈论他们对姻亲关系的理解。一则民间故事①显而易见地透露出人们对嫁女的期望：

干伐大麦，湿伐米，木刀杀鸡就是你

一个老头，他有三个女儿。一天，老头去女儿家找饭吃去。当时是大家都挨饿的时候，青黄不接，谁家都不够吃的。

到了大女儿家，大女儿说："爹，你等一等，我去干伐大麦。回来烧汤喝。"老头心想，伐大麦皮非湿伐不可，怎么干伐，这不是存心撵我走吗？于是离开了大女儿家。

到了二女儿家，二女儿说："爹，你等一等，我去湿伐小米。回来烧汤喝。"老头心想，小米不干，怎么湿伐，这不是存心撵我走吗？

老头来到了三女儿家，三女儿说："爹，你等一等，我用木刀把鸡杀了，给你老人家吃。"老头一听，更生气，离开了三女儿家。

老头回到自己家，想起来就生气，一天走三个女儿家，连一顿饭都没吃上。他就对儿子说，咱家发假丧，我装死，等她们来，用哀棍子把她们打出去。三个女儿听说爹死了，想想心里愧得慌啊。来到娘家，呼天号地，哭得可惨了。老头这会地从屋里出来，手拿哀棍，打三个女儿，边打边说：干伐大麦，湿伐米，木刀杀鸡就是你，赶快滚，以后不要再来。

父亲遇到了生存的困难，却连续在三个女儿家里遭到委婉而巧妙的拒绝，这更是破坏了姻亲交往的原则——受妻集团理所应当地帮助给妻集团，他的选择是和女儿断绝关系。这则故事对于理想的姻亲关系的表达和维护来说是有重要意义的。

父母到了"七老八十"，一般也是体弱多病的时候，女儿要隔三岔五地去看望，因为不能把年老的娘家父母接来住。事实上，女儿非常喜欢让父母到自己家里去过上几天，以表孝心。一般情况是，父母只有到了不能

---

① 本书所有故事均是刁统菊在2004年1月19日听山东红山峪村田厚庵夫妇讲述。题目由笔者自拟。

劳动，而且身体尚好的情况下才到女儿家里去住上几天，否则女儿不敢接父母到家里过几天，怕的是一旦出了意外，自己的娘家兄弟不会轻易罢休。如果真发生了娘家父母死在女儿家里的情况，女儿应给老人置办一口棺材，然后抬回娘家，听候兄弟的处理。

有儿无女的家庭也渴望有一个女儿，一方面是通过女儿可以建立有多重意义的姻亲关系网络，另一方面女儿确实也在老人年老时给予多方面的照顾，这其中既有物质上的补充，也有自然而真挚的精神和感情安慰。现在中青年男人外出打工的多了，儿媳对老人难免会有疏忽，因此许多老人的生活越来越依赖女儿的照料。一个老人曾经抚摸着身上的衣服对我说："看看，这都是女儿买的，要是指望儿子，破的都不一定能给穿上。"有一个老人虽有三个儿子，但都住在村外，总是住在邻村的女儿和外孙女常常来看望老人，陪老人聊天，帮助老人做家务。人们对此颇有感触："过去是十个闺女不赶一个瘸腿儿，到现在，孬闺女都比好儿强。"

假如说嫁女年节看望父母更多是出于感情成分，那么在某些仪式以及特殊时期回娘家参加仪式，也是姻亲交往体系的一部分。参加红白喜事和送面鱼等习俗实际上是一种象征性的受妻集团对给妻集团的补偿。除年节、人生礼仪①以外，其余嫁女必须回娘家的场合表面来看大多是从习俗上要求女儿对娘家父母尽其孝道、对娘家侄子和侄女尽当姑妈的本分。山西有"十月十瞧娘"的习俗（过去嫁女往往是蒸十二个面馍送给娘家父母），闰月时嫁女会给父母买鞋子。鲁南地区，嫁女在麦收后给娘家父母送面鱼②、逢闰年闰月给娘家父母送衣裳，父母在特殊年龄段，女儿还要给送其他吃食，如"六十六吃肉""七十六吃肉""七十七吃鸡""八十一吃鸡""八十三吃牛""八十六吃肉""八十七吃鸡"。而"送刺猬"等习俗说明习俗化了的嫁女对父母与侄子的照料与关怀。

嫁女给娘家侄子送面包刺猬，给侄女送面包狗，甚至送衣服、送碗等习俗仿佛是嫁出去的女儿为了搞好姑嫂关系，但是实际根源还是在于女儿

---

① 在类似仪式的参与中，嫁女的参加对娘家来说非常重要。2009年5月1日在河北曲村一场婚礼中的调查中发现，新郎的姐姐随礼仅现金就达到5100元，而其他亲戚最多的随礼是姨妈580元，姑姑舅舅560元，姥娘500元。

② 在陕西、河南等地，有这样的歌谣："收了麦，打罢场，谁家的闺女不看娘。要是闺女不把娘来看，不死公公就死婆母娘。"歌谣中对公婆的咒骂，实则是习俗施加给公婆的压力，麦收以后必须要让儿媳回娘家。

对娘家的依赖。"亲近娘家的侄儿,几乎是所有姑母本能的感情流露","娘家侄儿在两家的亲戚关系中扮演着重要的角色。在未婚或初婚时期,他是信使的角色。在以后的漫长的岁月里,他往往又是娘家全权代表的角色。"① 由于女儿对娘家的依赖,"送刺猬"成了姑妈对娘家侄子的义务,是必要而有效的调节姑嫂关系的手段。姑嫂关系的特别之处,不仅仅在于媳妇因承受家庭不公平待遇而暗中迁怒于早晚都是"外人"的小姑子②,更重要的原因在于闺女刚出嫁的一段时间内,由于经济基础薄弱,总是需要娘家的周济。俗话说"一个闺女,两个贼",尽管娘家父母的支持是在暗地里,总是竭力避免让嫂子看见,但是哪个嫂子都心知肚明,因为她们有着同样的经历。当嫂子的到自己娘家去是作为小姑子、作为一个客人去的,但是在婆家就不一样了,她的小姑子才是客人,是"外人",这家里的一切迟早都是她的。如果公婆暗中帮助小姑,这将直接影响到作为儿媳妇的她的利益。当小姑子家庭建设好了,经济力量增长了,她们去娘家总是会带许多礼物给侄子,这个时候是姑嫂关系改善的一个良机。侄子为良好关系的创造、维持和延续提供了一个恰当的平台。

每一个孩子的童年都和姥娘家分不开。对于姥娘来说,外孙是女儿的希望,不能让他受一丁点委屈,如果孩子在姥娘家得病,姥娘要将他赶快送走,就怕万一出了意外,担当不起。所以不管是姥娘还是舅舅、姨妈,总是拿"好吃的"给他,这是外孙喜欢走姥娘家的原因之一。尽管舅舅对外甥而言有大于父亲的权威,但是并不可怕,可怕的是舅妈(山东俗称"妗子")。妗子和外甥的关系实际上是姑嫂关系的折射,她不可能像丈夫那样对待外甥,表现出来的态度也是截然不同。华北许多地方流传着一首歌谣:

  小豆芽,弯弯勾。
  俺到姥娘家过一秋。
  姥娘疼,妗子瞅。
  妗子妗子你甭瞅,
  楝子开花③俺就走。

---

① 徐高潮:《拱动滕小国的面刺猬》,《民俗研究》2001 年第 4 期,第 57 页。
② 同上。
③ 当地有"楝子开花,小麦还家"的谚语,那个时候家里已经有充裕的粮食,不会挨饿了。

> 骑着驴，喝着风，
> 到家学给爹娘听。
> 爹打碗，娘打盆，
> 打这不进妗子的门。

很显然，当妗子对外甥的恶劣态度被传递到小姑子那里以后，亲戚关系马上就受到了中断的威胁。该歌谣还有一个异文，通过受妻集团中的"奶奶"的介入表达出外甥和妗子的紧张关系：

> 小豆渣，咯嘣嘣，
> 俺到姥娘家过一崩。①
> 姥娘疼俺，妗子瞅俺。
> 妗子妗子你甭瞅，
> 楝子开花俺就走。
> 到家学给奶奶听，
> 奶奶骂你个养汉精。

奶奶的介入代表了受妻集团对妗子这个角色的斥责。歌谣里外甥到姥娘家度饥荒遭遇到的来自姥娘和妗子的不同待遇，反映了妗子对外甥非常淡漠甚至有某种程度的恨意。除了经济的原因以外，也许还因为外甥是外姓人，他来到姥娘家，显然分享了姥娘对孙子的疼爱。② 在这种情形下，作为姑妈的女人给娘家侄子、侄女"送刺猬"仿佛是一剂润滑油，既能

---

① "过一崩"就是"过一段时间"。
② 俗话说"外孙是锅门口的客"，既说明了外孙在姥娘家的地位很低，但同时也透露出姥娘对外孙的疼爱，没有把他当"外人"，姥娘对外孙有时甚至会超过对孙子的疼爱。但从外孙的角度看，姥娘家永远不是自己的家，"外甥是姥娘家的狗，吃饱就要走"。外孙对姥娘姥爷的亲近远远比不过对爷爷奶奶的感情，如同俗话所说，"一碗清汤哭头汗，一碗疙瘩站门旁"。姥娘把稠面疙瘩给外孙，对自己的孙子仅仅是"一碗清汤"，也难怪当妗子的认为外甥分享了老人对孙子的疼爱。尽管姥娘如此疼爱外孙，但在她的丧礼上，喝面疙瘩的外孙站在门旁，而喝清汤的孙子却哭得满头是汗。一般来说，老人对于自己的孙子都是非常疼爱的，即使与儿媳不和，但对孙子的疼爱是丝毫不减，俗话说"疼孙子，葫芦头攒金子"，疼爱孙子最终会有回报。人们都明白"疼外甥，瞎糊弄"，疼外孙不顶用，他究竟不是自己家里的人。因此，对那些疼外孙、不疼"里孙"的老人，亲邻都认为他/她"糊涂，想不开"。

够缓和姑嫂关系,又能经由对侄子的关心来延续姻亲关系。

在一些特殊的时间段里给娘家送礼的习俗,大多携带着信仰的色彩,比如人们认为给父母送面鱼、闰月衣裳可以免灾,给侄子送碗也是基于同样的理由。表面看来是信仰的力量促使人们严格遵守习俗行事,但是被掩盖了的社会意义如协调受妻集团和给妻集团之间的阶序性关系可能是更加重要的促使嫁出去的女儿为父母和侄子做这一切的原因。送面鱼等习俗是促使受妻家庭尽自己对给妻家庭的义务和责任,给侄子、侄女"送刺猬"则更多地偏于改善和维护两个联姻集团的关系。嫁女在娘家和婆家的来往中借助各式各样的礼物,在恰当的时机调节了联姻家族的关系。和谐的姑嫂关系、亲子关系到和谐的姻亲关系,是社会和谐运行的保证。

(二)吃了腊八饭,媳妇把家还:由"女儿"到"外人"产生的节日禁忌

要维护姻亲关系,就需要双方遵守一定的规则。首要的规则就是要认定已经嫁出去的女儿是别人家的人。认定这一点,实际上是要求嫁女在观念上把自己当作丈夫家的人,而娘家反倒不是家了,有些时刻和场合是需要回避的。

晋、冀、鲁许多地方都有一些民俗禁忌,规定嫁女不能回娘家过节。河北石家庄赵县习俗规定嫁女在腊月二十一之前必须回到婆家去,否则"二十一死女婿,二十五老婆婆断了土,出了正月死公公"。山西祁县则有"在家过个冬(冬至),死个婆婆捎个公"的说法。山东潍坊西小章村及附近村庄在20世纪60年代以前曾有类似"不落夫家"的婚姻形式,当时住在娘家的时间最长的达到二十多年。尽管人们允许女儿婚后长期住娘家,但根据习俗规定,婚后每逢年节(比如春节、二月二、三月三、清明节等)都必须要提前几天回到婆家。每年的腊月初八,吃完腊八饭后,女儿要回婆家过年,所以当地曾有"吃了腊八饭,媳妇把家还"的说法。正月十五之后嫁女方可回娘家,但到了二月二还要再回婆家过节。新媳妇尤其要如此,据说不回婆家过二月二,就不会受到婆家人的欢迎。① 笔者在鲁南红山峪村进行过长期的田野调查,那里也有嫁女不在娘家过节的习俗:因为春节是"年",年要在自己家中过;忌立春,因为

---

① 根据山东大学民俗学研究所硕士研究生杨春和李然2005年在山东西小章村的调查整理。

"春"比"年"还大，否则穷娘家；元宵节不见娘家灯，"见了娘家灯，一辈子穷坑"，意思是嫁女将成为娘家一辈子填不满的"穷坑"①；清明节、十月一、立冬、腊八、数九等都不能在娘家过，比如"不忌清明，死老公公""不忌数九，死两口""不忌立冬，死老公公""吃她娘家的端午棕，大姑子小姑子都死净"，等等。沂源也有类似的禁忌：嫁女婚后第一个清明不能在娘家过，否则公公会长青障眼；婚后第一个冬至不能回娘家，回去也不能在娘家住，否则会死公婆；婚后第一个正月不能空房；春节不能在娘家过，否则会穷娘家；嫁女在七月十五不回娘家，以免见到娘家的家堂。嫁女不能见到娘家家堂的禁忌，同样存在于山东莱阳及莱芜，七月十五是祭祖的日子，女人在这一天绝对不能回娘家，其实质是为了防止已经嫁出去的女儿见到家堂轴子和"家堂桌"②。请家堂的时间是大年三十，届时自家媳妇或未出嫁的女儿都可以摆放供品，但是已经嫁出去的女儿是绝对不能见到家堂的。鉴于正月初二嫁女要来走娘家，因此要在正月初一下午把家堂送走。

根据来自田野的资料，我们大体上可以认为，在晋、冀、鲁地区，存在着针对嫁女的节日禁忌，人们认为嫁女假如在娘家过了某个节日会发生种种不好的效果。这里提供三种文化主位视角的解释。第一种观点认为，由于过去婚龄较早，女儿出嫁后走娘家容易留恋姑娘生活而不愿回婆家去，但娘家人又不好意思撵走，于是采取"忌"的方法让女儿赶快在节日前回婆家。第二种观点认为，冬至这天嫁女不能在娘家吃饭（长期住在娘家的嫁女这天也一定要回婆家），要不然婆家不答应，当地俗话说"在家过个冬，死个婆婆捎个公"（要是不回去，就表示女的铁了心了，两家关系就彻底僵了，没有缓和余地了）。③ 第三种观点认为，过去一大家子过日子的时候，媳妇由于家务、农活繁重，走娘家不像现在这么自

---

① 出嫁后的嫁女很穷，娘家经常周济叫"填穷坑"。
② 横顶村的家堂轴子悬挂的位置是一般家庭挂中堂画的地方。上端是一行行的表格，表格里有根据辈分高低排列的祖先名讳。下端常是象征大户之家的庭院，刻画过年团圆的气氛。"家堂桌"是祭祖时摆放供品的桌子。根据黄金姬2005年在韩国的调查，凡是移民自荣成市的韩国华侨，至今保留着一个荣成习俗，即在正月初一和初二供奉祖先牌位，在这两天禁止女儿回娘家，因为祖先牌位是不能让"外人"看见的。女儿就是典型的"外人"。
③ 访谈时间：2008年11月8日，访谈地点：山西祁县沙堂村，访谈人：袁振吉，访谈对象：王祥礼。

由，到了腊月农闲的时候可以回娘家多住段时间，但到了腊月二十一娘家必须将其送回婆家，"二十一送闺女，二十二送小子，二十三祭灶王"。但是由于妇女经常受婆婆虐待，到了娘家就不想回来，要是到了二十三闺女还在娘家住，灶王就要上天去告状了。① 出于文化主位的解释在相当程度上符合现实生活，具有一定合理性。嫁女在腊月二十一必须回婆家，娘家人借助节日禁忌让嫁女早日回到婆家过节，至少有助于帮助那些可能是因为夫妻矛盾闹分居的夫妻。但是我们假如考虑节日的性质，那么还有其他的解释。

综合来看，这些在禁忌范围内的节日一般来说都是一个家庭的内部节日，要么设案上供，以供祖先享用；要么就是要到坟墓去上坟祭祖；要么就意味着一个家庭的团圆。显而易见，这些节日是排斥"外人"在场的，在传统观念的范围之内，嫁出去的女儿就是典型的"外人"。女人如果在娘家过节，首先是使得娘家多了一个"外人"，也导致婆家无法团圆。其次，如果这些节日有已经出嫁的女儿在场，实则暗示这家没有儿子，香火不旺，这也可以从其他习俗得到证明。例如鲁南、鲁西南的丧葬仪式上，当孝妇的娘家人来吊唁的时候，只有女婿磕头谢客，嫁女不能给娘家人磕头，同时也不可以给娘家父母上坟，因为只有没有儿子的家庭才允许女儿去上坟。嫁女在春节不给娘家上坟的禁忌也普遍存在于河北、山西。人们朴实的解释是嫁女作为"出了门的闺女""回来上坟，不是说她娘家没人？""娘家哥哥兄弟不高兴啊，那就是（说）没哥哥兄弟了。"

事实上，大部分访谈对象认为，"她们已不是娘家的人，所以不能在娘家过节，不然要败娘家"，或者解释为"如果儿媳妇在娘家过节，公婆就会死在栏②里"，总之种种说法都是对家庭的不利。不管是针对婆家还是针对娘家。这样的解释完全把出嫁女相对于娘家而言的"外人"身份及相对于婆家而言的自家人身份凸显了出来。

嫁女这种从父母的"女儿"到娘家"外人"或客人身份的转变，是由婚姻开始的，身份的改变决定了她在特殊时段的居留处所，更进一步导

---

① 访谈时间：2008年11月8日，访谈地点：山西祁县沙堂村，访谈人：袁振吉，访谈对象：王祥礼。

② "栏"的意思是养猪、羊等家畜的圈。

致她身份的改变。在这一流动过程中,女性不仅扩张了父兄及夫家的关系网络,她的正式地位也得以确立。

根据范根纳普的通过仪礼理论①,女儿不再是女儿,而成为娘家的亲戚,这种转换需要经过通过仪礼来实现当事人及相关社会成员对社会文化的理解、接纳与认可。女儿从娘家离开的仪式,叫"发嫁",此时女儿鞋不可沾地,俗谓"沾了娘家土穷娘家"。从这一特点来看,发嫁仪式实际上只是一个分离仪式,以此来将女儿与娘家的关系初步隔绝,但隔绝以后她究竟是什么身份并没有明确下来。婚礼期间,"女儿"显然只是"新娘",又被婆家人视为有可能带来危险的角色。许多地方都有的婚礼上新娘要跨火盆的习俗,实际上就具有驱除新娘身上的危险因素这一象征意义。可见这个时候,作为"新娘"的"女儿"并没有完全得到婆家人的接受,其身份究竟是婆家人还是娘家人尚处于一个模糊的状态。

作为一种把个体融合进一个社会群体的新的地位和角色的机制,通过仪礼的第三个阶段也就是重组阶段对于女性最终身份的明晰极为重要。女性通过联姻这种形式,应该最终能够确立她在婆家的身份,同时也可以更新她和出生家族的关系,使她和出生家族的关系在家族意义上彻底脱离开来,从此姓着丈夫的姓氏,成为娘家的一个亲戚。此后,女儿作为"出姓的人",即不再拥有出生家庭的姓氏。这种变化导致她在亲属认知上也一度成为一个边缘人的角色。当她们回到出生地时,会发现本来心理上、情感上非常亲近的人的态度已经悄然发生了某些微妙变化。在娘家,她往往被视为"客",在兄嫂、弟媳面前说话不再那么随便了,在情感上父母认为她是人家的人了,是"出姓的人",娘家人与她的关系也发生质的变化,将作为她的亲戚与她交往。这种习俗在南方诸省也存在着,如福建省,女子一旦嫁出就不再是娘家成员,新婚后返回只具有客人身份,因此回门又有"做客""做头次客""做三日客""新娘做客""请头遭"之类的说法。②

嫁女身份的转变,是产生这些节日禁忌的根源。归根结底,嫁女不再

---

① Arnode Van Gennep, *The Rites of Passage*, Translated by Monika B. Vizedom and Gabrielle L. Caffe, Introd. by Solon T. Kimball, Chicago: The University of Chicago Press, 1960.

② 林国平:《福建省志·民俗志》,方志出版社 1997 年版。

是娘家的女儿，而是婆家的媳妇，这一点自然将问题的焦点转移到宗族范畴。一个异姓女儿嫁到自己家族，宗族的存在和范围就需要重新界定。只有女儿离开，才有对方的宗族边界，而嫁女的随意归来，则会打乱己方的宗族边界。嫁女在重大节日时的归属问题，实际上和宗族秩序有关了。作为嫁女不在婆家团圆而在娘家过节，就破坏了儒家文化所要求的和谐观，打乱了各方的宗族秩序。

与嫁女在某些节日禁忌回娘家习俗相对应，许多地方也禁忌嫁女与女婿在娘家同居，担心嫁女怀孕而带走娘家的好风水，也有习俗禁忌嫁女在娘家坐月子，有俗语"女子上床，家败人亡"，嫁女更不可在娘家生孩子。如天津讲究嫁女"不能在娘家生孩子，会穷娘家，叫'在娘家掉块肉，娘家穷不够'"。这些习俗归根到底还是考虑了联姻家庭、家族之间的和谐关系，试想如果嫁女在娘家生孩子出了意外，影响受妻集团的香火传承，这种后果不是娘家能够轻易承担得起的。

（三）正月十六叫闺女：对传统社会秩序的微弱对抗

女性身份的转变，是借助了婚礼这一仪式，而为了实现某种平衡，在节日禁忌之外，又产生了一种弥补性的仪式，以此来营造社会的非常秩序。晋、冀、鲁绝大多数地方不允许已经嫁出去的女儿在娘家过节，但有意思的是有些地方又有"正月十六叫女儿"的习俗，要求娘家必须接嫁女回来，河北永年甚至也要接新女婿在娘家过正月十七。山东淄博在腊八节这天，娘家会打发人接嫁女来吃腊八粥；二月二同样也要接嫁女回娘家。此俗或可看作是对传统社会秩序的微弱对抗。

鲁南红山峪村有"正月十六好日子，家家都叫亲妮子"的说法，娘家人把女儿从婆家叫来过几天，称为"叫客"——这是把已嫁女儿叫作"客"的场合之一。根据田传江在《红山峪村民俗志》里的分析，正月十六叫女儿有几个原因。首先，从前媳妇大都与公婆"一个锅里抹勺子"，加上物质缺乏，吃喝均放不开，忍饥挨饿是常有的事，而到了娘家既不会拘束，饭菜也是相对丰盛；其次，东邻西舍的出嫁女儿借此机会互诉家长里短；再次，平时回娘家公婆要限制时间、布置任务（如"女红"），正月十六回娘家却不受时限，也不带任务，本身心情就很舒畅。现在，以上这些现象大部分都不存在。多数夫妻婚后都分家单过，不但自己忙，娘家也很忙，有的事先向娘家打招呼"十六不要来叫，到时有空就去"，有时娘家来人叫也是象征性的，碍于风俗不来人叫不好看。①

2004年的正月十六，笔者在红山峪村南的大路上发现街上到处都是迎接女儿回娘家的摩托车、小三轮，而村里家家都洋溢着欢笑。这种情形实际上在2005年的正月十六也同样存在。这真是一个女儿的节日，所有嫁出去的女儿都带着女婿和孩子回到了娘家，这一天在姥姥姥爷身边绕膝欢笑的不是孙子和孙女，而是外孙、外孙女。当然当姥姥的也有权利回娘家，但是当老人过了60岁以后，一般不敢再走亲戚，怕出了事亲戚担待不起。② 此外，过了正月初一以后有娘家人叫"老女儿"的风俗，正好与正月十六错开。这就可以保证正月十六回娘家的女儿能得到妥善的照顾和招待。

正月十六这一天是比较有意思的一天，家里的儿子、儿媳带着孙子、孙女到丈人家去了，而女儿、女婿带着他们的孩子来了。如果我们把这种习俗和对女性归属性的强调联系起来考虑，或许可以说明它是对女儿不能在娘家过元宵节等节日的弥补。在这个意义上，女儿女婿在正月十六回娘家可以理解成一种社会隐喻，是对传统父系社会结构的一种微弱的象征性对抗。无独有偶，正月初一嫁女要在婆家过年，正月初二（有些地方规定是正月初三）嫁女要和丈夫、孩子一起去娘家也有同样的意义。

社会秩序需要平衡，哪怕这种平衡是暂时的。根据范根纳普的理论，非常时期的社会秩序往往象征着对日常社会秩序的反抗。我们已经了解嫁女在许多节日都不能回娘家过，要维护受妻家族的团圆和家族秩序的和谐，那么如何实现对嫁女不能在娘家过节的弥补？这种深层次的和谐，恰恰要通过女性在特殊时期的回娘家来实现。各地都有某个节日或庙会期间接嫁女回娘家的习俗，我们不仅可以从放松女性身心的角度来理解它，更可把它视为对传统父系社会秩序的反抗，从而实现社会秩序的性别和谐。

（四）主动回娘家："新媳妇心理"的调适器

在缔结婚姻的最初，不论是对彩礼的讨价还价，还是婚礼上一些象征性行为，都能表现出两个联姻家族在家族势力上的竞争。这种竞争，当出

---

① 田传江：《红山峪村民俗志》，辽宁文化艺术音像出版社1999年版，第381页。
② 2004年1月29日，笔者跟随访谈对象田大娘走亲戚，一个80多岁的老人见到娘家人泪花都出来了："好多年正月十六没走娘家了，不敢走，年纪大了，怕给娘家添麻烦。"

现家族势力明显落差的时候，女性回娘家就能成为一种武器。嫁女有时候会主动地经常性地回娘家，这既有习俗允许的情形，也有把回娘家当作一种手段的情形。

习俗允许嫁女回娘家，常常发生在女儿刚刚嫁出去的时候。不仅存在女性对婚后生活的适应问题，同时也存在婆家对儿媳的接受问题，这实际上反映出受妻家族对新娶进门的新娘抱有防范的态度，并没有在心理上完全接受她，认为她还没有完全成为自己家的人，是有危险性的"外人"。新娘被受妻家族视为显在的边缘人和隐在的破坏者，这种阈限期要在生育以后才可结束；而女儿嫁出去以后，从此成为外姓人，再来娘家是作为客人。这种两边都不被认同的处境，笔者谓之"新媳妇心理"，往往使女性在婚后产生一定的失落感，尤其容易导致情绪紧张和心理压力。这种紧张和压力需要等到她生育以后才能在根本上得到缓解和释放。

山西祁县习俗是，新娘临出嫁之前，要多喝稀饭，意思是少惦记娘家人，和娘家人走动得少些，多和婆家人相处，不要三天两头回娘家。这一习俗很清楚地表明娘家是希望嫁女尽快融入婆家生活的。有些地方允许新娘初为人妻之时避开在婆家的过度操劳。比如"住六月"的习俗，嫁女在婚后第一个麦收时节即在五月底六月初，可以回娘家住一个月。如此之俗，使得新嫁女能够避开农忙时节在婆家的劳累，这应该是对嫁女初为人妻的一种理解和调适。不过，在娘家嫁女也不闲着，要给公婆、小姑、小叔做鞋，因此"住六月"也叫"看六月"，主要是男方要看新媳妇的女红做得怎么样。

另一种回娘家的情形虽与"新媳妇心理"无关，但也在本书主题之内，故简要提及。当女性与丈夫或公婆闹了极大矛盾的时候，她会冷不丁扔下一切回娘家。这个时候，婆家通常会很着急，先是让儿子去接儿媳妇。若是接不来（有时候儿媳妇也会放话让公婆去接），公婆只得亲自出面去接。实在没法子，就让村里比较有威望的并且与给妻家族关系良好的人去调解。事实上，有一些媳妇是非常不孝顺公婆的，这样的媳妇跑回娘家去，为什么丈夫还得想方设法把她接回来？访谈对象的回答是惊人的一致："不接怎么行呢？谁有钱再去娶一个?!"也许正因为此，嫁女才会在一些时候肆无忌惮地回娘家，把"回娘家"当作一种具有威慑力的手段。这样的"回娘家"是多么缺乏温情啊!

要补充的一点是，嫁女除上述场合以外的回娘家，也即那些平常的回娘家。作为两个联姻家族的沟通媒介，嫁女要不断地回娘家，同时适度回娘家也有利于调节她的身心，有利于实现个人内心秩序的和谐与心理健康。总之，对于要回娘家的嫁女，习俗既在某些时段设置了重重障碍，又在特殊时刻开辟了许多坦途。

（五）民俗在人际关系方面的协调功能

中国的民俗文化受过许多方面的影响[①]，但若从根本来看，可能儒家文化对民俗的影响最为深远。儒家文化中的儒家礼仪是自上而下的一套社会行为规范，其中贯穿着特定的整合社会的理念，具有规整、严密、适于操作的特点。民俗吸取了儒家文化礼仪的影响，制定了可以调适民间社会的各种规范和条例俗规来表达、践行着自己的精神，调整着基层社会的秩序，进而整个社会以礼俗的一体化实现整合和稳定。

每个人都生活在民俗之中，都处在一个结构化了的关系网之内。民俗文化与儒家文化的生命力之间存在着互动，儒家思想是我国民俗存在的灵魂，它所强调的和谐意识深刻地贯穿在民俗文化网络之内。从具体的民俗事象来看，我们不难发现，原来儒家文化依然鲜活地在我们的民俗生活里传承着，成为我们生生不息的生活方式，这些生活的细节里蕴含着对人与自身、人与人、人与自然和谐关系的精神追求。嫁女回娘家对姻亲关系的协调，是儒家文化对民俗生活影响巨大的一种重要表现形式。

回娘家习俗实际上是姻亲交往体系内的一部分。女人在家族之间的流动，建立了家族之间的姻亲关系。而姻亲之间的往来作为一种严密的体系，具有一定的结构和模式，其中既有仪式上的往来，也有日常生活中的实践。而不管是哪种往来，都属于姻亲交往体系中的一部分。其中嫁女回娘家，作为一种最能体现因婚姻产生的联姻家族之间的关系，种种禁忌也好，多种习惯也好，最终都是为了协调联姻家族之间、嫁女与娘家和婆家之间的和谐关系。"人际关系的和谐向来是中国文化价值系统中最高的目标，所谓以伦理立国的意思即在于此。传统的伦理精神着重两方面的表现，其一是以家庭成员关系的和谐为出发点，另一方面则延伸到家系的传

[①] 比如汉代到唐代期间，佛教的传入和道教的兴起对民俗产生了巨大的影响，因果报应、天堂地狱之说深入人民众信仰，见钟敬文《民俗学概论》，上海文艺出版社1998年12月版，第37页。

承及其延续。一个是人间的、同时限的和谐,一个是超自然的、超时限的和谐,两者都得到和谐均衡才是真正的均衡,这是中国文化中人际关系最重要的特色。"[①] 李亦园这段论述实际上揭示了中国人际关系在两个方面要讲求和谐,即人与人的和谐、人与自然的和谐。儒家文化中的和谐意识就这样贯穿在民俗文化之中。

在儒家思想体系中,"和"即"和谐"之意,它被认为是美好的人际关系状况和极高的道德境界。这种和谐意识经过内化,已经形成我们民族的精神,进而会体现在我们的民俗生活中。因此,我们完全可以说民俗的功能在于协调关系。和谐意识贯穿于人们的日常生活当中,由民俗文化将之落实到具体层面。首先,协调人与人的关系,比如本书所论述的嫁女回娘家习俗,比如人生礼仪习俗,帮助个体找到自己在社会网络之内所处的合适位置;其次,人与自然、超自然的关系则由生产民俗、民间信仰民俗等层面去协调,求子时去拜送子观音,而祈雨时则拜龙王,对神灵的信奉帮助人们获得了心理的安宁。民俗文化协调人际关系,协调人内心和外部的各种关系,将生活的各个方面和谐化,在这个层面上来理解民俗文化的功能也是一个合理的路径。

三 娘家人还是婆家人?

(一) 立足民俗学的嫁女归属研究

儒家经典文化历来强调的女性行为规范是诸如"三从"之类的抽象性要求,如要求女性未嫁从父、既嫁从夫、夫死从子,仿佛女人嫁到婆家以后,一切要听命于丈夫。但是在文化与社会的具体运转中,我们可以发现嫁女与婆家、娘家的关系,存在着一种不同于制度性文化的、民俗意义上的实践和表达。这种表达,既有对儒家经典的强烈遵从,也显示出理论和实践的悖反。本书即从民俗学学科方法出发,利用民俗学的田野作业方法,以近几年搜集到华北各地的有关民俗文化资料为分析基础,对嫁女与婆家、娘家关系进行论述,指出嫁女在两个联姻家族之间关系网络中的具体位置。

---

① 李亦园:《人类的视野》,上海文艺出版社1996年版,第154—155页。

嫁出去的女儿究竟是娘家人还是婆家人？或者说她和婆家、娘家的关系究竟是不是非此即彼的状态？对于嫁女与婆家的关系，我们不必太过用力，不管是从儒家经典文化（制度性文化）还是从日常生活的细微处（如嫁女的父母与公婆同一天安葬，她只能参加公婆的葬礼）来看，都显著地标示出嫁女应当遵循的立场。有些经典研究也表明了这一点。费孝通先生在《乡土中国》中说过，"她们一生有两个时期，一是从父时期，二是从夫时期。"在从夫时期，人们认为"女儿是替别家养的"，所以女儿在出嫁前身份总是处于暂住的性质。① 滋贺秀三则指出，嫁女在"从父时期"是父系家族的"依赖人口"或"家之附从成员"，暂时被娘家养着，通过婚姻成为其丈夫家族的正式成员。② 可见嫁女正式社会地位的落实需要通过婚姻，而之后的落脚点是在丈夫家族，这已经是不证自明。

由此来看，嫁女与娘家的关系似乎不言而喻了，事实上，这种关系一直"不是礼教措意的重点，社会上对此似乎缺乏权威性的整体规范"③。有一些研究认为包办婚姻中的嫁女与娘家的联系被阻断了④，一旦嫁到婆家就不再能得到娘家的支持⑤，一方面这大概是中国俗语"嫁出去的女儿，泼出去的水"在很大程度上对某些学者的误导；另一方面，嫁女与娘家的联系更偏重于日常生活，而这一点被制度性文化所有意忽视（事实上也容易遭到忽视），因而遮蔽了其被研究、被注目的可能。事实上，不仅如此，"女儿"向来就是不被重视的角色，社会科学工作者对"女

---

① 费孝通：《乡土中国生育制度》，北京大学出版社1998年版，第198页。
② ［日］滋贺秀三：《中国家族法原理》，张建国、李力译，法律出版社2003年版，第353页。滋贺同时指出，传统中国妇女不管在何种时代，都没有财产继承权可言，原因在于女子没有宗祧继承权，《中国家族法原理》，第437—458页。
③ 陈弱水：《唐代的妇女文化与家庭生活》，（台湾）允晨文化实业股份有限公司2007年版，第25页。
④ 例如Stockard, Janice E., *Daughters of the Canton Delta: Marriage Patterns and Economic Strategies in South China, 1860-1930*, Stanford: Stanford University Press, 1989, pp. 1-2, 转引自张卫国《"嫁出去的女儿泼出去的水？"——改革开放后中国北方农村已婚妇女与娘家日益密切的关系》，《中国乡村研究》第7辑，第293页。
⑤ 如朱爱岚：《中国北方村落的社会性别与权力》，胡玉坤译，江苏人民出版社2004年版，第154—156页；杨懋春：《一个中国村庄——山东台头》，张雄、沈炜、秦美珠译，江苏人民出版社2001年版，第54—70页。

儿"的关注本来就少于妻子、母亲、婆婆、祖母等家庭角色。[①] 不过，随着社会的发展，女儿的角色越来越受到重视，这不仅体现在家庭生活领域，在学者的研究中也越来越受到瞩目。

已有的涉及嫁女的研究，大多散见于各种有关亲属制度尤其是姻亲关系的论述中，但仍有学者开始关注嫁女在亲属体系中的具体地位。如朱爱岚（Judd，Ellen R.）致力于研究嫁女与娘家（natal family）的联系，以及这种联系与正式制度间的关系。她指出了女儿本人的能动作用，认为嫁女视娘家为自身亲属关系的一部分，以嫁女为中心的亲属关系有别于传统的父系制度，前者更关注情感因素，而后者更重视成员资格的延续与财产的承继。[②]

对嫁女能动性研究的一个典型例证是玛格瑞·沃尔夫（Margery Wolf）带给学界的。她在其《台湾乡村的妇女与家庭》中提出了一个著名的"子宫家庭"（Uterine families）概念，向妇女在中国社会中仅仅是受害者的看法提出挑战，指出妇女在亲属关系体系中的能动性。嫁女以对儿子进行传统忠孝观的教育为基础巩固了自己通过儿子获得的家庭地位。[③] 应当承认，嫁女的确借此对男性统治的家庭制度进行了挑战，但同时又继续巩固着男性统治的传统，因此沃尔夫所谓的妇女的能动性，仍然需要在父权文化的制度体系所能提供的规范性框架之内才能够产生。

嫁女在亲属体系中的能动性在李霞的研究中得到了更为具体的展现。李霞《娘家与婆家》以鲁西南农村的田野考察为基础，不仅着重从实践层面论述了亲属关系在家户层面以及日常生活中的运作，特别关注到了妇女作为行动者在亲属关系再生产中的角色和行动策略，如在"娘家—婆家"关系框架中建立起自己的小家庭。李霞同时指出妇女婚后与其出生集团的权利和义务关系主要体现在情理层面。娘家对出嫁的女儿拥有部分的权利，嫁女的丧礼是这一权利由娘家向婆家转移的最后一个场合。[④] 不

---

① 陈中民：《冥婚、嫁妆及女儿在家庭中的地位》，乔键：《中国家庭及其变迁》，香港中文大学社会科学院暨香港亚太研究所1991年版。
② Judd, Ellen R., "Niangjia: Chinese Women and Their Natal Families", *Journal of Asian Studies*, 1989, Aug., Vol. 48.
③ Margery Wolf, *Women and Family in Rural Taiwan*, Stanford University Press, 1972.
④ 李霞：《娘家与婆家：华北农村妇女的生活空间和后台权力》，社会科学文献出版社2010年版。

过,李霞认为就妇女本身的归属感而言,"娘家人"到"婆家人"的转换是一个逐渐过渡的过程,这一过渡历其一生。但从我们在华北地区的田野调查来看,这一点仍有一定的商榷余地,嫁女与娘家的关联至死也不会终止,其重要性仍然值得娘家珍惜对嫁女的权利。

嫁女参与娘家的日常生活,而"娘家"文化对嫁女的家庭伦理道德观念、行为模式与生活方式及家庭也具有一定的影响。① 从目前家庭生活领域来看,嫁女与娘家关系的紧密度有所增强。关系增强的一个表现是嫁女开始利用家庭的"现代"资源补充传统体制的缺失,如有研究指出在父系家庭制度中,作为父亲家庭的非正式成员,本来不承担赡养父母和家计责任的女儿,越来越多地在娘家的经济和家庭福利等方面扮演重要角色。② 至于关系增强的具体原因,有关研究持有不同观点。阎云翔指出女儿越来越多地参与娘家父母的赡养活动与族权和夫权削弱有关③,而张卫国的研究表明改革后嫁女与其娘家之间的纽带关系逐渐增强、日益紧密,这是由于计划生育政策和正在进行的市场改革引起的制度环境日新月异的变化所造成的。④

嫁女与娘家关系在历史上的面貌也有学者予以关注。西周时期,"归宁"礼俗就是客观存在的古礼,并在当时人们的日常生活中发挥着重要作用,至春秋动荡之世,嫁女"归宁"对象扩展到父母之外的范围,而时间也相应延伸到父母去世以后。⑤ 魏晋南北朝时期,出嫁女与本家进行交往是得到社会普遍认同的,其中嫁女庆会归宁和省亲归宁、娘家人探望出嫁女、出嫁女与娘家互相帮助是日常交往的主要方式,而长期归宁与夫

---

① 王蓓蓓:《看"娘家人"的文化对女性在离婚过程中的影响——对一起离婚事件的个案分析》,《中华女子学院学报》2005年第S1期。
② 唐灿、马春华、石金群:《女儿赡养的伦理与公平——浙东农村家庭代际关系的性别考察》,《社会学研究》2009年第6期。
③ 阎云翔:《私人生活的变革:一个中国村庄里的爱情、家庭和亲密关系1949—1999》,龚小夏译,上海书店出版社2006年版,第200页。
④ 张卫国:《"嫁出去的女儿泼出去的水?"——改革开放后中国北方农村已婚妇女与娘家日益密切的关系》,黄宗智:《中国乡村研究》第7辑,福建教育出版社2010年版,第292—315页。
⑤ 黄国辉:《周代"归宁"礼俗考略》,《晋阳学刊》2008年第4期。杨连民、马晓雪《"归宁父母"与"归宁"制度考略》分析了历史上不同学者对"归宁父母"的理解,探析了形成错误的根源,也对"归宁"制度做了一番历史的考察。参见杨连民、马晓雪《"归宁父母"与"归宁"制度考略》,《聊城大学学报》2003年第6期。

亡归宗是出嫁女与娘家联系中最重要的两种形式。①

有关唐代妇女的研究亦有涉及嫁女与娘家关系者。生活在大唐封建社会盛世的唐代妇女所处地位与儒家经典文化所要求的相去甚远②，而关于这种差异的具体表现，在《隋唐五代的妇女与本家》中被陈弱水给予了大力的发挥。陈弱水指出妇女与娘家的关系是妇女生活中重要的一环。在隋唐五代，虽然就原则而言，女子出嫁从夫，但一般认为，本家（娘家）对出嫁女仍有相当程度的保护权与干涉权，同时嫁女似乎也应帮助本家。如果妇女在婚后维持与娘家的联系，会有助于她们在夫家的地位。③ 陈弱水的研究由于搜罗检索的资料多为墓志铭文（墓志铭在如实反映现实生活层面上的力度是有限的），使得他的考察以士族阶层为主，该阶层妇女多受儒家思想熏陶，但中下层社会的情形未能考察。不过，由陈弱水的研究也可以估计，士族阶层既然能有如此亲密的关系（如夫随妻居、长期归宁、夫亡归宗、死后归葬本家），考虑到中下层社会由于所受制度文化束缚较小，或者有更高的能动性也是自然的。唐代妇女的归宗在敦煌文献中亦有资料可据，唐代妇女长期归宁和夫亡归宗，导致出嫁女家庭与本家家庭"共同生活"，成为事实上的联合家庭，这无疑密切了女性与本家的亲缘关系。④ 此外，也有研究专注于唐宋时期嫁女与娘家的经济联系，如王翠的研究展示了嫁女在不同的人生阶段上是如何参与娘家的家庭经济，指出嫁女与娘家经济联系的丰富性，既有一般性的日常性交往也有出于感情或者利益考虑的扶助性经济交往与恶性经济交往，同时她也注意到不同阶层家庭中的女性在家庭经济中的参与程度和经济角色的差距。⑤

对嫁女究竟是婆家人还是娘家人或者是嫁女与婆家、娘家关系到底如何这个问题，我们要综合来看。一方面，本研究承认，嫁女在民俗化语境中，与婆家的关系仍然符合儒家经典文化的范畴，嫁女确实在父系宗族文

---

① 王仁磊：《魏晋南北朝时期出嫁女与本家关系初探》，《云南社会科学》2010年第2期。陈若水也指出，"士族生活中另一个促成妇女保持与本家密切关系的因素，是大而复杂的家庭结构，使得夫亡归宗或其他形式的长期归宁成为妇女生活中的一个便利选项。"参见陈弱水《唐代的妇女文化与家庭生活》，（台湾）允晨文化实业股份有限公司2007年版，第193页。

② 段塔丽：《唐代妇女地位研究》，人民出版社2000年版。

③ 陈弱水：《唐代的妇女文化与家庭生活》，（台湾）允晨文化实业股份有限公司2007年版。

④ 李润强：《从敦煌户籍文献考察妇女归宗对唐代家庭的影响》，《敦煌研究》2007年第1期。

⑤ 王翠：《唐宋时期女性与本家的经济关系》，硕士学位论文，河北师范大学，2008年。

化体系之内被娘家排斥、疏离出去，但是这并不意味着嫁女与娘家就完全脱离了关系。如上述有关研究所言，嫁女与娘家存在着密切的关系，同时嫁女在制度性文化的许可范围之内发挥出一定程度的能动性。另一方面，嫁女与娘家在非正式文化尤其是日常生活上保持着亲密联系，尤其是嫁女造成的姻亲关系对联姻双方具有重大意义。尤其要指出的是，嫁女即使在死后也不会与娘家彻底脱离关系，这不仅指姻亲关系的代际延续，同时也是在更深远的观念层面。本书将通过父系宗族制度、嫁女、姻亲关系三者之间的交互作用，来理解嫁女与娘家的关系，强调的是将嫁女置于亲属制度体系和姻亲交往的动态过程之中来理解她所处的地位。本书同时也会稍微关注一点动态变化，尤其是近三十年来社会的变化对嫁女与娘家联系的影响。

（二）"娘家再好，不是久恋之家；婆家再孬，那是老户人烟"：嫁女在父系宗族文化角度上的归属

父系宗族文化强调的是血缘的承继，因此对嫁女来说，婚姻给她的这个流动机会需要她在生育后代上做出贡献，要求她在观念上把自己当作丈夫家族的人，而娘家反倒不是家了。嫁女不能随意回娘家，在传统社会时期，主要是表现在嫁女回娘家需征得婆婆同意，现在嫁女回娘家的自由度越来越高，意愿也几乎是随嫁女之心，但有一些禁忌仍需遵守，主要是前文已经论述过的某些节日嫁女不可回娘家的禁忌。

嫁女回娘家的节日禁忌表现出父系宗族制度对日常生活的限制力量，这一点从根本上影响到了嫁女的情感格局，进而影响到嫁女在面临两难困局时的选择。

> 当闺女的，娘家父母老（去世）了，得先给公婆磕头，讨了孝才能到娘家哭。这还不算什么呢。西集镇杨岭村的张姓给西集镇朱峪村的邢姓是亲家，媳妇的老公公死了，娘家的娘也死了，巧了，两个二宅先生查的一天的日子，一天发丧。那怎么办？你说那怎么办？乖孩子，还能怎么办？闺女嫁出去了，就是人家的人了，当然得先送（发送、安葬）老公公。①

---

① 访谈时间：2004年1月8日，访谈地点：山东红山峪村，访谈人：刁统菊，访谈对象：杨海龙。

婚姻使得嫁女自然成为丈夫家族的人，嫁女不得不放弃参加娘家母亲的丧礼，而必须参加公公的丧礼。另外，嫁女的娘家面临两难的时候，有时候宁肯放弃丧礼上对从自己家族嫁出去的女人的权利也要先处理本家族的事务。

> 孙常海的娘，死的时候，喇叭都上场了，娘家人还没来。孙家人心里都不妥帖，怕人家怪，觉着这不是看不起人吗？我领着孝子上他姥娘家去了。人家说没有什么事情，就是家里有个年幼的（年轻的未婚男子）下煤井砸死了，一家人都忙乎这事，都难受得不行，闺女的事就顾不上了，又没空又没心。①

对女婿这一身份的认知反过来也表明了娘家对嫁女身份的认知。在各地的调查资料都显示出华北乡村社会普遍存在"一个女婿半个儿"的说法。其中的一层意思，是说女婿对自家的帮助、对丈人的照顾能够顶上半个儿子。因此在岳父母的丧礼上，女婿要穿着重孝，人们给出的理由是"女婿能顶半个儿"。另一层意思则是说女婿永远不能和儿子相比，岳父岳母对儿子和女婿也不会一样。民间故事"石门开"把后一层意思表现得淋漓尽致。

> 往北望去谷山东有座山，那就是赵山，山顶是悬崖，石崖庙中好像紧闭的大门，俗称"石门"。传说门里有个金马驹子，不停拉磨，磨里流出的是金粉银粉。谁家有10个儿子，就可以打开石门，金银财富随便拿。有个老头，9个儿子，1个女婿，他想凑合着算10个儿子。一家人到了石门前，念叨：石门开，石门开，10个儿子都进来。石门叭地打开了。老头心虚，怕进去再有什么机关，觉着先让女婿进去吧，对他女婿说："您姐夫②，你先进去！"这边话没说完呢，哗啦一声，石门就关上了。

---

① 访谈时间：2004年1月8日，访谈地点：山东红山峪村，访谈人：刁统菊，访谈对象：杨海龙。

② 这是岳父对女婿的敬称。

岳父没有把女婿当成"整个"儿子看，反过来等于是认为嫁出去的女儿和自家儿媳妇不同。这种认同的区别，显示出嫁女在文化意义上与出生家族的关系是有限的。表面上看起来女人的流动是亲属关系系统的基础，似乎由此才形成了文化和社会的结构基础，但是造成是女人而非男人流动的原因恰恰是文化的规定，是父系宗族文化占据强势的结果。女人的终极位置是在婆家，这完全是由宗族观念来决定的。而父系宗族观念占据强势，与宗族和姻亲不同的建构方式有关。父系社会的宗族始终以男性的血缘传承为线索，女性只是这个线索上的一个外力，女性只有借助她所生育的男性后代来参与对祖先文化的建构。此外，嫁女位置的规定性与姻亲关系的特殊性也有关系。姻亲关系虽然对宗族有非常重要的支持功能，但是姻亲关系的多向性以及代际相延的短暂性决定了它始终无法与宗族相提并论。

（三）"闺女才是亲戚"：嫁女带来了有实际功能的姻亲关系

上文阐述了嫁女在婆家的地位、关系结构等方面均受到父系宗族文化的影响与制约，但是嫁女通过婚姻带来的姻亲关系对娘家和婆家的重要性又对父系文化的这种制约产生了抗衡。

对娘家而言，嫁女的确和自家儿媳妇有本质的不同，前者没有嫁出去之前，是暂时寄居家中的女儿，到了一定年龄要赶紧给她"找主"，找到了婆家才算是有了正经归宿。那么，当女儿出嫁后，女儿意味着什么？理解这一点就要联系到姻亲关系。女性的婚姻流动，为婆家带来的首先是香火的承继，而为娘家带来的是具有实际意义的姻亲关系。其中的区别，与父系宗族文化在制度与实践上的差别有神似之处。

目前在华北地区仍存在着这种仪式，即嫁女上了迎亲的车以后，娘家即有人泼出一盆水后关上大门，似乎是从此对闺女不闻不问了，但事实上娘家仍然对她甚至她的子女负有许多的责任。俗语中所谓"嫁出去的闺女，泼出去的水"，我们应该从该俗语所应用的文化语境来充分理解它。一方面，嫁女出嫁后，新建立的小家庭总要靠娘家父母的接济才能生活，这当然会遭到娘家兄弟媳妇的多方抵抗，这个时候她们当然可以理直气壮地说"嫁出去的闺女，泼出去的水"了，意即"既然已经嫁出去了，就不要总是到娘家来要吃要喝"。另一方面，嫁女出嫁后，如果在经济上帮衬一下娘家，婆家人也会表达不满，同样使用这一句话"嫁出去的闺女，泼出去的水"，意即"既然嫁过来了，那边的事情就不要操心了"。

因此,"嫁出去的闺女,泼出去的水"这一俗语,恰恰深刻地暗示出嫁女与娘家的密切联系。正因为嫁女与娘家存在着各种各样、各个层面上的交往,才会产生这一俗语。不应否认,嫁出去的女人作为"出姓的人",她的出生家族对她自始至终都存在着一定程度的排斥。首先就是对女性有可能带走娘家财富的防止。这种防止主要是采用象征手段,在仪式展演中体现得比较充分。女儿在出嫁的时候,从闺房出去开始就要倒跐拉着父亲的鞋上车,以免沾上娘家的土,带走了娘家的财气;哭嫁则是给兄弟掉金豆子[①],据说新娘子不哭的时候,哥嫂都会生气,甚至拍打着她的肩膀促使她哭泣。在亡者的葬礼上,是儿媳妇翻垫棺材的砖头,表示"翻财",或者是儿媳妇在起棺以后赶紧跑着回家,跑得越快越好,俗称"抢福"。无论是"翻财"还是"抢福",嫁女都是没有这个资格的。而垫棺材的马扎,前边的给大儿子,后边的给长女,但是长女不能从正门拿走这个马扎,据说是怕带走了娘家的财气,只能从墙头上扔出去。

当夫妻吵架后女人选择回娘家时,娘家并不会久留,即使是在婆家遭到了虐待,娘家父兄一般而言最终会经过中间人的调解选择和解的方式,把女儿送回去。有些嫁女因为和丈夫或公婆发生了矛盾,住在娘家不愿回来,这时娘家总是悄悄地给婆家送信,暗示对方赶快来人接媳妇回去。因为娘家不是女儿的久留之地,"娘家再好,不是久恋之家;婆家再孬,那是老户人烟",婆家才是她永恒的归宿。

假如嫁女在受妻家族"不守妇道",对娘家人来说就是一个比较难处理的问题。受妻家族在无法管教之后也会诉诸给妻家族,这时后者往往用

---

① 哭嫁习俗因地方和民族而异。广西藤县的汉族哭嫁习俗类似于少数民族,哭嫁有四个缘由:当地人把嫁女当作丧事办,而"丧事"自然是悲伤难过的;出嫁女离家别亲时的悲伤和难舍难分;衡量出嫁女孝顺、聪明、能干的标准;出嫁女对自己不能自主的命运和未卜前途的担忧(参见黄艳莲《浅析广西藤县汉族的哭嫁习俗和哭嫁歌的民俗文化现象》,《广西教育学院学报》2002年第2期)。与汉族的哭嫁习俗相比,少数民族哭嫁大多具有一定的程式与规范,时间也较长,形式和内容也比较丰富。如哈尼族的哭嫁仪礼,实质上是一幅母系氏族残余抗拒父权家长制的生动民俗图景(参见白学光、汪致敏《论哈尼族哭嫁歌及其功利目的》,《民族艺术研究》1998年第3期)。"哭嫁歌"是土家族和仡佬族妇女独特情感生活的表现,哭嫁习俗是妇女对平等经济生活的要求和对理想的婚姻家庭的追求在风俗文化上的反映(参见沙媛《论哭嫁习俗与哭嫁歌的风俗文化本质》,《贵州民族研究》2000年第2期)。广东灵西的哭嫁习俗包含一种信仰或心理原因在内,新娘不哭就难以在出嫁后找到美满的生活(参见韦承祖《广东灵西婚丧概述》,《民俗》周刊1927年第25、26期刊。)

"只管三尺门里，不管三尺门外"来搪塞，看起来理不直气不壮。因为若把话说得明白了，就是承认女儿有错误，那么对方处罚女儿就有了凭据；若把话说不明白了，倒好像承认了自己家教不严，面子上还是不好看。

尽管娘家对嫁女总是有这样那样的疏离和排斥，可是儿子众多、无比荣耀的家庭盼望女儿的心情却仍然格外强烈！有些老太太甚至与姐妹家的女儿保持着非常密切的亲戚关系。当嫁女去世以后，女婿另娶，要带着新媳妇去前妻娘家认亲，叫"续闺女"，这种习俗在山东、山西、天津都曾见到。

我们在田野访谈中注意到，"续闺女"习俗确实能够在嫁女去世以后为其娘家带来实际功能，但这并没有普遍性。"续闺女"习俗最重要的意义在于为关系的继续创造了条件，使得姻亲关系能够保持原有的结构。如果没有续闺女，仅有外孙作为联系的使者并不能起到这种作用，因为外孙毕竟是"外"孙。

"续闺女"对一个家庭的实际意义因个体而有差异，但是这一习俗本身深刻地表征了人们对"女儿"这一身份的态度，让我们重新理解人们的生育观念。父母对女儿的出嫁也并非那么冷酷无情，如天津婚俗的"跟三"习俗，闺女出嫁第三天，做父母的要去看闺女，这和很多地方存在的嫁女回门习俗一样，对初到婆家的孤单嫁女有极大的抚慰作用。在田野作业中，许多访谈对象都提到"闺女才是亲戚"的说法，指出访谈人所说的"儿媳妇的娘家也是亲戚"这种说法不对，认为二者有本质区别。那么，娘家对嫁女来说究竟意味着什么？"女儿才是亲戚"的背后隐藏了什么？

儿媳妇和嫁女带来的姻亲关系对一个家庭的意义完全不同。看似给妻家族给出了一个女儿，实现了对方血缘关系的延续，再考虑到女性在日常生活中的经济角色，把女儿嫁出去看起来是吃亏了，但是在姻亲关系建立之初，嫁女与儿媳妇建立的姻亲关系之不同就开始显露出来。

我们能够看到，只有给妻家族才会把粉丝这种象征着双方关系持续不断的物品作为给嫁女的回礼，婆婆不会让儿媳带粉丝去走娘家。同时为了确保联姻关系的良好运行，给妻家族也在嫁女的第一代、第二代后代上面会花费较大的心血。孩子不仅是女儿的全部未来和依靠，更是姻亲关系初步建立的结晶和进一步巩固姻亲关系的平台。只有有了下一代，姻亲关系才能继续下去，而不至于在短期内就中断。对于下一代的关切，不仅仅体现在给妻家族渴望延续姻亲关系上面,更主要是体现在延续受妻家族的家族香火上面,这是继嗣和祭祀的双重需要。我们在各地的丧礼中都能发现这样一种现象,那就是人们无时无刻不加以小心,利用一切符号——无论会意也好,谐音也好——来保证会有下一代,而且会是健康发达的一代。人们越是重视继嗣和祭祀,就越是注意维护受妻家族和给妻家族之间的阶序性关系,特别是给妻家族所应尽的义务。

嫁女的娘家希望维持良好的姻亲关系,不仅是因为嫁女是其家族的女儿,同时也因为联姻家族之间的阶序性关系能够给己方带来各种形式的补偿。阶序性关系规定,受妻家族不仅仅在建立联姻关系之仪式——婚礼上对给妻家族多加尊敬,同时以后还有一系列的习俗规定着受妻家族在具体的日常交往中如何对待给妻家族。这些规定以及对嫁女的情感关切使给妻家族和受妻家族同样希望把良好的姻亲关系维持下去。阶序性关系结构落实在日常生活的方方面面,尤其是在礼物交换上。丧葬仪式中,人们对嫁女以至受妻家族的要求有助于孝子轻松解决丧葬花费;嫁女作为姐姐、姑姑参加娘家子侄的婚礼,同样也是一大经济援助。

嫁女对娘家的经济支持是一方面。另一方面,嫁女在情感上对娘家父母的安慰更是重要。习俗规定了嫁女在一年中不同的时刻要给父母买衣食,如收获新麦时要送面鱼,闰月给娘家妈买鞋、逢父母特定年龄有特殊表示,如"六十六,割点肉"。我们在田野作业的时候,也常常会遇到一些老年妇女抱怨儿媳妇"不顾公婆,只和娘家近",自己的衣食多赖其已经出嫁的女儿,指出"过去是十个闺女不赶(如)一个瘸腿儿,现在反过来了,什么都得靠闺女"。显然,娘家在日常生活的实践层面更承认嫁女的重要意义。

(四)"到老也要找娘家":娘家是什么?

一位从小与父母失散的老太太曾经发自肺腑地告诉访谈人"我到老也要找娘家""没有娘家太难受了!"村民的确也对这样的情况深表同情,认为没有娘家"太可怜了"。娘家对嫁女而言,具有重要意义,那么对嫁女而言,娘家代表着什么呢?各地均有在某一个节日接嫁女回娘家的习俗,有娘家来接的嫁女,欢天喜地,哪怕娘家人不能来自己去也是高高兴兴,而没有娘家的嫁女,则悲悲戚戚。笔者曾见到一位80多岁的老太太,正月初八娘家的侄媳妇去看望她,老人激动得泪花都出来了:"好多年正月十六没走娘家了,不敢走,年纪大了,怕给娘家添麻烦。"

有娘家对一个女人来说到底意味着什么?

首先,娘家是嫁女的依靠,在经济生活上最可能来帮助自己的是娘家人。葛伯纳认为,姻亲关系不仅仅是由婚礼确定,更重要的是姻亲关系以经济和政治的合作为特征①,对此林耀华在《金翼》中有非常细致的描述。② 从给妻家族流向受妻家族的经济合作常常发生在女儿刚刚建立自己的"子宫家庭"之时。由于经济基础薄弱,嫁女总是需要娘家的周济,这也是俗话"一个闺女半个贼"的产生缘由。尤其是当嫁女的子宫家庭在正常运转遇到障碍的时候,娘家人始终是一个可以相求的可靠对象。一位访谈对象始终感念舅舅对自家的情义:"俺爷(父亲)死得早,娘一辈子太不容易,多亏了俺舅,黑天白夜来帮忙,来给俺耪地。俺家地不少,三十多亩,要不是俺舅,也得挨饿。我都告诉孩子说,不能忘了你们舅老爷。"③ "麦子好粮食,丈人好亲戚",有的访谈对象甚至提到刚分家时"生活困难……岳父让他两个儿子把自己家的粪肥推到我的地里"④。

其次,娘家是婚后需要精神安慰时最可靠的相助力量。嫁女在婚后最初一段时间,不仅存在女性对婚后生活的适应问题,同时也存在婆家对儿媳的接受问题或者说是新媳妇在婆家的适应问题,这种适应需要娘家的充分参与。这一阈限期要在生育以后才可结束;而女儿嫁出去以后,从此成为外姓人,再来娘家是作为客人。因此,嫁女回娘家这一举动可谓是"新媳妇心理"⑤的调适器。长期的婚姻生活中,嫁女在婆家遇到的不愉快,娘家总是最好的倾听者。

再次,"娘家"被嫁女视为发挥主动性的前提。嫁女的主动性常常被学者所关注。嫁女之于文化,有时候表现出工具性的特征,她们有可能运用父系制度现存的文化观来寻求建立自己行为的正当性,比如嫁女"也

---

① Rubie S., Watson, "Class Differences and Affinal Relations in South China", *Man*, New Series Vol. 16, 1981, No. 4, p. 608.

② 林耀华:《金翼——中国家族制度的社会学研究(1920—1990)》,庄孔韶、林宗成译,三联书店1989年版。

③ 访谈时间:2006年,访谈地点:山东红山峪村,访谈人:刁统菊,访谈对象:孙孝其。

④ 访谈时间:2004年1月,访谈地点:山东红山峪村,访谈人:刁统菊,访谈对象:田传江。

⑤ "新媳妇心理"往往使女性在婚后产生一定的失落感,尤其容易导致情绪紧张和心理压力。这种紧张和压力需要等到她生育以后才能在根本上得到缓解和释放。

有可能延长在娘家的逗留时间,以此作为发出分家信号的一种方法或作为迫使尽早分家的一种手段"①。不过,这种主动性的发挥大多是无意识的,嫁女并没有利用其来实现、产生新的意义,不仅没有震动到父系宗族制度,反而往往在实际结果上帮助维护了父系文化。

前文论述过,当嫁女想分家的时候,一般来说她首先在与丈夫统一立场后会和娘家父母商量,征得他们的同意或者参谋策划,"分家的时候,一般娘家不参与,出场更不可能,但是暗地里出主意"。② 当一对小夫妇对分家结果不满意时,甚至直接借助女人娘家的势力来干预分家进程和结果。娘家人带上一帮人来婆家打架,仅仅是为了嫁女不认可分家的结果,此举虽被人们认为"娘家人不懂事",但却"是可以理解的,都是为了自己的闺女"。王崧兴对台湾的研究表明,"分伙成立新家时,女方的娘家应负责提供新家庭的炉灶炊具"③。这种习俗在北方更为普遍,分家后娘家通常会立刻做出反应,小家庭建立之后嫁女娘家来"添仓"或者是"温锅",进一步确认了嫁女的小家庭与娘家的亲密关系。

当嫁女与公婆、丈夫或其兄弟发生矛盾的时候,她也总是首先诉诸娘家,从娘家寻求保护,而娘家人也感到义不容辞,总是竭力相助。

> 咱村田大壮兄弟三个,只有他二兄弟有媳妇。前年的腊月底,田大壮与兄弟媳妇宋丽华闹矛盾。田大壮是个光棍汉子,挣钱都花别的女人身上去了。弟媳妇生气,她生吗(什么)气?田大壮一直说不上家口,那就没有子女,没有子女,钱自然都花到她的孩子身上去,那样宋丽华多高兴啊。可是现在田大壮挣钱都花到别的女人身上去了,宋丽华就不高兴,就骂空呗。骂空就是不好明骂,只骂人,不提名。骂的时候长了,田大壮就接上了,两边就打骂起来了。宋丽华直接就把娘家人叫来了,把田大壮打了一顿,扬言如果再欺负人,还要

---

① 朱爱岚:《中国北方村落的社会性别权力》,胡玉坤译,江苏人民出版社 2004 年版,第 148 页。
② 访谈时间:2008 年 11 月 12 日,访谈地点:山西洪洞园村,访谈人:刁统菊、刘晓文,访谈对象:韩为民。
③ 王崧兴:《论汉人社会的家户与家族》,(台湾)《中研院民族学研究所集刊》1986 年第 59 期,第 127 页。

再来打。①

若有例外，也是非常少见。

但是我们村孙青海家特殊，他的亲姑姑的孙女嫁给孙青海的儿子，孩子们属于二代的表兄妹，就相当于去姥姥家了。但是结婚以后媳妇有点出轨，公公孙青海抓住这点不放，媳妇跪在公公前说："错，我是错了，从今以后，你要感觉我干净，你把我留下，你要感觉我不干净，败坏你家的门风，你把我赶出去。"公公说："那便宜死你了！"这种情况下，女子就喝农药死了，女方娘家人即孙青海的亲姑姑，新郎的姑奶奶，是个"佘太君"，人很厉害，她也是儿媳妇的亲奶奶，这个关系很乱，所以看在亲戚的面子上没来闹事。②

此外，嫁女自杀事件所引起的联姻家族的冲突，所反映的女性与出生家族的关系更是不言而喻的。女性在婆家的地位和权益要依靠出生家族的势力来维护。女性权益稍微受到损害时，她的出生家族立刻会做出反应，认为他们的荣誉同时也遭到了侵犯。反之，当女性的出生家族势力不强或逐渐削弱时，女性在婆家的地位和权益一般也会受到影响。因此女性与其出生家族的权益是互为表里的。

嫁女基于娘家所发挥的主动性，常常被认为是姻亲关系作为家族组织之离心力的一种典型例证。嫁女的能动性是如何生产出来的？一方面，这有个体因素的表达和差异；另一方面更是因为有娘家，才能在婆家发挥能动性，当然，这种发挥仍然是在父系宗族制度体系内，即使是对家族组织和秩序有某些冲击，也是非常有限的，很难创生出新的价值观来。

（五）"别让她骑着"：嫁女的埋葬关联着娘家的命运

本节要讨论的问题是，嫁女去世以后，一般而言，要埋葬在丈夫祖坟

---

① 访谈时间：2003年12月31日，访谈地点：山东红山峪村，访谈人：刁统菊，访谈对象：田东海。
② 访谈时间：2008年11月12日，访谈地点：山西园村，访谈人：刁统菊、刘晓文，访谈对象：韩为民。

内,那么她与娘家的联系是否就此结束了呢?从日常生活中来看,嫁女去世以后的姻亲关系有何变化?对双方还有什么意义?

当嫁女离开这个世界以后,因她造就的姻亲网络会发生许多变化,但并非就此中断,而是重新进行一些调整,比如可能会抬高一些人的地位,也会引起某些人和给妻集团的亲戚关系的自然疏远。从这个角度而言,姻亲关系的结构富有充分的动态特征。论者一般认为,在嫁女的丧礼上将完成其权利从娘家到婆家的彻底交接。[①]

以家庭为单位的姻亲关系体现在以嫁女的后代为平台的姻亲关系结构中,这一点已在前文论述过。嫁女去世以后的姻亲关系既然仍旧有延续的可能性及必要性,那么嫁女去世以后舅舅的权威有何变化?嫁女去世后其子在盖棺之前,必须请舅舅来检视,同意后方可埋葬,倘若舅舅因为外甥不孝或者其他嫌隙迟迟不来,外甥绝对不能埋葬母亲,否则将引起家族之间关系的恶化。这一场合是舅舅权威的最大化体现。

嫁女去世以后,由她带来的母舅的权威仍然不会消失。田野调查发现,即使在母亲去世以后,外甥仍然保持对舅舅的强烈尊敬,虽然没有明显的例证表明这种尊敬在程度上是加强还是削弱了,但舅舅通过嫁女所获得的地位上的优势并没有在嫁女去世以后消失。实际上,最近二三十年以来,舅舅的权威和过去相比已经大大削弱,传统上分家找舅舅的习俗基本上已经消失,取而代之的是正式制度如村委会或乡村精英的介入,但这更多和分家的本质发生变化有关,与舅舅在仪式及日常生活中和外甥的关系没有必然联系。换言之,舅舅不参与外甥分家,既不表明舅舅的权威降低,也不削弱外甥对他应有的尊敬。

在有关丧葬的仪式中,人们相信对待亡者的所有方式都将对生者尤其是尚未出生的后人产生至关重要的影响。从后人的健康、财富,到社会地位,丧礼仪式无一不关注到。受妻宗族非常重视女性祖先的墓地,濑川昌久认为,这种重视并不是单纯为了在近世祖先的范围内增加作为风水投资对象的祖先数量,而是为了弥补以男性祖先为中心的祭祀体系。[②] 事实上,

---

[①] 李霞:《从丧礼看妇女在亲属体系中的身份归属——以山东济宁农村个案为例》,《广西师范学院学报》2004年第3期。

[②] [日]濑川昌久:《族谱:华南汉族的宗族风水移居》,钱杭译,上海书店出版社1999年版,第210页。

送妻家族同样也非常重视嫁女的埋葬。有研究认为，嫁女去世以后，应该和娘家完全脱离了关系①，但在田野调查中，我们发现事实并不是如此。

> 我父亲，在我母亲头里还有一个，可是那个娘吧，也没有生个儿，也没有女，她比我母亲靠前啊，所以死在前头。我一个侄儿，我都不知道，哪儿来的这个亲戚啊，把这个娘又弄出来，又埋了。我自己的母亲呢，她的这个兄弟们呢，是没有了，可是她的侄儿，我母亲的侄儿，也就是我的表弟，就开始看了，发现材（棺材）搁得不合理。
>
> （怎么不合理？）
>
> 怎么不合理？第一个是我父亲的老婆，第二个也是我父亲的老婆，我母亲是第二个呀。第一个，她也没儿也没女，她不能埋得太往前了，别让她骑着呀。阴阳先生有法儿，咱不懂啊，弄块红布，都搭上。在一块儿，这个不属于谁埋前埋后了啊，都埋齐了。不存在谁骑着谁的问题了。
>
> （什么非要争着埋前面？）
>
> 这个啊，对后代有影响。对娘家好。
>
> （已经是这家的人了，跟她娘家还有什么关系呢？）
>
> 咳，就是怕娘家受穷。好过！她埋在哪儿，盯着相当厉害呢。②

嫁女的埋葬位置虽然与娘家的权威无关，但却关联着娘家的命运。假定嫁女的丈夫没有其他妻子，那么嫁女的埋葬位置不是那么重要，但恰恰是这种极端的例子，才显示出嫁女死后与娘家的关联。嫁女作为两个联姻家族之间的中介，在出嫁时就已经暗示出她与娘家、婆家的关系。比如，嫁女在离开娘家时，吃离娘饭，要吃一半吐一半，还有嘴里含着水饺或糖果的习俗，都要咬一半，留娘家一半，象征着娘家、婆家都有好运。总之，嫁女无论生死，仪式所表达的象征意义说明嫁女始终与娘家保持着密切的、永远无法斩断的联系。

---

① 如李霞认为，"妇女的丧礼也可以看做其娘家和婆家两个亲属集团关于她的一个正式的、最后的交接仪式，娘家最后把此妇女的全部所有权交付给其夫家。"参见李霞《娘家与婆家——华北农村妇女的生活空间和后台权利》，社会科学文献出版社 2010 年版，第 213 页。

② 访谈时间：2009 年 10 月 6 日，访谈地点：天津其村，访谈人：刁统菊、佘康乐，访谈对象：吕加新。

（六）还是"嫁鸡随鸡，嫁狗随狗"吗？

从上文来看，无论生前还是死后，嫁女都不是娘家永远的"他者"，而在当下，嫁女与娘家之间的距离更有缩短、亲密的趋势。

当前农村社会正处在从传统向现代转型的历程之中。[①] 在这一历程之中，乡村妇女几乎融入了身心的各个方面，无论是人格还是行为都显示出要求自身独立的意识和特征。[②] 尽管中老年女性受限于传统社会很自然地接受了以男性为主体建构出来的社会文化，但年轻女性所受的制度化教育，以及外出打工的经历，都与其家庭教育的传承相抗衡，使得她们在接受母辈的观念方面存在着许多困难。

直接冲击到乡村女性的，是打工潮。丈夫外出打工，嫁女与娘家的关系在一种不得不然的状态之下，变得更加密切。2010年10月我们在山东曲阜的调查表明，农村妇女在丈夫外出打工之后，往往选择长期住在娘家。有些妇女离开村落随丈夫一同打工，将孩子交由娘家养育的事情也时有发生。外出期间，嫁女与娘家的联系仍然要强于与婆家的联系。根据张卫国在河北的田野研究，当丈夫和妻子都外出打工时，妇女相对于她们的丈夫往自家打电话的次数更多。[③] 女婿与岳父母的关系也是越来越密切，来自山西晋城杨村的一位访谈对象说："现在女婿孝顺丈母娘比孝顺自己的娘都厉害。"

此外，小家庭的数量增多，出现的时间提前，也密切了嫁女与娘家的联系。近几年的田野调查发现，无论是山西、河北，还是山东，分家的时间往往提前至订婚这一阶段。当下，这种新的分家模式越来越普遍化，"使得分家之提前十分容易，但与此同时它又将新建立的核心家庭置于十分脆弱的位置。核心家庭的脆弱性导致了母家庭与子家庭之间以及数个子家庭之间的相互依附与紧密合作"[④]。这种合作，在更为普遍的意义上来

[①] 贺雪峰：《新乡土中国》，广西师范大学出版社2003年版。

[②] 金一虹：《父权的式微——江南农村现代化进程中的性别研究》，四川人民出版社2000年版；阎云翔：《私人生活的变革》，上海书店出版社2009年版。

[③] 张卫国：《"嫁出去的女儿泼出去的水？"——改革开放后中国北方农村已婚妇女与娘家日益密切的关系》，《中国乡村研究》第7辑，2010年。

[④] 阎云翔：《政治中的金钱与道义：北方农村分家模式的人类学分析》，《社会学研究》1998年第6期。阎云翔同时还强调分家模式产生的其他原因，"在恢复农村家作为生产单位之功能的同时，具有市场经济取向的农村经济改革也鼓励了个人财产观念的发展。积累家庭财产的新方式使得年轻一代具有更强烈的个人权利观念并促使他们要求提前分家。"

讲，仍是体现在嫁女的小家庭与娘家之间的合作。

而计划生育政策给嫁女与娘家之间关系的增强所造成的影响更是让人始料未及。① 目前许多农村社区对"独女户"的各种形式的鼓励，催生了因为女儿出嫁导致的"类空巢家庭"。所谓类空巢家庭，是由嫁女和丈夫在双方父母身边轮流居住造成的，独生子女结婚甚至会同时形成两个类空巢家庭。这种双居制，对下一代的影响是什么？现在还很难估计，但是我们确实可以了解到，传统上我们所认为的出嫁改变嫁女的居所和身份在当下并不一定如此。俗语所谓"嫁鸡随鸡，嫁狗随狗"，要求嫁女以丈夫的居住地为自己的居住地，实质上是要求以丈夫的亲属格局为准，但是由独女户所带来的双居制对传统的以"从夫居"为特征之一的父系家族制度是一个不小的冲击。嫁女与婆家、娘家之间的关系，在实践方面与制度化规定之间的差距越来越远。嫁女在父系宗族文化角度上的归属是毋庸置疑，而在日常生活中嫁女所带来的姻亲关系的重要性也是显而易见的，因此无论说单系偏重还是承认双系共存都是正确的，因为彼此存在的领域和层面不同。

---

① 张卫国：《"嫁出去的女儿泼出去的水？"——改革开放后中国北方农村已婚妇女与娘家日益密切的关系》，《中国乡村研究》第 7 辑，2010 年。

第 六 章

姻亲关系与家族组织

一 多姓聚居与联姻关系——姻亲关系对杂姓村落的聚合作用

以山东红山峪村为例，试图表明华北村落不仅有多姓聚居的可能，并且姓氏之间的联姻在村落的形成上亦发挥了聚合作用。村落目前的结构形态是多姓聚居而非多族聚居。多个小姓聚居且互有联姻关系的事实使得村落意识更加突出。

家族是以家庭为基础的，是指同一个男性祖先的子孙，虽然已经分居、异财、各爨，成了许多个体家庭，但是还世代相聚在一起（比如共住一个村落之中），按照一定的规范，以血缘关系为纽带结合成为一种特殊的社会组织形式。[1]

中国东南部的宗族与村落的关系存在着三种类型：第一是一个宗族构成一个村落，也就是继嗣与地方社区重叠；第二是一个村落可能包含两个或更多的宗族；第三是单个继嗣群体的扩展可能不止一个村落，结果造成了一个宗族分散在几个村落，或者说几个村落构成一个宗族。[2] 从这个分类来看，红山峪属于第二种，也就是一个村落包含了多个宗族。但是华北村落的宗族与华南地区又有差异，正如杜赞奇在《文化、权力与国家》中所指出的，"那种庞大、复杂、联合式的宗族在中国并不普遍，可能只

---

[1] 徐扬杰：《中国家族制度史》，人民出版社1992年版，第4页。
[2] [英] 莫里斯·弗里德曼：《中国东南的宗族组织》，刘晓春译，王铭铭校，上海人民出版社2000年版，第1—3页。

存在于华南及江南的某些地区"。尽管"北方宗族并不庞大、复杂，并未拥有巨额族产、强大的同族意识，但在乡村社会中宗族仍然起着具体而重要的作用"①。杜赞奇使用的宗族是一种广义的概念：它是由同一祖先繁衍下来的人群，通常由共同财产和婚丧庆吊联系在一起，并且居住于同一村庄。② 然而，从杜赞奇对一些村落的宗族划分看，他却处处均以外显姓氏符号来建构宗族③，兰林友也根据调查指出这并不符合华北村落的实际宗族状况。④

笔者从红山峪宗族的实际状况出发，同意兰林友的观点，认为杜赞奇的以姓氏建构宗族的做法并不符合当前一些华北村落的基本情况。红山峪村共有十个姓氏，但是其中好几个姓氏都与自己的迁出地保持着密切的关系，彼此认同为同一祖先的后代，丧礼上也有基本的往来，并且家谱也一起编制，本村陈姓和东小观村陈姓之间的关系就是如此，同时本村陈姓一户人家早年因工作原因迁出红山峪，但在编制家谱时仍不忘互相联系。这种情形下的家族只是不居住于一个村庄而已。

同一个姓氏居住于同一村庄的反而并不一定彼此认同为同一宗族。以王姓为例，本村王姓迁出地不同，彼此并不认同来自同一祖先，虽然相互之间并没有通婚的关系，但在处理彼此的内部事务时也是互相不干涉，而且按照一般村民的观念，当家族内有丧事时宗族成员应该不请自来前去帮忙，但是两个王姓之间并没有这种联系。他们唯一的共同点就是拥有纯粹相同的外显的姓氏符号而已。从这里来看，简单地根据村落居民的外在姓氏符号来标志宗族，肯定不能反映村落宗族的结构及其构成。就红山峪来说，有些家族只是"单门独户"，这既是指势力的弱小，也是指繁衍代际较少（也包含人口数量小），事实上，这个地方性概念本身就是繁衍代际少的意思，一个家庭的家长实际上就是这个宗族的族长，因此这个概念又附带上了势力弱小的含义。2015 年 12 月，我们在山东济南三德范村调查到同样的家族与姓氏无法一一对应的情形。

而且，村民心目中从未有"族"的认同，词汇之中唯有"姓"的意

---

① ［美］杜赞奇：《文化、权力与国家——1900—1942 年的华北农村》，王福明译，江苏人民出版社 1996 年版，第 81—82 页。
② 同上。
③ 同上书，第 89—96 页。
④ 兰林友：《论华北宗族的典型特征》，《中央民族大学学报》2004 年第 1 期。

识，在笔者访谈期间，人们总是用"大姓""小姓"或者"杂姓"来称呼自我与对方，这和山东滕州刁沙土村不同。刁沙土村是一个主姓村，不管刁姓还是其他几个姓氏，相互之间总是使用"刁家"或者"某家"来称呼彼此。笔者认为红山峪村的姓氏结构不是简单的姓氏与宗族一一对应的结构，一方面存在着同一个宗族的人群分散居住的情形，另一方面又存在着"同姓不同宗"的情况。因此笔者认为红山峪的聚落性质是多姓聚居，而不是多族聚居。杜赞奇对宗族的定义，可能是把一个姓氏即看作一个宗族，忽略了村落也有多姓聚居的可能。红山峪村的多姓聚居而非多族聚居的特征是通过姻亲之间的相互投奔的移民历史和姓氏之间的多次联姻形成的。这一特征与华南村落的明显的宗族构成方式不同。继嗣和地方社区的重叠在中国的东南地区情况似乎最为明显，在福建和广东两省，宗族和村落明显地重叠在一起，以致许多村落只有单个宗族[1]，比如林耀华笔下的义序——"义序是一个乡村，因为全体人民共同聚居在一个地域上。义序是一个宗族，因为全体人民都从一个祖宗传衍下来。前者为地域团体，后者为血缘团体。义序兼并前后二者，就是一个宗族乡村"[2]。

笔者考察村落的历史，主要依据是村民计算家族辈数的传统方式。人们计算某个姓氏有几辈子人，往往是根据该姓坟地里有几个辈分的坟墓，这一知识依靠仪式（比如清明上坟、树碑）和口头讲述代代相传。有一个辈分的坟墓就叫一个"坟头"，从村中现在居住最久的高姓人家的"坟头"来看，他们是在清朝雍正、乾隆年间来到红山峪的，其他九个姓氏都在高姓之后迁到红山峪。根据对高姓人家的调查，得知在高姓定居之前，尚有郎姓和赵姓居住村内。

据曾参加付庄乡地名志编辑工作的田传江介绍，红山峪村始建于明朝万历十三年，依据是在"赵家林"后土碑[3]上发现的"万历十三年"的字样。现在碑究竟何在，遍访村中诸老，仍不得而知。80多岁的田厚庵老人是村内有名的外柜先生，他说确曾亲眼见过碑上有这些字迹。综合调

---

[1] ［英］莫里斯·弗里德曼：《中国东南的宗族组织》，刘晓春译，王铭铭校，上海人民出版社2000年版，第1页。

[2] 林耀华：《义序的宗族研究》，三联书店2000年版，第5页。

[3] 红山峪村习惯上把坟墓称为"林"，因为坟墓上插着的一根木头常常会长成一棵大树。村子过去曾经有赵姓，后来不知什么原因迁走了，他们祖先的坟墓就叫赵家林。而后土碑则是在林地里最早的坟头后面所立的一块碑，意思是在这个坟头之后没有其他坟头了，这是最早的了。

查资料和现有文字资料，目前对村史的追溯最早只能到万历十三年。山东人往往自称是在明代从山西洪洞迁来的，"问我家乡哪里去，山西洪洞大槐树"。在红山峪村虽然也存在大槐树的传说，但是由于人们都是从其他村庄迁移到此，每个姓氏的成员都清楚地了解自己是从哪个村子因为什么原因搬迁过来的，所以人们谈论的常常是因何迁移、如何迁移以及迁移到此地以后如何落脚、生根的故事，对于大槐树的传说反倒是比较淡漠。

根据能够找到的家谱以及各个家族族长的回忆，笔者大致可以整理出村中十个姓氏的基本情况。从宫、周、田、段、杨、孙、高、陈、巩、王这十个姓氏（十一个家族）的家谱来看，他们分别附属于其他村庄的大家族，在家谱上他们是很小的一支，或逃荒或因兄弟之间的矛盾来到红山峪投奔姻亲或同姓。迄今为止，红山峪任何一个姓氏都没有自己独立的家谱。从笔者能找到的家谱看，无一例外都是附属于其他村落的，甚至有的姓氏比如巩姓的家谱保留在他们的迁出村落中。这样一个村落，没有特别大的家族，阶层分化不明显，因此如果有一个家族在发展过程中壮大起来，它很可能就会成为其他家族所依附的对象。

田姓就是这样一个大家族，在当地的社会记忆中甚至取代了高姓成为村落现存姓氏历史最久的一个。如果一个村子里有自己的本家或者亲戚，可以"偎本家或偎亲戚"①来。偎亲戚来的，田姓算是比较早的，以后的姓氏多是依靠田姓来的。田姓家族都认为高姓算起来实际上是红山峪的"老户人烟"②，只是人烟不旺而已。田姓介绍其来源说是因在邻村天喜庄受韩姓欺负，所以偎高姓而来，因为高姓和田姓既有干亲又有姻亲（高姓是田姓的丈人门）。但是现在即使是高姓，也在公开场合承认田姓"占业"③，田姓才是"老户人烟"，自己是依靠田姓来的，就更不用说其他姓氏的态度了。

由于田姓是从邻村因与韩姓有矛盾才迁移来的，由此村民对两个家族的关系产生了种种议论。为此，韩姓采取了与田姓联姻的方式平息舆论，

---

① 依偎的意思，或者可以说是依靠，"偎"字很形象地表现出一个迁来的家族在迁入时的依附性。

② 老户人烟的意思大体上是某一个家族在某村居住相对最久。人烟与家族的男性后代联系在一起，人烟旺就是家族人口繁多，人烟不旺则是人口少，往往一代仅有一个男性后代。

③ "占业"的意思是田姓最早来到红山峪村，村子里的一切最早应该是属于田姓的，田姓才是村里的主人。

接连把两个韩姓女子嫁给田家。两家形成亲戚，关系逐渐变得极为密切。田姓在村民的记忆里取代了高姓成为红山峪的老户人烟，最初的原因不外乎田姓家族的实力。20世纪初期，田姓在红山峪和天喜庄都拥有大量土地，即使是田姓迁移到红山峪村，仍然占有500亩良田，其余200亩才是村里其他家族的。

根据田姓家谱，田姓的搬迁路线依次是山西洪洞、滕县南部河北庄、郗山、冯家庄、天喜庄、红山峪。从天喜庄迁到红山峪，是由汝字班开始，"汝若承忠厚，传家始久长"，现在已经有始字班，共八世了，假若按照20年一辈，也该有160年了。田姓鼎盛时期，是在汝字辈到若字辈之间，不仅土地数量占村里的70%以上，拥有了强大的经济实力，更是由于占有了土地，村里少地或无地的农民到田家跟主①，这样就相对地具有了一定的权力。

田姓早年的种种善举在老一辈村民中留下了极为深刻的良好印象，当初田姓地主的善良与公道至今仍为村民津津乐道。据说本村穷人都给田家打工，不想给刘家打工，因为刘家有80多亩薄地，地远，受累，而且生活待遇差。有一次，邻村白庄请来了戏班晚上唱戏，但是田家雇用一些人来刨地瓜，下午田家对干活的人说"欢欢趟子"，就是突击干活，然而刨地瓜是不能欢趟的，图快的结果就是造成很大的浪费，最后很多地瓜都让穷人捞了去，田家也不在乎。有一次看庄稼的人说少了二亩地的高粱，原来是因为过去每逢春天高粱红头，穷人挨饿，就有人偷高粱穗子。主人说别张扬，穷人没有办法，不吃富人吃谁呢？青黄不接时，穷人到田家借粮，田家是尖斗出，平斗入，还另外再送干粮或菜给穷人。

20世纪二三十年代田姓势力逐渐衰落，但是尽管如此，俗话说"瘦死的骆驼比马大"，他们仍然在村子里占有绝对的优势。这是由于田姓早已依靠自己的实力与声望，通过与外界富家大族联姻，从而把自己的势力扩展到外界，甚至在政治上也建立了新的地位并掌握了一定的优势，同时也借助联姻形成的优势进一步加强、巩固了自己在村子里的地位。正如华若璧所说的那样，富人阶层通过联姻加强了自己的地位，与姻亲的往来密切，与穷人极为不同，但是这种区别也是创造和保持那些区别的制度结构

---

① "跟主"的意思是打短工或长工。

的一部分。①

　　通婚是人们常常使用的一个策略。康豹（Paul R. Katz）认为通婚是精英所使用的第二个策略。除了通过分散投资和在仪式中获取领导地位之外，精英还通过和正处于上升趋势的家庭或者具有良好的政治、经济地位的家庭联姻，以保持、提高自己的政治和商业地位。② 笔者将在下文表明，通婚作为一个行之有效的策略并不仅仅为精英阶层所用，它更是普通阶层为建立关系网络、维护家族地位的一个最为经常使用的策略。

　　田忠选的婚姻比较典型。他最初的提亲对象是枣庄郭里集镇仁家，仁家当时也是大户，目前在枣庄仍流行有歇后语"郭里集的楼——（仁）人家的"。仁家来红山峪相家，挑了一个毛病——没有房子。当时田家只有两座石楼，没有瓦屋，家人立刻张罗买鱼鳞瓦准备建房子，没想到后来闹土匪，建房子的事情因此耽搁下来。后来田忠选娶了抱犊山区的河口村宋姓女子，宋家也是大户，当时出了个秀才名叫宋慎修，田忠选去世后，他过继来的儿子田厚庵就请宋慎修来写碑文。

　　田忠吉的名字至今仍挂在许多村民的嘴上。此人与外界联系极为广泛，他一身联系了几个大户人家，既是储家的管家，也是韩家的女婿，同时与西集镇国庆村姜姓有亲戚关系，此外与齐村崔家当家人是拜把子。这几家无一例外在当时都是有钱有势的大户人家。

　　但是田姓并非仅仅结交村外大户，与本村其他姓氏也保持有良好的关系。田姓一方面与周家有亲戚关系，另一方面田姓家族也有读书人，村里两个最为知名的老外柜先生就是田厚庵和田厚耕。宫家曾延请田家人作私塾老师，故周、宫两姓成员在1949年之前担任村里的行政领导时对田家格外照顾。1949年前后，付庄乡乡长都是田忠吉的本家侄子。区长是田忠吉的内兄，区里若是到村里去，首先拜访的是田家而不是村里的行政领导。

　　这种种关系奠定了田家的政治基础，使之基本能够左右本村的形势。

---

　　① Rubie S. Watson, "Class Differences and Affinal Relations in South China", *Man*, New Series, Vol. 16, No. 4, 1981, pp. 593–615.

　　② Paul R. Katz, "Commerce, Marriage, and Ritual: Elite Strategies in Tung-kang During the Twentieth Century", 庄英章、潘英海：《台湾与福建社会文化研究论文集》，（台湾）中研院民族学研究所1994年版，第27—166页。

全村十个姓氏，其中不少属于单门独户，谁受到威胁，或者相互之间关系不称心，都来与田家套近乎，或者说与田家有亲戚，或者说父辈与田家关系如何如何好，或者说自己是傎田家来的。所以20世纪40年代初期，本村显赫一时的日本警备队队长对田家并不张牙舞爪，反倒高看一眼。据说队长娶小妾还给田忠吉一家磕喜头。当地风俗是新人只给本家磕头，本家亦给磕头礼，田家也不含糊，照例也给磕头礼了。

村里人亲切地把田忠吉称为田老头，人人都因他感到自豪。"亲向亲，邻向邻，沧老爷向着山东人"，田忠吉与外界的联系既是田家的关系网络，自然也成了红山峪的对外关系网。20世纪50年代初，本村周玉民赶西集，与"街滑子"① 闹了矛盾。集市上总有些人欺行霸市，外地赶集的人往往因一句话说不好，就会遭到街滑子的群殴，因此外地人在西集赶集做买卖经常吃亏。周玉民有一次就被人家打了，田忠吉知道后，对打人者说："你打了我的老表，此事该怎么了结，你看着办吧。"田忠吉的社会能量众所周知，打人者了解到周玉民与田忠吉的关系——既是表亲又是乡邻，立即买礼物到红山峪来给周玉民赔不是。

土地改革以后，田姓的经济实力进一步下滑，到了20世纪70年代，田姓甚至出现了几个光棍汉。但是就目前情况来看，田姓仍然是村里的大户，颇受尊重，而且村里的行政领导从未缺乏过田姓。原因首先是田姓的历史优势在发挥作用，其次是田姓现今确实在整体实力上要大大强于其他姓氏。村民公认在红山峪是田姓占业，是村庄的主人，由于有这种意识，村民在很多事务中往往很难忽略田姓。其他姓氏则往往以联姻的方式与该姓建立关系，如宫、周、段，其他几个较大的姓氏也不例外。② 因此，姻亲关系不仅是人们迁来此地的依赖对象，更是立足未稳时期试图增强势力的重要手段。如果没有直接的联姻关系，则想其他办法和大姓建立关系。

> 大华哥的大儿子昌明，在南边水泥厂干工，找了个对象，女的是涝坡的，姓徐，也在那里打工，两人自谈。昌明先把女的领家里来了。女的娘家不知道，后来知道了。男的托人说，叫我和建林去，一

---

① 即地头蛇。
② 有关田姓的情况除了田姓人的介绍以外，还参考了本村其他家族部分族长的意见。

人给一盒烟。我听说那边怪赛,觉着没把握,烟就没拆开。(他们)又找的水泥厂那边的民兵连长,事就成了。女的那边觉着段家四边邻居都是田姓,最后找田家族长田厚庵当媒人,女子是田传江表姐的婆婆姑的闺女嘛,这样就确保嫁过来以后不受大姓讹。这个其实也是大华哥的考虑。①

有些姓氏因为没有和田姓有直接的联姻关系,心里始终不踏实。杨嘉福老人有一天来到田厚庵家里闲聊,说杨家是傀田姓来的,关系一直处得挺好,他爷爷还是田厚庵叔叔的义父,等等。田厚庵也主动谈到与杨家的亲戚关系,他的叔伯侄子田金蒙的妻子就是杨嘉福的媳妇的娘家本家侄女,叔伯侄子田金东的妻子也与杨嘉福的丈人那里有亲戚。这关系虽然拐弯抹角,但是在没有直接联姻关系的前提下,还是非常为人们所看重的。田厚庵的妻子李桂云也说,以前杨嘉福大哥做买卖,有一次借钱给她帮了她一个大忙。杨嘉福在田家待了大半天,结果他很高兴地走了,这是他唯一一次在田厚庵家里聊天。不到半年,杨嘉福就去世了。他的丧事不知为何差点办不下去。最后还是杨嘉福的长子了解情况以后,迅速来到田厚庵家里磕头,让他出面打圆场才得以顺利发丧。田姓人认为,以后假如与杨家有矛盾,总得想想杨嘉福和田姓族长的谈话,"千不讲,万不讲,要讲杨嘉福老人",因为人有见面之情,都在一个村里住,低头不见抬头见,"不讲瞎子讲牌位"。

孙姓虽然在白庄算是大姓,但在红山峪是典型的"单门独户"。孙安田说:"孙家是傀姓田的来的,我死了,孩子们不争气,替我多照顾,多教育,言差语错多担待。"其实孙安田与田姓是前后邻居,平常关系就不错。田家也曾经表示过两家"就是多一个姓",意思两家关系如果不是有姓氏隔着,就是亲兄弟。孙安田死后,习惯上由本家帮忙,但是孙家在红山峪没有多少人,那就可以让邻村白庄的孙姓来帮忙,然而大部分田姓人都主动过来帮忙。的确孙、田两家关系特别好,甚至孙安田的大闺女出嫁,都是田厚庵的妻子李桂云送亲。实际上,请这位老太太送亲这种行为本身就是一种结交手段。下面来看看田姓之外的姓氏。

---

① 访谈时间:2004年1月8日,访谈地点:山东红山峪村,访谈人:刁统菊,访谈对象:段良杰、田传江。

高姓：

据说高姓从徐庄镇磨泉村迁来，高家在红山峪村没有家谱，到迁出地去找也没有找到。与其他姓氏相比，高家人烟不旺，人口是红山峪十个姓氏中最少的，"代代发三支"，无论哪一代都只有排行老三的能够传下香火。前几年长子也有儿子了，在红山峪村这可以说是一个新闻，人们争相传播、庆贺。高姓在红山峪的坟头分布不在一处，八亩地（土地名）有四到五辈，团屿（土地名）有两辈，新坟有三辈，在世的有两辈。这样算起来，共有十一到十二辈。根据红山峪村过去的结婚年龄，大约每20年就有一代人，高家来到红山峪220—240年，推算起来大约在清朝乾隆年间来到红山峪。

周姓：

红山峪的两个"周"虽已成"一周"，但其实最初是不同的两支，一支从山亭镇岩底村开始经徐庄镇罗子湾村辗转来到红山峪村"混穷"。其中一个给田家放羊的小伙子相貌堂堂且安分守己。田家看中了他的品貌，把闺女嫁给他，并赔送20亩地，从此周姓就在此安家落户了。这一支目前已经繁衍七代了。另一支据说原姓欧或邹，从徐庄乡柳泉迁来此地，也是混穷。为了能够长期在此村立足，转而投靠周姓，改姓为周，现在有五代，也曾与田姓联姻。

王姓：

村里有"二王"。其中一支王姓家谱上写着"后石湾王"，从半湖乡焦山头村混穷来的时候，便投奔丈人家田姓而来，这一支共有六代。另一支也是"偎丈人家周家"来此地混穷，有两家人，共三代，第一代的老太太于2004年年初去世。

巩姓：

巩姓从东凫山乡马头村混穷而来，先投奔邻村大洼村巩姓，而后渐渐迁入到红山峪，至今有六代人。巩姓来到以后也是不断与外姓联姻，譬如田姓、段姓。

陈姓：

陈姓从东小观①混穷来到红山峪，后来又与高姓联姻，依靠丈人门站稳了脚跟，至今有六代人。陈姓为了壮大家族势力，想方设法与田姓联

---

① 红山峪东部的一个村子，相距有2公里路。

姻，陈同营把他在其他村的本家侄女介绍给了本村的田凤青，陈泽宇则把妹妹嫁给红山峪田姓在田庄村的本家男子。

孙姓：

孙姓迁到红山峪之前住在白庄村。白庄原来以白姓为主，但是在人们的观念中白姓怕孙姓，一"孙"（方言中发音同"熏"）就黑①，孙姓人口逐渐繁衍迅速，土地资源出现短缺。当时尚有韩姓人家住在红山峪，孙姓与韩家有亲戚，于是一部分人借助这个关系迁到红山峪，种了韩姓15亩地。韩家没有传下香火，土地俱归孙姓所有。孙姓在红山峪至今已有五代，因此韩姓至少在100年前还存在。

杨姓：

杨姓在1993年修谱时就把女子也写入家谱，在村里算是比较开明，对家族女儿的关心较其他姓氏为多。杨姓家谱上写着"庄坞杨"，庄坞在枣庄附近临邑境内。红山峪的这支杨姓搬迁路线是：庄坞、郭楼、苍山鲁城镇西石门村。在西石门村混穷的时候，兄弟两个发生了矛盾，其中一个决意出外谋生，迁到付庄乡崔庄村落户。后来此人病死在崔庄，遂葬在崔庄西岭。他的次子杨瑞友投靠亲戚田姓迁到红山峪，同时杨瑞友的丈人家与陈姓也有亲戚。从杨瑞友算起，居住在红山峪的杨姓人家共有六代。村人传说杨姓与韩姓为邻，韩家生子曰韩郎，本意在吓唬杨姓（"杨""羊"同音），但杨姓经高人指点，每逢年节就往天上轰炮吓"郎"（狼）。据说从此以后杨家人烟旺盛，而几世以后红山峪村已没有韩家。

段姓：

段姓有两支，一支从徐庄乡段庄村因兄弟矛盾迁移到此地，新婚第二天被"长毛"（据说是太平天国时期的土匪）"裹走"，18年后，妻子改嫁前夕还家。至今有六代，人们常常感慨地说"这一大家人家就是那个老太太传下来的"。另一支则依靠上面所述的同姓而来，已有五代。这两支段姓和周姓一样，已经成为一个整体，与王姓的情形大不相同。

宫姓：

宫姓从山亭镇岩底村迁往储屿，但家族始终没有兴旺的迹象，据说是

---

① 孙在红山峪读作"熏"音，白色的东西一经烟熏火燎就变成黑色了，故而人们说白姓碰到孙姓就不可能发达。

因为储屿有郭姓，犯了忌讳（"供不上锅底"）。宫姓在岩底村曾与周姓为邻，因此投奔到红山峪村的周姓人家这里，至今已有六代，也算人烟兴旺。

从村里姓氏的迁移史可以看出，人们进入一个村子的途径有多种。第一是如果村子里有本家和亲戚，可以"假"本家或"假"亲戚，先使用他们的土地，再随着实力的提高而购置土地。第二是依靠长时间的混穷，也有的靠讨饭，然后通过与村民联姻，继而获得土地，才逐渐得以安家落户的。① 总之，迁移到红山峪来的原因有混穷和兄弟矛盾以及资源紧张三个原因，而站稳脚跟的方式大多还是与本村大姓的联姻。

费孝通先生在江村和禄村调查时就曾经注意过如何成为村子里的人这个问题，大体上说有几个条件：第一是要生根在土里，在村子里有土地。第二是要从婚姻中进入当地的亲属圈子。② 对一个外来人来说，从婚姻中进入当地的亲属圈子是站稳脚跟的一个主要方式，进入了村落里的亲属网络，才有了可以依赖的人际关系。此外，认干亲，拜仁兄弟，交朋友，春节拜年，经济上的互助拉拢，红白喜事请外姓帮忙，日常生活中的专程拜访，都是交接的机会。

村落的目前形态离不开这十个姓氏之间的互相联姻和彼此依赖。当然其中也存在相互竞争的情形。不管是后来者居上引发的矛盾，还是为了争夺空间和资源引起的斗争，都曾经存在过。韩、杨二姓的传说隐喻地传达出在"老户人烟"和新迁入者之间的激烈斗争。虽然从表面上来看，十个姓氏之间的关系很好，其中原因是大姓已经没有了绝对的优势，而小姓则在千方百计地通过联姻寻求广泛的合作和依赖的对象，结果使得村民的利益更趋于一致，矛盾也大为减少。在附近其他村落看来，"红山峪的人很平和，姓杂，都是亲戚，好办事"。姓氏之间彼此互有姻亲关系，在这

---

① 家族和姻亲关系是进入村落的较佳途径，但在红山峪村土著化的实现却是以家庭为单位，这样做的结果是减缓了家族的土著化进程。关于人们迁来村子以后的土著化情况，参见刁统菊《土地拥有、流动与家庭的土著化——对鲁南红山峪村37张地契的介绍与初步解读》，《中国农业大学学报》2009年第3期。

② 费孝通：《乡土中国生育制度》，北京大学出版社2000年版，第72页。

个姻亲关系网中,异姓村民之间的互助不再纯粹是乡邻互助①的性质,联姻关系的介入使得这种互助更多地具有了亲戚情感的意味。

多姓聚居还造成了另外一种结果,单姓村的村落意识往往是和宗族意识重叠在一起的,而在一个多姓村内部,姓氏之间虽然有着明显的分界。但是血缘的聚合功能未必就能超越地缘的聚合功能。

> 红山峪村陈姓家族人口较少,红事还好说,能够应付过来,但是白事就得从其他村请本家来帮忙了。这回陈吉发的丧礼,孝子陈永安就请来了一些人帮忙,他们来得倒是很快,但是红山峪村外姓执事的认为他们吸烟太多,过于浪费,说了两句,一下子那村陈姓人全都生气走了。最后还是不管恳不恳的,全村人每家都出人来帮忙把丧事办了。②

执事的虽然是个外姓,但他看到丧主的外村本家干活少吸烟多,并没有觉得这是他们自己内部的事情,而是站在本村人的立场上制止了浪费现象。据说村里从未发生过本村人在丧事上帮忙却大吃大喝的事情。地缘关系有时候比血缘关系还要具有凝聚力。同一宗族的人不住在一个村子里,宗族意识减弱,而不同宗族的人,住在一个村子了,反而更加维护同村人的利益。

家族的范围在某些时候会扩大到同姓群体。初来乍到的人一般都要与本村大姓搞好关系,有一些姓氏利用外村同姓和本村大姓联姻,期望和本村大姓保持良好的关系,提升本家族的威望,和本村大姓在外村的同姓之间的联姻也能够起到同样作用。建立和改善关系的方式还有多种,比如认干亲、拜把子,但是最有效的最根本性的措施还是联姻。哪怕这种联姻关

---

① 20世纪50年代初,村内老年人组织"老年社"。老人去世,为解决丧葬中的困难,老年社成员每家送一定数量的煎饼和资金。后来村内老人去世,采取丧主"请"的方法,从十几家执事的人中,请煎饼及所用桌椅板凳等殡葬中的用具,丧主收礼后,煎饼按价钱奉还,其他用具用后退还。还有请至亲的煎饼,折价还钱时,不再收取,作为"助丧"。这一切带有互助性质,得以使老人顺利安葬。现在除从执事人家中请一些用具外,食物不再请,因物资丰富,丧主承担得起。50年代前,民间建房困难,邻里间形成相互帮助的风俗习惯。只要主家找到,再忙也要去,有的实在不能去,自己找人顶替,这种情况是常有的。并且只是吃招待饭,一律不收工钱。

② 此处材料来自2004年笔者对山东红山峪村陈吉发的丧礼调查。

系过去了三代，只要是在一个村子里，在他们自己以及其他家族心目中，彼此永远都是亲戚。如果两个家族有联姻关系，意味着关系融洽，能够和睦相处，最重要的是其他家族不敢轻视他们。

姻亲关系在村落的性质上表现得较少，只有在村落界限之外，人们才会把整个村子的姻亲关系拉进需要注意和予以利用的范围之内。外柜先生在记录上礼者姓名的时候，只要一问"哪里的"，得到回答以后，就知道这是亡者的什么亲戚。同一个村落的人所共享的信息中包含了姻亲的内容。正因为如此，当一个人在村落以外地方，碰到附近村庄的人，一问是否是某家的亲戚，如此轻而易举地就能通过"论"的方式把彼此的关系连接起来。

二　离心力：姻亲关系之于家族组织的一种影响

（一）憎恶：可能潜存的一种态度

一说到宗族，人们总是会强调宗族的团结理念，它与宗族的延续理念共同支撑、维护了中国的家族制度。宗族相对姻亲关系来讲，是有族谱表述的，其制度性也远远高于姻亲关系。的确，一份族谱即使是单单考虑它的形式，也足以说明人们对家族的所有理念。全部家族成员共有同一份重要文献——族谱，首先它可以确立并强化家族边界，即"血缘边界""地理边界"和"伦理边界"[①]；其次，作为继嗣制度的外在符号，族谱既可以标志出所有成员均源自同一祖先，又能通过固定的行辈来联系所有成员并规定他们之间的秩序；再次，谱末明明书写了"余庆录"的字样，其下却是空白，乃是表示本族子孙绵延不绝。

当这种理念落实到具体的运行过程中，我们也会发现，家族制度的具体运行存在一种分裂倾向，宗族的理念和现实之间具有不同一性，或者说现实在某些时候对理念有不同程度的背离。这种分裂倾向既有给妻集团的参与，也有家族内部的自然表现。只是这种家族内部的自然表现，是在异

---

① 血缘关系是家族边界的天然基础，地理边界是家族赖以生存和发展的物质基础，而伦理边界则是家族团结、一致对外的凝聚力依据。参见谢仲礼《族谱与宗族边界》，《广西民族学院学报》2002 年第 6 期，第 40—44 页。

姓女人的介入之下引发出来的,因此我们说家族的分裂倾向和异姓女人有莫大的关系。尤其是在个体家庭之间面临利益之争时,彼此也会暂时压制团结理想,借助姻亲的力量来与兄弟家庭进行激烈的竞争。此时,姻亲关系就成了一个有意或无意的挑起甚至加剧竞争以致影响家族团结理想的因素。

华若璧通过对香港一个宗族的研究表明,农民和地主—商人这两个明显的阶层为了防止宗族内部产生区别,都遵循同样的婚姻仪式,但是他们在婚姻偿付和姻亲关系上有着显著不同的系统。在农民阶层中,姻亲之间的关系以敌对为特征,是女人而非男人和姻亲保持联系。因为他们认为姻亲关系可能导致潜在的和外来人的破坏性联系,而且也使得宗族内部的经济和社会区别明显起来。姻亲因此被他们视为一个分离力量,这实际上是与兄弟团结的理想有关。农民被宗族包围,各种需求都可以在这个范围内得到满足,结果他们越依赖宗族,就会越强调兄弟团结。地主—商人阶层却总是保持着与姻亲的亲密关系,华若璧指出,这种关系正是保持他们相对于农民阶层的优越地位的基础。①

华若璧所发现的这种同一宗族区分成两个阶层,彼此姻亲关系大相径庭的现象在华北乡村社会并不多见,这和华北乡村宗族的特点有关。社会分层的现象当然在村落的早期历史上曾经存在过,比如山东红山峪村田姓家族在田忠吉时期的通婚状况就如同华若璧笔下的富人阶层那样,总是与周围的大族通婚,并且彼此相互依赖。华若璧笔下的穷人与姻亲之间的关系状况就比较难以理解。男人与姻亲之间几乎没有联系和女人与自己的出生家族保持密切联系形成了鲜明的对比。穷人为了维护宗族的团结理想而把姻亲视为敌对力量,难道富人就不顾宗族的团结、不担心与姻亲之间的频繁往来会导致家族的分裂吗?事实上,红山峪村民不管处于哪一个阶层,都采取各种手段,尽力去扩展自己家族的姻亲关系,在实践中把姻亲关系当作是一种重要的社会资源。只是处于不同经济阶层的村民,由于对经济资源的占有程度不同,导致了他们与外界的往来有不同的限制而已。

尽管穷人对宗族有很深的依赖,但是宗族并不是一个全能的保护者,

---

① Rubie S. Watson, "Class Differences and Affinal Relations in South China", *Man*, New Series, Vol. 16, 1981, No. 4, pp. 593–615.

所以看起来男人在仪式上和姻亲的联系非常之少，而女人与娘家始终保持密切关系。但是男人与姻亲的关系在日常生活中的表现如何呢？华若璧对此并未加以注意。并且，究竟在穷人心目中姻亲如何妨碍家族团结的理想，华若璧也未给予详细的例证和说明。

笔者认为，人们对姻亲可能抱有敌视态度。但是，首先，这种敌视态度不是一个阶层的村民所独有的，而是全体村民共有的心理；其次，由于姻亲同时还是一个重要的来自异姓家族的支持力量，因此这种敌视几乎不能得到凸显，即使表现出来也是十分婉转。事实上，当笔者就这个问题进行访谈的时候，所有的访谈对象对此都表示反对，他们认为对姻亲非但没有任何敌视，反而对给妻集团给予了无以复加的尊敬，一些粗口根本不能当着亲戚的面说出来，否则将引起联姻家族之间的械斗。但这并不能完全否认姻亲关系不具有潜在的分裂宗族统一性的倾向。

人们对姻亲的警惕、怀疑与敌视的态度只是潜藏在人们的意识中，在适当的环境下才能表现出来。在山东红山峪村，人们在咒骂别人的时候，往往会不自觉地使用"老丈人""妻侄""小舅子"这样的詈语，比如"滚你个老丈人""我揍你个小舅子""你个熊妻侄"。口语中的"老丈人""妻侄""小舅子"，单从字面上讲是"妻子的父亲""妻子的弟弟"或"妻子的侄子"，实际上暗寓了对对方"女儿""姑母"或"姐妹"的性占有或性侵犯。对妻族的人，当面是不能使用这两个词的。这是对第三者的挑衅，表示极为强烈的憎恶时才会使用的詈语。如果是当着给妻集团的人说这种"粗口"，其中所蕴含的大不敬的态度将会引起一场激烈的家族战争。

一般情形下，即使是在给妻集团之外的人面前，也不能使用"老丈人""妻侄""小舅子"。否则，别人会认为你轻浮，斥责为"不知道里表"，即不知道远近亲疏。平时提及小舅子，人们一般说"媳妇他兄弟"，或"小孩他舅"；提及"妻侄"，则称作"媳妇他侄儿""媳妇她哥的孩子"，或"小孩他表哥""孩子他舅家的孩子"。而"老丈人"只能是在非常亲密的朋友圈内部以开玩笑的语气来使用。

我们从整个联姻过程一直到姻亲关系的重组仪式——丧葬仪礼可以很清晰地看出来，至少在华北乡村社会内部，人们对姻亲尤其是给妻集团非常尊敬这一点是肯定的，但是这样一个尊重姻亲的文化居然创造出一种以姻亲为内容的詈语,不能说是毫无因由。① 美国人类学家、语言学家 E. 萨丕尔在《语言论》中有一段非常经典的论述:"语言有一个底座……语言也不脱离文化而存在,就是说,不脱离社会流传下来的、决定我们生活面貌的风俗和信仰的总体。"② 詈语既是一种言语习俗,更是一种社会行为,表面看来是一种情绪宣泄,实质上却是受到了社会文化因素的深刻影响。可能是由于姻亲尤其是给妻集团对宗族制度有意无意的分裂倾向,人们才创造出了以给妻集团的关键人物为内容和指向的詈语,以此来表达对姻亲关系的憎恶。

人们如果存在对姻亲关系的憎恶的话,不管是在实际层面还是象征层面,都是由于姻亲关系有可能被受妻集团视为己方宗族的一个分裂力量。本书在下文将从两个方面论述姻亲关系存在的对家族的分裂可能及其相关表现。

(二)分家:给妻集团的暗中参与

当一个男人面临与家族内部成员的竞争时,从自己最直接的姻亲——妻子的娘家寻求帮助是一件非常自然的事情,这种征兆在分家时就已经出现了。

人们将家族的统一性置于首要地位,使给妻集团不能对女儿分家发表任何意见,这是观念上针对给妻集团设置的障碍,防止他们参与对方家族的内部事务。但是,社会文化的规定禁止分家时给妻集团的参与③,也恰恰从一个侧面证实确实存在着给妻集团干涉受妻集团内部分家事宜的可能性。

分家显然主要是几个兄弟之间对财产的分割。兄弟之间在经济方面的

---

① 我们当然也可以说,存在这种詈语是出于性关系上的禁忌,因为人们和"老丈人""妻侄""小舅子"是没有血缘关系的,而如果用"叔叔""大爷""姑夫"之类的称呼来骂人,就违反了血缘禁忌。这样理解是一部分的原因,但是人们也完全可以使用"×他娘""×他姐"之类的詈语,然而实际生活中,这类的詈语应用程度远远少于"滚你个老丈人!""我揍你个小舅子!""你个熊妻侄!"等。但是,我们并不把本书的这一解释当作合理的解释。

② [美]爱德华·萨丕尔:《语言论:言语研究导论》,陆卓元译,商务印书馆1985年版,第186页。

③ 在多地调查,访谈对象尤其是50岁左右的中年人,无论男女,都着意强调一点,即"分家是弟兄的事,妇女有看法,她娘家也说不上嘛,要是明白人都不插嘴,叫人家来人家也不来"。

矛盾早在订婚时就出现了。如果一个做父亲的给未来的儿媳太多的聘礼，必然会影响到下一个儿子的婚姻。但是无论是即将嫁过来的儿媳还是即将娶媳妇的儿子都知道，必须尽可能地多争取一些聘礼，因为嫁妆和家产之间还是有严格区别的。财物以聘礼的形式到了女方那里，等于这些财物就铁定属于女方所有，当女方把它们作为嫁妆带过来的时候，是不算在分家时所分的家产之内的。从尽可能多地争取聘礼上可以看出，女性的嫁奁权也对家庭分裂产生了重要影响。女性对家庭分裂的影响大概就是从订婚时开始无意识地出现的，这就等于说，每一次新的联姻都往大家庭里植入了一个潜在的分割力量。

嫁妆是给妻集团为一对新夫妇的独立所建立的经济基础，同时也由于一个女人和这个家庭的一个男人的结合，开始产生了玛格瑞·沃尔夫所说的"子宫家庭"[①]。沃尔夫分析中国父系社会中女人的地位与扮演的角色，认为在一个父系世嗣群内有多个子宫家庭的存在是引起家庭分裂的原因。[②]

给妻集团给出的女人为受妻集团生育了可以延续家族香火的后代，然而当她在履行妻子和母亲责任的同时，她也在不断地加强她的丈夫作为家族继承人之一的核心位置与权威。围绕着这个核心位置的是女人的小家庭，它迫切要求大家庭的分裂。从这个角度来说，一个女人把她的责任履行得越成功，她对受妻集团来说就变得越危险。[③]

分家通常都是由女人提出。女人在婚后两三个月，在家庭生活中逐渐寻找机会借机生事、制造矛盾，在许多受访对象心目中，这种表现往往就

[①] Margery Wolf, *Women and the Family in Rural Taiwan*, Stanford, California: Stanford University Press, 1972.

[②] 关于分家的原因，除了玛格瑞·沃尔夫的子宫家庭的存在以外，还有许多学者进行了探讨。弗兰兹·舒马恩认为分家是由家庭内部的不和和外部可能的经济压力引起的。关于内部不和，一种意见认为兄弟不和是分家的主要原因，另一种则认为兄弟的妻子不和是主要原因。这些分析或者过于笼统或者显得比较表面化。戴维·魏克费尔德认为，中国家庭生活中本质的经济紧张是日常主要必需品分配和财产继承系统的男性平等性质所引起的矛盾。矛盾的发展将会引起分家，这一看法是有道理的。郝瑞认为，有一系列向心力和离心力或者将兄弟联合在一起追求共同的经济目标，或者因兄弟彼此及其妻子的相互猜忌而分开。参见王跃生《二十世纪三四十年代冀南农村分家行为研究》，《近代史研究》2002 年第 4 期，第 157—196 页。

[③] Maurice Freedman, *The Study of Chinese Society*, Stanford Clifia: Stanford University Press, 1979.

是想分家的兆头。之所以如此,是因为她们不能直接地、公开地提出分家的愿望,否则那样会让自己的娘家丢脸。在地方观念中,刚嫁到婆家就想分家,是一件让给妻集团非常"丢脸"的事情。

但我们不能因为分家由女人提议或首先表露出意图,就认为是女人导致了分家。退一步来说,如果男人不想分家,难道女人就能够完全左右男人的决定吗?社会性别制度、家族制度决定了女人根本不可能获得家庭事务尤其是分家这样重大事务的完整决定权。正如弗里德曼所表明的那样,兄弟之间对于家庭财产享有平等的权利(长子在祖先祭礼中享有特权的情况除外)。他们根据这个权利希冀着自己的那份财产是否能够获得足够的分割,由此而产生了彼此之间的竞争。兄弟的妻子从出嫁的那天起,就被看作完全而合法地让渡到了夫家,为了自身及其子女与丈夫的利益,主动积极地参与到这种家庭内部的竞争中来。① 一般而言,分家的意图一旦表露出来,总是女性在前台表演,而男性在后台操纵,如此才造成了似乎是女人想分家的表象。妯娌之间的矛盾或婆媳之间的矛盾是显在的,而兄弟之间的矛盾却是隐在的。男性如果跑到了前台,就把家族的统一和团结理想置于次要地位,而这是家族观念绝对不能允许的。实际上,即使是男性要求分家,他们也总是使自己的意图巧妙地通过妻子传达出来。一个访谈对象说:"分家的时候,儿子想分家,他自己不说,觉得不好意思说出来,让媳妇说出来。"②

前文已经论述过,彩礼经男方给女方以后,会以嫁妆的形式进入新成立的小家庭,因此各地在近二十多年以来都出现了很多嫁女在婚前大肆索要彩礼的情形,但往往都获得了男子暗中的支持,如此一来,这也是一种变相的提前分配家庭财产的方式。

一般来说,一个男人只有在身为舅舅去处理外甥的分家事宜时才对受妻家族进行干涉,至少从表面上来看,他不能对外甥之间的分家发表任何意见。联系到分家之前的征兆通常都是由女人表现出来,就不能不让人想到女人的这种明目张胆的表现一方面是肯定已经得到了丈夫的暗中支持;

---

① Maurice Freedman, *Chinese Lineage and Society: Fukien and Kwangtung*, London: Athlone Press, 1966.
② 访谈时间:2009年10月5日,访谈地点:天津其村,访谈人:刁统菊、佘康乐,访谈对象:吕加新。

另一方面，女人的娘家也非常有可能在其中提供了某种策略性的帮助。事实上，当一个女人想分家的时候，一般来说她首先会和娘家父母商量，征得他们的同意。如果一对年轻夫妇对分家结果不满意，甚至会直接借助女人娘家的势力来干预分家进程和结果。

> 俺老爷（爷爷）组织给一家的兄弟俩分家，分家先把地都搭配成大体平均的两份，抓阄时老大说不如老二抓得好，老大媳妇意见最大，主张另外抓阄。谁知道连拾三次阄，都是人家老二抓得好，老大怎么都有意见。俺老爷还是老大的干爷呢，他都烦了，最后就确定按抓阄结果分家。老大媳妇不满意，就找来娘家人，好家伙，一下子来了二三十口子，来干吗的？来打架的。老二给本家的侄子商量，他侄子这个人耿直，人家经常找他当写约的中人，分房产、土地都找他。他说婶子怹都别害怕，我上俺姥娘家拉人。好家伙！他更厉害，八十多口子人，老大那边害怕了。末了，老大媳妇没办法了，还是按抓阄结果分家。从那以后，老大媳妇没法出气，她自己的院子前边是老林，她挖了个井窖，想破坏风脉。以后老二那一支子不断出事，有点事就装不了，自杀，神经病，都有。①

在这个个案里，当兄弟中的老大对分家结果不满意时，直接由女人求助于娘家，借助娘家的力量来干预分家的进程，结果老二也从给妻集团寻求到了帮助对象，力量对比的悬殊让老大放弃了按照自己的意愿分家的愿望。似乎分家之事就此结束了，然而由于分家导致的矛盾却造成了兄弟之间更严重、更持久的斗争。

在天津的一个调查个案说明，当嫁女分家时，娘家所有的动作都是为了嫁女能够得到更多利益，因此娘家就会表现得不那么温和，"娘家刺，闺女就不吃亏"。分家时嫁女的娘家没有发言权，但分家以后，嫁女娘家马上就会参与到小家庭的建设中来。比如河南淅川县就有小家庭建立之后女人的娘家来"添仓"的仪式，进一步确认了一个男人与丈人家的亲密关系，使得以后丈人家对他的帮助或者他对丈人家的馈赠都不再受到任何

---

① 访谈时间：2004年2月1日，访谈地点：山东红山峪村，访谈人：刁统菊，访谈对象：杨起洪。

影响或者干涉。① 山东莱芜一般在嫁女分家后，娘家去温锅，带去的是锅、盆和肉、鸡、鱼、豆腐。山东莱阳小姚格庄有"安锅"习俗，一般是嫁女的母亲"发块大面放在盆里拿着"，寓意"发糕发家"，此外还有米、面、两条鲅鱼、两包火柴、还有筷子、勺子、舀子、盆等，这些还不算完，做母亲的来了闺女家看看少什么，以后再给送过来。安锅时，嫁女的姨、姑、舅都去，礼物中有盆、锅、鱼，但不能带发面，发面是嫁女的母亲独有的权利。

红山峪村附近村落亦有类似的习俗，只是更加明显地针对女儿的小家庭的经济生活，这就是近些年兴起的"送拍子"习俗。拍子作为一种生活用具，既能够盛煎饼、馒头、烧饼等食品，还能用来盖东西，例如盖锅、盖筐子。当锅里的东西很多的时候，拍子就无法把锅里的东西盖严实，这个时候一般就用手使劲拍一拍，发出的声音类似"拍拍拉拉"。因此，人们常说"谁家办事②剩那些东西拍拍拉拉的"，以此来形容仪式上筵席的丰盛。

2004年1月11日，村民田成雪出嫁前一天，她的姑妈来喝喜酒，抽空给她做拍子，说是要让她带到婆家去，但她的叔伯哥哥认为："没分家不能给拍子！多不合适！"可见娘家给女儿送拍子不是给尚未分家的大家庭送，而是送给分家后的小家庭的。虽说现在儿子一结婚，几个月内很快就分家了，但是田成雪尚未分家娘家就送拍子有点不合适。给妻集团在女儿未分家时送拍子，明显有盼望女儿赶快分家之意，这当然影响到了受妻集团的家族团结。

送拍子的意义应该是给妻集团对女儿的小家庭在经济方面的一种象征性支持。这种习俗是伴随着婚后不久即分家的趋势产生的。闺女分家了，娘家才去送拍子，象征性地表示娘家对女儿小家庭的祝愿和帮助。虽然分家的时候男子的父母会把几乎所有的生活用品准备齐全，但是小家庭仍然离不开给妻家庭的帮助。过去"不兴送拍子"，因为人们观念中以为"分家是丑事"，给妻集团明知道女儿闹分家，也不能公开表示支持。现在婚后很快就分家已经成为一种普遍的现象，人们则名正言顺地给闺女送

---

① 王荣武：《当前乡村分家习俗的民俗学思考》，《民俗研究》1994年第3期，第13—15页。

② 举办红白喜事。

拍子。

事实上娘家对闺女家的支持不仅仅在象征意义上，在实际意义上也存在具体的经济支持。丈人是女婿的顶门亲戚，对女婿来说，"麦子好粮食，丈人好亲戚"。虽然女婿对丈人家的困难有义不容辞的责任，但是当女婿遇到困难的时候，首选的求助对象是妻子的娘家。而给妻集团在帮助女儿女婿的小家庭上也是不遗余力，许多受访对象提及自己的小家庭在分家初期，每每遇到困难，总是孩子的姥姥家给予帮助。

送拍子仅是一种象征，但由于娘家对女儿的支持是以女儿的子宫家庭为基础，针对的是分家后的核心家庭，促进了小家庭的发展，等于在实际上加剧了兄弟家庭之间的竞争，因此这种支持就显得具有了分裂接受妻子家族的意味。给妻集团对女儿小家庭的支持不仅是在象征和经济方面，也包括与日常生活相关的许多内容，这也在事实上促进了女儿女婿的小家庭与兄弟家庭的分裂与竞争。

（三）日常：给妻集团的公开参与

根据庄英章的研究，由于年轻人经济上的独立，使女人与娘家经济上的互助逐渐转为密切。独立的经济预算使得公婆的约束力或影响力减弱，女人与娘家财物互赠的频率增加。经济地位的独立对娘家财物互赠的自由度及频率有显著的影响关系。[①] 分家以后，小家庭与兄弟家庭在经济上完全脱离，也不再受到大家庭的约束，而且由于分家明确了姻亲资源的指向，直接定位到新成立的小家庭，因此给妻集团对受妻集团的帮助也是以小家庭为主。

从目前的现实情况来看，的确年轻人婚后分家的速度越来越快，甚至于在婚前就将分家事宜确定下来，但是在实际生活中，呈现出来的还是网络家庭的形式。网络家庭从外观上看起来，父母与已婚儿子别居另灶，似乎是两个不同的家庭。但从实际来看，不管是兄弟分家，还是父子分家，并没有分"亲戚"，网络家庭在姻亲往来上并没有明显的区分，对外仍然是一个利益和情感的综合体。尽管老人与儿子的家庭总是有许多的联系，但由于是年轻一辈在实质上主持着家庭的经济生活，因此对于给妻家庭来

---

① 庄英章：《家族结构与生育模式：一个渔村的田野调查分析》，（台湾）《中研院民族学研究所集刊》1986年第59期，第63—89页。

说，与他们进行实际交流的还是女儿的核心家庭。从已婚女人的角度来说，尽管她与娘家终生保持非常密切的关系，但是毕竟婆家才是最终的归宿，因此她们最重视包含了孩子和丈夫的小家庭，几乎全部精力都投入到这个家庭上来，这也是一个促使给妻集团和女儿的小家庭联系密切的因素。

在村民的记忆中，唯有集体农业时期宗族组织和姻亲关系的重要性似乎要小一点，许多问题都可以在生产队中得到解决。谁家有儿子结婚，队里给木材打喜床；有女儿出嫁，队里给打制柜子和杌子当嫁妆，抬嫁妆的有青年团员。家庭联产承包责任制出现以后，这种局面发生了很大的变化，人们对家族和姻亲的依赖重新得到恢复，甚至有所加强。

在老人对年轻人婚后急于分家的想法越来越宽容、年轻人婚后很快分家的现象越来越普遍的情形下，分家显然是越来越容易了。新分出来的小家庭尽管有双方父母给予的实际经济支持（比如房屋和嫁妆），但是与过去经过一段时期的实力积累以后再分家的小家庭相比，经济实力还是脆弱得多，因此他们对于家族和姻亲的依赖更大，尤其是对给妻集团。

姻亲的重要性在过去 20 年有所增加，这与妇女在商品生产和农耕中的重要角色有关。① 目前，由于越来越多的男性青年到大城市寻求临时工作，他们的妻子不得不承担起生产与家务的双重担子。这样繁重的工作常常迫使女人去娘家求助，虽然娘家也是面临同样的情况，但是年老的父母总要给予女儿或大或小的一点帮助。因此，近些年来新亲②的位置越来越重要，而老亲在家庭的人际网络中逐渐"隐退"。

> 过去是姑舅皇亲，姑舅最大，现在把老亲扔了，认丈人家了。过去是姑舅在前边，老丈人第三。现在不兴了，都兴走丈人家了，什么

---

① 阎云翔：《礼物的流动——一个中国村庄中的互惠原则与社会网络》，李放春、刘瑜译，上海人民出版社 2000 年版。

② 老亲也叫老亲根，老亲根是表兄弟往下的亲戚。对一个男人来说，他的姑奶奶、老姑奶奶都算是老亲。而通过儿孙辈的联姻形成的亲戚即是少亲了。新亲与老亲、少亲的划分方式不同，是指由最近的一门亲事建立的亲戚关系。最简单的说法是，一个男人的岳父是新亲，姥爷是老亲。

事都先认老丈人。①

　　正如前文所表明的，姻亲关系无论何时都是一种重要的社会资源。与妻子一方的亲属的联系对许多人来说至关重要。当女人与公婆发生矛盾，或者丈夫与其兄弟发生矛盾的时候，女人总是首先就诉诸娘家，从娘家寻求保护。而娘家人也感到义不容辞，总是竭力相助。这种现象在各地都十分非常普遍，但大都持有一个基本原则，"妯娌之间闹大矛盾，各自的娘家都参与，小事不参与"。山西杨村的调查表明，娘家直接帮助嫁女"吵嘴、辩理"是非常常见的事情，上演武力的也不少见。

　　女人与公婆发生矛盾寻求娘家的帮助，和其丈夫与兄弟发生矛盾时借助娘家人的力量参与矛盾进程，这是不同的性质。给妻集团对前者的参与毕竟还可以在情理上说得过去，对后者的参与则是直接干涉了受妻家族的内部事务。事实上，习俗中也有一些禁忌暗示了娘家人对女儿的小家庭及其与大伯子/小叔子之间关系的参与。

　　前文已经说过，华北乡村有一禁忌，嫁出去的女儿不能在娘家过某些节日。例如有些地方不允许嫁女在娘家过二月二和腊八节，其缘由是因为嫁女若吃了娘家的蝎子爪②和腊八枣容易导致妯娌不和。据说兄弟两个吵架的时候，往往是妯娌之间互相对骂。兄弟媳妇骂："俺吃娘家的腊八枣，先死大伯后死嫂"，大伯嫂接着骂："俺吃娘家的蝎子爪，一死恁公母俩"。不在娘家过二月二和腊八节的禁忌暗示出给妻集团参与了女婿的小家庭和兄弟家庭之间的竞争。

　　人们笃信房子的高矮与家庭实力的发展之间有某种神秘的联系。屋旁不盖矮屋，因为"人不在人眼下，屋不在屋檐下，树不在树底下"。配房不高于主堂屋，高于主堂屋叫"欺主"，房子不高于东首或后院房子，否则"欺邻"。田东海和田东河两家既是叔伯兄弟，又是一墙之隔的邻居，田东海在东，田东河在西。两人虽说不是亲兄弟，但是平常感情非常融洽，无论大事小事都互相帮忙、互相商量。可是在关键的事情上，田东河

---

① 访谈时间：2004年1月8日，访谈地点：山东红山峪村，访谈人：刁统菊，访谈对象：田厚云。这种现象在山西、河北也非常普遍。

② 把豆子炒熟了，谓之蝎子爪，这是当地二月二的节令食品。

并没有遵守习俗规定，尽管田东海还是"大字"①。

> 咱在这里说这个事，我都不好意思说。那年他盖屋，垒墙的时候，从丈人家拉了大舅子小舅子一大堆人，一下子就把墙垒高了。②按说他不能这样，他在我下首。我在这边清看着，一点法没有。你说给他讲道理，白搭，这个道理谁不明白？你上前打去闹去？那也不行。要是喊的旁人，还好说，你说他喊丈人家的人，咱怎么办？我只能干憋着。③

即使是亲兄弟，分家以后在很多方面也都在一定程度上失去了大家庭的一体性。兄弟一旦分家，虽然长子在某些仪式上具有相当的权威，但是这种权威并不能导致其他方面的相应变化。"分家三天如邻居"，这说明兄弟之间的联系何等的脆弱！既然"分家三天如邻居"，分家实际上就拉大了兄弟之间的亲属距离，也等于是给兄弟家庭发挥各自潜能的机会。彼此能力的高与低，在分家不久即可逐渐显示出来，而如果媳妇的娘家"沾闲"④，那么兄弟家庭的经济和政治地位将会迅速地拉开距离。兄弟之间的竞争由于媳妇娘家的介入而变得更加剧烈了。李银河在浙江余姚南阳村的调查获得这样的印象，即族亲之间的关系还不如姻亲。族亲众多有利益冲突，姻亲却是利益加感情的结合。姻亲是夫妻的合而为一，族亲却是兄弟的一分为二。⑤ 夫妻的合而为一，不仅是夫妻合一，更是与给妻集团的合一。

三 姻亲对家族组织的补充、调适和维护

宗族制度在某些情形下是姻亲关系运转的语境——正因为人们强调宗

---

① 大字和小字的区别是同辈男人之间年龄长幼的区别。
② "高"在这里的意思是田东河家的院墙高过了田东海家的院墙。
③ 访谈时间：2004年11月20日，访谈地点：山东红山峪村，访谈人：刁统菊，访谈对象：田东海。
④ 俗语，意思是有钱有势。
⑤ 李银河：《生育与村落文化》，中国社会科学出版社1994年版，第71页。

族制度，强调家族血缘的延续，姻亲关系才得以被尊重。宗族制度的延续离不开姻亲关系，同时它的秩序的协调和维护也要依赖姻亲关系。

（一）姻亲关系对宗族理想的维护

由于异姓女人的介入，家族的延续得以实现，而她的介入也可能会加剧兄弟之间的竞争，导致家族的分裂。但是异姓女人所带来的姻亲关系却也有一些协调性的助益。因此本书还要补充一点，那就是姻亲对宗族的团结理想也是有维护作用的。给妻集团的人能够协调受妻集团的矛盾和分歧，换言之，后者的秩序在部分意义上是要依靠前者来维持和稳定的。姻亲关系对于宗族制度团结理想的维护意义就在于此。

山西晋城县的一则个案说"舅舅只能和自己的姐妹站在一起，只能偏人不能偏理"，他绝对维护出嫁姐妹的利益。但是当舅舅与自己的出嫁姐妹之间发生了矛盾，所采取的措施和依据的原则又与嫁女与婆家发生矛盾以后的做法有极大差别。

> 我与我第五个姐姐也有矛盾，从我外甥身上闹起。我孩子在一个单位里开车拉土，我外甥负责记账，但没有给他记上账，我去问外甥："为什么他拉了土你不给他记上？"外甥说："已经结了账了，没法补了。"于是我找了单位领导，他就批评我的外甥说："你舅舅的儿子干了活，为啥你不给他记呢，国家还能坑个人吗？"批评事件也不大，但是引起的这场风波却不小。我外甥回去就告诉了他妈，也就是我的姐姐，我姐姐整整怪了我一年……后来这件事慢慢平息了，我感到在家里，在亲戚问题上最好的一条是忍一点，耐心一点。我姐姐最后说："咋你气我也生气，咋你又说得我没有气了？"我说："'黄金有价情无价'，即使我有点不对，但是听你儿子的话也有点偏吧？"最后我把这件事情与她和她儿子澄清了。家庭问题最好的方法是不要外扬，闲话惹人心，不让有的人添油加醋。如果这样，本来是一件小麦粒大的事情，就能扩得很大。①

---

① 访谈时间：2008 年 11 月 11 日，访谈地点：山西洪洞园村，访谈人：刁统菊、刘晓文，访谈对象：韩为民。

舅舅对于受妻家庭来说，是在任何重大的时刻都不能忽略的，必须要请他来出席每一个仪式，不管是嫁女还是娶媳，否则等于是藐视他的权威和地位，很容易造成姻亲之间的矛盾。但是这种事情从未发生过，因为所有的人家不管嫁女还是娶媳，都会请舅舅来，没有亲舅舅，叔伯舅舅也要请来。舅舅的地位是至高无上的，父母去世，舅舅家的花圈得摆在最前头，帐布也放在客屋的显要位置，"坐席得在当中，什么都得敬着他"。

马丁指出，葬礼清楚地揭示了娘家大部分的权力和权威，认为一个男人在姐姐和姐夫的葬礼上扮演同样角色，就不能仅仅用姐弟感情来解释舅舅的权威了。① 一个男人之所以能在姐姐和姐夫的葬礼上发挥同样的作用，因为他具有给妻集团之代表的身份，这种身份使得舅舅有权力来处理姐妹家那些容易引起争端的事务。葬礼不是一个体现舅舅权威的唯一场所，分家的时候，舅舅仍然可以发挥更加重要的作用。

舅舅具有如此显要的地位，在某种程度上其权威甚至超过了父亲——儿子可以打父亲，但是不能打舅舅。从"亲戚关系上来说，舅舅跟姑姑差不多，但舅舅为大，娘家老舅皇亲国戚。家里有什么纷争了，尤其是分家，都是娘家老舅来"。分家可以分财、分灶，但是亲戚是不可能分的。正因为如此，舅舅才能站在一个固定的位置和每一个外甥都保持平等的关系，从而他才有可能以一个公正的立场利用其作为给妻集团代表的权威来见证兄弟分家的事实并协调兄弟分家过程的矛盾。

> 俺弟兄三个分家，没写约，舅来了，觉着舅舅掌握正义，说句话算句话，是个公道人，证明人。房子是俺爷（父亲）说的，一说都没意见就完了。有的都搭配好，抓阄，那是不团结说的，免得以后麻烦。有的就一个儿子也得找他舅舅。我给俺三个儿分家，也找小孩舅舅来了，舅舅是个证据，省得我落埋怨，有过（过错）让他舅舅担着了，免得说老的（父母）偏向哪个了。因为分家不公，兄弟闹矛

---

① Emily M., Ahern, "Affines and the Rituals of Kinship", Arthur P., Wolf (ed.), *Religion and Ritual in Chinese Society*, Stanford Calif: Stanford University Press, 1974, pp. 270 – 367. 另外，列维－斯特劳斯认为，母舅的作用不能被解释成是母系世系的后果，或是它的遗迹。参见［法］克洛德·莱维－斯特劳斯（Claude Levi-Strauss）《结构人类学》，俞宣孟等译，上海译文出版社1999年版。

盾的多的是。①

可见,舅舅的形象也具有公正的品质,既是证明人,又是公道人。分家经过舅舅的同意,那就具有无上的效力。舅舅是一个公道人,因此可以调解兄弟之间对于财产分配的争执。父子已经把财产都分配完毕,仅仅让舅舅在场来做证明人,这是利用了舅舅的公正性和公道人的作用。如果是找舅舅来具体参与财产的分配,本身就说明弟兄之间可能或者已经产生了分歧,父亲已经处理不了这些分歧了。这在村民的心目中,等于是说兄弟不和睦、不团结,对这个大家庭的社会评价很容易就因此降低了。

> 1987年,俺爷(父亲)到康宅村给外甥分家,他们来请的,主要是分老宅子。因为兄弟们分不清,后来让当舅的来调解。俺爷查看完了,觉得得让老三拿60块钱(才行)。老三不拿钱,当舅的说公道话,结果他就把俺爷抗了一膀子。俺爷摔倒了,爬起来就跑了,连酒席都没吃。从此老三和俺爷就关系不好了。家也没分成,到现在还有没分的老宅子。(当时)我花了70多块给俺爷看病。②

尽管舅舅具有无上的权威,但仍然有外甥会和舅舅"别楞",来挑战他的权威。挑战舅舅权威的人在乡邻心目中的威信和社会评价急剧降低。故而人们对一个连舅舅都管不了的人会说,"你看这人,连他舅都别楞,咱都别问(参与)了"。舅舅的权威反过来也表明了舅舅对外甥的支持与帮助,比如许多家庭都会依赖舅舅为外甥找工作、介绍对象。这也更好地帮助我们理解为什么华北乡村社会禁忌嫁女回娘家生孩子,因为人们认为这"对舅舅不好"。究竟如何"不好",不须言明,民众便严格遵守禁忌,原因当与维护舅舅的权威有密切联系。

舅舅具有高于父亲的权威和众所周知的公正性,这就决定了他有资格有权力来见证兄弟分家,或者处理兄弟在分家中的矛盾。舅舅在分家时体

---

① 访谈时间:2004年1月2日,访谈地点:山东红山峪村,访谈人:刁统菊,访谈对象:段良杰。

② 访谈时间:2004年1月2日,访谈地点:山东红山峪村,访谈人:刁统菊,访谈对象:周振德。

现的这种作用也体现在父母的丧礼上,那个时候需要舅舅当内柜,保证一切收支的公平和妥当。舅舅不在,舅表兄弟就可以代替这种角色。人们仅是出于礼貌请来孝子的丈人充任内柜,对他并没有赋予充分的信任。事实上,舅舅对外甥家的许多事情都有权力干涉。例如外甥不孝顺父母,父母也要找当舅舅的来处理,同时舅舅对外甥的工作和婚姻的关注远远大于其他亲戚。因此,给妻集团的人能够协调受妻集团的矛盾和分歧,换言之,后者的秩序在部分意义上是要依靠前者来维持和稳定的。

前文指出"姻亲"被视为一种将兄弟分开的离心力。这里所说的姻亲不是一个家庭的所有姻亲,而是将要分家的几个兄弟的"顶头亲戚"——丈人家。在兄弟分家时,舅舅是一个重要的、不可或缺的协调力量,但在不同的时期这个角色所起的作用也不同。[1]

姻亲关系的代际变化和家庭模式的变化近乎一致。分家是借助了舅舅的力量来制衡兄弟之间的矛盾,但是分家以后,舅舅对外甥家庭的参与程度逐渐降低,让位于下一代的舅甥关系,并且后者逐渐形成并趋于成熟,此时的"舅舅"有可能在维护从自己家族嫁出去的女儿的利益时,客观上对受妻宗族产生分裂作用。新的一代成长以后,曾经产生分裂作用的舅舅又会发挥维护和协调受妻宗族的整体秩序的功能。

(二) 姻亲关系对家族组织的调适

从田野作业来看,在所调查的区域,对姻亲关系的看法存在一些细微的差别,这些差别与其宗族观念、宗族结构有重要关联。山东莱阳小姚格庄与其他村落的比较清楚地显示出这一点来。此处以小姚格庄与其他村落类型的对比为主,探讨姻亲关系尤其是母系姻亲对家族组织的积极意义。

这里所选取的个案处在山东东部平原的小姚格庄。据1991年落成的小姚格庄村名碑记载:"明末形成聚落,因处地附近有个大台子取村名。台子据传后因与大姚格庄有亲缘关系为表亲,近改名小姚格庄。"村子已有300多年的历史,有340多户,1080人,衣姓占到80%多。根据众多村民的说法,罗姓是"占山户",早年从栖霞唐家坡东罗家迁来此村,时间要远远早于衣姓——"买山户"。衣姓因有女儿嫁入该村,被罗姓邀请

---

[1] 需要指出的是,随着社会的发展,分家涉及的家庭财产也在发生变化,因此舅舅对外甥家庭财产的分配所拥有的权威也在变化。笔者将另文撰述。

到该村居住，久而久之人口已居多数。根据我们的调查，村内居住呈现出明显的宗族聚居性，衣姓人口多，居住较为分散，而罗姓则一直以相对集中的方式居住在村内。另有以不同方式（如招赘婚）加入该村的张、王、徐、姚等姓氏，各有1户，散居在村内。

小姚格庄各个姓氏尤其是衣姓和罗姓村民的宗族意识非常浓厚。这不仅体现在每逢大事时的宗族成员互助上，通过观察与访谈，我们从年节时的祭祖仪式也更深刻地体会到了人们的宗族观念。也正因如此，该村的姻亲关系在交往方面和作为杂姓村的鲁南红山峪村有显著不同。

走亲戚是维护姻亲关系的一种常见形式，分为平日往来和节日往来。平时有亲戚来，主人都要热情招待。至于节日往来，一年里头数过年最热闹，从正月初一开始走亲戚串门，一般是晚辈看长辈。在这一点上，能够看出人们在制度层面对亲戚远近的划分："初一看姑姑，初二看舅舅，初三初四年轻人看丈母娘，以后再看姨姨。"

从对村民的访谈中，我们也能够看出人们在年节往来上对亲戚交往秩序的遵从："初一时侄子就来看我了，中午没有在这里吃饭，回他大妈妈家吃的"；"今天是初五，我去看我姨姨了"；"初三，三个闺女和女婿来了，做了十多个菜，吃的菜包，因为我做的菜包好吃"；"不吃菜包，也可以吃饽饽。女婿平常帮忙剪果树，走亲戚时专门走亲戚，不帮忙做饭，女儿帮忙做饭"。

"初一看姑姑，但是一般都和姨姨、舅舅亲"，亲戚在理论上位置靠前的，关系和感情都比较靠后。这表明人们把亲戚分成了两类，一类是情感层面的亲戚，另一类是制度层面的亲戚，往往是在制度层面应该亲近的亲戚不如情感层面的亲戚有更丰富的往来实践。比如初一看姑，但是在实际生活中，嫁女和姨姨关系非常亲密，在结婚仪式上，舅母和姨姨的礼金通常也比姑姑的重。这是在比较父系姻亲和母系姻亲。并且，女儿出嫁以后，娘家的亲戚，不只是父母兄弟姐妹，还有舅母、姨姨、姑姑。如村民罗蔡氏所说，她已嫁出去的闺女不大和姑姑走动，但和自己的舅舅和姨母走动，罗蔡氏本人和她外甥女的来往也要比与侄女的频繁。

鲁南红山峪村属于杂姓村，族际交往除了乡邻关系以外，姻亲关系也占据相当分量，在家谱上特别重视男性后代，而吝啬于对女性后代留下一点笔墨，当然这也是全国绝大多数地方家谱的特色。在观念上更为重视家族，因此在姻亲关系上也就特别强调受妻集团对给妻集团的连绵不断的弥补，追求一种平衡的姻亲关系。此外，红山峪村更为强调姻亲关系的分类，如在丧礼中，参加丧葬仪式的姻亲包含以下三类：第一是亡者家族的给妻集团，包括亡者及其孝子、孙子、重孙子还有叔伯侄子、堂叔侄子等人的丈人家族；第二是受妻集团包括亡者的姐妹、女儿、叔伯侄女、堂叔侄女等人的丈夫家族；第三是亡者及其孝子、孙子、重孙子等人的妻子娘家姐妹的丈夫。这种区分不仅仅体现在仪式中，在日常往来中也有明显的区分。

鲁北的东营村居于两村之间，有宗、荆、田、周"四大家族"共居一村，历史虽近百年，且家族之间的通婚现象日增，但各家族仍各居一方，在居住上保持明显界限。这在姻亲关系方面也无法概括出比较明显的特点来。

小姚格庄的经济条件并不逊于鲁南村庄，但奇怪的是丧葬仪式上的女婿上礼却极为不同。在亲戚上礼这一点上，最能体现小姚格庄姻亲关系的特色所在，给妻集团有人去世，即便是岳父岳母，女婿也无须拿许多现金来上礼，而仅需二三十元便可表达心意。一位衣姓老人回忆了他侄子的岳父去世时，侄子一共花了二十多块钱。因此，账簿之类有时就不是那么有必要。

从近些年的情况来看，红山峪村的嫁女，在父母的丧礼上，一般都不会低于 800 元，2015 年甚至上涨到 5000 元左右。而且，除了这份礼，还要拿"小礼"，用来支付喇叭（乐队）的费用。因此，如果一个男人有四五个姐妹，等父母去世时，发丧不但无须破费，反而会小有剩余。当然，亲戚拿的礼多，丧礼也更隆重，不但亲戚要吃饭，拿了礼的邻居也要吃，这样下来，一个丧礼要花费 10000 元至 30000 元，前后要用上五天的时间。若拿小姚格庄和鲁北的东营村相比较，东营村许凤英去世时已经 80 多岁，其丧礼也算是"喜丧"，但从老人咽气到发丧一共三天，其子总共花费 2000 多元，收了也是不到 3000 块钱。女婿上礼仅有 100 元，并无其他花费。从丧礼账簿的内容来看，鲁北的东营村仅有上礼现金数目和纸，而鲁南的红山峪除此之外，还有花圈、帐子、桌子（祭品）等实物，小姚格庄的账簿内容与后者类似。

小姚格庄在姻亲往来尤其是丧葬仪式上的这些特点，与各地亲属关系的结构有关。作为一个宗族村落，小姚格庄在亲属结构上以血亲关系为主线。衣姓在早期的家谱上除了记有男性后代的姓名、妻子姓氏、所自村庄、子女数目以外，同样记有嫁女的姓名、丈夫姓氏以及村名。这种记录表明衣姓家族和红山峪村许多家族不同，他们并不特别强调亲属关系在家族和姻亲上的分类，正是这一点在姻亲关系上造成了许多和别地不同的特色。首先，小姚格庄在姻亲交往上对姑妈和姨妈同等重视，与制度层面应较为亲近的姑姑在实践上反而没有与情感层面较为亲近的姨姨来往多，这体现了一种互补的特点。这一个特点实际上透露出了小姚格庄对姻亲关系的高度重视。衣氏族谱中对包括嫁女和媳妇在内的姻亲关系的详细记录（包括出生村落和家庭），不仅有利于巩固和强化联姻家族之间、村落之间的联系，更重要的是，这种记录在一定程度上反映了宗族力量（至少是衣姓在此地发展的早期阶段）相对不足，其他社会关系尤其是姻亲关系对宗族发展影响巨大，从而成为宗族力量的有益补充。[①] 其次，在姻亲往来上，小姚格庄并不特别强调受妻集团对给妻集团的所谓义务，强调的是参与范围，而不是参与程度。这也表明对姻亲的普遍重视，而非如一些地方特别重视姑舅两种姻亲而大大忽略姨妈这一类姻亲。

强调姻亲的参与范围，实际上是近些年来华北乡村社会的特色，但于小姚格庄而言，是明清时期就有的传统。

[①] 参见王日根、张先刚《从墓地、族谱到祠堂：明清山东栖霞宗族凝聚纽带的变迁》，《历史研究》2008年第2期。该文提及，栖霞地区的族谱对娶进媳妇所属之村落、嫁出去的女儿之家庭，也都有比较详细的记载。笔者在田野调查期间，拍摄到的新族谱也确实是如此。

第七章

姻亲交往秩序

一 姻亲称谓的有序性

(一) 姻亲称谓：有序性的表达

亲属制度是反映人们的亲属关系以及代表这些亲属关系的称谓的一种社会规范，因此亲属制度也称"亲属称谓制度"。早期人类学家对亲属关系的研究是从婚姻习俗和亲属称谓入手。摩尔根提出了三种亲属制度，论述了人类亲属关系与各种婚姻形态的直接联系，他认为亲属称谓可以被用来推论以前存在的社会组织形式，并利用亲属称谓制度来透视社会制度的类型。[①] 继而，默多克在《社会结构》中提出了六种亲属称谓制。他与摩尔根为人类学亲属关系研究奠定了理论基础。[②] 布朗把婚姻、家庭和亲属称谓制度视为一个整体，把亲属关系看作一个社会的结构/功能，将亲属制度和亲属称谓看作是识别亲属范畴或类别（包括辈分）的工具，认为亲属称谓是亲属制度的一个内在的组成成分，称谓与制度中其他部分之间的关系是一个有秩序的整体内部的关系。[③]

利奇则对以往的亲属制度研究提出全面的反思。他认为亲属称谓是

[①] [美]路易斯·亨利·摩尔根：《古代社会》，杨东莼等译，商务印书馆1983年版；[英]拉德克利夫-布朗：《原始社会的结构与功能》，潘蛟等译，中央民族大学出版社1999年版，第62页。

[②] [美]埃尔曼·R. 瑟维斯：《人类学百年争论：1860—1960》，贺志雄等译，云南大学出版社1997年版，第103—105页。

[③] [英]拉德克利夫-布朗：《原始社会的结构与功能》，潘蛟等译，中央民族大学出版社1999年版，第65—66页。

"本土观念"的一种,属于土著对社会关系的认识的"理想层次"。亲属称谓与个体和群体实践有联系但是也有差异。因此,社会人类学者不应急于把"本土观念"的亲属称谓体系"翻译"为学术概念,而应深入到制度的表层下面探讨人的认识与行为规则。①

　　亲属称谓不仅仅是理想模式,同时也包含了更加丰富的实践层次。亲属称谓的确存在着多种形式,比如面称、背称、书面语。仅对妻子的父亲的称谓就有多种形式,比如老丈人、岳父、泰山、大爷/叔叔。姻亲称谓反映了人们对姻亲的各种心理和态度,一个男人对他妻子的父亲、兄弟及娘家侄子在背称上存在着俚俗的一面,而在面称时却格外尊敬,这和姻亲关系的一个重要特征有关。面称和背称以及书面称谓(比如用于丧礼上的帐心书写)所表达的意义并不一致。理想和实践没有任何一个层面能够反映社会的完全状态,对姻亲称谓的考察必须要从多个方面出发才能完整地呈现出真实的亲戚关系。

　　当两个亲属面对面说话时,他们总知道对方的确切的亲属关系,只是在叙称情况下才需要使用较精确的亲属称谓。② 在面对面的情形下,对母亲的父亲(背称"外姥爷")要称呼"姥爷",对表哥的称呼要把"表"字去掉,这不仅仅是因为彼此确知对方与自己的亲戚关系,同时也有一定的社会意义在内。"外姥爷"之"外"和"表哥"之"表"本身就带有疏远的意味,如果不把标志去掉,那么这种称谓只会让彼此的关系更加疏远。

　　人与人的关系在文化中获得了秩序化,姻亲关系就依靠亲属称谓来表达其有序性;反过来,称谓所表达的姻亲秩序又加强和稳定了称谓双方的姻亲关系。对亲属称谓的分类应考虑到地方观念③,考虑到称谓的主体。从红山峪的实际出发,可以发现在亲属称谓上只有两个体系:一是宗族内

---

① E. R. Leach, *Rethinking Anthropology*, London: Athlone Press, 1961, p. 30;王铭铭:《想象的异邦》,上海人民出版社1998年版,第92页。

② 冯汉骥:《中国亲属称谓指南》,徐志诚译,上海文艺出版社1989年版,第12—13页。

③ 张廷兴认为山东方言亲属称谓在体系上体现了讲秩序和讲人伦,它沿袭父系家族为中心的旧俗,以"尊"和"亲"为标准,形成了四大亲属称谓体系:一是父系亲属称谓;二是母系亲属称谓;三是夫系亲属称谓;四是妻系亲属称谓。这就囊括了一个人血缘、婚姻的所包含的一切该尊的和该亲的对象。同时,每个体系各自独立,各成系统,互不交叉、包含,秩序性很强(参见张廷兴《山东方言亲属称谓的文化特征》,《走向世界》2000年第1期)。的确,人们在称呼亲属上是以尊和亲为标准,但上述这个称谓体系看起来当然是秩序井然,但其实是混合了多种标准在内。

部的称谓；二是姻亲之间的称谓。

（二）不同亲戚的分类方式

1. 父方亲戚与母方亲戚

> 咱是姓杨家，近本家是三家，远本家是八家，这就是本家呀。亲戚就是闺女啦，侄女啦，出嫁了，有外甥了；（还有）姑姑家、姨姨家。这都是亲戚。①

这是人们对同一宗族和亲戚的分类。要说明的是，这位访谈对象是一位老太太，也就是说嫁女认可的本家，是其丈夫而非自己出生家族的本家。父亲的父母叫爷爷、奶奶，母亲的父母则叫姥爷、姥娘。这一总的原则影响到了对父方亲属与母方亲属的称谓。对父亲的姑妈称呼姑奶奶，对母亲的姑妈则叫姑姥娘，父方的妗子叫舅奶奶，母方的妗子叫舅姥娘。血缘的作用还体现在其他地方，比如在平时开玩笑时，人们可以骂对方的母方亲戚，比如姥娘、姨娘、妗子，但是绝不能骂父方亲戚，比如姑妈，否则将很容易引起争斗。

2. 表亲

表亲的分类有两种。一种是按照女人的流向做出的横向划分——里表与外表；另一种是根据代际做出的纵向划分——一世、二世、三世。

对一个男人或嫁女来说，里表是舅舅的子女，外表是姑姑的子女。因此，里表与外表具有相对性，若A是B的里表，则B是A的外表。在亲属关系的距离上，一个人与里表的关系要比与外表在血缘上更为亲近。因此，女子不可以和里表——舅表兄弟通婚，但可以与外表——姑表兄弟结婚。里表和外表既然是根据女人的流向来划分的，那么就有一定的地位差异。在一些非正式场合，一个人身为里表，能与他的外表开玩笑，骂外表的奶奶，比如"婊子的孙子"之类。反之不行，一个人身为外表，若骂他的里表"婊子孙子"，等于是骂自己的姥姥。

若从纵向的角度来划分，一世是自己的姑舅的子辈即己代；二世则是

---

① 访谈时间：2008年11月13日，访谈地点：山西晋城杨村，访谈人：刁统菊、袁振吉、郭俊红，访谈对象：任学斌。

父亲的姑舅即自己的姑奶奶、舅老爷的孙子辈；三世则是祖父的姑舅的重孙辈。由此可以看出，从一世到三世，距离是越来越远。一般来说，到三世表兄弟仅有白事往来，三世以后亲戚关系就几乎断绝了。

3. 姥娘门、丈人门与姑娘门

姥娘门与丈人门的亲戚和姑娘门上的亲戚不同，这等于是把家庭中的给妻集团与受妻集团区别开来。姑娘门包含了自己的姐妹、女儿、侄女，都是从自己家族里嫁出去的女儿，而姥娘门和丈人门是自家媳妇的出生家庭，按照姻亲交往原则，是需要尊敬、照料的亲戚。姥娘门即是父亲的丈人门，而丈人门即是儿子的姥娘门，因此人们说到这两个关系的时候，其实是把他们归为一类，需要用同一种态度来对待。但在不同的场合，对待姥娘门和丈人门的方式也会有一点区别。

华北乡村和城市在姻亲称谓上多数都相同，但一般来说乡村社会男子在对岳父岳母进行面称时不称呼"爸爸""妈妈"，而是叫"大爷""大娘"或"叔叔""婶子"（一般来说还要再加上排行），背称则说是"小孩的外姥爷"，或者"岳父"，如此方显得对岳父岳母比较尊敬。几个关系比较亲密的朋友在一块儿，甚至可以把岳父岳母叫作"丈母爷""丈母娘"。对妻子一方的姻亲背称则从孩子的角度出发，比如妻子的哥为"大舅子"，弟为"小舅子"，姐为"大姨子"，妹为"小姨子"。当然面称直接是哥、弟、姐、妹。

4. 两乔与姨娘亲

一个男人对妻子同胞姐妹的丈夫的称呼有多种，背称有"连襟""两乔"，还有调皮话诸如"对脊梁骨""两来拽"。面称较复杂，具有多样性，称呼要依照具体的情形而定。[①] 倘若连襟之间因为称呼问题发生了矛

[①] 如果两家原来并没有什么亲戚关系，那情况很简单，当面称呼就按照"姐夫""恁姨夫"进行。"恁姨夫"这种称谓是和孩子联系在一起的，与"妹夫"这种称谓相比而言是一种敬称，一般没人对自己妻妹的丈夫叫作妹夫，宁愿叫"兄弟"，或者从孩子的角度出发去称呼。假如彼此原来是邻居关系，那谁也不在乎改不改口，干脆就不按原来称呼，也不按婚后称呼，见面什么都不称呼，背后在邻居范围内仍按婚前称呼，而在丈人门上，就按婚后称呼"姐夫""恁姨夫"。如果双方原来是亲戚的，则要看是至亲还是偏亲。原来是至亲的，仍按原来的称呼；如果原来是偏亲，但在同一个辈分上的，老二称老大是"姐夫"，老大称老二是"恁姨夫"。如果原来是偏亲但双方又不在一个辈分上的，辈分高的就不愿意让辈分低的改口，希望仍然按照原来的称呼，辈分低的一般而言也不会有多大意见。假如老大辈分比老二低，老大让老二改口，老二当然不愿意改，因此这种情形下往往会产生矛盾，但这种矛盾只局限于此，并不影响其他方面的交往。

盾，这矛盾也不会影响到其他的事情上。见面即使什么都不称呼也没有关系，因为连襟关系本来就不是至亲，人们常说"两乔无所谓"就是此意。连襟说"担待事"① 很担待事，说不担待事，也很不担待事。两乔在丈人面前有争宠的现象，丈人门上的人也总是拿他们进行比较，评价他们的优缺点。

连襟不是至亲，双方各种仪式上的联系就颇为松散。连襟的父母去世，可以不去吊孝，最多也不过是烧纸或者只作一般的朋情即乡邻的标准对待。一般来说，亡者去世以后，家人会着手给亲戚送信，但有些地方亡者的连襟甚至不在送信范围之内，因此称呼亡者为"姨父"的外甥（也就是孝子的姨表兄弟），不但不在供桌两旁跪着，甚至连仪式都不参加。虽然从当下的丧礼来看，连襟互相之间的上礼大大增加，但是这种增加不是仅仅体现在连襟之间的。双方唯一的一个必须参加的仪式是连襟子女的婚礼，必须"安客""叫客"，但一般去喝喜酒的总是连襟的妻子，即新郎的姨妈。姨妈在这种婚礼上从礼物交流来看是和姑妈、舅妈没有任何区别的，但人们仍旧认为那只是人情往来上，从感情或者"亲戚理"上来说，"姑舅亲是真亲，姨姨亲是蔓菁根"②。可见姨妈和外甥（外甥女）的关系，若从私人层面而论，全看平日的往来。

由连襟决定的关系还有姨表亲。姨表兄弟远不如姑表、舅表那么亲密。这全靠彼此的相处，和连襟一样，"供好了，就行，供不好，打架的都有。红事上多少都行，看处得怎么样了，白事就没有什么往来了"。尤其是娘在姨在还有亲戚，娘和姨娘去世，则完全断绝姨表亲的关系，正如俗话所说，"姨娘亲，不是亲，死了姨娘断了根"。

连襟之间的关系比较微妙，感情深浅往往依靠平日的来往，即来往多了感情就会深一些。山西晋城把连襟叫作"一根杠"，姐妹关系的好坏决定了连襟关系的好坏。与姨娘的亲密与否关键在于母亲和姨娘的关系。姨娘姨夫生病，很少有当外甥的去看望。这个"外甥"在村民心目中根本不算外甥，对男人来说他的外甥是他姐妹的儿子，即使一个女人说"俺外甥"，一般而言也是其丈夫姐妹的儿子，除非她会特别指出"俺姐的小孩"。传统上而言姨表亲联姻不会遭到任何人的非议和干涉，人们认为他

---

① 随意，不需要特别小心地维持。
② 蔓菁又名芜菁，大头菜，又称大头芥，根如圆萝卜，盐腌晒干作咸菜食用。

们之间没有血缘关系。儿子不孝顺母亲，当舅的有权力管教外甥，但是当姨娘的就没有这种资格。姨娘对外甥的权威和约束力是非常有限的。

5. 亲家

亲家之间相互都很客气，把女儿嫁出去的一方被娶儿媳妇的一方称为女亲家，而自己则称呼对方为男亲家，这种称呼其实只是背称。当面则按老兄少弟称呼，男人称呼"大哥""兄弟"，女人则随之称"大嫂""妹妹"。男亲家（男子父母）一般来说总是抬高女亲家（女子父母）的地位，处处对之尊敬有加。

6. 至亲、远亲、偏亲

至亲、远亲、偏亲这三个范畴不是同一个层次上的，但是至亲和远亲基本上能够把所有的亲戚包含在内了。

至亲包括姑家、舅家、女儿家、丈人家。姑舅亲是骨脉亲，正如俗话所说，"姑舅亲、辈辈亲，砸断骨头连着筋"。丈人家是"顶门亲戚"，对一个男人而言顶门亲戚最为亲近。远亲是与至亲相对而言的，人们认为姑舅亲好几代以后彼此之间仍然有亲戚关系，虽是远亲，但有"老亲根"的。偏亲不是直接有联系的亲戚，比如丈母叔（妻子娘家的叔叔）算是偏亲了，但也是至亲。

7. 老亲、少亲、新亲

老亲也叫老亲根，老亲根是表兄弟往下几代的亲戚。对一个男人来说，他的姑奶奶算是老亲。而通过儿孙辈的联姻形成的亲戚即是少亲了。新亲和老亲、少亲的划分方式不同，是指由最近的一门亲事建立的亲戚关系。

8. 内亲和外亲

内亲和外亲能够涵盖一切亲戚，即使是亲戚的族亲也能够包括进来，而一般所说的至亲和远亲是包含不了亲戚的族亲的。

内亲和外亲是互相转化的，要看所针对的对象是谁。对一个人来说，姐妹家、女儿家、侄女家与丈人家、姥娘家都是内亲；儿媳妇的娘家是外亲。若对他的儿子来说，除以上这些内亲以外，他父亲儿媳妇的娘家也就是他的丈人家又成了他的内亲了。内亲和外亲在不同的仪式上参与范围不同，即使是共同参加一个仪式，与主家的礼物交换也有很大的差别。

二 吊簿:姻亲交往秩序的文化图像

(一) 礼物交换与关系结构

人不可能脱离社会而存在,总是作为社会的一分子而生活在群体之中。因此,一个人的死亡绝不仅仅是他个人的事,对原有的社会关系和社会结构都会产生重大影响。对于活着的人而言,奉行一定的丧葬仪式来送别亡者便具有非常重要的价值。一个人的死亡意味着他永远地离开了原有的社会关系网络,他的家族网络、乡邻网络以及姻亲网络中原有人际稳定状态将失去某些平衡,重要人物之死更是如此。活着的人必须适应这种情况,重新调整各自的位置与角色,以求建立新的稳定和平衡。从这个角度来说,葬礼的主角与其说是亡者,还不如说是后面的那些生者。不同的仪式指向不同的姻亲群体,相对于其他人生仪礼,丧礼更强调一个人的各种社会关系的完整,亲友来得越多越全,表明其声望也就越高。丧礼是一个人的所有姻亲——不管远近和亲疏——聚集的一个场合,因此可以说丧礼是姻亲关系的集中展演。通过观察姻亲在人生仪礼中的礼物赠送(此处主要是以丧葬仪式中的吊簿为中心),可以展现姻亲之间的关系结构。

参与丧礼的人群因与亡者的亲属关系不同,那么参加一场丧礼就有着不同的说法。一般而言,亡者的直系晚辈亲属等均称之为孝子、孝妇、孝女,本书中所指的孝子是亡者的儿子,包括有血缘关系的和有拟制血缘关系的儿子;孝妇指称亡者的儿媳妇;孝女则专指亡者的女儿。孝子和孝妇是丧礼的主办人,称为"主家"或者"丧主",所谓"发丧"就是他们来举办丧礼之意。亡者咽气后,孝子马上报告族中长老,长老们得信后立刻召集村里的白事老总和家族近亲开会,商讨丧礼各项事宜,并派人给姻亲送信。

在山东红山峪村,接到信①的姻亲,得去吊唁,即所谓"哭人",这是对男女都可这么说的。若与亡者是至亲,则大多是男人去哭人;与亡者不是至亲,一般是女人去哭。男人哭人是磕一个头再哭,女人则是坐下

---

① "信"不仅仅是亡者的死讯,同时也是丧礼"开门"的日子。"开门"那天就是葬礼的前一天。

哭，哭完后男人去与孝子而女人去与孝妇、孝女"前后话说一说"①。至亲在葬日的头一天必须到场，带客②于葬日当天去即可。参加葬日当天的活动，对男性姻亲来说，叫烧纸；对女性姻亲来说，叫送殡；对亡者所在的家族成员来说，叫喝豆腐汤。

丧礼开门和葬日两天，所有的姻亲以及亡者的家族成员和邻居都要到外柜先生那里去上礼，俗称"上账"，最后形成一个账簿。③ 这份账簿，有俗称"礼单"者，也有叫"吊簿"的，山西有些地方将所有礼单统一叫作"礼账"。一般是用白纸订成一横16开的本子，封面居中记录葬日日期，内页从左到右竖写。正文的上面是上礼者的姓名，下面是礼金数目，一般是数字的大写形式，例如"贰拾元"，这样可以避免账目不清的事情发生。接着是实物，每个地方略有差异，有些是帐子④、纸⑤、花圈、桌子⑥，而有些地方则是另外的实物系统，如山东淄博城子村与此即不相同。

表21　　　　　　　　山东淄博城子村一份丧葬礼单（2005年）

关系	香表	花圈	铭旌	围碟	神食⑦	棺衣	现金（举例）
女婿	1	1	1	0	1	1	200
侄女婿	1	1	1	1	1	0	60
孙女婿	0	0	1	0	0	0	数目不清
丈人家	0	0	0	0	0	0	50
孝子的丈人家	1	0	0	1	0	0	30
侄子的丈人家	1	0	0	1	0	0	10
外甥	0	1	0	0	0	0	数目不清

---

① 表示对亡者儿女的安慰。
② 带客不是至亲，亡者的至亲的女儿、同一家族的近亲都是带客。
③ 村民在丧礼上会记录上礼，但在女儿出嫁时赠礼者多为至亲而且数目较少，容易记忆，因此很少有人会记录上礼，儿子娶媳一般家庭都会记录上礼，俗称"喜簿"。淄博东营村所有的人生仪礼都会有礼簿，婴儿送粥米也有"米资簿"。
④ 布料。
⑤ 黄裱纸。
⑥ 一般情况下行大礼的时候献祭品的姻亲要在桌子上摆上祭品方可祭拜亡者，因此祭品就在当地被称为"桌子"。
⑦ "神食"：十碗菜六个馒头；"铭旌"是红布粉字，由女儿侄女们上供；"棺衣"：盖在棺材上的厚布，多种颜色带很多穗头，一层一层匝起来，好似裙装，由所有孝女一起买一件；"围碟"：三刀或两刀黄裱和一两条饼干，这是孝子或侄子的丈人家上的祭品；礼金方面，以女婿为重，通常的说法是"女儿婆家上的重啊。咱有个小孩跟了人家，礼绝对得重啊"。

如果不带实物,可以现金代替,外柜就记上"折某种实物"多少元。所有这些项目都应根据与亡者的关系距离来决定。有些与亡者亲属距离相同的姻亲,比如两个女婿,可能在某些项目上共同上礼,外柜将此种情形记录为"公益"。礼单除了上礼者的姓名和礼物的内容以外,一般情况下是不记录姻亲的住址,譬如哪个乡镇哪个村落,这些都不在记录的范围之内,原因在于礼簿是给主家看的,主家对自己姻亲的姓氏一般都很熟悉,没有必要在特别繁忙的时候来记录上礼者的住址。[①] 另外,礼单每页末尾用阿拉伯数字记下此页钱款总数。在整个吊簿的最后,把所收现金和实物分类计算,也用阿拉伯数字写上总数。在村民的生活中礼簿是少不了的,几乎家家(尤其长子家)都保存有吊簿以备日后参加亲属丧礼时查看,根据他人的上礼情形来决定自己如何上礼。有些是几个兄弟共有一份礼单,通常放在长子家中。礼单记录了不同姻亲上礼的具体情形,透露出清晰的姻亲秩序。

对于礼物的作用,学者已经达成了一个共识,那就是礼物能够创造和维系社会关系。[②] 礼物的一个主要特征是它应该不断地被给予和回赠,永远处于流动和循环之中。如果一个礼物被保持得太久,接受者会中断与他的联系,失去可以依赖的社会基础。从莫斯的"礼物之灵"和马凌诺夫斯基的"互惠",再到阎云翔的"礼物交换是社会关系的表达",人们对礼物的作用的认识已经逐渐深化和具体化。笔者在这里对姻亲之间的礼物交换的分析,主要是在以上学者所达成的共识的前提下,来关注礼物赠送的一种特殊情境,试图发现姻亲之间的礼物交换受到什么样的规则的制约以及亲戚之间礼物的流向如何。

在讨论这个问题之前,应该先厘清进行礼物交换的双方。交换双方的关系对于礼物交换的方向有重要的意义。莫斯极具洞见地指出,不平衡的

---

① 除非遇到重名的现象。如果两个同名的人与亡者的亲属距离不同,上礼有明显差异的时候,也不需要记录住址。

② 马凌诺斯基、莫斯、列维-斯特劳斯和萨林斯的著作均有此种观点,比如萨林斯与莫斯同样认为赠礼的意义是表达或确立交换者之间的社会联结,而阎云翔的结论从某种意义上否定了莫斯的观点,表明礼物在创造实际生活中的互助方面的社会意义更加浓厚。参见[法]马赛尔·莫斯《礼物——古式社会中交换的形式与理由》,汲喆译,上海人民出版社2002年版;[英]马凌诺斯基:《西太平洋的航海者》,梁永佳、李绍明译,华夏出版社2002年版;[法]列维-斯特劳斯:《野性的思维》,李幼蒸译,商务印书馆1987年版;Marshall Sahlins, *Stone Age Economics*, New York: Aldine de Gruyter, 1972.

礼物会使关系更加活跃。① 因此,当礼物交换的双方存在一个债务关系时,那欠债的一方将要继续还债,因而关系会不断地持续下去。而当债务平衡的时候,关系就有中断的危险。受妻集团和给妻集团的关系在最初建立的时候,由于女人的流动,彼此就形成了一种不平衡的债务关系。从此,这种不平衡性就一直扭结在亲戚交往的过程之中。亲戚交往的"亲戚理"即姻亲之间的阶序关系结构自然而然地就决定了姻亲之间的礼物交换。

依赖宗族和姻亲关系来营造基本的社会秩序是华北乡村社会的特征之一。换言之,社会秩序的基本原则主要就是这两项原则。但是,宗族的联系基础不需要礼物交流来保证,血缘就是最基本的联系因素。姻亲关系以女人作为中介,与生命仪式有着重大的关联。几乎所有的生命仪式都伴随着礼物交换,人们透过生命仪礼以及节日中的礼物交换,来发展与重新界定不同群体之间的联系。一般而言,出生仪式、婚礼、丧葬等仪式的礼物交换最为盛大,而老人特定的年龄仪式自然少不了女儿的参与。至于建新房、搬新居,近二十年来逢家中有人入伍、升学、升迁,通常亲戚也会带礼物来祝贺。亲戚生病时去探望也要携带礼物,但不受姻亲之间关系结构的制约。笔者记得每次过年,年前年后家里都特别忙,"忙年"是一方面,主要的还是要去看望一些亲戚,然后还要接待来拜访的亲戚。亲戚之间的交往以礼物交换为外观,这在许多地区都是十分普遍的现象。

通过对华北乡村姻亲关系的调查,笔者发现,礼物交换是受到姻亲关系的"亲戚理"限制的。当然,这种情境就排除了工具性礼物。② 红山峪与白庄发生集市之争的时候,某些商店店主为了经济利益给村里的退休乡镇干部送礼,希望他们能找"上面的人说说话",这种情形下的赠礼不完全等同于工具性礼物,因为干部自己也会从村里这个集市受益,同时同村人的情谊也是一个重要的成分。况且,即使是在工具性的场合,也可能受到姻亲关系原则的影响。岳父托女婿办事,他不需要像其他人那样送礼。亲戚之间的关系结构还决定了礼物往来的方向与比例。人们认为两家彼此联姻就是亲戚,相互之间就按照"亲戚理"进行往来。这"亲戚理"说

---

① Patricia Buckley Ebrey, "Shifts in Marriage Finance from the Sixth to the Thirteenth Century", Rubie S., Watson and Patricia Buckley Ebrey (eds.), *Marriage and Inequality in Chinese Society*, Berkeley Los Angeles Oxford: University of California Press, 1961, p. 113.

② 工具性礼物交换是另外的一种情形,此处不予讨论。

得简单点，就是"闺女往娘家多花钱，娘家往闺女那边少花钱"。

从吊簿来看，丧礼是参与人员的数量和类别最多的一个仪式。笔者以2003年一村民母亲丧礼上的吊簿为基础，针对作为礼物内容之一的礼金，制定了一个表格来展现姻亲类型与上礼数目、比例的关系。

首先把上礼者与主家的关系解释一下。朋情一般是与亡者同村的其他姓氏。本家即是同一宗族成员，包括外村的同宗族人员。朋友，包括亡者及其孝子、孙子、重孙子的朋友与仁兄弟关系。所谓堵哭，即是在丧葬仪式期间，在主家附近摆摊兜售儿童玩具、食品一类的人。姻亲包含三类，第一是亡者家族的给妻集团，包括亡者及其孝子、孙子、重孙子还有叔伯侄子、堂叔侄子等人的丈人家族；受妻集团包括亡者的姐妹、女儿、叔伯侄女、堂叔侄女等人的丈夫家族；两乔指的是亡者及其孝子、孙子、重孙子的两乔。

表格中的金额总数为12085元，是所有参与丧礼的人员上礼的数目，当然除了这个上礼以外，可能还有另外的现金支出，比如有可能会把"桌子"干折成现金，因此，主家在一个丧礼上实际收入的现金，不止于12085元。丧主实际共收现金13300元，另外结余小礼182元，共计13482元，花圈18个，布帐79块。但是笔者此处对姻亲上礼的分析，主要是从上礼金额上来考虑，不把桌子、火纸、帐子等计算在内，不仅因为仅少数姻亲把那些实物折合成现金，更主要是礼金的数额基本上可以反映上礼人与主家的关系。

表22　山东红山峪村某村民母亲的丧礼——姻亲与上礼金额（2003年）

关系		金额（元）	及百分比	人数	及百分比	平均（元）
邻里（朋情）		420	3.48%	40	13.20%	10.5
宗族（本家）		330	2.73%	31	10.23%	10.65
姻亲	受妻集团	7900	65.37%	105	34.65%	75.24
	给妻集团	1925	15.93%	76	25.08%	25.33
	两乔	320	2.65%	15	4.95%	21.33
	总数	10145	83.95%	196	64.69%	51.76
朋友		1048	8.67%	27	8.91%	38.81
未知①		140	1.16%	8	2.64%	17.5

---

① 另有未知关系的8个人，他们与主家的关系实在无法调查清楚，就连孝子也不知道，只能等到对方有丧事来送信时才能了解了。

续表

关系	金额（元）及百分比		人数及百分比		平均（元）
堵哭	2	0.02%	1	0.33%	2
合计	12085	100.00%	303	100.00%	39.88

从表格中可以看出，在所有参与丧礼的人员中，人数最多的是姻亲，占总人数的64.69%，所上的礼竟然占到了83.95%；而在这所有的姻亲中，丧主家族的受妻集团人数仅有34.65%，所上的礼却超过了上礼总额的半数，达到了65.37%，平均每人上礼75.24元。给妻集团所上的礼相比之下虽然也是比较高的比例——15.93%，平均每人25.33元，这与受妻集团相比显然还是有很大的距离。这种比例关系，明确表明女人的不同流向导致了礼物流向和分量的差异。女人的流向是从给妻集团到受妻集团，但是礼物的流向与分量更偏重给妻集团。

表格也反映了人们对待姨娘亲的观念——"姨娘亲，不是亲，死了姨娘断了根"。两乔平均礼金为21.33元，比朋友关系的平均礼金38.81要少近18元。从这里也可以看出朋友这种关系类型的经济支持是非常重要的。

仪式上的礼物赠送，不仅仅具有仪式的意义，更重要的是经济互助。姻亲所赠礼金数额为10145元，占到了礼金总额的83.95%。亡者家族的受妻集团所赠礼金更是超过了礼金总额的半数，反映出女婿这种身份的姻亲对亡者的义务与其他人均有明显不同之处。对于女婿的身份及其义务，几乎所有访谈对象都有相同的认知。

> 闺女婿丧事摊讹，摊他花钱，花钱的事有三个。第一是上礼，这个有价，几个两乔一起商量；第二是小礼，小礼是额外的，没大小，多准备点，人家丧主都是想法多要；第三，叫姑夫的、叫姐夫的，拽着耳朵到商店里，要点烟吸，这是没数的，你给不给都行，只要能应付。①

---

① 访谈时间：2004年7月4日，访谈地点：山东红山峪村，访谈人：刁统菊，访谈对象：田英玉。

吕加新：姑爷吧，就是专门花钱的。本族的小辈，你看到时候训姑爷。

刁：训姑爷？

吕加新：掏钱！天热吧，姑爷想迈步了（走开），不行，你得买矿泉水去，你得买冰棒去，你要买烟去，你挡住我我就不走了，你买，你姑爷去花钱的。

刁：他不买不行？

吕加新：不买不行，不买大伙不干啊。围攻啊。①

人们对女婿有不同于其他人的要求。在所有参加丧礼的人中，女婿的义务应该特别指出来。当父母去世，其女儿自然处于极度的哀痛之中，但是女婿不会表露出这种感情，他们主要是以实际的行动来帮助丧主。2004年7月4—8日，笔者在红山峪村村民陈吉发的丧礼上看到，他的大女婿一直在帮助丧主做各种各样的事情。事实上，这并不是主要的，对于丧主来说，亡者女婿对他举办丧礼的帮助，更多的是在经济上。整个丧礼的过程，具有女婿身份的人包括亡者的闺女婿、姐夫妹夫、叔伯姐夫妹夫、侄女婿、孙女婿甚至外孙女婿自始至终都在以提供资金的方式来参与丧礼，尤其是闺女婿。

在有些村落，尤其是山东、河北，丧主仅仅从亡者的一个侄女婿身上就能收入2000元左右②，如果亡者有几个嫁女，再有几个已经出嫁的外孙女，除了正常的上礼以外，再加上小礼，那么丧礼的举办对于孝子来说就根本不存在任何经济上的问题。③我们通常认为，隆丧厚葬的习俗和观念给人们造成了很大的经济负担，但是从长远来看，孝子的姻亲在丧礼的举办上发挥了非常重要的作用。有些情况下，丧主当时仅需要少量支出，

---

① 访谈时间：2009年10月5日，访谈地点：天津其村，访谈人：刁统菊、佘康乐，访谈对象：吕加新。

② 在2004年2月巩辉煌母亲的丧礼上，亡者的大侄女婿段良杰个人上400元的礼，加上他几个闺女以带客的身份上礼，丧主从他一家身上就能收礼2000元。

③ 家里有好几个闺女的家庭，由于送面鱼、送闰月衣裳等习俗的规定，当父母的不仅有吃有穿，而且当儿子的也不发愁，即使经济条件不好，也无须担心将来无力举办丧礼。村里有一户人家，家中老人都已经80多岁了，当儿子的因为连续几年都在忙着盖房子、娶儿媳，把家里弄得一点家底都没有了，欠下了许多债务。但是儿媳妇并不害怕哪天老人突然去世以致无力发丧，因为她有五个小姑子，她对她们抱有合乎习俗的期望，"五个妮子，一人一千，就五千了"。

个别甚至能够略有盈余。

> 小礼只能管闺女家要，闺女最多，侄女拉（排序）二，孙女拉（排序）三。俺爷那时候，俺两个妹妹当时拿六百都不多，一般都一千。侄女家、叔伯姐妹都比着闺女家拿。闺女不拿，侄女就不好拿。俺大妹忒困难，当时也没拿，别的姐都拿了，也不多，不然能空这么多账？俺三个闺女家日子过得不算好，不过办事倒大方。俺爷的两班喇叭，第二班是闺女拿的，（所以）俺几个儿子说，就不找她们要小礼了。①

给妻集团的女婿拿了小礼，实际上是帮助孝子支付给喇叭艺人的，因此小礼也叫"喇叭钱"。当场征集的小礼不够支付喇叭钱，则由主家添补，若多了还得归主家，因此小礼也是一种帮助丧主举办丧礼的方式。总之，来自女婿的资金的实质是帮助孝子举办丧礼，如果他对丧礼的支持到达一定程度，丧主也就不会再要求他们拿小礼了。在这个意义上，包括小礼在内的来自女婿的经济支持与其说是对亡者的义务，毋宁说是对丧礼举办人的帮助。从周玉民父亲的丧礼来看，当时空账的主要原因在于亡者的女婿上礼太少，与正常行情相比少了几近一半，这样的结果导致了其他不同距离的女婿上礼也就逐层递减。可见，亡者闺女婿上礼的多少是决定主家丧礼花费是否能够保持收支平衡的关键。

姻亲之间的这种互助受到了彼此之间的关系结构的影响。联姻家族之间存在着一种阶序性关系，即通常人们俗称的"亲戚理"，主家有丧事，其受妻集团理应"多上礼"，而其给妻集团上礼就少得多。因此我们从礼物的经济价值的大小以及各种实物就能够看出交往对象之间的姻亲关系的差异。简言之，人群与人群之间的关系决定了礼物的流向，反过来，礼物的流向也足以区别人群之间的关系。

（二）礼物指标与亲属网络

不同姻亲所赠礼物中，除了在礼金上有差异以外，在实物，例如火

---

① 访谈时间：2004 年 7 月 8 日，访谈地点：山东红山峪村，访谈人：刁统菊，访谈对象：周玉民。

纸、花圈、帐子、桌子的有无和价值的多少上也有不同。哪些姻亲拿哪些实物，都有习俗的规定，而因各自与亡者不同的亲属距离，实物价值又有多少的区别。熟稔村落生活的人根据礼金和实物基本上可以准确地判断出上礼者在亡者的亲属网络中的具体位置。此处以山东红山峪村为例。

火纸：丧礼中，每逢吃饭大老总都会喊："烧纸的客到客屋吃饭。""客"暗示出只有亡者家族以外的人才会拿火纸①，这是一个区别同姓和异姓的因素。

桌子：桌子即祭品。拿桌子的人包括亡者的姐妹夫、闺女婿、侄女婿、孙女婿，此外亡者的丈人家/娘家，还有儿媳妇、孙媳妇以及重孙媳妇的娘家，但是这些姻亲的带客不包括在内。这里拿桌子的人基本上都是亡者的给妻家庭和受妻家庭，换言之，是与亡者家庭而非家族有直接联姻关系的家庭。侄女要拿桌子，因为她有一个"晚辈闺女"的身份；儿媳妇的娘家拿桌子，而侄媳妇的娘家可以不拿，因为要"拉出一个沿来"，以便"分出远近"。其实谁拿桌子、拿什么样的桌子都是为了"分出远近"。

"分出远近"非常重要，不仅仅是把姻亲的类别标志出来，同时一个清晰的"远近"的序列让每一个参与的姻亲都清楚自己的位置和应尽的礼数。如果有人跨越了"远近"的界限，除非是不了解当地的习惯，否则很容易引起关系的紧张。

首先要拿桌子的是亡者的闺女，她拿的通常是三牲，包括猪头、整鸡、整鱼。David 根据在湖北伍家沟的田野调查，认为亡者去世时其女婿送猪头具有特别的意义，一个男人从他的岳父那里获得了一个女人，由此有机会成为祖先，因此他也要帮助给他女人的人获得祖先的地位。女婿以猪头为礼物，在象征意义上使岳父成为祖先，否则丧礼就不能完成。② 从红山峪村的事实来看，猪头并不具有这种意义，甚至猪头也不是亡者的女婿必须要送的礼物，而且送猪头的也未必是亡者的女婿，亡者的娘家人或

---

① 有些人可能会忘记拿纸，但是主家并不会在意，反正吊簿里都有记录，等将来对方有白事的时候，自己也不拿就是，而且彼此都不会介意。这应当与火纸的实际经济价值有关。

② ［法］David：《作为交换的权威：中国的案例》，2004 年 9 月 22 日北京师范大学主楼 703 民俗学与文化人类学研究所演讲。

丈人家也有可能送猪头。比如 2004 年巩焕彩母亲的丧礼上，亡者的娘家也送来了一只生猪头，还有鸡和鱼。女儿未必一定要拿包括猪头在内的三牲，20 世纪 60—70 年代生活都极为困难，丧礼上的桌子即使是闺女也只能拿得起酥菜，那时酥菜就是最为贵重的礼物。人们以为，至亲之中，闺女和父母最为亲近，闺女婿理应多花钱，只有如此方可表示对亡者的敬奉之隆重，而猪头在人们观念中是比较贵重的祭品，在经济条件允许的前提下首选礼物还是猪头。按照 Daivd 的说法，给妻家庭给受妻家庭以生命和成为祖先的机会，后者应予以偿还。但是这种偿还并不是以一个象征来实现的，而是在婚后长久的生活中以各种各样的方式来偿还这个债务。此外，闺女的桌子不能干折为现金，但是其他拿桌子的亲属都可以干折桌子。

亡者的侄女、孙女、重孙女的桌子是花桌子，所谓花桌子就是把芋头、萝卜刻成花形，再加上十大碗酥菜，酥菜中必有一块炸肉。近几年还有以鸡蛋作为祭品的。现在流行侄女、孙女拿九龙一凤，即九条鱼和一只鸡。亡者的姐妹、丈人家和儿媳妇、孙媳妇、重孙媳妇娘家的桌子都是十个大碗的酥菜，这就是最为平常的桌子。

花圈：花圈是从 20 世纪 60 年代中期开始进入村落的，当时流行学习党政机关和城市人的风气，最初送花圈的都是亡者或亡者子孙的朋友、同学、同事，为了便于张扬，上面写上送花圈者的姓名。如果连朋友那样的关系都拿花圈了，而身份为女婿的男人不拿，那么人们很容易对他产生"舍不得花钱"的质疑，所以女婿也得拿花圈。女婿中包括亡者的姐夫/妹夫、女婿、侄女婿，不包含带客。

帐子：帐子一般是一件衣服或者一身衣服的布料，只要"够衣裳料"就行，应是为了避免丧礼后使用时造成浪费。谁去吊唁，吊唁谁，都由外柜先生在帐布上贴上白纸写上黑字予以说明，这就是"帐心"，上面的字不能随便写，凡是摊送的姻亲[①]上面必写"泣送归茔"。拿帐子者与亡者的关系不同，其摆放位置也不相同。

所有的本家共同拿一个帐子——白色，放在灵堂显要位置。

[①] 摊送就是必须要把亡者送到坟地去。摊送的人和丧主家的亲属距离无疑是比较亲近的，从与丧主的关系来说，丧主的姐妹及其丈夫、闺女及其丈夫、外甥女及其丈夫、仁兄弟，这些人都是摊送的。孝子丈人家的亲戚不在摊送的范围之内。

娘家或丈人家根据兄弟排行拿帐子——黑色，放在客屋显要位置。

亡者有几个闺女就拿几个帐子——白色，随意放在客屋。

其他所有姻亲拿的帐子除了红色以外哪种颜色都可以，但是一般不会再有人拿白色帐子，因为白色帐子是最重的礼，"是闺女的份"。本家的帐子放在灵堂，而所有姻亲的帐子都只能放在客屋，姻亲中又以孝子的舅舅最为尊贵，因此其礼物要摆放在显要位置。帐子的颜色与位置对于亲属的标志和划分是十分清晰的。

此外亡者的姐妹、侄女、孙女、外孙女都拿帐子，儿媳妇、孙媳妇、重孙媳妇的娘家也要拿，但不包含带客。这和拿桌子的姻亲范围是相似的。由于过去村民普遍处于贫困状态，以致生活都难以维持，人们在给姻亲孝服时也是非常谨慎，用村民的话说就是很不"泼"，该给的才给，能不给的就不给。拿帐子的情况类似于此。20世纪80年代以后，孝服给得"泼"了，帐子也给得"泼"了，不该给帐子的都给了，一个人去世，比如孝子的两乔、孙子的两乔现在都会拿帐子。其他过去不会送帐子的姻亲也开始送帐子了。

概括来说，我们从所赠实物中大体可以得到如下规则：

火纸——区分同姓（本家）和异姓（姻亲）。

桌子——区分直接联姻的姻亲与带客、远亲。

花圈——最初可区分非亲属关系与姻亲关系，现在也可以区分给妻家庭与其他姻亲。

帐子——拿帐子的姻亲的范围要大于拿桌子的姻亲范围，即拿桌子的姻亲肯定也拿花圈和帐子，但是拿花圈和帐子的姻亲不一定有桌子。从目前的情形来看，帐子区分的姻亲关系处于模糊状态，本来可以不拿帐子的姻亲拿了帐子可以增加个人的威望、提升个人的名誉。

每一种礼物，不管是象征性的还是实用性的，都会被一一记录在吊簿上，以方便主家日后的亲戚往来。但是，这些礼物也可以让旁观者看出送礼人和主家的具体关系，甚至可以准确地排列出参加丧礼人员的亲疏秩序。从这个意义上来说，我们完全可以把一份吊簿看作是姻亲交往秩序的文化图像。

三 "不对称的平衡性":华北乡村
联姻宗族之间的阶序性关系

(一) 阶序性:姻亲关系的秩序

马丁 (Emily M. Ahern) 对联姻双方的地位进行了详细的论述。她把台湾北部的溪南村作为中国社会的缩影,发现姻亲关系不但不平等,而且创造了一个等级秩序:给妻家族明显优越于受妻家族。从订婚那时起,新娘家庭被认为在仪式上优越于新郎家庭,而不管之前双方家庭的经济和社会地位。马丁认为给妻家族的仪式优越性反映了他们的社会优越性,她同时还指出了给妻家族具有优越性的原因:嫁出去的女儿给别人家生育、抚养后代、延续血脉,因此受妻家族欠下永远无法偿清的债务。姻亲具有的延续一个宗族的力量使得它有权力来创造在其他场合中的变化。但是婆家负债和娘家被希望提供服务相互矛盾,当然婆家也会在某些场合送礼给娘家。娘家被希望提供服务的合理解释在于:娘家必须以经济和社会地位上优越的方式行动,使得他们的优越地位有效。所以,为了保持娘家的优越性,舅舅家很少要外甥的礼物,而是通过慷慨地赠送礼物来表明他们的富有。[①]

克钦人在社会结构上关键性的特征是木育—达玛婚姻制度。其中木育世系群,乃己身的世系群中有男性曾于近年从之娶得新娘者,也就是给妻家族。达玛世系群,乃己身的世系群中有女性近年嫁入者,等于是受妻家族。木育—达玛关系是存在于各世系群之间,而非个人之间。在地域性社区中,低阶的世系群倾向于与高阶的世系群建立姻亲关系,由高阶的世系群当木育。若木育与达玛分属不同的社会阶级,则在同一村寨中的木育其等级通常必定高于达玛。因此在任何寨子中,支配世系群所属的木育—达玛关系必然反映出此支配世系群的优越地位。从经济观点来看,有实际价值之物都是从达玛流向木育,毫无例外。这套制度的主要特征在于普瑙、木育、达玛世系群这三个范畴是互斥的。因此男子不可与其达玛通婚,而

[①] Emily M. Ahern, "Affines and the Rituals of Kinship", Arthur P, Wolf (ed.), *Religion and Ritual in Chinese Society*, Stanford Calif: Stanford University Press, 1974, pp. 270 – 367.

女子不可与其木育通婚，这样可避免木育兼为达玛所造成的义务冲突。①

如下，本书将详细铺陈联姻家庭以至联姻家族之间的关系，展示其中的秩序——阶序性——以及这种秩序的特征。

从我们在华北乡村的田野调查来看，人们从提亲开始，一直到回门，整个婚姻缔结的过程具有很强的操作性，但是如何操作并非随意而为，它有一系列的规定。这些规定，经过许多次的操演，不断地得以复制，在人们的心目中刻下深深的印记，一代一代地传承下去。这些规定在两个家族之间建立了姻亲关系这样一种比较重要的社会关系，从此双方建构了一种姻亲关系的秩序。因此我们可以说，婚姻缔结的各种规定本身是一种机制。这启发我们从社会结构的基础上来理解中国传统婚礼的特殊性。

嫁出去的女儿生育了男性后代，给妻家族对受妻家族的义务才算是完成了。这是决定姻亲关系能否延续下去的最为关键的一个原因。联姻家族双方出于不同的理念、依据不同的立场进行交往，从姻亲关系刚刚建立就已初露端倪。2009年4月在河北曲村的调查从细节处凸显了给妻家族的优越性。婚礼当天，新娘娘家人的宴席是成席，而新郎亲戚的宴席是大锅饭。在山东，送新娘出嫁的男性长辈，被尊称为"大客"，不仅在堂屋里用宴，而且男方要请来重要人物如村委领导、学校校长等人物相陪。总之，处处以给妻家族为尊，是姻亲关系建立之初的重要特点。

通过一系列仪式建立起来的姻亲关系，以女人流动为中介，看似给妻家族给出了一个女儿，实现了对方血缘关系的延续，同时再考虑到女性在日常生活中的经济角色，把女儿嫁出去看起来是吃亏了。但是由于姻亲关系的阶序性原则的存在，能够保证联姻双方在日常生活的方方面面均可以

---

① 在木育—达玛婚姻制度中，有四个群体的分别：(1) 普瑞世系群，与己身的世系群源自同一氏族，血缘很近所以不同通婚，类似于中国的家族。在所有的社会活动中，克钦人都密切地认同于自己的亭高，"亭高"一词可界定为"近几代的外婚父系世系群"，类似于中国家族中的"五服"。(2) 木育世系群，乃己身的世系群中有男性曾于近年从之娶得新娘者，也就是给妻集团。(3) 达玛世系群，乃己身的世系群中有女性近年嫁入者，等于是受妻集团。(4) 拉乌拉他世系群，乃是认定为亲戚者，所以是友而非敌，但彼此的关系甚远而不明。己身的世系群之人可与其成员通婚，但该世系群从而就不再是拉乌拉他，而是木育或达玛，随情况而定。之所以说这套制度在克钦社会中是关键的，可以一个例子证明：典型的凤仇是在世系群之间，而典型的纠纷是因一个女人而起——这是有可能建立木育—达玛关系的群体之间的凤仇。参见[英] 利奇（李区）（E. R. Leach）《上缅甸诸政治体制：克钦社会结构研究》，张恭启、黄道琳译，（台湾）正港资讯文化事业有限公司2003年版。

实现关系的平衡。

婚礼让一个女人流动到了另外一个家族。对于给妻家族来说，就如同马丁所说的那样，把女儿嫁出去，使得另一个家族能够延续家族血脉，因此对方欠了自己的债务，但是考虑到女性是家庭中重要的不可缺少的角色，所以我们不能仅仅从生育方面来看受妻家族对给妻家族的债务。马丁认为女方给出的嫁妆高于聘礼，这是使他们认为自己更加吃亏的原因，但是实际上嫁妆高于聘礼受到了多方面因素的影响，嫁妆既有调节婚姻市场的功能，又是女方为了保证女儿在婆家的幸福的工具，同时也与家族的实力与声望有关。

但是无论如何，受妻家族是欠了给妻家族的债，因此前者对后者负有一定的义务，应该做出一定的补偿。这补偿不仅仅是在婚礼上的尊敬，而且婚礼以后有一系列的习俗规定着受妻家族在具体的日常交往中如何对待给妻家族。这些规定以及对嫁女的情感关切使给妻家族和受妻家族同样希望把良好的姻亲关系维持下去。只有给妻家族才会把粉丝这种象征着双方关系持续不断的物品作为给嫁女的回礼。2004年1月28日，鲁南乡村的田礼红出嫁前一天，尽管嫁妆已经搬到了她的婆家，但是捆绑嫁妆的荷绳还是要用红色染料染上色，而且要染两根。婚礼当天都带到男方家里，最后再返回一根，这叫"有去有回"。对于给妻家族来说，希望"有去有回"是他们的一个重要诉求。

阶序性关系落实在日常生活的方方面面。给妻家族的代表从"岳父"到"舅舅"到"表兄弟"逐渐延续，往往以舅舅为中心来体现相关的地位。孝子的母亲去世，一定要等舅舅来了以后才可以入殓，这几乎在整个中国都是非常普遍的。而礼物的往来更能体现两个联姻家族之间的关系秩序，也就是说关系结构体现在礼物交换上。

两个家族建立联姻关系以后，维护姻亲关系、使之和谐有序就成了嫁女的一项重要任务。首先是节日往来，一年里头数过年最热闹，从正月初一开始走亲戚串门，一般是晚辈看长辈。在这一点上，能够看出人们在制度层面对亲戚远近的划分以及对亲戚交往秩序的遵从，如山东莱阳小姚格庄"初一看姑姑、初二看舅舅，初三初四年轻人看丈母娘，以后再看姨姨"。春节以外，端午节和中秋节之前几天，嫁女要给父母送节日礼物，一般是老人喜好的烟酒、点心和时令食品。在给妻家族举办人生仪礼或者遇有某些特殊事务时，受妻家族以嫁女及丈夫为代表，以回娘家为形式进行礼物馈赠。山西晋城有"十月十瞧娘"的习俗①，每逢闰月嫁女还要给父母买鞋子的习俗，山东南部麦收后嫁女给娘家送面鱼。父母"六十六吃肉""七十七吃鸡""八十八吃鸭"等习俗实际上都是一种受妻家族对给妻家族的包含了象征性和实际价值在内的尊重和补偿。

（二）不对称的平衡性：阶序性关系的特征

正如武雅士（Arthur P. Wolf）所说，一个家庭可能比另一个更富裕或更有权，但在亲属国度中，他们站在同一平面上，婚姻并没有创造给妻家族与受妻家族之间的等级。② 弗里德曼也承认武雅士所强调的姻亲关系中包含本质平等的观点也是对的。③ 但对于这种"本质平等"究竟是在什么基础上实现的，二人均未给予说明。

就两个通婚家族的关系来说，总是有个不平衡的状态。但一个家族只要有儿有女，就可拥有一个完整的姻亲关系结构，同时具有两种身份，既是受妻家族，又是给妻家族，既需要尊敬、报偿他的给妻家族，又能够获得受妻家族的尊敬和报偿。简单地说，一个男人比他的姑表兄弟地位高，但是却比他的舅表兄弟地位低。所以从一个相对固定的通婚圈来看，任何一个家族在姻亲关系上的地位总是能够获得平衡，没有哪个家庭永远处于给妻家族或受妻家族的地位。这个相对固定的通婚圈，可能就是武雅士所说的"亲属国度"。

而即使是不考虑通婚圈内部婚姻的普遍交换关系，单是从两个联姻集团之间来看，在一个较长的时段内，也能够获得一个基本的平衡关系。虽然给妻家族给出了一个女儿，帮助男方完成延续家族的理想，但是接受这个女儿的家族在以后经过与对方的交往，不断在日常生活中给予尊敬、补偿和相助。历经两三代以后，尤其是在女人的父母去世以后，这种补偿已经完成了大半。

嫁女作为嫁出去的女儿，作为受妻家族的一员，她要和丈夫一起对给妻家族进行补偿，比如作为女儿参加丧礼，作为姑母参加婚礼，而姻亲关

---

① 过去嫁女往往是蒸12个面馍送给娘家父母。
② Arthur P. Wolf, "Chinese Kinship and Mourning Dress", Maurice Freedman (ed.), *Family and Kinship in Chinese Society*, Stanford, California: Stanford University Press, 1970, p. 199.
③ Maurice Freedman (ed.), *Family and Kinship in Chinese Society*, Stanford, California: Stanford University Press, 1970, "Introduction" p. 15.

系不会因为嫁女的父母去世就中断，更不会因为嫁女去世就中断，仍然会有各种各样的往来。

当一个男孩子长到十几岁，给姥娘家送节礼的任务常常会落到他的身上。当一个老人去世以后，出嫁了的闺女还是应该先来看望娘家的兄弟，而她的儿子作为一个外甥更是应该先来看望舅舅，反过来说一个男孩子去看望自己的姑妈也是应该的。这里又涉及了辈分和年龄的因素。

> 我家里的①在娘家有两个哥哥一个兄弟。我送节礼，是上老大老二家，老三那边我是哥，有时去，因为我是大字，他是小字。有老的，我上老的那边去，他们三个随便了。要是没老的，三家单过，我得各家去，他们也得上我这边来。年轻的得就年长的。走亲戚不能空手，一般的是兄弟哥走姐妹家，不能拿酒，要不人家生气，显得这边管不起酒。娘家哥来了，就是不拿东西，都很高兴，不知道拿什么招待好了，都拿最好的烟酒给哥哥用。我一般都不上俺妹妹家，免得她犯难为。俺姑姨姐姐我走得多，妹妹家小孩走。②

这些交往会帮助给妻家族实现姻亲关系中的平衡，只是这种平衡并非当时当地就能实现，需要通过各种仪式，甚至嫁女的后代都要参与进来。最初由于单向的女人流动建立起来的阶序性关系的不平衡性，经过数代的各种形式的补偿，包括礼物馈赠，包括以各种形式体现出的受妻家族对给妻家族的尊重，逐渐实现了看似不平衡的平衡性。因此从代际来看，联姻家族之间的阶序性关系最终是能够实现平衡的，只是这种平衡是不对称的。

从空间来看，在一个大体稳定的通婚圈内部，也能够平衡关系，只是仍然是不对称的，因为需要经过数个甚至更多家庭来完成一个通婚圈的流动，以此实现联姻家庭之间阶序性关系的平衡。仪式对姻亲关系有一个统一的表达，那就是两个联姻家族之间存在着一种阶序性关系，这种关系若在地域上以一个核心通婚圈为范围，在时限上以两三代为长度，那么两个

---

① 对女人而言，她的丈夫是"外头的"；对男人而言，他的妻子就是"家里的"。
② 访谈时间：2003年1月6日，访谈地点：山东红山峪村，访谈人：刁统菊，访谈对象：周玉民。

联姻集团之间无论交换还是地位最终都能实现平衡,但这种平衡并非在同时、同地实现,因此是一种"不对称的平衡性"。

(三) 阶序性关系的协调、补充和维护

两个集团在联姻以后,确立了彼此的阶序关系。这种阶序关系影响着生活中的许多方面,比如"骂人"。

> 舅家的表亲是里表,姑家的表亲是外表,里表能骂外表,骂他奶奶,外表不能骂里表,什么都不能骂,因为在"亲戚理"上,地位低一辈,在姥娘家怎么能卖高(傲慢)? 外表什么事情都得缕着(顺着)里表、捧着里表。①

> 外甥走姥娘家是锅门口的客,想怎么吃就怎么吃,没座位。走姥娘家上不了桌子,在席口,等着接菜。舅家的表弟来了,年纪再轻,得正儿八经地对待,待承不好,人家回去一说,大人都得生气。②

对待姑表兄弟和舅表兄弟的不同态度,是姻亲之间阶序性关系的一个典型反映。不管是舅舅还是舅表兄弟,他们都具有无上的权威。这种权威不是像马丁说的那样——是通过不断地赠送礼物来表明自己的富裕获得的,而是因为他们是给妻家族的代表,因而处在受尊敬的位置。

虽然姻亲之间的阶序性关系结构即"亲戚理"能够决定一些类型的礼物交换模式,从而维持着姻亲之间的基本往来。但是在一些特殊的情形下,"亲戚理"可能不能发挥主导作用,感情因素和家庭经济条件也会对亲戚之间的往来产生一定程度的影响。

1. 经济、社会地位

在台湾溪南村民眼里,理想的姻亲关系是给妻家族的社会地位尤其是经济地位高于受妻家族,这可以带给丈夫更多嫁妆③,这和山东东部的台

---

① 访谈时间:2004年1月8日,访谈地点:山东红山峪村,访谈人:刁统菊,访谈对象:杨海龙。
② 访谈时间:2004年1月12日,访谈地点:山东红山峪村,访谈人:刁统菊,访谈对象:田厚云。
③ Emily M., Ahern, "Affines and the Rituals of Kinship", Arthur P., Wolf (ed.), *Religion and Ritual in Chinese Society*, Stanford Calif: Stanford University Press, 1974, p. 281.

头村恰好相反。台头村的人们熟知"门当户对"的观念，即以两家社会地位相同或相当为婚配条件的观念，但在当地农村并不普遍。女孩家的社会、经济地位一般比男孩家低，否则儿媳将会抱怨她的损失，并认为自己优越于其他媳妇。①

对于华北乡村的大多数男人来说，在族人和岳父同样面临困难的时刻，他有义务先去帮助丈人家。也正因为此，在寻找配偶时人们期待着把女儿嫁给经济条件好也就是社会地位更优越的人家。这里的"经济条件好"，严格说来并不是家庭的经济条件，而是该家庭所在村落的整体条件。从通婚村落的选择上就可以看出来，人们喜欢把女儿嫁到那些比自己的村子具有更好的水利、土地、交通等各种条件的地方，当然这样做也是因为他们希望女儿能够过上好日子。

受妻家庭在其所在村落的社会位置和给妻家庭在所处村落中的社会位置是类似的，鲁南俗语"板门对板门，秫秸门对秫秸门"指的就是这一点。一个村子在整个通婚圈的社会评价之一是"山里的"，如果仅仅是为了获得未来女婿的帮助，人们完全可以把女儿嫁给"山外"甚至城里，但是这样的通婚很容易破坏姻亲之间的阶序性关系。因为经济、政治方面的距离以及社会文化的因素也是调节姻亲关系的重要因素。如果受妻家族的经济条件、政治地位远远高于给妻家族，那么这些附加的条件可能会影响到彼此之间的交往态度，双方之间的阶序关系也很容易受到影响，彼此的义务和权利关系难以正常维持下去。

  娘家不行（无钱无势）的，就是来了，婆家也看不起，喝口水也得看人家脸色。②

生活上的互助机构不是一个固定的团体，而是一个范围，范围的大小也要依着中心的势力厚薄而定。有势力的人家，街坊可以遍及全村，穷苦人家的街坊只是比邻的两三家，这和我们的亲属圈子一样。③ 亲属范围的

---

① 杨懋春：《一个中国村庄——山东台头》，张雄等译，江苏人民出版社2001年版，第106页。

② 访谈时间：2003年1月5日，访谈地点：山东红山峪村，访谈人：刁统菊，访谈对象：段玉东。

③ 费孝通：《乡土中国生育制度》，北京大学出版社1998年版，第27页。

伸缩性被单纯的经济因素所控制，亲戚的范围会扩大，但它也有可能会缩小甚至中断正常的姻亲往来，正如俗话所说"穷在大街没人问，富在深沟有远亲"。

> 人能行（有本事）了，什么亲戚都齐全的。人要穷了，没有姑舅，没有姨娘，你求个人，可难了。门口挂着要饭棍，姑舅两姨不登门；门口拴着高头马，没有亲戚强认亲。①

金钱能够堆砌完整的亲属网络，反之即使是至亲也不闻不问。如此看来，现实似乎是非常之残酷，人情厚薄全和经济挂起钩来。

> 今年我78岁了，一过了年没走过娘家，都不在家，只有三兄弟（三弟弟）在家，其他兄弟都在枣庄窑上，人家孩子都管②，都盖楼了，好几位房子。我从弯腰③就不再走娘家了，有事情都是孩子去，去他三妗子家。年节的时候俺的孩子也去看俺三兄弟（三弟弟），三兄弟（三弟弟）过年过节也来。那两个哥哥的孩子从来不来。俺的孩子都很忙，也不去。有困难从来不找他们，有困难也不找人帮忙，都是自己想法解决。俺再急，几百年俺也不借钱。④

自从两个哥哥都搬迁到枣庄城里"盖上楼了"，成了"城里人"以后，王某与他们的联系越来越少，甚至最基本的逢年过节的相互拜访都停止了。其中的原因主要就是双方经济地位的巨大差异，距离因素是非常次要的，因为乘坐公共汽车仅需30分钟就可到达枣庄城里。相比之下，王某与她娘家兄弟的联系仅止于她的三弟，两家之间还保持原有的地位的差别，并且他们之间的来往是双向的。贫富和地位的差别逐渐拉大的同时也拉远了姑舅关系，侄子不来看姑妈，外甥也不来看舅舅。作为贫穷的一

---

① 访谈时间：2004年1月5日，访谈地点：山东红山峪村，访谈人：刁统菊，访谈对象：段玉东。
② "管"在这里的意思是能干，有钱有势。
③ "弯腰"就是"驼背"。
④ 访谈时间：2003年8月7日，访谈地点：山东红山峪村，访谈人：刁统菊，访谈对象：王氏。

方，王某的儿子即使遇到了经济困难也从不去城里的两个舅舅那里求助。王某的娘家哥哥富裕了，却和她失去了兄妹联系。

2. "生得近不如处得近"

古德指出亲戚①间的交往是否频繁有两种主要的变量，第一要看是否是近亲，人们往往与近亲交往更多；第二是由一系列因素构成，例如地理位置、交通和通信费用等。② 古德强调的是文化因素与自然因素，但是亲戚之间往来的频繁或稀疏与彼此的感情因素也有关系，这也是对文化所规定的亲属距离的一个补充。

亲戚之间，固然因姻缘独立或与血缘的交互作用而产生了天然的亲近，比如姑舅老表、女婿与岳父、外甥与舅舅，不同的关系决定了礼物交换的性质与双方相互的地位，但是仍然有相处的技巧。人们常说"生得近不如处得近"，强调的就是相处的重要性。

"处"主要指的是经常往来，经常往来意味着经常见面和互相的礼物交换，这是彼此和睦相处的基础。经常往来的亲戚，被人们视为"好亲戚"，经常不走动的亲戚，时间长了就会"生分"。但是经常往来也要看感情的好坏，双方感情不好的也只是在仪式上进行交流；而双方感情好的，其密切程度甚至会超越亲属距离的范围。

习惯上规定了嫁出去的女儿和娘家父母、兄弟、姐妹有正常的往来，与其他的亲戚基本上就等于自然的断裂，没有谁会对此感到不适，但是感情的因素常常会打破这种规定。与姨娘的联系无论是男人还是女人一般来说都是比较弱的，但是日渐培养出的深厚感情可能会让嫁出去的女儿和娘家的姨娘保持亲密的往来。

> 俺姐家的闺女，和俺关系一直不孬，结了婚还是一样。俺娘俩处得好，感情可深了，现在她年年来看我，一年没断过，给我买衣裳穿。③

---

① 古德的"亲戚"实际上包含族亲和姻亲。
② [美]威廉·J. 古德：《家庭》，魏章玲译，社会科学文献出版社1986年版，第174—175页。
③ 访谈时间：2004年1月25日，访谈地点：山东红山峪村，访谈人：刁统菊，访谈对象：施爱红。

既然经常见面有助于增强姻亲关系的亲密度，那么居处的物理距离就是一个重要的因素了。许多亲戚按照正常的亲属距离来计算，即使白事也没有什么来往的可能了，但是就是因为同住一个村子或者相邻的村子，信息的易传播性和共享性让谁都不能假装不知道对方的红白喜事。因此，即使彼此还有一点点姻缘的联系，也要从姻亲关系的角度出发进行交往。而其他村民也把他们归为亲戚看待，一句话——"人家是亲戚"，就让大家都明白为什么在一个村子里即使是同为一个家族的成员也有可能上礼不同。曾经在本村联姻的两个家族，三五代以后其后辈在参加彼此的丧礼的时候，上礼也会稍稍高于一般乡亲，以表明他们之间曾经有过姻亲关系。

人们都说出嫁的闺女对娘家人"没二味①"，娘家人永远是她的亲人。但是居处相离遥远，同样难以经常往来。所以人们在为女儿挑选婆家的时候，总是会考虑到居住村落。否则亲戚长期不通音信，必要仪式上的往来也很难持续下去。

亲戚之间的相处的确是非常重要，有时候可以超越血缘关系。虽说是"亲的打不掉，易（换）的安不牢"，但是即使是住在一个村子里的至亲，由于相处不当，也很容易导致关系的疏远甚至断绝。

3. 维护

受妻家族毕竟还是要依靠给妻家族来维持家族秩序，而后者也需要在急需帮助时能够得到前者的鼎力相助。因此，和克钦人一样，人们也要努力维护姻亲之间的阶序性关系，但是并不是通过把女儿嫁给社会地位低于自己家族的家族，而是在缔结婚姻之初就竭力避免一切可能破坏姻亲关系秩序的因素，其中比较重要的一点是防止岔辈。

所谓岔辈就是男女当事人辈分不平衡。提亲时，双方家族都会考虑两家是否在同一辈上，假如不在同一辈上，高一辈或低一辈的女子嫁给低一辈或高一辈的男子，叫"免辈"或"爬辈"，反过来男方则是"爬辈"或者"免辈"。免辈或爬辈是否成婚，根据具体情况而定。总体来看，村民普遍认为对女方来说爬辈比免辈好。免辈意味着辈分高的给妻家族和辈分低的受妻家族通婚，这是前者所不希望的。因为通婚之后，两个集团的辈分就应该平等，给妻家族本来在"亲戚理"上就比对方的地

---

① "一心一意"的意思。

位要高，若要把自己的辈分再降一辈，这在人们心目中是很不情愿的。但是对男方来说就是另外一种想法了，男子与比自己辈分低的女子通婚，是免辈，对女子来说是爬辈。男方并不在乎以后要降低自己的辈分来称呼对方，因为对他们来说，最重要的是娶到了媳妇。但无论如何免辈和爬辈都是人们尽量避免的，毕竟岔辈打乱了原有的亲属秩序，整个结构都将受到破坏。由于给妻家族的优越感很可能因为原有姻亲关系的阶序性结构被消除，那么人们就不会欢迎这种联姻。

再有一个很重要的通婚禁忌，那就是不娶姑妈的女儿为妻，不管是平辈还是爬辈，一个男子都不能和姑妈的女性后代通婚，人们认为这是"骨血倒流"。这种通婚更严重地破坏了姻亲之间的阶序性关系，两个集团的关系发生倒转，原有的秩序也失去了平衡，义务和权利关系就很难维持下去。总之，不同辈分之间的婚姻将导致姻亲关系的混乱，而婚姻与生育、血脉的联系之紧密，又让这种混乱关系继续延续下去。当然有些地方是喜欢"骨血倒流"的，那样可以加强和巩固原有的姻亲关系。但当通婚网络可以最大程度得到扩展的时候，人们宁愿选择增加新的联姻对象以扩展原有姻亲网络而非加强原有亲戚关系。

（四）阶序是一种秩序原则

联姻家族之间由于女人的流动存在着一种阶序性关系，这种关系划定了不同的权利和义务关系，确保了姻亲关系对生活的支持功能。阶序是一种秩序原则，为关系双方在交往时所遵从。这种阶序性关系与辈分、年龄无关，是通过一系列生命仪式建构起来的，同样也体现在这些生命仪式之中。阶序并不是通常所理解的地位上的上下之别，而是关系双方在交往时所遵从的一种秩序原则。两个联姻家族之间的阶序性关系只是局部的和暂时的，其逻辑不是不平衡的，相反它的存在正是为了实现最终的平衡，只是这种平衡是不对称的、是动态的而已。两个联姻家族之间的阶序性关系从空间上来说在通婚圈内部可以实现一种真正的平衡，任何家族都有机会作为受妻家族和给妻家族来行事。而从时间上而言，历经两三代以后，这种阶序性关系就会逐渐被消弭。因此笔者认为两个联姻家族之间的平衡性是一种"不对称的平衡性"。但这种不对称的平衡性恰恰是姻亲关系难以与血缘关系相比肩的根本原因。由于父系社会的宗族始终以男性的血缘传承为线索，而姻亲关系自身却具有多向性以及代际相延的短暂性，这决定了它始终无法与宗族在观念上相提并论。

　　尽管女人的流向决定了姻亲往来有一定的秩序，但居住距离的远近、感情的和谐与否、相互之间矛盾的处理方式以及家庭经济状况都能够对姻亲关系产生很大的影响。它们看似违背了"亲戚理"，实际上却是对"亲戚理"的补充，并未影响到仪式中人们对姻亲交往规范的遵守。

结　语

反思汉族亲属制度的单系偏重性质

　　对于华北社会的宗族特征这一问题，有许多学者对此进行过论述。《惯调》材料表明了华北村庄"极少地缘界限与血缘界限一致的宗族共同体"①。通过对近代历史的考察，华北宗族整体上呈现如下特征：族聚规模较小，单姓村少；祠堂数量少，建置简单；族田族产较少，经济实力弱；宗族活动较少；势力范围小。②而田野调查则表明华北大多存在着非制度化的宗族，体现的是不同于华南宗族的有关系、无组织的特点。③

　　本书以华北乡村为区域范围进行姻亲关系的研究，并非因为华北地区缺乏那种存在于华南及江南的"庞大、复杂、联合式的宗族"④而只能如此，对姻亲关系进行研究与宗族组织的发达与否并无必然联系。姻亲关系与宗族组织共处于生活层面，在动员人员的范围上前者要远远大于后者。因此即使是在宗族势力强大的地区，姻亲关系也可能对宗族关系起到补充和调适的作用，同样有进行研究的必要。二者对于亲属制度，甚至对乡土社会的建构都是不可或缺的，各自有其不同的意义。

　　弗里德曼的宗族模式是以华南社会为基础建立起来的，他研究的基础主要是一些以华南宗族为调查对象的文本。那些文本反映的时代尚具有浓厚的宗族意识，宗族制度也比较稳固。相比之下阎云翔的研究比弗里德曼晚了将近30年，尽管这30年的前半段中国的宗族组织持续衰落，但是后

---

①　[美] 黄宗智：《华北的小农经济与社会变迁》，中华书局2000年版，第244页。
②　乔志强：《近代华北农村社会变迁》，人民出版社1998年版，第163—168页。
③　麻国庆：《家与中国社会结构》，文物出版社1999年版，第110—111页。
④　[美] 杜赞奇：《文化、权力与国家——1900—1942年的华北农村》，王福明译，江苏人民出版社1996年版，第81页。

半段却是宗族普遍复兴的时期。在宗族复兴的时期,阎云翔尚能发现人们与族亲之外的社会关系诸如姻亲和屯亲的交流比与族亲要频繁得多①,把这一点与其他学者如葛伯纳的论述结合起来,基本上可以确定以华南社会为基础建构起来的宗族模式确实不具有普遍的解释能力。

通过对华北乡村社会姻亲关系的田野考察,本书以它的建构、延续到自然解构为线索,展示了丰富的姻亲关系的实践图像。再加上以华南社会为基础建构起来的那种宗族模式又不具有普遍性,这可能会让人产生一种华北乡村社会的宗族组织表现不仅比较单薄,甚至相对姻亲关系来说处于暗哑状态的印象。事实上,不管是在理念中还是实践中,华北地区都普遍注重祭拜祖宗和尊长,同时也注重族人对各种仪式的参与,但这不是本书所关注和呈现的主要方面。

结合文献梳理与田野考察,兰林友认为一个完备宗族应包括如下特征:共同始祖、血缘纽带、谱系联结或昭穆世次、集体活动、聚族而居、宗族组织、族规家法、公有财产、同姓不婚、祭祀场所、宗族认同、亲属网络。而华北宗族并不齐备这12个特征,应是一种不完备的残缺宗族,显著呈现出文化性的、表达性的宗族特征。② 兰林友对宗族制度12种要素的构建,实际上只是他个人的一个"理想模型"。他的基础是将华北宗族制度与华南宗族制度相比,是以华南那种共财、集居、族属规模庞大的宗族为参照,并把它作为典型宗族形态。问题是华南宗族制度为什么就能作为宗族制度的标准呢?而且华南宗族的形态也是一个历史的建构。所谓华北宗族的12个特征,不管是组织化程度低还是缺乏某些外在物化标志,都是宗族制度所呈现出来的表面特征。华北与华南宗族制度的差异,在于它们的建构、发育和运作过程,这一过程与不同的历史文化背景有深刻关联。即使是在华北内部,宗族制度也会受到地方历史传统、社会文化以及移民情形、士绅阶层的影响,因此同样存在宗族具体形态的差异。

退一步而言,若是按照兰林友的模型来审视华北宗族,也很难说华北宗族缺乏部分外在符号和公共财产,比如祠堂和族田。华北有些地区曾经有过祠堂众多的历史,比如新中国成立前河北赵县梨区大姓都有着自己的

---

① 阎云翔:《礼物的流动——一个中国村庄中的互惠原则与社会网络》,李放春、刘瑜译,上海人民出版社2000年版,第111—115页。

② 兰林友:《论华北宗族的典型特征》,《中央民族大学学报》2004年第1期,第1—2页。

祠堂，它们常位于村落或者该宗族居住的中心地带，有的规模还比较大。① 和族田一样，祠堂也是明显受到经济能力限制的一个外在符号②，一些家族可能没有祠堂，但有家庙或者家堂等较为简单的形式来替代它。而从许多村落来看，12种宗族特征均具备，祭祀场所中虽然大多没有祠堂，但却有祖坟来替代。

况且，祠堂并非就是宗族的最主要象征符号，各姓氏所具有的家谱可能也是一种重要的宗族象征。同一个家族未必聚居在一个村落里，然而所有家族成员共有一份重要文献——族谱，从而也可以确立并强化家族边界，即"血缘边界""地理边界"和"伦理边界"③。作为继嗣制度的外在符号，族谱既可以标志出所有成员均源自同一祖先，又能通过固定的行辈来联系所有成员并规定他们之间的秩序；各家族设立族长，根据族规管理、规范成员的行动；逢年过节祭祀祖先等固定仪式可以强化成员的宗族理念；红白喜事以及其他维护家族荣誉的事务可以象征并在实际上增强他们的凝聚力；日常生活中的互助行为也反映出他们的宗族认同观念以及亲属网络。

笔者同意兰林友的关于华北宗族文化是表达性的、文化性的这一观点。恰恰是考虑到了这一点。笔者认为华北宗族保持了宗族文化中最根本最核心的部分——宗族观念和宗族意识，这就已经具备了一个社会组织是宗族的最基础的条件。因此华北宗族不是残缺宗族，而是具备了宗族文化核心的宗族。所谓残缺与完备，均体现在宗族的物化标志方面，而它们是依据一定的历史、社会和经济条件在外层逐渐发展起来的。比如祠堂，比如大规模的祭祖仪式④，在具有了一定的经济能力下，人们同样会尽力而为。

尽管在宗族的规模以及表现形式上，华北社会不同于华南社会，但是

---

① 岳永逸：《庙会的生产——当代河北赵县梨区庙会的田野考察》，北京师范大学博士学位论文，2004年，第79页。

② 2005年3月7日渡边欣雄在北京师范大学文学院民俗学与社会发展研究所106举办过有关信仰与市场关系的讲座，认为宗族祭祀和经济有很大的关系。按照他的说法，当一个宗族没有经济实力的时候是不可能来举办祭祖活动的，更没有力量来建置祠堂。

③ 血缘关系是家族边界的天然基础，地理边界是家族赖以生存和发展的物质基础，而伦理边界则是家族团结、一致对外的凝聚力依据。参见谢仲礼《族谱与宗族边界》，《广西民族学院学报》2002年第6期，第40—44页。

④ 现在某些家族既编修家谱，又在墓地树碑祭祖，这主要是因为他们具备了一定的实力。

这并不意味着人们的宗族观念弱化。相反，在当地社会组织中，宗族仍然是被首先强调的东西。这种强调尤其表现在象征文化方面，比如对出嫁的女人的社会位置的划定。而在实践方面，虽然我们可以发现人们在生活中与姻亲的交往的确是越来越多，但这并没有减少人们同宗族成员的交流。阎云翔《礼物的流动》所发现的黑龙江农村中姻亲的发达修正了以往宗族理论的偏差，其实也是在部分实践层面上。

宗族制度与姻亲关系这两种不同的社会组织都是非常重要的，只是哪一种原则处于支配地位或扮演显要角色，取决于该地区的社会和历史文化背景。弗里德曼在讨论中国宗族的时候就意识到中国这个广大的国家不同地区可能存在巨大的文化差异[①]，他指出福建、广东两省的宗族文化发达也是根据它们不同于华北地区的地理环境和社会文化及政治背景。[②] 有研究表明，华北宗族组织不发达的主要原因在于华北的小农经济和生态基础。[③]

在一个地方社会文化中，人们在不同的方面可能对宗族或姻亲有所侧重，然而偏于二者之中一者并不意味着就弱化或者忽略了另外一者。弗里德曼研究的华南宗族多世家大族，宗族的外显符号比较突出、完备，宗族观念也比较浓厚，但姻亲关系并未遭到忽视。弗里德曼自己也曾经说过姻亲关系在某些情况下可能比较重要，只是由于它缺乏制度化而不容易观察而已。我们从《金翼》就可以看出福建乡村的姻亲在个体层次上的实际交往之密切。[④] 在象征文化上，福建地区同样有诸多的规范，比如闽西武北湘湖村刘氏至今有不准欺负只有几户人家的丘姓的规定，因为那是开基祖三郎婆的外家。母舅在社会中具有最尊贵的地位，外甥做错事，母舅有权责骂，叔伯则没有这种权力。[⑤]

[①] 王铭铭：《社会人类学与中国研究》，三联书店1997年版，第79页。

[②] 一是东南地区远离中央集权的中心地带；二是在边陲社会中，要开垦土地，要自卫抗敌，必须要结成协作性的群体。从中原迁移到边陲社会的汉人，本来就有强烈的父系意识形态，宗族自然成为协作性群体的首选。此外，稻作本身能够产生农业盈余，促进共有财产的积累，有利于形成宗族组织的经济基础，从而促进地方宗族的壮大。参见〔美〕莫里斯·弗里德曼《中国东南的宗族组织》，刘晓春译，上海人民出版社2000年版。

[③] 〔美〕黄宗智：《华北的小农经济与社会变迁》，中华书局2000年版，第243—247页。

[④] 林耀华：《金翼》，庄孔韶、林宗成译，生活·读书·新知三联书店1989年版。

[⑤] 刘大可：《闽西武北的村落文化》，国际客家学会、法国远东学院、海外华人资料研究中心2002年版，第159、217页。

亲属关系以血缘关系和姻缘关系为主，但是在汉族社会中，宗族经过长期的历史过程已经形成了一种制度化的社会组织，具有深厚的社会心理与文化基础，因此比较容易在社会生活中凸显出来。宗族制度的凸显及其男系单线传承的特质，使得姻亲关系始终处在"隐"的位置。当然姻亲关系的不突出显示，主要还是它本身的特征所致。姻亲关系与血缘的代际传承不同，没有一条不变的线索，无法得到恒久的延续，正所谓"只有千年的本家，没有千年的亲戚"。同时人们朝向多个宗族来扩展姻亲关系的观念使得姻亲的多条线索同时并存，任何一条联姻线索都不可能单独受到长期关注。因此姻亲关系难以形成制度化的特色，造成了它在人们文化观念中的模糊性，这应该也是它在学界不太引人注目的原因之一。

宗族在文化中被强调和凸显，但是并不能说姻亲关系就不被文化所强调，只是它被强调的方式和宗族制度不同。林玮嫔透过人体构成物质及其在生命仪礼中象征流动的探讨，以父方亲属出"骨"母方亲属出"肉"来理解父系继嗣下母方亲属的贡献。① 她试图从人观与日常实践来理解汉人亲属关系是一个很好的途径②，但是理解宗族制度下姻亲关系的贡献不能仅从生育上面来看。

宗族制度与精英理念的约束和控制有关，而姻亲关系更多地体现了民众的自组织性。姻亲关系对人们的日常生活具有重要的意义，这是人们选择尽量增加通婚对象、扩展通婚网络的一个主要原因。人们和不同的家族通婚，根据女人的不同流向建立了姻亲之间的阶序性关系，这种阶序性关系有助于保持一个家族在姻亲交往中的优越性地位。但是人们并未把姻亲关系放置到一个高不可仰的地位上，毕竟宗族制度在某些情形下是姻亲关系运转的语境——正因为人们强调宗族制度，强调家族血缘的延续，姻亲关系才得以被尊重。宗族制度的延续离不开姻亲关系，同时它的秩序的协调和维护也要依赖姻亲关系。在这个意义上，姻亲关系也是宗族制度运转的语境。尽管姻亲关系对宗族制度也有分裂的影响，但负面作用的产生并非姻亲关系主动介入的结果，而是宗族内部需要外来力量的制衡引起的。

---

① 林玮嫔:《汉人"亲属"概念重探：以一个台湾西南农村为例》，(台湾)《中研院民族学研究所集刊》2000年第90期，第1—37页。

② 陈纬华:《人类学汉人亲属研究：回顾与批评》，(台湾)《汉学研究通讯》2004年第1期，第9页。

针对姻亲关系的介入，宗族制度也有相应的措施来排斥他们的过分参与和干涉。

笔者对姻亲关系的考察，主要是基于弥补宗族范式的话语霸权，认为对姻亲关系应该给予认真的关注，对它的作用和意义也应该进行充分的估计。这并非强调姻亲关系重于宗族制度，而是因为二者对于乡土社会基本结构的建构不可或缺。

不管是宗族制度还是姻亲关系，两方面都与生物、自然的性质有关，同时也都受到了文化的规定。但是相对来说，宗族制度是一种"文化"的建构，是后起的，具有明显的地方性。在汉族社会，文化内化了宗族观念，父系血缘的纵向联系因此成了乡土社会的主导原则。但不管宗族制度是否存在及其特征如何，姻亲关系都是社会再生产所必需的，它是一种"自然"的建构，具有贯时性和普适性。联姻从横向的角度超越了宗族的范围，散布于许多村落，甚至可以及于非常之远的地方，勾绘出一个超地方区域的社会图像。社会建构需要纵线，但是必然也需要一条横线，如同西太平洋的库拉制度，它把大量的村落连接在一起，并涵盖了相互作用且错综复杂的活动，形成了一个有机体。①

亲属关系正是由单系血亲的纵向传递和姻缘的横向联合使得同一地缘的人们结成紧密的亲属关系，由此形成了一个相对严密的亲属组织结构。一经一纬构成了社会的网络式结构，每一个人都会在网络中得到一个相应的位置。个人相对于其他人的义务和权力是根据亲属关系的亲疏远近来明确界定的，仪式上的赠礼与日常的互助、团结等一切观念与行为都产生于并体现在这个结构之中。

宗族文化和姻亲关系与乡村社会的一般生活内容结合得比较紧密，促使二者共同成为人们日常生活中不可缺少的一部分，同时正是由于此，它们在生活中得以不断增强表现力和影响力。但是，因血缘的联系形成的宗族制度与因联姻形成的姻亲关系，虽然共同参与建构了农村的基本社会结构，但是并不能排除其他的关系类型②随着时间的推移和社会历史条件的

---

① ［英］B. 马凌诺斯基（B. Malinowski）：《西太平洋的航海者》，梁永佳、李绍明译，华夏出版社2002年版，第79页。

② 乡邻关系也是很重要的关系，"远亲不如近邻，近邻不如对门"反映了人们对地缘性关系的依赖。

改变，也可能成为主流旋律。由于越来越多的村民与外界进行多方面的交流，村民的价值观念已经开始发生了深刻变化。目前来看，村落里的关系不仅仅只有血缘和姻缘建立的关系，建立仪式亲属是早就有的习惯，而且制度化的关系也渐渐地进入到村民的日常生活。信息技术和知识经济正在以出人意料的速度迅速地改变着世界的面貌，人口和信息的流动速度都在大大加快，每一个村落客观上已经不可能作为一个内向的、封闭的世界来独立生存。农村越来越成为整个世界的发展过程的一部分，村民在加强、扩展原有亲属关系的同时，与正式制度的关系也是越来越密切。

人类学研究早已表明，人类社会是在亲属关系的基础上发展起来的，因此，亲属关系也是研究社会结构的关键。[1] 许多调查表明，在技术最发达的国家，亲戚[2]关系网非常活跃，毫无消失的迹象。大多数人都与亲戚保持着诸如互赠礼物、相互服务与帮助等方面的密切联系。[3] 所以，即使在工业社会，制度化的关系也未必超越亲属关系在社会结构中的地位。

与父系继嗣通过血缘关系牵连的大多是一个村落相比，女人的流动建立起来的姻亲关系在族际、村际互动中展开的结果就是地域社会的形成。这是联姻对社会结构的意义。此外，对姻亲关系的探讨除了能让我们从另一个维度来看乡村社会亲属关系的另一面以外，还能让我们重新理解过去的一些观念。

费孝通先生针对中国的社会继替状况，提出"单系偏重"[4] 理论。该理论确实符合中国的实际状况，至少在社会的继替和财产的继承上完全可以说是"父系偏重"。不过，汉族亲属制度的单系偏重仍是在宗族制度上，而非在全面的亲属交往层次，更不在人们日常生活的实践层面。除了嫁女与娘家的关系并非宗族制度所规定的那样以外，还要考虑到姻亲关系在人们生活实践中所扮演的角色、参与程度，以及近些年人们与姻亲交往的更趋密切。姻亲关系在生活层面的实际操演，对个体、家庭、家族的经济、政治方面具有重要且不可忽视的意义。父系与母系的传统划分完全是基于血缘和权力分工的体制，如果考虑到处于亲属网络中的人们在生活层

---

[1] ［美］F. 普洛格、G. D. 贝茨：《文化演进与人类行为》，吴爱明、邓勇译，辽宁人民出版社1988年版，第373页。

[2] 古德的"亲戚"包含了族亲和姻亲。

[3] ［美］威廉·J. 古德：《家庭》，魏章玲译，社会科学文献出版社1986年版，第174页。

[4] 费孝通：《乡土中国生育制度》，北京大学出版社1998年版。

面的双向联系，"父系社会"的概念在实际生活中也很难发现比较准确的对应形态，"双系并重"才是人们日常生活中的实际的亲属交往样态。因此，亲属制度的单系偏重性质可能需要我们给予新的理解，宗族文化一般在血缘、文化层面发挥支配作用，而在更为具体的生活实践中，更多地扮演显要角色的恰恰是姻缘亲属。

后 记

书稿的基础之一首先是我的博士论文,当时是以鲁南红山峪村为唯一个案,因该村与笔者家乡在社会文化上存在很大程度上的相似性,也常常担心不知不觉内化了局内人常有的盲点。因此,在毕业以后的教学和科研工作中,我着重考虑如何穿越现实生活的局限,考虑结论是否经得起更广阔区域的检验,遂将视野拓展到华北。2007 年有幸申请到国家社会科学基金青年项目"华北乡村社会姻亲关系研究",不巧正好赶上快生孩子,只好等到孩子半岁多,才又去做田野。2011 年完成书稿的初稿,当时本欲修改、结项,又因为身体原因导致工作暂停。病后初愈,休养期间开始陆陆续续修改,一度效率极其低下,现在终于定稿,心情既喜悦又忐忑。喜悦之情自不必说,于我而言,此书有特殊的意义,完成它也算是对自己一段学术历程的交代。忐忑乃是因为我在看清样的过程中,发现了一些不足之处,以至于越看问题越多,越看越不自信,甚至感觉很紧张,惴惴不安的我好像又在等待博士答辩时答辩委员会提问。

喜悦和忐忑之外,重读书稿的过程中,我心中充满了感恩和感激之情。在博士论文后记中,我曾经感谢过很多人。至今,我仍然感谢他们。那些师友和同学在我毕业以后一如既往地支持我、关心我,为书稿的写作和修改提供了许多有益的建议。尤其是我的两位导师叶涛教授和刘铁梁教授,不嫌我悟性差,在教学和科研中对我常常敲打和点拨,对我的身体健康又关怀备至,常常牵挂和询问。叶老师见到有关亲属制度的书一定买回来送给我,我手头的《汉语亲属称谓的结构分析》(林美容)就是叶老师去台湾的时候带回来的。刘老师也非常关心我的工作和事业,有很长一段时间,他一度见到山东的学者,总是会问"小刁情况怎么样"。诸如此类的细节，太多太多。我作为学生，在人生道路和学术历程中得遇良师，实属幸运。对两位老师，我终生怀有深深的感激和敬爱！

感谢课题组两位成员，赵丙祥用他广博的西方人类学知识提醒我注意一些问题；郭海红则在我还未购买到日本学者植野弘子《台湾汉人姻亲民族志》中文译本（2015年2月出版）的时候，就帮助我阅读日文原文，我对日本相关研究成果的了解完全得益于她。

姻亲关系真的是一个不太容易调查的题目，要对仪式进行参与观察，还要挖掘出亲戚交往过程中的具体事件，如果没有充裕时间来建立非常密切的田野关系的话，后者几乎难以实现，而两者结合才能让姻亲交往的真正规则自然浮现出来。后来又将"嫁女的位置"作为一个角度引入课题，遂对田野调查有了更高的要求。我之所以在书稿中用了很多红山峪村的资料，是因为我在那个村子里呆得最久，和村民相处得太熟太熟，收集了很多个案。每次回访，听到他们亲热地叫我"小刁"，我都不由得泪湿眼眶。伯父田传江始终关心着我的研究，我将其他村落获得的资料与他讨论的过程中亦是受益不少。其他村子的材料，比如山西、天津、河北、北京等地以及山东其他村落，都是后来在师友的帮助下做的田野，姻亲之间具体交往的个案在细致程度上弱于红山峪村，但胜在区域广泛，而且来自不同村落类型。调查地点的扩展和比较方法的应用帮助佐证、解释或补充、修正原先的结论和猜测。譬如，在充分掌握大量材料的基础上，将华北地区的资料进行整合，由此得出姻亲关系的性质之一是一种"不对称的平衡性"这一认识更为深入、肯定。而在华北内部进行的比较，不仅形成了对姻亲关系的差异性的描述，同时也增加并深化了我们对统一性的认识与阐释，得以在一个较大的空间跨度展示社会结构的机制。

山西大学的段友文老师和南开大学的黄旭涛老师，担心我听不懂方言，不仅让他们当地籍贯的学生帮我调查，还给我安排好了合适的调查对象，提出合理的调查建议和指导，让我能够在经费紧张、时间和精力有限的前提下顺利高效地完成任务。在田野调查的过程中遇到了很多善良、热情的人，那个给我们回忆自己相亲的情景、模仿自己羞涩老伴的韩大爷已经去世了；春节期间我给高大哥和霍大哥打电话拜年，霍大哥说他工作已经调动了；不知道那个王大哥家里还养不养奶牛，我们访谈的时候还耽误了他们挤牛奶；舒德龙带着我们去他爷爷家做的调查非常成功，当时真是有欣喜若狂的感觉，舒大爷提供的个案让我更加深刻地意识到嫁女与娘家之间的关系远远超出了已有研究所提供的认识层面，我期待着有机会去看望舒大爷一家……王丹婷、刘小文、郭俊红、袁振吉、张玉、佘康乐等人为我的课题花费了很多时间，不仅跟着我长途奔波，还帮我做访谈、整理录音。刘小文和郭俊红的家人也为我付出了很多，不仅接受我的访谈，还给我提供了温馨的住处和可口的饭菜，让我得到家人一般的待遇。对于那些帮助过我的人，不知如何去回报他们，唯有将他们给予我的善意转赠给他人。

山东大学儒学高等研究院的领导王学典教授、杜泽逊教授、巴金文书记、李鹏程主任和其他同事对我多方关心、热忱帮助，也常问起我的工作进展，嘱咐我在力所能及的情况下推进研究工作。我所在的民俗学研究所的张士闪教授一直都很关心书稿的出版。民俗学研究所的同学们，帮我做过问卷和访谈，以及其他一些琐碎但颇费精力的事情。感谢他们！

要感谢一些至今无缘见面但却对我帮助甚大的人。书稿中部分内容在几种期刊上发表，责任编辑以及当时的匿名评审人员均给予过许多指点。作为国家社科基金项目成果，初稿还曾得到过五位匿名评审专家的评议，那些意见和建议使书稿增色不少。虽然不知其名，在此亦致以深深的谢意！至今仍有一些宝贵意见和建议没有完全纳入本书的写作，笔者未来将继续努力并使之更加完整。

本书能够出版，要感谢朝戈金研究员领衔申报中国社会科学院院长学术基金，对青年学者爱护有加。感谢施爱东研究员，他有才有义，时时关注书稿的出版进程。我对中国社会科学出版社张林老师同样心怀感激，她具有丰富的编辑经验，为本书的编辑倾注了大量心血，认真校改了错别字、标点符号和表达规范以及其他方面的问题。由衷感谢我的同事朱以青编审，她在身体不适的情况下花费很多时间和精力帮我将书稿从头到尾校阅一遍，指出了一些错误，包括因为一些内容单独成文发表所造成的重复之处。

特别要感谢的，是我的公公杨全义，好友郭海红、纪红，师妹荣新，以及学生佘康乐、赵容，他们在我承受病痛的时候悉心照顾，为我付出的一切，点点滴滴都在我的心里。倘若没有他们，我真不知如何渡过那些困难的日子，更不知何时能够重新整理书稿。公公在去世前常常念叨我的书稿什么时候出来，我知道他是以我为荣，愿此书的出版能够安慰老人家的在天之灵！还有很多的师友给予我各种形式的帮助，鼓励我用快乐的心面对生活，一直以来我都是这么做的，请你们放心！

  记不清在哪里看过，一个学者成熟的标志是告别博士论文，此言甚是有理，而我未能做到，加之书稿仍有不少缺憾，这些都促使我以后更加努力地去加固学术之路，不懈地追求自己的学术理想。从我个人的实际情况来说，包括才气和身体状况，我真的是已经尽力了。这并非为书稿的不足找借口，我郑重声明"文责自负"，敬请读者批评指正。

刁统菊

2016 年 2 月于济南